本书系北京科技大学马克思主义学院"马克思主义理论研究丛书"之一。著作出版获得了北京科技大学马克思主义学院学科建设经费、北京市首批重点建设马克思主义学院经费（北京科技大学）资助。特此致谢！

马克思恩格斯对错误社会思潮的分析批判及其当代价值研究

李晓光 著

人民出版社

责任编辑:邓浩迪
封面设计:王欢欢
版式设计:东昌文化
责任校对:王春然

图书在版编目(CIP)数据

马克思恩格斯对错误社会思潮的分析批判及其当代价值研究/李晓光 著. —北京:
　人民出版社,2021.12
ISBN 978-7-01-023870-8

Ⅰ.①马…　Ⅱ.①李…　Ⅲ.①社会思潮-马恩著作研究　Ⅳ.①A811.64

中国版本图书馆 CIP 数据核字(2021)第 208634 号

马克思恩格斯对错误社会思潮的分析批判及其当代价值研究

MAKESI ENGESI DUI CUOWU SHEHUI SICHAO DE FENXI PIPAN JIQI DANGDAI JIAZHI YANJIU

李晓光　著

人民出版社 出版发行
(100706　北京市东城区隆福寺街 99 号)

中煤(北京)印务有限公司印刷　新华书店经销

2021 年 12 月第 1 版　2021 年 12 月北京第 1 次印刷
开本:710 毫米×1000 毫米 1/16　印张:30.75
字数:450 千字

ISBN 978-7-01-023870-8　定价:88.00 元

邮购地址 100706　北京市东城区隆福寺街 99 号
人民东方图书销售中心　电话 (010)65250042　65289539

目　录

下篇 ｜ **彻底的意识形态批判——顽强斗争性的坚定**

第一章　独特的德国意识形态批判——分析批判"真正的
　　　　社会主义" ………………………………………… 375

导论 社会思潮批判视角下的马克思恩格斯思想史研究

马克思主义发展的历史既是马克思主义理论由形成、创立、发展到在世界范围内传播并进一步发展的历史,也是不断地与各种非马克思主义、反马克思主义社会思潮作斗争,在与工人运动的有机结合中逐步成为无产阶级的科学理论武器和指导思想,最终确立马克思主义在工人运动中的指导地位,以至于在社会主义国家作为主导意识形态的历史。正如列宁所说:"马克思主义的发展、马克思主义思想在工人阶级中的传播和扎根,必然使资产阶级对马克思主义的这种攻击更加频繁,更加剧烈,而马克思主义每次被官方的科学'消灭'之后,却愈加巩固,愈加坚强,愈加生气勃勃了。"[①]毛泽东同志也曾指出:"马克思主义必须在斗争中发展,不但过去是这样,现在是这样,将来也必然还是这样。"[②]

习近平在 2013 年全国宣传思想工作会议上指出:"经济建设是党的中心工作,意识形态工作是党的一项极端重要的工作。"[③]改革开放以来,中国社会

---

① 《列宁选集》第 2 卷,人民出版社 2012 年版,第 1 页。
② 《毛泽东文集》第 7 卷,人民出版社 1999 年版,第 230 页。
③ 《习近平在全国宣传思想工作会议上强调 胸怀大局把握大势着眼大事 努力把宣传思想工作做得更好》,《人民日报》2013 年 8 月 21 日。

进入大变革时代,各种思想、文化竞相交流、交融、交织,而在意识形态领域又集中表现为各种社会思潮的交锋,这极大地影响了人们的思想和社会的进程。"意识形态领域历来是敌对势力同我们激烈争夺的重要阵地,如果这个阵地出了问题,就可能导致社会动乱甚至丧失政权。敌对势力要搞乱一个社会、颠覆一个政权,往往总是先从意识形态领域打开突破口,先从搞乱人们的思想下手。"①在当今社会思潮多样化的时代,马克思主义作为主导意识形态如何更好地发挥引领作用? 面对这一时代课题,本书力图基于马克思恩格斯在世时对一些错误思潮的批判理路进行分析,从而挖掘其当代启示与价值,最终落脚点在于马克思主义理论在当代的发展与深化,从而巩固马克思主义作为主导意识形态的地位。因此,本书具有较大的理论意义与现实价值。

第一节　研究视角澄明:社会思潮批判视域下马克思主义发展史审视

一、马克思主义发展史研究概览②

纵观马克思主义发展史的研究,首先在国际学术界历史较为悠久,以著名的马克思主义理论家梅林、普列汉诺夫为代表,一些马克思主义理论家对于马克思主义发展史的研究作出了重要贡献。尤其是在列宁领导下的苏联,作为人类历史上第一个社会主义国家,成立了专门的马克思主义理论研究机构,由此开展了大规模的马克思主义发展史研究工作,包括大量研究文献、大批研究著作的出版等,极大地推进了马克思主义发展史的研究。在欧美学界,一些从事"西方马克思主义"、西方"马克思学"研究的学者,也在同时涉及马克思主

---

① 《十六大以来重要文献选编》(中),中央文献出版社 2006 年版,第 318 页。
② 参见中国人民大学马克思主义研究院:《马克思主义发展史研究报告(上)(下)》,《思想理论教育导刊》2007 年第 4、6 期。

义发展史的相关研究,出现了以科尔纽、麦克莱伦等为代表的颇具影响力的学者,以及一些重要研究成果。如科尔纽的《马克思恩格斯传》,麦克莱伦的《卡尔·马克思传》《马克思主义以前的马克思》《马克思以后的马克思主义》《马克思的生平与思想》,南斯拉夫学者普雷德拉格·弗兰尼茨基 3 卷本的《马克思主义史》,等等。

但是在我国,可以说是在中华人民共和国成立之后,确切地说是在社会主义建设取得了一些初步成效之后,马克思主义发展史的研究才开始起步的。最早的专门研究机构是 1964 年成立的中国人民大学马列主义发展史研究所,之后直到 20 世纪 80 年代初期,以中央党校、国防大学、北京大学为代表的一些高校和地方社会科学院才纷纷成立了马列主义研究所。随着这些专门的教学研究机构的建立,马克思主义发展史的研究也取得了不菲成绩,其中比较重要的代表作有中国人民大学马列主义发展史研究所撰写的《马克思恩格斯思想史》《列宁思想史》《马克思主义发展史》《简明马克思主义史》和 4 卷本的《马克思主义史》等。除了这一系列综合性的通史著作外,还出版了《马克思主义形成史》《马克思主义诞生史》等关于马克思主义专题史的研究著作以及大量学术文章。与此同时,高等院校也开始陆续设立了马克思主义发展史方面的课程。为更好地进行马克思主义理论的研究,2005 年中央实施马克思主义理论研究与建设工程,决定设立马克思主义理论一级学科,马克思主义发展史成为马克思主义理论一级学科下属的一个二级学科,从此获得了一个新的、更高的研究平台。

作为马克思主义理论一级学科所属的二级学科,马克思主义发展史研究是一个由马克思主义通史、马克思主义国别史和阶段史、马克思主义专题史、马克思主义传播史、马克思主义文献学等具体研究领域或方向组成的一个具有内在联系的学科体系。本书可以说是针对马克思主义发展的某一阶段的某一专题进行的研究,主要属于专题史研究领域。因为"马克思主义专题史是研究马克思主义某一思想领域或对某一专门问题研究发展的历史及其规律的一门学科。其研究对象可以是作为马克思主义主要组成部分的发展史,也可以是马克思主义某一方面或关于某一思想观点的发展史"①。就目前国内的总体研究情况而言,研究较为系统的是以传统的马克思主义哲学史、经济学说史为依据的专题史,其中有影响力的代表作如黄楠森主编的《马克思主义哲学史》、何萍的《马克思主义哲学史教程》等,其他专题史方面的成果还较少问世。因此,本书试图将对错误社会思潮的分析批判作为主题做一较新的尝试。

二、主要研究内容与研究方法

基于课题研究的本专著研究对象主要是马克思恩格斯在 19 世纪 40—70 年代对当时影响较大的错误社会思潮进行分析批判,逐步确立马克思主义在第一国际的指导地位以及在世界范围内影响力的日益扩大,从批判的背景,到批判的内容、批判的方式与特征,以及批判的后果、效果等进行相应的理路分析;最终要达到的主要目标是力图基于马克思恩格斯分析批判的脉络进行阐释,进一步挖掘其当代启示与价值,结合在当今社会思潮多样化的时代,探究马克思主义作为主导意识形态如何发挥引领作用这一时代命题。研究的重点一是立足于马克思在世的 19 世纪 40—70 年代,马克思恩格斯对于当时主要错误社会思潮批判的脉络,分析马克思恩格斯批判的理路,总结批判的背景、批判的内容、批判的方式与特征,以及批判的后果、效果等。而由于研究内容的庞杂以及研究时间所限,马克思去世后,尤其是围绕第二国际期间针对伯恩施坦修正主义的批判将作为未来可能的后续课题做进一步深入研究。二是探究马克思恩格斯分析批判理路的当代启示与价值。马克思主义从当年的多样化社会思潮中独树一帜,到今天在中国成为主导意识形态,如何更好地发挥其引领作用,挖掘马克思恩格斯批判理路的当代启示与价值实有必要。

基于上述研究对象与研究重点的确定,从社会思潮分析批判视角探究,对

---

① 中国人民大学马克思主义研究院:《马克思主义发展史研究报告(下)》,《思想理论教育导刊》2007 年第 6 期。

马克思恩格斯思想发展轨迹进行整体梳理,本书的总体框架分为三篇:犀利的哲学批判、严谨的政治经济学批判和全面的社会、政治批判;每一篇下面由归属于该类别的、针对不同错误社会思潮进行的分析批判构成章的内容;每一章下面基本上由三节内容组成,即马克思恩格斯分析批判各类错误社会思潮的缘由、分析批判的主要内容以及分析批判的当代启示与价值。

就具体研究方法而言,本书始终坚持马克思主义的立场和方法,梳理与本书研究主题相关的文献,立足于充分、丰富的文献资料分析,把马克思恩格斯批判错误社会思潮的理论逻辑进程与西方社会发展的历史过程联系起来,分析各类错误社会思潮演进背后的社会根源,厘清马克思恩格斯社会思潮批判的内在理路,围绕研究主题进行建设性探讨。同时,充分利用互联网所提供的学术研究条件,关注国内外相关研究领域有影响力的学者和研究网站的学术动态,参加相关国际国内学术会议,进行学术讨论。

三、研究的创新点及不足

基于课题研究的本专著主要创新之处有:第一,选题和研究视角较有独到之处。如前文所述,就目前国内的总体研究情况而言,研究较为系统的是以传统的马克思主义哲学史、经济学说史、科学社会主义史为依据的专题史,其他专题史方面的成果还较少问世。本书从社会思潮批判视角研究马克思恩格斯思想史,以马克思恩格斯分析批判错误社会思潮的理路为研究主题,力图结合在当今社会思潮多样化的时代,马克思主义作为主导意识形态如何发挥引领作用这一时代命题,从而挖掘其当代启示与价值。第二,研究具有综合性和整体性。本书力图梳理19世纪40—70年代马克思恩格斯批判当时错误社会思潮的理路,进行较完整而系统的分析,在一定程度上可以弥补国内在这方面研究的不足;在具体内容的展开论述时,侧重于马克思恩格斯对错误社会思潮的分析批判,正面论证的建构观点通常作为内容完善的辅助。

但是,当这一"具有综合性和整体性"的研究成果以专著的形式呈现出来时,却由于种种因素致使其显露出不可避免的局限与不足。

首先,就专著的框架结构、章节布局以及内容呈现而言,尚存在一些难以克服的不尽如人意之处。这主要表现在:第一,上篇和下篇都有对每一社会思潮分析批判的当代启示与价值挖掘,在中篇部分没有撰写这部分内容。第二,鉴于下篇相关内容已经在部分学术刊物发表,本成果直接用了发表时的文章。由于发表文章的字数限制,下篇的文字略少于上篇与中篇。考虑到本书字数已经较多,就没有再做增补。造成这些不尽如人意之处的主要原因在于本人长期以来的研究领域所限导致。专著写作的最初设想本是基于马克思恩格斯相关经典文本的研究,按照马克思恩格斯于 19 世纪 40—70 年代对于当时主要错误社会思潮分析批判的时间顺序分章逐一进行阐释与论证,分析马克思恩格斯批判的理路,总结批判的背景、批判的内容、批判的方式与特征,以及批判的后果、效果等,即按照本人已发表的文章《马克思恩格斯分析批判错误社会思潮的理路探究》①为总体框架来撰写。但是,经过围绕课题研究展开的几次学术研讨会,借鉴专家们所提的建议,以及自己在写作过程中进一步的认识与思考,最终把整体写作框架修改为现在的三篇基本架构,即宗教哲学批判、政治经济学批判和社会政治批判。总体的写作框架确定了,还要进一步解决两个方面的问题,一是马克思恩格斯分析批判的一些社会思潮不仅仅简单局限于哲学批判或是政治经济学批判和社会主义批判,如蒲鲁东主义、杜林主义等,若把一个社会思潮拆分到不同的篇章下面,其内容的关联性和区分度如何体现出来? 二是三篇下面各章的内容都以分析批判哪些社会思潮为主? 每一章分析批判的内容其独特性如何凸显? 再有一个难题在于,由于自己的哲学学科背景和研究领域,对于并不非常熟悉、本来一开始想回避掉的政治经济学批判如何完成? 是否需要找人帮忙完成这部分的内容写作? 等等。就在这样不断地纠结、思考,并持续地写作过程中,为保证著作的内容质量和一以贯之

---

① 李晓光:《马克思恩格斯分析批判错误社会思潮的理路探究》,《马克思主义理论学科研究》2017 年第 2 期。

的写作风格,决定还是由自己独立完成本书的全部内容。于是,在大量阅读学者们与本研究主题相关文献的基础上,为避免不甚恰当地过度解读与延伸挖掘,中篇内容相对简单而保守地论述,并且不撰写当代启示挖掘这部分,因已经有付文军的博士论文《马克思政治经济学批判思想及其当代价值研究》(兰州大学,2016年)做了较全面而深刻的论述。而对于青年黑格尔派的分析批判是马克思恩格斯思想发展早期不断纠缠、并着重分析批判的内容,是他们思想发展历程中的重大转折,也是其后续分析批判各种错误社会思潮的最初形态,需要较为具体而周详地展开阐述。于是,最终这部完全由本人独立撰写的著作,就不可避免地带有了较重的作者学科局限的痕迹。

其次,研究成果语言呈现的凝练性、新颖度等还需不断打磨和锤炼。尤其是目录标题语言,对于一部纯学术著作来说,考究的词汇、活泼的文风或是其能够赢得更多读者,让人有读下去欲望的敲门砖。对照自己评审别人的国家社科基金项目成果,曾为一部有着近乎完美对仗语句标题的专著而感叹,也曾为有的成果语言不够简练、优美而感到遗憾。当自己在写作过程中不断地反复修改、打磨用词用语时,却又常感语言之乏力,也深悟古人"推敲"之意。不管怎么呈现,语言就是令人遗憾的艺术,总会留有诸多的不如意和不满意,只能待日后再去进一步完善、升华。

最后,关于注释和参考文献的技术规范使用需要做一说明。由于本书涉及的社会思潮众多,对每一种社会思潮的研究都基于马克思恩格斯众多不同的经典文献,对每一种社会思潮又都有学者不同角度、不同层面的研究成果,因此,就参考文献的放置位置而言,就没有集中放在成果最后,而是分别放在每一章后面。就参考文献的排列顺序来说,每一章文献排列的先后顺序通常是:马克思主义经典文献、国外学术译著、国内学术专著、学位论文、期刊论文、报纸文章等。另外,由于研究内容的庞杂、研究时间和精力所限,本书成果的参考文献主要限于中文版本。再有,出于学术规范性的要求以及本人使用习惯的考虑,就文献的出处来说,涉及马克思恩格斯的经典文献主要选自《马克思恩格斯文集》2009 年版,一些在《马克思恩格斯文集》中没有收录的引用,才选用《马克思恩格斯全集》第一版或是第二版;涉及列宁的经典文献主要选自《列宁选集》2012 年版。

第二节　主要概念辨析:社会思潮与
错误社会思潮批判

一、社会思潮的内涵、特征及分类

"社会思潮"的英文翻译为:"social thought""social thoughts""social trend"等,通常意指带有某种倾向性、趋向性的思想体系和观念体系。但是,其定义究竟是什么?《大不列颠百科全书》《美国百科全书》等没有关于此概念的条目,国外学界也没有明确、统一的界说,[1]国内权威词典类书目"社会思潮"条目的解释亦不尽相同。其中《辞海》中关于"思潮"的定义是:"(1)某一历史时期内反映一定阶级或阶层利益和要求的思想倾向;(2)涌现出来的思想感情。"[2]《现代汉语词典》对于"思潮"的定义是:"①某一时期内在某一阶级或阶层中反映当时社会政治情况而有较大影响的思想潮流:文艺思潮。②接二连三的思想活动:思潮起伏|思潮澎湃。"[3]《中国大百科全书》(哲学卷)"社会思潮"条目的解释是:"社会思潮反映特定环境中,人们的某种利益或要求并对社会生活有广泛影响的思想趋势或倾向。"[4]"有时表现为由一定

---

① 参见林泰:《问道:改革开放以来的社会思潮与青年思想政治教育研究》,中国社会科学出版社 2013 年版,第 3 页;林伯海:《当代西方社会思潮与青年教育》,西南交通大学出版社 2011 年版,第 1 页;张骥等:《马克思主义意识形态引领多样化社会思潮若干问题研究》,人民出版社 2013 年版,第 7 页。

② 《辞海》,上海辞书出版社 2009 年版,第 3688 页。

③ 中国社会科学院语言研究所词典编辑室编:《现代汉语词典》第 5 版,商务印书馆 2005 年版,第 1290 页。

④ 《中国大百科全书》(哲学卷),中国大百科全书出版社 1993 年版,第 7651 页。

理论形态的思想作主导,有时又表现为人们的社会心理,是社会意识的综合表现形式。"①国内学者关于社会思潮的概念有不同的理解和界定,以下为国内研究社会思潮相关问题的一些著名学者关于"社会思潮"的理解与界定。② 刘建军认为,"社会思潮是一种以时代为背景、以社会为场所、以群体为主体的社会意识的变动或运动形式";但是,"一种思想观念的产生还并不是一种社会思潮的产生,而只有当这种思想观念在一定的社会范围内传播开来并为众多的社会成员所接受时,才能成为一种社会思潮"。③ 陈立思认为:"社会思潮是经思想家倡导而在大众中持久流行的、与时代和社会重大问题相关联的较系统、较集中的思想观点的运动。"④林伯海认为,"所谓社会思潮,一般是指在一定时期内、反映某一阶级或阶层利益和要求、得到广泛传播并对社会生活产生某种影响的思想趋势或思想潮流。……其中,既有顺应历史前进方向的正确思潮,又有与历史前进方向相悖的错误思潮"⑤。洪晓楠认为,所谓"社会思潮是指某一特定时期内在一定程度上反映当时社会政治经济、思想文化状况,并适应相当一部分人的心理状况和要求,在社会上流传甚广、影响较大的以某种理论学说为主导或依据的思想倾向和思想潮流"⑥。"社会思潮是对社会存在的反映。在社会意识结构中,社会思潮属于社会意识形态的范畴,是社会意识的一种综合表现形式。""社会思潮作为一种社会意识,既具有理论形态,又具有心理形态,是社会意识的综合表现形式。"⑦张骥等提出就广义而言,社会思潮是涵盖所有社会领域的"一种社会意识现象"⑧;佘双好"将社会思潮理

---

① 《中国大百科全书》(哲学卷Ⅱ),中国大百科全书出版社1987年版,第765页。
② 此处主要列举国内研究社会思潮相关问题的一些知名学者在其著作中关于"社会思潮"的理解与界定,不包括散见于期刊文章中的定义。
③ 刘建军:《文明与意识形态》,中华书局2011年版,第119、139页。
④ 陈立思:《社会思潮与青年教育》,北京大学出版社2011年版,第3页。
⑤ 林伯海:《当代西方社会思潮与青年教育》,西南交通大学出版社2011年版,第1页。
⑥ 洪晓楠:《当代西方社会思潮及其影响》,人民出版社2009年版,第1页。
⑦ 洪晓楠:《当代西方社会思潮及其影响》,人民出版社2009年版,第2—3页。
⑧ 张骥等:《马克思主义意识形态引领多样化社会思潮若干问题研究》,人民出版社2013年版,第12页。

解为一种反映某种现实利益诉求、具有较大受众基础、产生较大社会影响、与主导社会价值观念相对应的社会意识形态和观点"①。林泰认为,所谓"社会思潮"是指"在社会变革时代(在社会心理演化的基础上),由一定思想理论引领的,反映社会历史走向诉求的,影响面很广的思想观念或倾向"②。梅荣政等把学界关于社会思潮内涵的研究归纳为"综合说"和"中介说"。"综合说"认为,社会思潮是社会心理和社会意识的综合表现;③"中介说"则把社会思潮放到整个社会意识系统中进行考察,认为社会思潮是构成社会意识的社会心理与社会意识形态之间的中介。也就是说,社会意识由社会心理、社会思潮和社会意识形态三个从低到高的层次构成,社会思潮处于承上启下的地位。④朱汉国等梳理了国内学界关于"社会思潮"的几种定义,提出:"社会思潮是在特定的社会历史条件下,以某种理论为指导,以群体的社会心理为基础,以特定的社会议题为焦点,集中反映一定的阶级、阶层或集团的群体利益诉求并具有广泛影响的社会意识的运动形态。"⑤

　　上述观点都坚持了马克思主义唯物史观关于社会存在与社会意识的辩证关系原理:"物质生活的生产方式制约着整个社会生活、政治生活和精神生活的过程。不是人们的意识决定人们的存在,相反,是人们的社会存在决定人们的意识。"⑥"社会存在也称社会物质生活条件,是社会生活的物质方面,主要包括自然地理环境、人口因素和物质生产方式。"⑦"社会意识是社会生活的精

① 余双好:《当代社会思潮对高校师生的影响及对策研究》,中央编译出版社2013年版,第11页。
② 林泰:《问道:改革开放以来的社会思潮与青年思想政治教育研究》,中国社会科学出版社2013年版,第3—4页。
③ 参见梅荣政、杨军主编:《理论是非辨——用社会主义核心价值体系引领多样化社会思潮》,中国社会科学出版社2013年版,第161页。
④ 参见梅荣政、杨军主编:《理论是非辨——用社会主义核心价值体系引领多样化社会思潮》,中国社会科学出版社2013年版,第162页。
⑤ 朱汉国等:《当代中国社会思潮研究》,北京师范大学出版社2012年版,第7页。
⑥ 《马克思恩格斯文集》第2卷,人民出版社2009年版,第591页。
⑦ 《马克思主义基本原理概论》,高等教育出版社2018年版,第107页。

神方面,是社会存在的反映。""根据不同的层次,社会意识分为社会心理和社会意识形式。社会心理是低层次的社会意识,是自发的、不系统的、不定型的社会意识,表现为人们的感知、情绪、情感、心态、习俗等,以感性认识为主;社会意识形式是高层次的社会意识,是自觉的、系统的、定型的社会意识,包括政治法律思想、道德、艺术、宗教、哲学、科学等,以理性认识为主。社会意识形式以社会心理为基础,并对社会心理起指导和影响作用。在社会意识形式中,又存在意识形态和非意识形态之分,其中意识形态是指反映社会的经济关系、阶级关系的社会意识,主要包括政治法律思想、道德、艺术、宗教、哲学等。自然科学和语言学、形式逻辑等一部分社会科学不具有社会经济形态和政治制度的性质,不反映特定社会集团的利益和要求,不服务于特定经济政治制度和特定阶级,因而属于非意识形态。"①社会存在和社会意识是辩证统一的。社会存在决定社会意识,社会意识是社会存在的反映,并反作用于社会存在。

　　根据上述不同界定,关于社会思潮的分类及特征,学者们又提出了不同的看法,主要有如下代表性的观点:林伯海指出社会思潮通常具有时代性、群众性和阶级性等特点。按照社会思潮的流行时期、产生和形成的国别与地域、所反映的学科领域、所代表的人群年龄和性别以及意识形态和社会制度等不同的分类标准和方法有多种类型。② 佘双好认为,社会思潮具有理论性、现实干预性、广泛传播、潜藏性、非主流性等鲜明特点。他们以"文史哲、教育与社会科学综合、政治军事与法律、经济与管理"为学科范围,重点研究了在上述学科范围内对于高校师生影响较大的文学、文化、文艺、哲学、教育、政治、经济等社会思潮。③ 梅荣政等认为社会思潮具有以下共同的基本特征,即群体性、政治性、强烈的现实性、重复性、可引领性、传播性等,并根据"五个如何看待"和

---

① 《马克思主义基本原理概论》,高等教育出版社2018年版,第109页。

② 参见林伯海:《当代西方社会思潮与青年教育》,西南交通大学出版社2011年版,第5—6页。

③ 参见佘双好:《当代社会思潮对高校师生的影响及对策研究》,中央编译出版社2013年版,第8—11页。

"三条原则",全面审视和综合分析当代中国的社会思潮在社会的不同方面,在政治、经济、文化、社会不同领域,在不同学科的表现,及其对人们的世界观、历史观、人生观、价值观等的不同影响。① 陈立思认为社会思潮具有如下特征:社会性和大众性的统一,事实性和价值性的统一,民族性和时代性的统一。按照领域、按照学科可以把社会思潮划分为不同种类;而某个学科的思潮按照基本观点和立场、按照某种思潮的发展阶段不同还可以做具体形式的划分。② 张骥等在梳理了学界关于社会思潮特征认识的基础上,提出了他们的观点,认为社会思潮具有典型的时代性、强烈的现实性、广泛的群众性、鲜明的阶级性或阶层性、显著的变动性、多重的复杂性等特征。同时,张骥等在梳理了学界关于社会思潮类型认识的基础上,提出了按照社会思潮的性质、学科以及起源分类的方法。③ 朱汉国等也在梳理了学界关于社会思潮特征、社会思潮类型等认识的基础上,提出了他们的观点,认为社会思潮的特征有:社会性和群体性、理论性和理想性、民族性和时代性、现实性和实践性、批判性和挑战性、运动性和传播性等。关于社会思潮的类型,张骥等认为应该着重从社会思潮的成因、产生的时代、阶级性质、发展阶段、代表的主体、表现方式、对社会作用的性质、所追求的核心内容等方面进行分类。④ 梁树发认为,"思潮是一个集合概念。它是各种性质、类型的思想与思潮的总和或总称,是一个复杂的巨系统。无论是学术思潮还是社会思潮,都是结构复杂的思潮群。它们各自包含不同的类型和层次。学术思潮既可能表现在学科或超学科的宏观层次,也可能表现在观念、观点的微观层次。社会思潮按照社会结构划分,有经济思潮、

---

① 参见梅荣政、杨军主编:《理论是非辨——用社会主义核心价值体系引领多样化社会思潮》,中国社会科学出版社2013年版,第169—174页。
② 参见陈立思:《社会思潮与青年教育》,北京大学出版社2011年版,第1、4—7页。
③ 参见张骥等:《马克思主义意识形态引领多样化社会思潮若干问题研究》,人民出版社2013年版,第13—20页。
④ 参见朱汉国等:《当代中国社会思潮研究》,北京师范大学出版社2012年版,第9—17页。

政治思潮、文化思潮和狭义的社会思潮,而按照其影响的性质划分,则有进步思潮和落后思潮,等等"①。

　　基于唯物史观基本原理,综合上述学者们的不同认识,本书倾向于"社会思潮"的"综合说",即认为社会思潮是社会心理和社会意识的综合表现。然而,上述关于"社会思潮"的认识主要是针对当代社会思潮的研究所提出。而本书所论及的"社会思潮"属于社会意识形态的范畴,是社会意识的一种表现形式,主要是作为一种理论形态的社会意识,且它是包含学术思潮在内的广义社会思潮,不是与经济、政治、文化相并列的狭义的"社会思潮",因此,通常又称之为"主义"。学者梁树发特别论述了学术思潮与社会思潮的关系,指出:"学术思潮和社会思潮不是对立的两种思潮,它们是相互包含的,也是相互转化的。具有社会性的或社会意义的学术思潮是社会思潮;一定的社会思潮成为学术研究的对象,就可能影响学术思潮或成为学术思潮。""学术思潮对社会的影响不及社会思潮广泛、直接和突出。"②陈立思在比较详细地分析比较了社会思潮和学术流派的异同基础上,提出"社会思潮的核心是学术流派观点";并探讨了"主义"与"思潮"的关系,认为不能把二者等同起来;但也指出,"由于学术流派的理论观点是社会思潮的核心",因此,在对社会思潮做理论分析时,往往转化为对学术流派的观点做分析。③

　　在此界定意义上,本书认为,社会思潮主要具有阶级性(即政治性、价值性)、时代性、群众性(或说是:社会性、大众性、群体性)、复杂性等特征。阶级性反映的是社会思潮的世界观、立场问题;时代性是从社会思潮产生的社会现实基础来说;群众性是基于社会思潮对人民群众产生的社会影响而言。

---

①　梁树发:《思潮研究三题》,《中国社会科学报》2010 年 12 月 2 日。
②　梁树发:《思潮研究三题》,《中国社会科学报》2010 年 12 月 2 日。
③　参见陈立思:《社会思潮与青年教育》,北京大学出版社 2011 年版,第 3—4 页。

二、社会思潮与主流意识形态

确定了社会思潮的含义、特征及类型,厘清了社会思潮与社会心理、社会意识、意识形态之间的关系,还需梳理社会思潮与主流意识形态的关系,从而明晰社会思潮在社会生活中的位置,正确把握社会思潮发生、发展规律。

首先,关于意识形态和国家意识形态、主流意识形态内涵的界定。就我国目前有关意识形态的研究资料来看,主要有以下几种观点:一种观点是用马克思主义阶级观点来界定意识形态的内涵,如俞吾金认为意识形态是在阶级社会中,适合一定的经济基础以及建立在这一基础之上的法律和政治上层建筑而形成起来的,代表统治阶级根本听觉的情感、表象和观念的总和,其根本特征是自觉地或不自觉地用幻想的联系来取代并掩蔽现实的联系;① 有学者认为意识形态本质上是价值观,从属于一定的阶级和利益集团,也是一定世界观和方法论的产物。② 一种观点主张意识形态是思想观念体系,如有学者认为意识形态是一种思想理论和价值观观念体系,这种思想信念体系通过一系列理论概念符号的特定结合,来论证某种体制与秩序的合法性,以及实现在特定的理想目标的途径的合理性。③ 另外,有学者从科学的意识形态和意识形态的科学性、一元意识形态与多元意识形态和主流意识形态与非主流意识形态、党的意识形态和国家意识形态、马克思意识形态理论与马克思主义意识形态理论等方面对意识形态概念进行了辨析。④ 也有学者从作为意识形态的虚假意识、作为意识形态的价值观念体系、意识形态副现象和作为意识形态的文化体系等四个方面对意识形态的概念研究进行了辨析,进一步厘清了意识形态的概念。⑤ 对于"国家意识形态"的界定,国内学术界的意见基本一致,就是在

① 参见俞吾金:《意识形态论》,上海人民出版社 1993 年版,第 129 页。
② 参见侯惠勤:《马克思主义意识形态论》,南京大学出版社 2011 年版,第 1 页。
③ 参见孙代尧:《中国共产党执行意识形态的重建》,《科学社会主义》2008 年第 4 期。
④ 参见李英田:《对意识形态几组概念的辨析》,《湖北社会科学》2007 年第 1 期。
⑤ 参见王晓升:《"意识形态"概念辨析》,《哲学动态》2010 年第 3 期。

社会意识形态中占主导地位的主流意识形态,如有学者认为国家意识形态是一定阶级或集团基于自身根本利益所推行的价值体系和行为规范,在社会意识形态中发挥着引领和主导作用,是社会意识形态的主流和核心。① 总之,正如有学者指出的:"任何国家和社会都有占统治地位的意识形态,意识形态领域的主导思想从来都是一元的,不能多元化。社会思想观念越是多样化,就越是需要坚持和巩固马克思主义的指导地位。如果动摇了马克思主义的指导地位,就会动摇中国特色社会主义的理论根基,动摇全党全国人民团结统一的思想基础。只有坚持马克思主义指导思想,才能有效引领和整合社会思潮,在尊重差异中扩大社会认同,在包容多样中形成思想共识,从而凝聚起建设国家的伟大力量。"②中国特色社会主义的国家意识形态、主流意识形态就是马克思主义。

由此,关于主流意识形态与社会思潮的关系,梁树发在其《思潮研究三题》中做了清晰明了的论述:"思潮研究中的基本问题是主流意识形态与思潮的关系问题。在我们这里就是马克思主义与思潮的关系问题,就是在与思潮的联系、交往中,马克思主义如何巩固其在意识形态领域中的领导地位问题,就是马克思主义如何能够作为主流意识形态存在和发展的问题。思潮是社会生活的文化生态,也是马克思主义存在与发展的文化环境。它是现实的。处理得好,它是主流意识形态、马克思主义巩固其地位和发展的条件;处理得不好,它就成为阻力、障碍,就是主流意识形态、马克思主义巩固其地位和发展的破坏性因素。"因此,"在马克思主义与各种意识形态、思潮的关系上,正确的态度应该是:一方面,以一种积极开放的态度看待各种意识形态、思潮的产生和存在,并注意从中汲取有利于自己发展的积极因素;另一方面,要同错误的特别是落后的反动的思潮开展斗争。科学批判是马克思主义的本质"。"应以历史的态度看待思潮和主流意识形态。主流意识形态是曾经的思潮。就进步的思潮上升为社会的主流意识形态来说,那是由于它符合历史潮流,适应了

---

① 参见揭晓:《文化软实力与国家意识形态安全》,《前沿》2011年第16期。
② 秋石:《划清"四个重大界限"的有关理论和实践问题》,《求是》2010年第16期。

'具体的社会政治形势'和'迫切的直接行动的任务'的需要。历史的辩证法表明,当主流意识形态失去了这样一种品质的时候,它就会失去其统治地位而降为一般思潮,甚至完全失去其存在。历史地看待主流意识形态与思潮的关系,当下应特别强调的是,马克思主义除了应继续保持和发扬它的与时俱进的品质外,就是要处理好其与各种思潮的关系。"① 正如在《关于正确处理人民内部矛盾的问题》一文中,毛泽东曾经把正确的思想、思潮同错误的思想、思潮的斗争,看作既是真理发展的规律,又是马克思主义发展的规律。②

由上观之,在社会生活领域,社会思潮是多样化的;但是,意识形态的指导思想是一元的,即马克思主义处于主导地位,是指导思想。毋庸置疑的是,马克思主义是中国社会的主流意识形态、主导意识形态和国家意识形态。巩固马克思主义在社会思潮和意识形态领域的领导地位、主导地位,就是不断地同各种错误社会思潮作斗争,在对错误社会思潮的分析批判中发展自身、壮大自身,从而起到引领多样化社会思潮的作用。

三、批判与错误社会思潮批判③

人们日常用"批判"一词意即拒绝和否定。而《现代汉语词典》就"批判"一词的本身含义概括了两种释义:一是对错误的思想、言论或行为做系统的分析,从而对其加以否定;二是分析判别,评论好坏。④ 其中"批"与"判"都具有辨别、评断、评析的含义。

哲学家康德在其著名的"三批判书"之一《纯粹理性批判》中针对所用"批

---

① 梁树发:《思潮研究三题》,《中国社会科学报》2010 年 12 月 2 日。

② 参见《建国以来重要文献选编》,中央文献出版社 1994 年版,第 90 页。

③ 参看曹艺:《〈哥达纲领批判〉中的分配正义思想研究》"第一章第二节",深圳大学硕士学位论文,2018 年;付文军:《论批判之为马克思哲学的真精神》,《兰州学刊》2015 年第 4 期;等等。

④ 参见中国社会科学院语言研究所词典编辑室编:《现代汉语词典》第 5 版,商务印书馆 2005 年版,第 1034 页。

判"明确了其意指,即"我之所谓批判非指批判书籍及体系而言,乃指就理性离一切经验所努力寻求之一切知识,以批判普泛所谓理性之能力而言。故此种批判乃决定普泛所谓玄学之可能与否、乃规定其源流、范围及限界者——凡此种种皆使之与原理相合"①。这里的"批判"是针对理性认识能力进行审视。在康德看来,人的理性认识能力有其范围与限度,因此,应该划出界限、厘定限度。贺来在《何谓哲学意义的"批判"》一文中指出:"康德对'批判'的理解揭示了哲学意义上的'批判'最为深层和精髓的含义。"这主要在于,康德"揭示了哲学的'批判'是一种针对抽象观念和独断教条的反思性活动,这种活动是自觉和主动的";"哲学批判活动的精髓是'厘定界限',即对抽象观念和独断教条试图超越界限"。基于对康德哲学批判的概念分析,贺来认为,"批判首先是一种'厘定界限'的哲学活动。通过'界限'的厘定,祛除抽象观念和抽象力量对人的思想和现实生活的扭曲和遮蔽,从而推动思想解放与人的解放,这是哲学'批判'的重要内涵和基本工作方式"。哲学意义的"批判""同时又是一种谦逊的内在超越活动,二者最集中地体现了哲学最深层的价值归宿,那就是对生命的自由和丰富性的辩护。生命的'自由'与'丰富',是哲学批判最为根本性的价值旨趣。这意味着:哲学批判并非流俗所理解的消极被动的'否定性'和'拒斥性'活动,而是呈现出十分自觉和鲜明的建设性和肯定性向度和意蕴"②。

马克思主义是批判的、革命的理论,批判性是马克思主义的本质特征之一。马克思说:"辩证法不崇拜任何东西,按其本质来说,它是批判的和革命的。"③马克思的"批判"概念不仅仅是厘定界限即划清界限,同时实现内在超越,即不是全盘否定,而是一种在否定中的肯定即辩证否定、扬弃,在批判中有建构即重构,由此实现了超越与发展。因此,在哲学视域中,用辩证的眼光看

---

① 康德:《纯粹理性批判》,蓝公武译,商务印书馆2012年版,第5页。
② 贺来:《何谓哲学意义的"批判"》,《探索与争鸣》2016年第6期。
③ 《马克思恩格斯文集》第5卷,人民出版社2009年版,第22页。

待"批判"则可以概括为划清界限、辨析内容、合理扬弃。在此意义上,立足马克思恩格斯的经典文本,梳理马克思恩格斯分析批判各种错误社会思潮的思想历程,在一定意义上说就是总结经验、再现马克思主义理论创新的内在规律,对于把握马克思主义发展史在某种程度上说就是马克思主义批判史的发展规律,对于马克思主义在当代社会面对各种社会思潮的冲击如何进一步丰富、发展都具有重要的理论意义和现实价值。正如有学者指出的,"在现实批判和理论批判的双向进路中,马克思哲学才得以在理论界持存。纵观马克思哲学的发展进程和理论逻辑,不难发现,在历经三重批判——'批判他人'、'回应批判'和'自我批判'——后,它才以较为完整而科学的面目示人"①。正是在批判的过程中,马克思主义实现了"物质武器"和"精神武器"的有机统一,即"批判的武器当然不能代替武器的批判,物质力量只能用物质力量来摧毁;但是理论一经掌握群众,也会变成物质力量"②。"哲学把无产阶级当做自己的**物质**武器,同样,无产阶级也把哲学当做自己的**精神**武器。"③

而所谓"错误社会思潮",即主要指各种反马克思主义社会思潮,以及一些非马克思主义社会思潮中有悖马克思主义的错误观点。关于反马克思主义、非马克思主义社会思潮的主要特征及表现,有学者做了明确的阐释:"从历史和现实看,反马克思主义的东西集中在两个方面:其一,从右的方面否认马克思主义的科学性,反对马克思主义的政治立场、思想体系和基本原理,反对马克思主义的指导地位和作用。"这种从右的方面的反马克思主义在现实中的表现如宣扬马克思主义"过时论""无用论"等;"其二,从'左'的方面打着马克思主义的旗号反对马克思主义的本质,根本否定我国的改革开放,否定中国特色社会主义。""左"的方面的反马克思主义实际上是把马克思主义当作僵死的教条。如何客观地对待这些右的或"左"的反马克思主义思潮呢?

---

① 付文军:《论批判之为马克思哲学的真精神》,《兰州学刊》2015 年第 4 期。
② 《马克思恩格斯文集》第 1 卷,人民出版社 2009 年版,第 11 页。
③ 《马克思恩格斯文集》第 1 卷,人民出版社 2009 年版,第 17 页。

即如何划界的问题。"划清马克思主义同反马克思主义的界限,有两点特别重要:一是政治立场。马克思主义是世界观与价值观的统一。……二是思想路线。……解放思想、实事求是、与时俱进是马克思主义活的灵魂和思想路线"。那么,除了反马克思主义社会思潮,又该如何看待非马克思主义社会思潮呢?"在当今思想界,除了反马克思主义的东西,还有大量非马克思主义的思潮和学说……""对反马克思主义的东西要斗争;对非马克思主义的思想,既要斗争,也要尊重、包容、借鉴、吸收。既尊重差异、包容多样,又有力抵制各种错误和腐朽思想的影响,是坚持和发展马克思主义的题中应有之义。"①

综上,本书所言"分析批判错误社会思潮",即在马克思主义发展历程中,坚持马克思主义的立场、观点和方法,分析批判各种反马克思主义、非马克思主义社会思潮,厘清、划定各种反马克思主义社会思潮的界限,抵制其负面影响;实事求是,尊重、包容、借鉴、吸收各种非马克思主义社会思潮的有益成分,去除其消极影响。

第三节　研究思路理清:社会思潮批判视角下马克思恩格斯思想发展的逻辑进路②

马克思主义创立、发展的历史不仅是马克思恩格斯自身思想在理论逻辑上不断成熟、完善的过程,同时也是在与各种错误社会思潮作斗争,在分析批判错误社会思潮中厘清自身思想进路而逐步深化认识的过程。纵览马克思恩格斯思想发展的轨迹,可以说经历了从犀利的哲学批判到严谨的政治经济学

---

①　秋石:《划清"四个重大界限"的有关理论和实践问题》,《求是》2010 年第 16 期。
②　本节内容以《马克思恩格斯经典文本分析批判错误社会思潮的逻辑进路》全文发表在《光明日报》理论版(2019 年 8 月 26 日)。因报纸文章没有注释,此处按照文章原稿做了补充。文章原稿《马克思恩格斯经典文本分析批判错误社会思潮的逻辑进路及其当代启示》收录于《"马克思主义哲学的发展与展望"理论研讨会暨中国马克思主义哲学史学会 2019 年年会论文集》(2019 年 7 月·兰州),发表时按照报纸文章相关要求做了删节。

批判,再到全面的社会、意识形态批判。而马克思恩格斯分析批判各种错误社会思潮,不仅立足于当时的社会背景,紧扣时代主题,而且针对错误社会思潮的主要观点有的放矢地进行反驳、旗帜鲜明地指出其根本症结及错误实质所在,更在分析批判之中进行自身理论的建构与创新,实现了破立结合、批判性与建设性的高度统一,体现出"新思潮的优点又恰恰在于我们不想教条地预期未来,而只是想通过批判旧世界发现新世界"①的理论旨归。

一、犀利的哲学批判——高度原则性的坚持

马克思恩格斯早期的思想发展历程,首先都是由深受青年黑格尔派的影响,再到扬弃青年黑格尔派,从而创立马克思主义哲学唯物史观的过程。在这一思想发展进程中,年轻的马克思恩格斯常常用犀利、嘲讽甚至是尖刻的语言,批判青年黑格尔派,进而批判黑格尔和费尔巴哈的哲学思想,坚持了高度的原则性。以马克思恩格斯集中批判青年黑格尔派合著的代表作《神圣家族》《德意志意识形态》等,从中可以看到马克思恩格斯分析批判的特色。

马克思恩格斯在《神圣家族》中首先揭露了青年黑格尔派的主观唯心主义实质,指出"思辨唯心主义用'**自我意识**'即'**精神**'代替**现实的个体的人**",对于青年黑格尔派的批判,"我们所反对的正是以**漫画形式**再现出来的**思辨**"②。其次,马克思恩格斯分析批判了青年黑格尔派的唯心史观的症结所在,指出"唯灵论的、**神学的**批判的批判仅仅知道(至少它在自己的想象中知道)历史上的政治、文学和神学方面的重大事件。正像批判的批判把思维和感觉、灵魂和肉体、自身和世界分开一样,它也把历史同自然科学和工业分开,认为历史的诞生地不是地上的粗糙的**物质**生产,而是天上的迷蒙的云兴雾聚之处"③。再次,马克思恩格斯尖锐地批判了青年黑格尔派无视甚至是敌视无

---

① 《马克思恩格斯全集》第47卷,人民出版社2004年版,第64页。
② 《马克思恩格斯文集》第1卷,人民出版社2009年版,第253页。
③ 《马克思恩格斯文集》第1卷,人民出版社2009年版,第350—351页。

产阶级、人民群众的历史作用的观点。"绝对的批判摒弃**群众的**历史并打算用**批判的**历史取而代之。"①"绝对的批判宣布'**群众**'是精神的真正敌人。"②但是,他们的群众又"不同于**现实的**群众,群众只是为了'**批判**'才作为'**群众**'而存在"③。

与此同时,马克思恩格斯对于青年黑格尔派的犀利批判特色,更为显著地体现在他们写于1845年9月—1846年8月的《德意志意识形态》中。马克思恩格斯在该文中意欲彻底清算他们从前的信仰,创立唯物史观,肃清各种空想社会主义的影响。在其第一卷第一章中[Ⅰ]前言部分马克思恩格斯以讽刺的口吻揭示道,"既然青年黑格尔派认为,观念、思想、概念,总之,被他们变为某种独立东西的意识的一切产物,是人们的真正枷锁,就像老年黑格尔派把它们看做是人类社会的真正镣铐一样,那么不言而喻,青年黑格尔派只要同意识的这些幻想进行斗争就行了。既然根据青年黑格尔派的设想,人们之间的关系、他们的一切举止行为、他们受到的束缚和限制,都是他们意识的产物,那么青年黑格尔派完全合乎逻辑地向人们提出一种道德要求,要用人的、批判的或利己的意识来代替他们现在的意识,从而消除束缚他们的限制。这种改变意识的要求,就是要求用另一种方式来解释存在的东西,也就是说,借助于另外的解释来承认它"④。

与此同时,马克思恩格斯旗帜鲜明地表明自己的立场,"为了正确地评价这种甚至在可敬的德国市民心中唤起怡然自得的民族感情的哲学叫卖,为了清楚地表明这整个青年黑格尔派运动的狭隘性、地域局限性,特别是为了揭示这些英雄们的真正业绩和关于这些业绩的幻想之间的令人啼笑皆非的显著差异,就必须站在德国以外的立场上来考察一下这些喧嚣吵嚷"⑤。更进一步,

① 《马克思恩格斯文集》第1卷,人民出版社2009年版,第286页。
② 《马克思恩格斯文集》第1卷,人民出版社2009年版,第289页。
③ 《马克思恩格斯文集》第1卷,人民出版社2009年版,第290页。
④ 《马克思恩格斯文集》第1卷,人民出版社2009年版,第515—516页。
⑤ 《马克思恩格斯文集》第1卷,人民出版社2009年版,第513页。

马克思恩格斯揭露了以施特劳斯、鲍威尔、施蒂纳为代表的青年黑格尔派进行的哲学批判的实质。"德国的批判,直至它最近所作的种种努力,都没有离开过哲学的基地。这个批判虽然没有研究过自己的一般哲学前提,但是它谈到的全部问题终究是在一定的哲学体系即黑格尔体系的基地上产生的。"①"这些哲学家没有一个想到要提出关于德国哲学和德国现实之间的联系问题,关于他们所作的批判和他们自身的物质环境之间的联系问题。"②

在分析批判青年黑格尔派错误立场和观点的基础上,马克思恩格斯进而又分析批判了费尔巴哈、鲍威尔和施蒂纳的唯心主义历史观,批判了"真正的社会主义"或"德国社会主义"所代表的各式各样的哲学观点,比较了两种对立的历史观——唯物史观和唯心史观,第一次系统地阐述了唯物主义历史观的基本原理。"这种历史观和唯心主义历史观不同,它不是在每个时代中寻找某种范畴,而是始终站在现实历史的基础上,不是从观念出发来解释实践,而是从物质实践出发来解释各种观念形态,由此也就得出下述结论:意识的一切形式和产物不是可以通过精神的批判来消灭的,不是可以通过把它们消融在'自我意识'中或化为'怪影'、'幽灵'、'怪想'等等来消灭的,而只有通过实际地推翻这一切唯心主义谬论所由产生的现实的社会关系,才能把它们消灭;历史的动力以及宗教、哲学和任何其他理论的动力是革命,而不是批判。"③马克思恩格斯论述中破中有立、批判性与建设性的高度统一可见一斑。

二、严谨的政治经济学批判——理智客观性的坚守

马克思恩格斯思想发展的历程也是扬弃资产阶级古典政治经济学,不断地进行严谨的政治经济学批判,从而揭露资本主义制度本质的历程。在分析

---

① 《马克思恩格斯文集》第1卷,人民出版社2009年版,第514页。
② 《马克思恩格斯文集》第1卷,人民出版社2009年版,第516页。
③ 《马克思恩格斯文集》第1卷,人民出版社2009年版,第544页。

批判中马克思恩格斯体现出的是理智客观性的坚守。

　　由于恩格斯曾更多地生活在资本主义的发源地英国,因此,他较早于马克思致力于古典政治经济学的批判以及对于工人阶级状况的分析。写于1843年9月底或10月初到1844年1月中的《国民经济学批判大纲》,是恩格斯同马克思合作之前撰写的政治经济学著作。正如列宁所说,恩格斯的《国民经济学批判大纲》一文"从社会主义的观点考察了现代经济制度的基本现象,认为那些现象是私有制统治的必然结果"①。马克思也对其给予了高度的评价,称赞它是"批判经济学范畴的天才大纲"②。在这篇著作中,恩格斯对于古典政治经济学进行了系统的考察,剖析了其基本范畴,如"商业形成的第一个范畴是**价值**"③等;并揭露了其阶级实质,"这种从商人的彼此妒忌和贪婪中产生的国民经济学或发财致富的科学,在额角上带有最令人厌恶的自私自利的烙印"④。"经济学家离我们的时代越近,离诚实就越远。时代每前进一步,为把经济学保持在时代的水平上,诡辩术就必然提高一步。"⑤由此进一步揭示了资本主义私有制是一切社会矛盾的根源;只有消灭私有制,才能消除由其带来的社会弊端。"如果我们撇开私有制,那么所有这些反常的分裂就不会存在。"⑥"只要我们消灭了私有制,这种反常的分离就会消失"⑦。

　　同恩格斯的交往则促使了"马克思下决心去研究政治经济学"⑧。马克思对于马克思主义政治经济学思想的阐释在其早期思想发展过程中主要集中在《哲学的贫困》这篇批判蒲鲁东思想的经典文献中。正如1859年马克思在《〈政治经济学批判〉序言》中所说:"我们见解中有决定意义的论点,在我的

① 《列宁选集》第1卷,人民出版社2012年版,第93页。
② 《马克思恩格斯文集》第2卷,人民出版社2009年版,第592页。
③ 《马克思恩格斯文集》第1卷,人民出版社2009年版,第63页。
④ 《马克思恩格斯文集》第1卷,人民出版社2009年版,第56页。
⑤ 《马克思恩格斯文集》第1卷,人民出版社2009年版,第59页。
⑥ 《马克思恩格斯文集》第1卷,人民出版社2009年版,第71页。
⑦ 《马克思恩格斯文集》第1卷,人民出版社2009年版,第72页。
⑧ 《列宁选集》第1卷,人民出版社2012年版,第93页。

1847 年出版的为反对蒲鲁东而写的著作《哲学的贫困》中第一次作了科学的，虽然只是论战性的概述。"①关于这一点，恩格斯也作了相同的评价。恩格斯在为《反杜林论》所写的三个版本的序言中说："马克思和我所主张的辩证方法和共产主义世界观……首先在马克思的《哲学的贫困》和《共产主义宣言》中问世"②。恩格斯在为《哲学的贫困》德文第一版写的序言中也指出："本书是 1846 年到 1847 年那个冬天写成的，那时候，马克思已经彻底明确了自己的新的历史观和经济观的基本点。当时刚刚出版的蒲鲁东'经济矛盾的体系，或贫困的哲学'一书，使他有机会发挥这些基本点……"③因此，《哲学的贫困》通常被认为是马克思政治经济学批判的科学起点。马克思本人于 1880 年在《关于〈哲学的贫困〉》一文中曾说，看到《贫困的哲学》后之所以决心彻底批判它，是"为了给力求阐明社会生产的真实历史发展的、批判的、唯物主义的社会主义扫清道路，必须断然同唯心主义的政治经济学决裂，这个唯心主义政治经济学的最新的体现者，就是自己并没有意识到这一点的蒲鲁东"④。

对于蒲鲁东的批判、并进一步阐释了马克思的政治经济学思想，在马克思的其他一些文本中也有较集中的论述；而在严谨的政治经济学批判中，马克思恩格斯客观、明晰地阐释了马克思主义政治经济学理论。有代表性的如《1857—1858 年经济学手稿》，即《政治经济学批判大纲》（《资本论》第一部手稿）。马克思的《政治经济学批判》一书于 1859 年 6 月 4 日发表，是马克思计划出版的政治经济学著作的第一册第一分册（计划出六册），内容包括《序言》和《商品》《货币》两章。而正是在批判蒲鲁东经济学的观点以及扬弃古典政治经济学理论的基础上，马克思又相继写了《1861—1863 年经济学手稿》（即《资本论》第二部手稿）、《1863—1865 年经济学手稿》（即《资本论》第三部手

---

① 《马克思恩格斯文集》第 2 卷，人民出版社 2009 年版，第 593 页。
② 《马克思恩格斯文集》第 9 卷，人民出版社 2009 年版，第 11 页。
③ 《马克思恩格斯全集》第 21 卷，人民出版社 1965 年版，第 205 页。
④ 《马克思恩格斯全集》第 19 卷，人民出版社 1963 年版，第 248 页。

稿),从而创立了以剩余价值理论为核心的马克思主义政治经济学理论体系。《资本论》的主要内容就是研究"资本主义生产方式以及和它相适应的生产关系和交换关系"①。"最终目的是揭示现代社会的经济运动规律"②。总之,《资本论》以唯物史观为指导,研究了资本主义社会的大量丰富资料,揭示了资本主义制度的本质,验证并发展了唯物史观,是马克思主义唯物史观在剖析资本主义经济形态中的运用和发展。

三、彻底的意识形态批判——顽强斗争性的坚定

马克思恩格斯对错误社会思潮的分析批判又始终与实际的政治、社会斗争直接结合,展开全面的社会、意识形态批判。正如马克思曾说过的,"什么也阻碍不了我们把政治的批判,把明确的政治立场,因而把**实际**斗争作为我们的批判的出发点,并把批判和实际斗争看作同一件事情"③。马克思主义正是在对各种错误社会思潮的分析批判中逐步获得并巩固其在工人运动中的指导地位的。以 19 世纪 60—70 年代马克思恩格斯与拉萨尔主义、巴枯宁无政府主义的斗争为典型代表。

针对拉萨尔的错误以及拉萨尔死后拉萨尔主义者在德国工人运动中的危害,马克思首先同拉萨尔划清界限、断绝关系,并于 1862 年 7 月和年底,同拉萨尔先后两次就德国工人运动的路线问题进行面对面的斗争。1875 年,马克思又抱病针对爱森纳赫派与拉萨尔派合并后成立的德国社会主义工人党起草的、浸透了拉萨尔主义的《〈德国社会主义工人党纲领〉草案》写下了《德国工人党纲领批注》即《哥达纲领批判》的主体内容,给予了拉萨尔主义严厉、坚决且全面、具体的批驳。

巴枯宁无政府主义的创始人巴枯宁深受蒲鲁东及蒲鲁东主义的影响,曾

① 《马克思恩格斯文集》第 5 卷,人民出版社 2009 年版,第 8 页。
② 《马克思恩格斯文集》第 5 卷,人民出版社 2009 年版,第 10 页。
③ 《马克思恩格斯全集》第 47 卷,人民出版社 2004 年版,第 66 页。

自称为"纯粹的蒲鲁东主义者"。1864 年巴枯宁参加第一国际,正如马克思所指出的,巴枯宁参加国际"目的是要在国际内部建立**一个以他为首领的**叫做**'社会主义民主同盟'的第二个国际**。他这个没有任何理论知识的人妄图以这个特殊团体来代表国际进行**科学的**宣传,并把这种宣传变成**国际内部的这个第二个国际**的专职"①。即把第一国际变成实现其分裂路线的工具。其间,巴枯宁创立了无政府主义思想体系,发表了《国家制度和无政府状态》等书。在马克思恩格斯看来,其理论的实质是"共产主义和蒲鲁东主义的某种混合物"②。1872 年初,马克思恩格斯发表了《所谓国际内部的分裂》以揭示巴枯宁主义者分裂主义的真面目。在 1872—1873 年间,又连续写了一系列著作,从思想上进一步清算巴枯宁主义,包括马克思的《政治冷淡主义》《巴枯宁〈国家制度和无政府状态〉一书摘要》,恩格斯的《论权威》《行动中的巴枯宁主义者》等。除著作外,马克思恩格斯还在 1871—1872 年的一些通信里面较为集中地分析批判了巴枯宁无政府主义的错误所在,如《恩格斯致卡洛·卡菲埃罗》《马克思致弗里德里希·波尔特》《恩格斯致保尔·拉法格》《恩格斯致卡洛·特尔察吉》《恩格斯致泰奥多尔·库诺》等。

正如恩格斯《在马克思墓前的讲话》中所评价的,"因为马克思首先是一个革命家。他毕生的真正使命,就是以这种或那种方式参加推翻资本主义社会及其所建立的国家设施的事业,参加现代无产阶级的解放事业,正是他第一次使现代无产阶级意识到自身的地位和需要,意识到自身解放的条件。斗争是他的生命要素。很少有人像他那样满腔热情、坚韧不拔和卓有成效地进行斗争"。"所以马克思是当代最遭嫉恨和最受诬蔑的人。各国政府——无论专制政府或共和政府,都驱逐他;资产者——无论保守派或极端民主派,都竞相诽谤他,诅咒他。他对这一切毫不在意,把它们当做蛛丝一样轻轻拂去,只

---

① 《马克思恩格斯文集》第 10 卷,人民出版社 2009 年版,第 368 页。
② 《马克思恩格斯文集》第 10 卷,人民出版社 2009 年版,第 361 页。

是在万不得已时才给以回敬。"①

综上所述,马克思恩格斯在其思想发展历程中着力分析批判一些错误社会思潮,或者是出于他们自身思想的澄清而进行犀利的哲学批判,或者是基于其理论的进一步研究和深化在批判中严谨地阐释其政治经济学理论,或者是把自己的理论逐步与工人运动相结合,积极消除其他错误社会思潮在工人阶级中的消极、负面影响而进行的社会、意识形态批判。马克思恩格斯对于错误社会思潮的分析批判,就是在"破"中达"立",即在分析批判中结合社会现实,确立了他们自己正确的立场、观点与研究方法,亦即促进了马克思主义的创立与发展。立足马克思恩格斯经典文本,梳理马克思恩格斯思想发展历程,探究马克思恩格斯分析批判错误社会思潮的逻辑进路,像马克思恩格斯一样,坚持高度的原则性、坚守理智的客观性、坚定顽强的斗争性,从而贯彻习近平总书记在纪念马克思诞辰 200 周年大会上的讲话中所指出的:"共产党人要把读马克思主义经典、悟马克思主义原理当作一种生活习惯、当作一种精神追求,用经典涵养正气、淬炼思想、升华境界、指导实践。"②进而达到客观、辩证、理性地分析批判当代各类社会思潮,更好地发挥马克思主义的引领作用。

参考文献

[1][德]弗兰茨·梅林:《马克思传》,樊集译,生活·读书·新知三联书店 1956年、1965 年版。

[2][法]奥古斯特·科尔纽:《马克思恩格斯传》,刘丕坤、王以铸等译,生活·读书·新知三联书店 1980 年版。

[3][美]乔纳森·斯珀伯:《卡尔·马克思——一个 19 世纪的人》,邓峰译,中信出版社 2014 年版。

[4][英]戴维·麦克莱伦:《马克思传》,王珍译,中国人民大学出版社 2010 年版。

[5][英]戴维·麦克莱伦:《恩格斯传》,臧峰宇译,中国人民大学出版社 2017

---

① 《马克思恩格斯文集》第 3 卷,人民出版社 2009 年版,第 602 页。
② 习近平:《在纪念马克思诞辰 200 周年大会上的讲话》,人民出版社 2018 年版,第 26 页。

年版。

[6][英]戴维·麦克莱伦:《马克思以后的马克思主义》,李智译,中国人民大学出版社 2008 年版。

[7][美]特雷尔·卡弗:《马克思与恩格斯:学术思想关系》,姜海波、王贵贤等译,中国人民大学出版社 2008 年版。

[8][法]雅克·阿塔利:《卡尔·马克思》,刘成富等译,上海人民出版社 2010 年版。

[9][南斯拉夫]普雷德拉格·弗兰尼茨基:《马克思主义史》(3 卷本),胡文建等译,黑龙江大学出版社 2015 年版。

[10][奥地利]马克斯·比尔:《马克思传:替时代背书的人(图文本)》,王铮译,黑龙江教育出版社 2011 年版。

[11]《马克思主义发展史》编写组:《马克思主义发展史》,高等教育出版社、人民出版社 2013 年版。

[12]刘建军:《文明与意识形态》,中华书局 2011 年版。

[13]中央编译局编:《马克思·恩格斯·列宁画传》,重庆出版社 2012 年版。

[14]庄福龄主编:《简明马克思主义史》,人民出版社 2004 年版。

[15]庄福龄主编:《马克思主义史》(4 卷本),人民出版社 1995—1996 年版。

[16]顾海良:《马克思主义发展史》,中国人民大学出版社 2009 年版。

[17]龚育之、李君如、庄福龄等:《马克思主义发展史讲座》,学习出版社 2002 年版。

[18]萧灼基:《马克思传》,中国社会科学出版社 2008 年版。

[19]萧灼基:《恩格斯传》,中国社会科学出版社 2008 年版。

[20]林泰:《问道:改革开放以来的社会思潮与青年思想政治教育研究》,中国社会科学出版社 2013 年版。

[21]梅荣政、杨军主编:《理论是非辨——用社会主义核心价值体系引领多样化社会思潮》,中国社会科学出版社 2013 年版。

[22]佘双好:《当代社会思潮对高校师生的影响及对策研究》,中央编译出版社 2013 年版。

[23]洪晓楠:《当代西方社会思潮及其影响》,人民出版社 2009 年版。

[24]朱学平:《从古典共和主义到共产主义:马克思早期政治批判研究(1839—1843)》,中国法制出版社 2018 年版。

[25]张骥等:《马克思主义意识形态引领多样化社会思潮若干问题研究》,人民出

版社 2013 年版。

[26]李崇富、姜辉主编:《马克思主义 150 年》,学习出版社 2002 年版。

[27]张振鹏:《恩格斯社会批判思想研究》,学习出版社 2019 年版。

[28]中国人民大学马列主义发展史研究所:《马克思恩格斯思想史》,上海人民出版社 1982 年版。

[29]中国人民大学马列主义发展史研究所:《列宁思想史》,上海人民出版社 1988 年版。

[30]陈立思:《社会思潮与青年教育》,北京大学出版社 2011 年版。

[31]朱汉国等:《当代中国社会思潮研究》,北京师范大学出版社 2012 年版。

[32]程广云:《马克思的三大批判:法哲学、政治经济学和形而上学》,中国人民大学出版社 2018 年版。

[33]俞吾金:《意识形态论》,上海人民出版社 1993 年版。

[34]林伯海:《当代西方社会思潮与青年教育》,西南交通大学出版社 2011 年版。

[35]侯惠勤:《马克思主义意识形态论》,南京大学出版社 2011 年版。

[36]李洁:《当代中国社会思潮治理的途径和方式研究》,北京科技大学博士学位论文,2017 年。

[37]厉彦龙:《过程论视域下的社会思潮引领研究》,北京科技大学博士学位论文,2015 年。

[38]付文军:《马克思政治经济学批判思想及其当代价值研究》,兰州大学博士学位论文,2016 年。

[39]《习近平在全国宣传思想工作会议上强调　胸怀大局把握大势着眼大事　努力把宣传思想工作做得更好》,《人民日报》2013 年 8 月 21 日。

[40]中国人民大学马克思主义研究院:《马克思主义发展史研究报告(上)》《思想理论教育导刊》2007 年第 4 期。

[41]中国人民大学马克思主义研究院:《马克思主义发展史研究报告(下)》《思想理论教育导刊》2007 年第 6 期。

[42]赵曜:《马克思主义历史发展中的几个特点》,《当代世界社会主义问题》2004 年第 1 期。

[43]秋石:《划清"四个重大界限"的有关理论和实践问题》,《求是》2010 年第 16 期。

[44]王晓升:《"意识形态"概念辨析》,《哲学动态》2010 年第 3 期。

[45]贺来:《何谓哲学意义的"批判"》,《探索与争鸣》2016 年第 6 期。

[46]梁树发:《思潮研究三题》,《中国社会科学报》2010 年 12 月 2 日。

[47]时统君:《多样化社会思潮与马克思主义信仰教育问题的思考》,《社科纵横》2011 年第 4 期。

[48]李英田:《对意识形态几组概念的辨析》,《湖北社会科学》2007 年第 1 期。

[49]付文军:《论批判之为马克思哲学的真精神》,《兰州学刊》2015 年第 4 期。

上篇 犀利的哲学批判——
高度原则性的坚持

马克思认为,"任何真正的哲学都是自己时代的精神上的精华"①。哲学的产生、哲学的内容都根源于现实,哲学应该是时代的哲学、现实的哲学。同样,"哲学家并不像蘑菇那样是从地里冒出来的,他们是自己的时代、自己的人民的产物,人民的最美好、最珍贵、最隐蔽的精髓都汇集在哲学思想里"②。哲学家是时代和人民的产物,离开了时代与人民,就没有哲学与哲学家的产生。然而,在马克思看来,以往的"哲学家们只是用不同的方式**解释**世界,问题在于**改变**世界"③。哲学、哲学家对于现实的作用更在于其介入现实,从而立足现实并改变现实。因此,"必然会出现这样的时代:那时哲学不仅在内部通过自己的内容,而且在外部通过自己的表现,同自己的时代的现实世界接触并相互作用。那时,哲学不再是同其他各特定体系相对的特定的体系,而变成面对世界的一般哲学,变成当代世界的哲学。各种外部表现证明,哲学正获得这样的意义,哲学正变成文化的活的灵魂"④。马克思恩格斯正是立足于他们

---

① 《马克思恩格斯全集》第1卷,人民出版社1995年版,第220页。
② 《马克思恩格斯全集》第1卷,人民出版社1995年版,第219—220页。
③ 《马克思恩格斯文集》第1卷,人民出版社2009年版,第502页。
④ 《马克思恩格斯全集》第1卷,人民出版社1995年版,第220页。

所生活的时代和现实,在分析批判以往哲学思想的局限、继承以往优秀哲学思想成果的基础上,创立了马克思主义哲学,奠定了马克思主义理论大厦的基石,为人们提供了科学的世界观和方法论。同时,马克思指出,"批判的武器当然不能代替武器的批判,物质力量只能用物质力量来摧毁;但是理论一经掌握群众,也会变成物质力量"①。哲学要发挥其改变现实的作用,还需要成为人民的思想武器,从而实现"哲学把无产阶级当做自己的**物质**武器,同样,无产阶级也把哲学当做自己的**精神**武器"②。

总之,马克思主义哲学不仅立足于现实,提出了关于自然界、人类社会和人类思维的一般规律的科学,而且第一次科学地阐明了人民群众在社会历史发展过程中的决定作用,以人类解放为其宗旨,其产生在人类认识史上具有划时代的意义,实现了人类思想史上的伟大变革。正是以马克思主义哲学为理论基础,马克思进一步分析资本主义社会生产关系及其发展规律,创立了以剩余价值学说为基石的马克思主义政治经济学。同时,以马克思主义哲学和政治经济学为依据,马克思恩格斯研究无产阶级解放运动的性质、条件、目的和发展规律,创立了马克思主义思想体系的核心——科学社会主义。在此意义上,我们说,马克思主义是关于无产阶级和人类解放的科学。

马克思主义哲学创立、发展的过程也正是由封闭的体系哲学、"自我意识"哲学的批判走向立足现实社会的哲学,由抽象的、个体人的批判走向社会的人、现实的人民群众,由分析批判唯心史观,进而创立唯物史观的历程。马克思恩格斯在其思想发展的历程中,主要基于《〈黑格尔法哲学批判〉导言》《论犹太人问题》《神圣家族》《1844 年经济学哲学手稿》《关于费尔巴哈的提纲》《德意志意识形态》《哲学的贫困》《反杜林论》《路德维希·费尔巴哈和德国古典哲学的终结》等经典文本,通过针对一些错误社会思潮进行犀利的哲学批判,坚持了高度的原则性,不仅澄清了自身的思想,更是在思想清理过程

---

① 《马克思恩格斯文集》第 1 卷,人民出版社 2009 年版,第 11 页。
② 《马克思恩格斯文集》第 1 卷,人民出版社 2009 年版,第 17 页。

中"破"中达"立"，从而实现由宗教批判走向哲学批判，由间接批判转向直接批判，最终走向政治、社会批判，即制定了自己的新世界观，促进了马克思主义的最终创立与发展。

马克思恩格斯分析批判青年黑格尔派自我意识哲学的主观唯心主义实质，即仅仅是用一种词句反对另一种词句的斗争，是完全脱离以改变现实社会制度为目的的抽象哲学；分析批判青年黑格尔派宗教批判的实质，即把"犹太人问题"仅仅归结为神学问题，阐释了宗教解放与政治解放、政治解放与人类解放的关系；分析批判青年黑格尔派唯心史观的症结所在，即没能认识到真正的批判在于对现实的批判，正面、全面阐释唯物史观基本观点。马克思恩格斯分析批判费尔巴哈人本学唯物主义，创立了以实践为基础的新唯物主义，使得立足现实的人与社会的唯物史观得以全面阐释。分析批判蒲鲁东主义的唯心主义观点，坚持唯物论；批判其形而上学方法论，坚持唯物辩证法；批判其唯心史观，阐述唯物史观基本原理；批判其贫困哲学方法，阐述唯物史观方法。分析批判杜林主义，坚持彻底的唯物主义，即辩证唯物主义和历史唯物主义，反对杜林唯物主义的不彻底性和形而上学性；等等。

总之，从"自我意识"走向现实社会，从神学批判走向哲学批判，从唯心史观走向唯物史观，马克思主义哲学成为立足现实、立足人类社会、立足人民群众，为无产阶级人民群众争取自由全面发展和人类解放的科学。

第一章 尖锐批判中的信仰清算——
与青年黑格尔派划清界限

第一节 分析批判的缘起:德国思想
领域的空前"变革"

　　青年黑格尔派,亦称黑格尔左派,是 19 世纪 30 年代黑格尔哲学解体过程中产生的激进派。[①] 众所周知,黑格尔去世之后,其弟子分成老年黑格尔派即黑格尔右派,以及青年黑格尔派即黑格尔左派。1835 年,大卫·施特劳斯发表的《耶稣传》促进了青年黑格尔运动的兴起。青年黑格尔派反对黑格尔体系的保守倾向,力图从它的辩证方法中引出革命的和无神论的结论。在 20 世纪 30 年代,他们主要从事对宗教,特别是对福音书的批判性研究;进入 40 年代后,发生分化和解体。主要成员有:D.F.施特劳斯、鲍威尔兄弟、A.卢格、M.赫斯、M.施蒂纳、L.费尔巴哈等。马克思恩格斯在《论犹太人问题》《神圣家族》《德意志意识形态》等经典文本中集中分析批判了青年黑

　　[①] 关于青年黑格尔派的兴起、发展过程及其主要代表人物、主要观点等可参见卜祥记:《青年黑格尔派与马克思》"第二篇　青年黑格尔派的诞生与发展""第三篇　青年黑格尔派的分化与解体",商务印书馆 2015 年版;孙伯鍨:《探索者道路的探索:青年马克思恩格斯哲学思想研究》"第一章　黑格尔哲学的解体和青年黑格尔运动",北京师范大学出版社 2017 年版。

格尔派①,其分析批判的总体特征是由宗教批判走向哲学批判,最终走向政治、社会批判;表现为由间接批判转向直接批判。

一、青年黑格尔派的批判活动

19 世纪前半期的德国意识形态领域内存在尖锐的矛盾,马克思恩格斯在《德意志意识形态》第一卷第一章《费尔巴哈》[Ⅰ]的前言中分析了从 1835—1845 年间德国思想理论战线的斗争与变革的状况:"正如德意志意识形态家们所宣告的,德国在最近几年里经历了一次空前的变革。""据说这一切都是在纯粹的思想领域中发生的。""不管怎么样,这里涉及的是一个有意义的事件:绝对精神的瓦解过程。"②马克思恩格斯在此描述的主要是黑格尔哲学体系的瓦解和基督教统治地位的崩溃以及青年黑格尔派的批判活动这两方面的情况。由于施特劳斯《耶稣传》一书的发表成为了黑格尔体系开始解体的标志,也成为当时德国思想理论战线要发生变革的信号。青年黑格尔派的代表人物纷纷跟进著书立说阐明自己似乎是独一无二的新观点,由此也促成了青年黑格尔派内部斗争的开始。

青年黑格尔派的著名代表人物之一布鲁诺·鲍威尔曾在柏林大学、波恩大学任教,在这一时期发表了一系列宗教批判代表著作:《天启故事批判》(1838)、《宗教意识批判》(1839)、《约翰福音批判》(1840)、《符类福音作者的福音史批判》《对黑格尔这位无神论者和反基督人士的末日审判的号角》(1841)、《犹太人问题》《被揭穿了的基督教》(《基督教的真相》)(1843),等等,最终因发表《符类福音作者的福音故事批判》而遭大学解聘。而著名的费尔巴哈于 1841 年发表了《基督教的本质》一书,正如恩格斯所说:"这部书的解放作用,只有亲身体验过的人才能想象得到。那时大家都很兴奋:我们一时

---

① 马克思恩格斯与青年黑格尔派论辩过程的详细文本资料参见李彬彬:《思想的传承与决裂——以"犹太人问题"为中心的考察》,中国人民大学出版社 2015 年版。
② 《马克思恩格斯文集》第 1 卷,人民出版社 2009 年版,第 512、513 页。

都成为费尔巴哈派了。马克思曾经怎样热烈地欢迎这种新观点,而这种新观点又是如何强烈地影响了他(尽管还有种种批判性的保留意见),这可以从《神圣家族》中看出来。"①

布鲁诺·鲍威尔发表的《犹太人问题》载于 1842 年 11 月的《德意志年鉴》,《现代犹太人和基督教徒获得自由的能力》于 1843 年收入《来自瑞士的 21 印张》,其中关于犹太人问题的论述引发马克思直接发起批判。② 1843 年,马克思的《论犹太人问题》在《德法年鉴》发表,同在《德法年鉴》发表的《〈黑格尔法哲学批判〉导言》中,马克思提出应把对世俗异化的批判放在首位。鲍威尔则在《文学总汇报》第一期、第四期、第八期分别回应了十多个人的批判,其中第八期上的《目前什么是批判的对象?》既匿名回应了马克思的批评,又亮明了"纯粹批判"的纲领。这引起马克思在《神圣家族》中分三节批判这三篇文章。《神圣家族》是 1844 年公开发表的马克思恩格斯合著的第一部著作,也是他们打算集中批判青年黑格尔派之作;而在《1844 年经济学哲学手稿》中马克思进一步批判了以鲍威尔为首的青年黑格尔派的自我意识哲学。针对马克思恩格斯的批判,鲍威尔随后在《维干德季刊》上进行反驳,接下来则是马克思先后在《社会明镜》作了反批评,并与恩格斯一道于 1845—1846 年写作《德意志意识形态》清算青年黑格尔派。

然而,青年黑格尔派后来发展形成的柏林"自由人"小团体拒绝马克思的批评,甚至认为马克思保守,至此马克思与他们断绝了私人关系。③ 其主要原因一如 1842 年 11 月 30 日马克思写给卢格信中所说:"我要求他们:少发些不着边际的空论,少唱些高调,少来些自我欣赏,多说些明确的意见,多注意一些

---

① 《马克思恩格斯文集》第 4 卷,人民出版社 2009 年版,第 275 页。

② 关于鲍威尔本人及其作品以及马克思与鲍威尔之间的论战详情可参见聂锦芳、李彬彬编:《马克思思想发展历程中的〈犹太人问题〉》,中国人民大学出版社 2015 年版;[英]大卫·利奥波德:《青年马克思:德国哲学、当代政治与人类繁荣》,刘同舫、万小磊译,中山大学出版社 2017 年版,"第三章 当代政治",第 98—179 页。

③ 参见肖灼基:《马克思恩格斯对青年黑格尔派的清算(上)》,《求索》1982 年第 4 期。

具体的现实,多提供一些实际的知识。我声明说,在偶然写写的剧评之类的东西里偷运一些共产主义和社会主义的原理即新的世界观,我认为是不适当的,甚至是不道德的。我要求他们,如果真要讨论共产主义,那就要用另一种完全不同的方式,更切实地加以讨论。……我向他们建议,如果真要谈论哲学,那末最好少炫耀'无神论'的招牌……而多向人民宣传哲学的内容。"①

总之,"为了正确地评价这种甚至在可敬的德国市民心中唤起怡然自得的民族感情的哲学叫卖,为了清楚地表明这整个青年黑格尔派运动的狭隘性、地域局限性,特别是为了揭示这些英雄们的真正业绩和关于这些业绩的幻想之间的令人啼笑皆非的显著差异,就必须站在德国以外的立场上来考察一下这些喧嚣吵嚷"②。

二、"犹太人问题"论战

犹太人问题一直是马克思思想发展历程中思考的一个重要问题,尤其是在其思想发展的早期。这不仅与马克思本人的犹太人身份有关,更为重要的是当时德国犹太人生活的现实状况促使马克思去思考并试图寻求解决的方案。

首先,欧洲的"犹太人问题"③与马克思的犹太人身份考量。

所谓"犹太人问题",概而言之就是犹太民族在欧洲长期遭受排斥、权利得不到保障的问题。自中世纪开始,犹太人就必须居住在指定的区域即所谓"隔都"(Ghetto),其能够从事的职业受限,长期只被允许从事基督徒所不屑的

---

① 《马克思恩格斯全集》第 27 卷,人民出版社 1972 年版,第 436 页。

② 《马克思恩格斯文集》第 1 卷,人民出版社 2009 年版,第 513 页。

③ 关于欧洲的"犹太人问题"历史可参见[英]马丁·吉尔伯特:《五千年犹太文明史》,蔡永良、袁冰洁译,上海三联书店 2010 年版;[英]塞西尔·罗斯:《简明犹太民族史》,黄福武、王丽丽译,山东大学出版社 2004 年版;张倩红、张少华:《犹太人千年史》,北京大学出版社 2016 年版;黄建都:《"苦恼的疑问"及其解决:〈莱茵报〉—〈德法年鉴〉时期马克思文献及思想再研究》,中国人民大学出版社 2015 年版,第 298—300 页;李彬彬:《思想的传承与决裂——以"犹太人问题"为中心的考察》,中国人民大学出版社 2015 年版,第 16—38 页;等等。

商业活动。这一状况的改变以 1791 年法国制宪会议通过的《1791 年宪法》为标志。正如塞西尔·罗斯所做的评论,《1791 年宪法》使得"在现代欧洲历史上,犹太人第一次正式地被承认是他们出生国的平等公民"①。在法国《1791 年宪法》的影响下,荷兰以及当时德国的一些州也纷纷效仿赋予犹太人平等公民的地位。但是,在德国,犹太人遭受的歧视仍然普遍存在,有时更甚。1841 年 12 月 13 日,普鲁士国王弗里德里希·威廉四世发布的"内阁赦令",该法案明确禁止犹太人参与公职,把犹太人排斥在国家的社会政治生活之外。② 正如马克思所说:"现代德国制度是时代错乱,它公然违反普遍承认的公理"③。

马克思出生和生活的特里尔城以信奉犹太教和天主教者占绝大多数,其父母都是犹太人,母亲是来自荷兰的犹太人,马克思家族一向信仰犹太教。其父母的家族中有很多人是犹太拉比,甚至可以说 16 世纪以后的特里尔拉比都是马克思的先辈。但是,马克思的父亲亨利希·马克思却较少受到严格的犹太正统思想传统的影响。为了能够从事律师职业,亨利希·马克思甚至在其母亲也就是马克思的祖母过世后改变了信仰,选择做一个新教基督教徒,并且受了洗。而且,正如马克思的小女儿所描述的,马克思的父亲是"一个真正的十八世纪的法国人",他的宗教信仰是表面化的,"远非狂热的宗教信徒",他完全赞同 18 世纪法国理性主义者的观点,认为理性可以解释世界,理性是推动世界进步的力量。强大的家族传统对于马克思无疑产生了重要的影响,一方面,马克思像他的朋友海涅和赫斯一样,保持着犹太人的自我意识,另一方面,马克思的思想更多是西方传统思想的一部分,秉承着自由、理性的基因。④

---

① [英]塞西尔·罗斯:《简明犹太民族史》,黄福武、王丽丽译,山东大学出版社 2004 年版,第 409 页。
② 参见黄建都:《"苦恼的疑问"及其解决:〈莱茵报〉—〈德法年鉴〉时期马克思文献及思想再研究》,中国人民大学出版社 2015 年版,第 298—299 页。
③ 《马克思恩格斯文集》第 1 卷,人民出版社 2009 年版,第 7 页。
④ 参见[英]戴维·麦克莱伦:《卡尔·马克思传》,王珍译,中国人民大学出版社 2005 年版,第 2—6 页。

其次,1842 年德国"犹太人问题"论战。

1841 年 12 月 13 日,普鲁士国王弗里德里希·威廉四世发布的"内阁赦令"引起了德国社会的广泛讨论,虽然法案没能最终真正执行,然而,法案却不乏拥护者,执掌《科隆日报》的海尔梅斯就在该报第 187 号发表社论表示公开支持,由此挑起了论战。海尔梅斯认为法案完全合理,是为普鲁士各省建立了统一的法令。在海尔梅斯看来,实现所有人的权利平等只是一个美好的理想,现实的基督教国家不能赋予犹太人平等的权利,否则就会陷入矛盾。海尔梅斯的辩解表现出的是对犹太人明显的敌意,他甚至攻击了犹太人的经典《塔木德》。海尔梅斯的文章引起了犹太人的理论阵地《犹太人总汇报》主编路德维希·菲力普逊的反驳。菲力普逊在《犹太人总汇报》上发表社论指责海尔梅斯认为不存在理性的现实国家是以偏执和偏见为基础的,并且提出事实作为证据驳斥海尔梅斯。海尔梅斯和菲力普逊关于德国"犹太人问题"的论战硝烟四起。①

最后,鲍威尔把犹太人的解放只归结为一个纯粹宗教的问题。

马克思任编辑的《莱茵报》的一些作者也参与到海尔梅斯和菲力普逊的论争中。马克思本人在 1842 年 8—9 月给《莱茵报》发行人奥本海姆的信中写道:"请您把海尔梅斯所有**反对犹太人**的文章都寄来。然后,我尽快给您寄一篇文章,这篇文章,即使不能彻底解决这后一个问题,也要把它纳入另一条轨道。"②同一时期给卢格的信中则写道,不应该"在宗教当中来批判政治状况",而要"在批判政治状况当中来批判宗教"。③ 实际上,在担任《莱茵报》编辑时,马克思曾以报纸作为阵地,对犹太人争取解放的斗争给予了较大的舆论支持。

①　参见李彬彬:《思想的传承与决裂——以"犹太人问题"为中心的考察》,中国人民大学出版社 2015 年版,第 38—45 页。

②　《马克思恩格斯全集》第 47 卷,人民出版社 2004 年版,第 34 页。

③　《马克思恩格斯全集》第 47 卷,人民出版社 2004 年版,第 43、42—43 页。

1843 年,青年黑格尔派的代表人物布鲁诺·鲍威尔先后发表了《犹太人问题》和《现代犹太人和基督徒获得自由的能力》两篇文章,阐释了其关于犹太人问题的本质和解放的观点。鲍威尔在文章中认为犹太人问题是犹太教和基督教之间的关系问题,是一个宗教问题;在基督教占统治地位的国家中,犹太人问题的核心在于其宗教信仰,犹太人要想获得自由与解放,其前提是放弃所信仰的犹太教。鲍威尔的文章发表后,马克思在 1843 年 3 月 13 日给卢格的通信中说:"不管我多么讨厌犹太人的信仰,但鲍威尔的观点在我看来还是太抽象。应当在基督教国家上面打开尽可能多的缺口,并且尽我们所能塞进合理的东西。"①1843 年秋马克思写成了《论犹太人问题》一文,作为对鲍威尔的回击与批判。1844 年 2 月,《论犹太人问题》在《德法年鉴》上发表。

三、集中清算从前的哲学信仰

(一)清算青年黑格尔派的《神圣家族》②

在 1842 年以前,青年黑格尔派曾对德国的封建专制制度和宗教进行了批判,起过一定的社会进步作用,马克思对此曾经予以充分的肯定,并且受到其较大的影响。但是,1842 年夏季,青年黑格尔派在柏林建立了一个所谓"自由人"小组,这个小组"热衷于唯心主义的哲学思辨和空洞抽象的哲学争论"。这在某种程度上反映了青年黑格尔派受制于普鲁士政府反动政策的压力而日益脱离政治和实际社会斗争,由激进转为保守、甚至反动的立场,马克思由此和他们产生了严重的分歧。最初,鲍威尔等人曾想把《莱茵报》变为他们的阵地,但是遭到了马克思的坚决抵制,于是,他们于 1843 年 12 月—1844 年 10 月

---

① 《马克思恩格斯全集》第 47 卷,人民出版社 2004 年版,第 54 页。

② 参见《马克思恩格斯全集》第 2 卷,人民出版社 1957 年版,第 681 页注释 1;《马克思恩格斯文集》第 1 卷,人民出版社 2009 年版,第 793 页注释 126;郝永平:《从异化劳动理论向唯物史观的过渡——读〈神圣家族〉》,《内蒙古大学学报(哲学社会科学版)》1987 年第 2 期;韩蒙:《社会主义语境中的哲学探索——〈神圣家族〉的创作、主题与逻辑》,《山东社会科学》2016 年第 2 期;等等。

创办了《文学总汇报》(Allgemeine Literatur-Zeitung)。《文学总汇报》是鲍威尔兄弟(布鲁诺、埃德加尔、艾格伯特)及其同伙(尤利乌斯·孚赫、恩斯特·荣格尼茨、塞利加等人)在沙洛顿堡创办的青年黑格尔派的专属刊物,1843年12月开始出版,每月一期。他们在《文学总汇报》上大肆宣扬以自我意识为基础的主观唯心主义哲学,不断鼓吹一种超越现实的所谓"批判",甚至公开拥护普鲁士反动政府,蔑视群众,贬低无产阶级。截至1844年8月初,在恩格斯访问巴黎前不久,马克思已经陆续收到了荣克寄来的《文学总汇报》的前8期,在这几期的《关于犹太人问题的最新论文》《目前什么是批判的对象》《1842年以来德国激进主义》等文章中,鲍威尔兄弟及其同伙试图对社会主义、法国革命和英国工业等一系列社会问题作出自我意识的批判,将一切现实矛盾都归结于自我意识和实体、精神和群众的对立之中。在这些青年黑格尔派看来,只有少数杰出人物才能作为"精神"即"纯粹的批判"的体现者,成为历史的创造者和推动者,而广大群众则被认为是"批判"的"对立物";"绝对的批判"要比当时的共产主义、广大群众的运动"高明"得多。① 这正是导致马克思决定要进行批判的直接动因,马克思恩格斯的《神圣家族》也主要就是针对这部分内容而写作。

1844年8月底,恩格斯从曼彻斯特回国途中绕道来到巴黎,马克思恩格斯第二次见面,两人的这次见面奠定了他们今后毕生合作的基础。在恩格斯逗留巴黎的十天里,马克思恩格斯共同拟定了《神圣家族》一书的大纲,意在系统批判鲍威尔,并分好了章节、一起写了序言,拟定了最初的书名《对批判的批判所做的批判。驳布鲁诺·鲍威尔及其伙伴》。马克思承担了全书绝大部分写作任务,恩格斯在离开巴黎前写完了他所分担的几个章节。书稿于1844年11月写成,在最终的付排过程中,马克思在原来拟定的书名上增加了"神圣家族"四个字,以此借喻讽刺鲍威尔及其同伙。《神圣家族》是书名的简

---

① 参见《马克思恩格斯文集》第1卷,人民出版社2009年版,第290—291页。

称,其全名是《神圣家族,或对批判的批判所做的批判。驳布鲁诺·鲍威尔及其伙伴》。该书书名本来是意大利文艺复兴时期著名画家安得列阿·曼泰尼雅一幅名画的题目,画中的人物是圣母玛丽亚抱着圣婴耶稣,旁边有玛丽亚的丈夫圣约瑟,有圣以利沙伯、圣约翰、圣亚拿以及一些天使和神甫。马克思和恩格斯借用这个名字是为了讽喻以布鲁诺·鲍威尔为首的青年黑格尔派。鲍威尔的同伙把鲍威尔比作天父的独生子耶稣,把其他几个伙伴比作他的门徒。这些人妄自尊大,把自己神圣化,自以为超凡脱俗、超乎群众之上,以为他们的话天经地义、不容争辩,正像耶稣在人群中传道一样。①

《神圣家族》是马克思恩格斯合著的第一部著作,通常被认为是接近其新的理论体系之作。其整个文本针对鲍威尔及其伙伴在《文学总汇报》各篇文章逐一进行批判,一共有八章。文本的前三章、第四章的第一和第二部分、第六章第二部分的 a 小节和第七章第二部分的 b 小节是由恩格斯执笔完成的。恩格斯所执笔的这些部分主要是将具体事件或话题就事论事地归结到现实经济状况甚至是经济政策上,从而分析批判青年黑格尔派。马克思执笔的部分成为《神圣家族》的主体内容。其中第四章主要是针对埃德加尔·鲍威尔对蒲鲁东《什么是财产?》一书的评论进行的反批评。马克思认为埃德加尔·鲍威尔的述评脱离了具体的政治经济学领域,不能真正解释诸如财产关系等复杂的社会现象。第五章和第八章评述的是塞利加对欧仁·苏的长篇小说《巴黎的秘密》的批判,展示出马克思关于自我意识的"思辨哲学"以及抽象宗教学等深刻剖析。第六章是全文内容最丰富、最集中的一章,论述了一些重要的问题,如由犹太人问题引发的宗教解放和政治解放的关系,以及法国革命的特征、英法唯物主义的历史,自我意识哲学等。第七章专门论述群众问题。布鲁诺·鲍威尔极力贬低群众的作用,马克思则在批判中阐释了历史唯物主义的群众观点。文本最后是马克思写的很短的第九章《批判的末日的审判》,并且

---

① 参见《马克思恩格斯全集》第 2 卷,人民出版社 1957 年版,《神圣家族》扉页"译者注"。

用一句话结束了全文:"我们以后知道,灭亡的不是世界,而是批判的'文学报'。"①根据对《文学总汇报》的批判,马克思开始有意识地区分鲍威尔兄弟所持的"绝对的社会主义""批判的社会主义"与当时法国的"群众的世俗的共产主义和社会主义"。② 也正是通过对青年黑格尔派有针对性的批判,马克思恩格斯的理论得以向前推进和发展,从而在世界观上更加接近于唯物史观。③正如马克思恩格斯在《神圣家族》的"序言"中所说:"我们先发表这部论战性的著作,然后再写几部独立的著作,在那些著作里,我们——当然是各自单独地——将正面阐述自己的观点,从而也正面阐述自己对现代哲学学说和社会学说的态度。"④恩格斯后来也曾说:"关于现实的人及其历史发展的科学","是由马克思于1845年在《神圣家族》中开始的"。⑤

总之,《神圣家族》是集中清算青年黑格尔派、接近新的理论体系之作,该著作奠定了新世界观——历史唯物主义的思想基础。在《神圣家族》中,马克思恩格斯公开了与青年黑格尔派的分歧,他们批判了青年黑格尔派的自我意识哲学,力图用唯物主义观点解释历史,提出历史是群众实践的历史,粗糙的物质生产是历史的发源地,并更多地从经济地位上分析了无产阶级革命的必然性。但是,他们未完全摆脱费尔巴哈的影响,仍然高度评价了费尔巴哈的人本主义,而且没有对物质生产本身作出科学的分析,也没有从物质生产出发去说明历史发展的内在规律。

(二)澄清与"德国哲学思想体系"对立的《德意志意识形态》

《德意志意识形态。对费尔巴哈、布·鲍威尔和施蒂纳所代表的现代德

---

① 《马克思恩格斯全集》第2卷,人民出版社1957年版,第268页。
② 《马克思恩格斯文集》第1卷,人民出版社2009年版,第297页。
③ 关于《神圣家族》的文本情况可参见聂锦芳:《一段思想因缘的解构——〈神圣家族〉的文本学解读》,《学术研究》2007年第2期。
④ 《马克思恩格斯文集》第1卷,人民出版社2009年版,第254页。
⑤ 《马克思恩格斯文集》第1卷,人民出版社2009年版,第295页。

国哲学以及各式各样先知所代表的德国社会主义的批判》(简称《德意志意识形态》)写于1845年9月—1846年8月。正如1859年马克思曾在《〈政治经济学批判〉序言》中谈到当时写作的目的:"我们决定共同阐明我们的见解与德国哲学的意识形态的见解的对立,实际上是把我们从前的哲学信仰清算一下。"①"本书的目的就是要揭穿同现实的影子所作的哲学斗争,揭穿这种投合耽于幻想、精神委靡的德国民众口味的哲学斗争,使之信誉扫地。"②简而言之,《德意志意识形态》主要是马克思恩格斯为清算自己从前的哲学信仰,澄清他们的唯物主义世界观和历史观同"德国思想体系"之间的对立关系;而最直接的原因则是针对施蒂纳发表的《唯一者及其所有物》,马克思恩格斯认为必须要全面、系统地制定唯物主义历史观。③ 作为青年黑格尔派的重要代表人物,1844年10月施蒂纳发表了《唯一者及其所有物》,马克思恩格斯的《德意志意识形态》第一卷第三篇"圣麦克斯"章就是根据施蒂纳《唯一者及其所有物》的目录进行的逐一批判,其中很多论点还来自于第一章"费尔巴哈"。如前所述,《德意志意识形态》第一卷第一章《费尔巴哈》[Ⅰ]的前言部分分析了从1835—1845年间德国思想理论战线的斗争与变革的状况,主要是黑格尔哲学体系和基督教统治地位的崩溃以及青年黑格尔派的批判活动这两方面的情况。

但是,由于在马克思恩格斯生前,《德意志意识形态》的文稿只在1847年《威斯特伐里亚汽船》杂志8月和9月号发表了第2卷第4章。1924年第一次才由苏联马克思恩格斯研究院发表了俄译文,1926年以德文原文发表于《马克思恩格斯文库》第1卷。1932年,《德意志意识形态》全书第一次以原文发表于《马克思恩格斯全集》历史考证版第1部分第5卷,是公开出版完整

---

① 《马克思恩格斯文集》第2卷,人民出版社2009年版,第593页。
② 《马克思恩格斯文集》第1卷,人民出版社2009年版,第510页。
③ 参见[日]岩佐茂、小林一穗、渡边宪正编著:《〈德意志意识形态〉的世界》,北京师范大学出版社2014年版,"第四章 人类观的确立和对施蒂纳的批判",第75—102页。

的评注本,其中《费尔巴哈》章由编者重新编排,加了分节标题。全书以手稿形式保存下来,没有总标题。标题《德意志意识形态。对费尔巴哈、布·鲍威尔和施蒂纳所代表的现代德国哲学以及各式各样先知所代表的德国社会主义的批判》源于马克思在 1847 年 4 月 6 日发表的声明《驳卡尔·格律恩》中对这部著作的称呼。因此其文本情况较为复杂。①

《德意志意识形态》共分两卷,章节不全。第 1 卷是对费尔巴哈、鲍威尔和施蒂纳所代表的现代德国哲学的批判,第 2 卷是对各式各样先知所代表的德国社会主义的批判。第 1 卷包括三章:第一章"费尔巴哈。唯物主义观点和唯心主义观点的对立""莱比锡宗教会议",第二章"圣布鲁诺",第三章"圣麦克斯""莱比锡宗教会议闭幕"。第 2 卷包括:"真正的社会主义",第一章"'莱茵年鉴'或'真正的社会主义'的哲学",第四章"卡尔·格律恩。'法兰西和比利时的社会运动'(1845 年达姆斯塔德版)或'真正的社会主义'的历史编纂学",第五章"'霍尔施坦的格奥尔格·库尔曼博士'或'真正的社会主义'的预言"。著作的最后还附有恩格斯的著作《真正的社会主义者》,它作为《德意志意识形态》第二卷的直接承续。

第 1 卷第 1 章《费尔巴哈》是未完成的手稿,恩格斯曾说:"其中关于费尔巴哈的一章没有写完。已写好的一部分是解释唯物主义历史观的……在旧稿里面对于费尔巴哈的学说本身没有批判"②。原来的标题是《一、费尔巴哈》,

---

① 参见《马克思恩格斯文集》第 1 卷,人民出版社 2009 年版,第 806—808 页;《德意志意识形态》(节选本),人民出版社 2018 年版,"编者引言"第 11—14 页;《马克思恩格斯选集》第 1 卷,人民出版社 1995 年版,第 789—790 页;赵常林:《理性与现实——〈德意志意识形态〉评述》,人民出版社 1995 年版,第 1—5 页;李成旺编著:《〈德意志意识形态〉导读》,中国民主法制出版社 2012 年版,第 19—22 页;广松涉:《文献学语境中的〈德意志意识形态〉》,彭曦译,南京大学出版社 2005 年版,第 345 页;李晓光、孙文营、杨彦强编著:《马克思恩格斯经典著作导读》,光明日报出版社 2014 年版,第 56—60 页;韩立新:《〈德意志意识形态〉的文献学研究和日本学界对广松版的评价》,《中国社会科学》2006 年第 2 期;张亮、刘力永:《第二届广松涉与马克思主义哲学国际学术研讨会述记》,《马克思主义研究》2005 年第 4 期;姜海波:《〈德意志意识形态〉中文版编译史要》,《马克思主义与现实》2011 年第 5 期;等等。
② 《马克思恩格斯全集》第 21 卷,人民出版社 1965 年版,第 412 页。

结尾有恩格斯的笔迹:《一、费尔巴哈。唯物主义和唯心主义观点的对立》,视为恩格斯整理马克思遗稿时所做的具体说明。

《德意志意识形态》从它公开发表以来,在内容的编排上经过了几次大的改动,特别是第一章《费尔巴哈》的命运更为坎坷。《费尔巴哈》章迄今有九种不同的编排方案。其中文单行本于1988年编译出版。1924年,苏联马克思恩格斯研究院第一次发表了《费尔巴哈》章俄译文,《费尔巴哈》章的德文手稿第一次出版是在1926年,发表于《马克思恩格斯文库》第1卷中。这一版本是由当时苏联的"马克思恩格斯研究所"的第一任所长梁赞诺夫主持出版的,因此也称作梁赞诺夫版或简称梁版。这一版本采取的是将手稿的修改过程如实地排成铅字的方针,即把马克思和恩格斯几次修改、删除的内容也直接印在正文中。梁版正文有三个小标题:A. 一般意识形态,特别是德意志意识形态;B. 唯物史观中的经济、社会、个人及其历史;C. 国家与法同所有制的关系。第一、三个小标题是手稿中原来就有的,第二个是编者根据自己的理解后加的。

以梁版的研究为基础,1932年,《德意志意识形态》全书第一次以原文发表于《马克思恩格斯全集》1932年历史考证版第1部分第5卷,其中《费尔巴哈》章由编者重新编排,加了分节标题。这就是由阿多拉茨基主持编辑出版被称作阿多拉茨基版或简称阿版的版本。阿版第一次把《德意志意识形态》的两卷手稿一起发表,二战后被世界各国翻译,成为对世界影响最大的《马克思和恩格斯选集》和《马克思和恩格斯全集》的底本。但是,仅就《费尔巴哈》一章而言,阿版对梁版进行了两个大的改动:第一,它不再把对手稿的修改、删改等内容直接印在正文中,而是把这些内容统一放到卷末的《文本异文》中予以说明,这一编辑方针后来被新MEGA所继承。第二,它把马克思和恩格斯的手稿分成约几十个断片,不是按照马克思恩格斯标注的页码而是按照自己的理解进行了重新编排,从文章的构成来看已经和原稿有了很大差别。

1962年,巴纳(S. Bahne)在整理存放在"社会史国际研究所"的马克思的其他手稿时,意外地发现了属于《德意志意识形态》的三页,即被马克思标有第 1、2 页和第 29 页的手稿。这一发现引发了一场重新编排《费尔巴哈》章手稿的运动。1965 年，巴加图利亚在苏联的《哲学问题》杂志第 10、11 期上连载了新编译版《费尔巴哈》章。巴加图利亚版的编辑方针受到当时苏东理论界的高度重视，1965 年的新德文版和 1972 年的 MEGA2 的《费尔巴哈》章试编本都基本沿袭了它的思路。我国于 1988 年出版的《德意志意识形态》单行本也是以巴加图利亚版为原型，但又结合了新德文版的思路，即把巴加图利亚版增加的标题放到附录中去了。1995 年版《马克思恩格斯选集》第 1 卷收录了此单行本的主体部分。

除上述版本外，在国际上比较有影响力的还有几个日本学者的版本。其中最著名、也是最有争议的是广松版。广松涉(1933—1994)是日本当代著名的马克思主义哲学家。1965 年，广松涉在季刊《唯物论研究》上发表了《〈德意志意识形态〉编辑上的问题》的论文，开创了日本研究《德意志意识形态》文献学的先河。这篇论文详细分析了《德意志意识形态》手稿的内在构造以及梁赞诺夫和阿多拉茨基版的缺点，最终于 1974 年出版了《德意志意识形态》的新编辑版。此后，日本还先后出版了三个版本的《德意志意识形态》：服部文南的《新译〈德意志意识形态〉》(1996)、涩谷正的《草稿完全复原版〈德意志意识形态〉》(1998)，以及小林昌人的《新编辑版〈德意志意识形态〉》(2003)。南京大学出版社于 2005 年出版了广松版的中译本。①

我国最早的译本是郭沫若翻译，1938 年由上海言行社出版的。但郭沫若翻译的《德意志意识形态》仅仅是《费尔巴哈》章，他依照的底本是 1926 年梁赞诺夫编纂的《马克思恩格斯文库》第 1 卷。当时还缺少巴纳发现的残页。郭沫若翻译《德意志意识形态》的初衷是适应当时的革命形势，给中国读者提供一个可阅读的文本，而非供学术研究之用，因此在翻译过程中做了一些改动。1995 年版《马克思恩格斯选集》第 1 卷中收录了《德意志意识形态》的

---

① ［日］广松涉编注：《文献学语境中的〈德意志意识形态〉》，彭曦译，张一兵审订，南京大学出版社 2005 年版。

《费尔巴哈》章。这也是目前发行最多、流传最广、影响最大的中文译本。这个版本与1988年的单行本基本相同。2003年,我国又出版了《德意志意识形态》(节选本),这个版本包括《德意志意识形态》的序言、《费尔巴哈》章以及第1卷第二、三章和第2卷的部分段落,除"真正的社会主义"外,编者根据选编的内容拟定了标题,并按照内容归类编排,没有采用原书的顺序,该版本还根据德文版对个别译文做了校订。2009年,10卷本的《马克思恩格斯文集》第1卷中又收录了《德意志意识形态》第1卷的序言和《费尔巴哈》章、第2卷的序言"真正的社会主义",个别译文也作了修订。

第二节　分析批判的主要内容:青年黑格尔派的主观唯心主义

一、剖析"自我意识"哲学的主观唯心主义实质

马克思恩格斯在《神圣家族》中分析批判青年黑格尔派主观唯心主义的自我意识哲学实质主要集中在"第四章　体现为认识的宁静的批判的批判或埃德加先生所体现的批判的批判""批判性的评注3""批判性的评注5""第五章　贩卖秘密的商人所体现的批判的批判或塞加利先生所体现的批判的批判"以及"第六章　绝对的批判的批判或布鲁诺先生所体现的批判的批判(f)绝对批判的思辨循环和自我意识的哲学""第八章　批判的批判走进尘寰并改变形象,或盖罗尔施泰因公爵鲁道夫所体现的批判的批判"等。在《德意志意识形态》"A.一般意识形态,特别是德意志意识形态"这部分则进一步揭露了以施特劳斯、鲍威尔、施蒂纳为代表的青年黑格尔派进行的哲学批判的实质。

(一)"自我意识"是"批判的批判"的出发点

马克思恩格斯指出,青年黑格尔派的"思辨唯心主义用'**自我意识**'即'精

神'代替现实的个体的人",是"以**漫画形式**再现出来的**思辨**"①。而这正是马克思恩格斯要反对的青年黑格尔派的所谓批判。

由于鲍威尔把"自我意识"作为认识和分析的基础和出发点,因此,"批判的批判到处都只看到一些范畴","按照埃德加先生的看法,**拥有**和**不拥有**对蒲鲁东来说是两个绝对的**范畴**"。蒲鲁东经济学中所阐释的"工资,薪饷,匮乏和需要,为满足需要而进行的劳动,都无非是一些范畴而已"②。马克思进一步用了四个以"既然……"为开头的句式剖析鲍威尔的错误,得出结论:"不拥有是最令人绝望的**唯灵论**,是人的完全的非现实,是非人的完全的现实,是一种非常实际的拥有"③。也就是说,正是由于鲍威尔用自我意识解读蒲鲁东的经济学概念,由此曲解了蒲鲁东的经济学。"即拥有饥饿,拥有寒冷,拥有疾病,拥有罪过,拥有屈辱,拥有愚钝,拥有一切不合人道的和违反自然的现象"④。

实际情况则是,"蒲鲁东并不是像批判的批判硬要他做的那样用拥有去反对不拥有;而是用**占有**去反对拥有的旧形式——**私有财产**"⑤。"蒲鲁东写作的出发点不是自满自足的批判的利益,不是抽象的、自我构想的利益,而是群众的、现实的、历史的利益,是一种远远超出**批判**的、也就是导致**危机**的利益。""他的著作是法国无产阶级的科学宣言,因此具有与任何一个批判的批判家的拙劣作品完全不同的历史意义。"⑥蒲鲁东考察的是财产的事实本身,"他证明,'事实上,财产作为一种制度和原则是**不可能**的'","蒲鲁东感到,在否定私有财产的同时,也需要**历史地**说明私有财产存在的理由"⑦。然而,"批

---

① 《马克思恩格斯文集》第 1 卷,人民出版社 2009 年版,第 253 页。
② 《马克思恩格斯文集》第 1 卷,人民出版社 2009 年版,第 267 页。
③ 《马克思恩格斯文集》第 1 卷,人民出版社 2009 年版,第 267—268 页。
④ 《马克思恩格斯文集》第 1 卷,人民出版社 2009 年版,第 268 页。
⑤ 《马克思恩格斯文集》第 1 卷,人民出版社 2009 年版,第 268 页。
⑥ 《马克思恩格斯文集》第 1 卷,人民出版社 2009 年版,第 266—267、267 页。
⑦ 《马克思恩格斯文集》第 1 卷,人民出版社 2009 年版,第 266 页。

判的批判具有良好的本能","不用去深入研究蒲鲁东的最重要的论述","就指出蒲鲁东没有提供私有财产在历史上是可能的证明,企图以此弥补自己的无能为力"①。

根据梅林所说,蒲鲁东之所以成为《文学总汇报》的"批判靶子",就在于当时"法国的无产阶级认为自己的最卓越代表就是蒲鲁东,他的《什么是财产?》一书,在一定意义上是西欧社会主义的最前哨"②。

马克思在《神圣家族》"第四章 体现为认识的宁静的批判的批判或埃德加先生所体现的批判的批判"中主要批判了青年黑格尔派对蒲鲁东经济学的歪曲,针对埃德加尔·鲍威尔对蒲鲁东《什么是财产?》一书的评论进行的反批评,并进一步阐述了某些政治经济学的基本原理。埃德加尔·鲍威尔通过被马克思称为"赋予特征的翻译"③和"批判性的评注"两种手段曲解了蒲鲁东对财产关系所作的分析,马克思认为这种述评脱离了具体的政治经济学领域,不能真正解释诸如财产关系这些复杂的社会现象。

《神圣家族》的第四章有五个"批判性的评注",在这五个"批判性的评注"中,一方面,马克思肯定了蒲鲁东的《什么是财产?》一书"对国民经济学的基础即**私有财产**作了批判的考察,而且是第一次具有决定意义的、无所顾忌的和科学的考察"。因为先前的资产阶级"国民经济学的一切论述都以**私有财产**为前提。国民经济学把这个基本前提当做确定不移的事实,而不作任何进一步的考察"④。马克思赞扬蒲鲁东揭示了经济关系的合乎人性的外观与违反人性的现实之间的尖锐对立,并从私有财产造成贫穷这一经济事实得出了否定私有制的结论。马克思指出,蒲鲁东对国民经济学的基础即私有财产作了批判的考察,"这就是蒲鲁东在科学上实现的巨大进步,这个进步在国民经

---

① 《马克思恩格斯文集》第1卷,人民出版社2009年版,第271页。
② 〔德〕梅林:《马克思和恩格斯是科学共产主义的创始人》,何清新译,生活·读书·新知三联书店1962年版,第91页。
③ 《马克思恩格斯文集》第1卷,人民出版社2009年版,第258页。
④ 《马克思恩格斯文集》第1卷,人民出版社2009年版,第255—256页。

济学中引起革命,并且第一次使国民经济学有可能成为真正的科学"①。但是,另一方面,马克思认识到蒲鲁东仍然是从国民经济学的观点对国民经济学所作的批判,这种批判是远远不够的。"因为他没有**从哲学层面上**更深刻地揭露'资产阶级社会'经济关系的本质,即人类主体被全面异化的本质颠倒。"②

然而,青年黑格尔派对蒲鲁东经济学却作了神学的解读。"批判的批判由于职业的缘故就是神学的批判,现在就可以抓住蒲鲁东,从而在'宗教观念'上大做文章了。"③于是结果便是:"批判直到现在对财产和贫穷的事实还毫无认识,'可是',它却用仅仅在自己想象中完成的行为来反驳蒲鲁东的真实的行为。"④

何以导致批判的批判虽然对于蒲鲁东的理论、对于财产和贫穷的事实毫无认识,却用自己想象中完成的行为来反驳蒲鲁东呢? 关键在于"布鲁诺·鲍威尔先生把'**无限的**自我意识'作为自己的一切论述的基础,甚至把这一原则看成福音书的创造原则"⑤,在鲍威尔看来,"自我意识是一切宗教观念的基础","自我意识是福音书的创造原则"⑥。由此产生的结果就是:"如果埃德加先生把法国的平等和德国的'自我意识'稍微比较一下,他就会发现,后一个原则按德国的方式即用抽象思维所表达的东西,就是前一个原则按法国的方式即用政治语言和具象思维的语言所说的东西。"因此,"自我意识是人在纯粹思维中同他自身的平等。平等是人在实践领域中对他自身的意识"⑦。

---

① 《马克思恩格斯文集》第 1 卷,人民出版社 2009 年版,第 255—256 页。
② 张一兵:《回到马克思——经济学语境中的哲学话语》,江苏人民出版社 2014 年版,第 302 页。
③ 《马克思恩格斯文集》第 1 卷,人民出版社 2009 年版,第 258 页。
④ 《马克思恩格斯文集》第 1 卷,人民出版社 2009 年版,第 259 页。
⑤ 《马克思恩格斯文集》第 1 卷,人民出版社 2009 年版,第 263 页。
⑥ 《马克思恩格斯文集》第 1 卷,人民出版社 2009 年版,第 265—266、266 页。
⑦ 《马克思恩格斯文集》第 1 卷,人民出版社 2009 年版,第 263—264、264 页。

(二)无限的"自我意识"导致思辨的循环

根据马克思对于鲍威尔文本论述的分析,认为鲍威尔最终"转向了**黑格尔唯心主义**",从斯宾诺莎的"'**实体**'转向了另一个**形而上学的怪物**,即'**主体**'、'**作为过程的实体**'、'**无限的自我意识**'"①。而鲍威尔却把这个形而上的自我意识演变为实体,"在鲍威尔那里,**自我意识**也是**提高到自我意识水平的实体**,或者说,是作为**实体的自我意识**,……这种自我意识的**本质**不是**人**,而是**观念**,因为观念的**现实存在**就是自我意识"②。自我意识是无限的,"**一切事物都在无限的自我意识中找到其起源和其解释**,即找到其**存在的根据**"③。因此,马克思指出,"**施特劳斯和鲍威尔之间关于实体和自我意识的论争**",实质上是"**一场在黑格尔的思辨范围之内进行的论争**"④。因为"**在黑格尔的体系中有三个要素:斯宾诺莎的实体,费希特的自我意识以及前两个要素在黑格尔那里的必然充满矛盾的统一,即绝对精神**"⑤。结果是,"**施特劳斯立足于斯宾诺莎主义的观点,鲍威尔立足于费希特主义的观点**",表面上看,他们两人都**批判**了黑格尔,"可是他们使每一个要素都进一步获得了**片面的**、因而是彻底的阐释"。因此,"他们之中无论哪一个都只是代表了黑格尔体系的**一个方面**"。在鲍威尔那里,就是"**无限的自我意识**"⑥。

总之,在鲍威尔那里,"自我意识即**精神**就是**一切**,在它之外**没有任何东西**。'自我意识'即'**精神**'是世界、天空和大地的万能创造者"。"世界和自我意识之间的差别只是虚假的差别。自我意识不把**任何现实事物**同自身区别

---

① 《马克思恩格斯文集》第1卷,人民出版社2009年版,第339页。
② 《马克思恩格斯文集》第1卷,人民出版社2009年版,第340页。
③ 《马克思恩格斯文集》第1卷,人民出版社2009年版,第341页。
④ 《马克思恩格斯文集》第1卷,人民出版社2009年版,第341页。
⑤ 《马克思恩格斯文集》第1卷,人民出版社2009年版,第341—342页。
⑥ 《马克思恩格斯文集》第1卷,人民出版社2009年版,第342页。

开来。世界实际上只是形而上学的**区分**"①。因此,鲍威尔在一切领域就"**贯彻他的自我意识的哲学**或精神的哲学,因此他在一切领域不得不只同他自己头脑中的**幻想**打交道"。因此,实质上,鲍威尔"所反对的实体不是**形而上学的幻觉**,而是**世俗的内核——自然**,他既反对存在于人之外的自然,也反对人本身这个自然"②。马克思进一步用了一系列以"**任何有别于……**"开头的排比句剖析了鲍威尔"不承认任何有别于思维的**存在**",进而"**把自己同无限的自我意识,同精神**等同起来,即用这些创造物的创造者来代替这些创造物"。③ 最终,鲍威尔不可避免地陷入了思辨的循环。鲍威尔把自我意识独立化,变成独立的存在物,进而使其成为批判的原则,接下来又扬弃自我意识与创造者即鲍威尔自己之间的差别,由此,无限的自我意识运动中变成"**只是**"鲍威尔他自己,"所以宇宙的运动只有在它本身的观念的自我运动中才能成为**真正的和现实的**"④。鲍威尔这个"**批判的神学家或神学的批判家**""的最后阶段并不是他发展中的反常现象,这个阶段是他的发展从**外化**向自身的**返回**"。于是,"**绝对的批判**返回到自己的出发点以后,就结束了**思辨的循环**,从而也结束了自己的生涯"⑤。

马克思还进一步阐释了思辨循环的具体运用。马克思一方面以对《巴黎的秘密》所作的批判为例,揭示了"批判的批判"的实质。"对《巴黎的秘密》所作的批判性叙述的秘密,就是**思辨结构即黑格尔结构的秘密**。""塞利加先生对《巴黎的秘密》的论述就是对思辨结构的**具体运用**。"⑥马克思用"果品"这个一般的观念和具体的果品如苹果、梨、草莓、扁桃等之间的关系作为例证,说明了"在思辨哲学家说出的每一种存在物中,他都完成了一次创造行动"⑦,

① 《马克思恩格斯文集》第 1 卷,人民出版社 2009 年版,第 343 页。
② 《马克思恩格斯文集》第 1 卷,人民出版社 2009 年版,第 345 页。
③ 《马克思恩格斯文集》第 1 卷,人民出版社 2009 年版,第 345 页。
④ 《马克思恩格斯文集》第 1 卷,人民出版社 2009 年版,第 346 页。
⑤ 《马克思恩格斯文集》第 1 卷,人民出版社 2009 年版,第 347 页。
⑥ 《马克思恩格斯文集》第 1 卷,人民出版社 2009 年版,第 276 页。
⑦ 《马克思恩格斯文集》第 1 卷,人民出版社 2009 年版,第 279 页。

而思辨哲学家之所以能够完成这种创造,"因为他给只有抽象的理智才能创造出来的东西,即抽象的理智公式起了现实事物的**名称**",然而,实际上,这种办法"就是**黑格尔**方法的基本特征"。但是,由于塞利加先生具有"高出**黑格尔的两大优点**",即"不在**任何地方掺入现实的内容**",因此,"他的思辨结构没有任何碍手碍脚的附加物,没有任何模棱两可的掩饰",即不像黑格尔那样"常常在**思辨的**叙述中作出把握住**事物**本身的、**现实的**叙述。这种在思辨的阐述之中所作的现实的阐述会诱使读者把思辨的阐述看成是现实的,而把现实的阐述看成是思辨的"①。由此变成的是赤裸裸的、彻头彻尾的观念、意识的纯粹思辨循环论证。另一方面,马克思还剖析了鲍威尔的伙伴鲁道夫"批判的批判"的同样秘密。"批判的批判的主要秘密之一,就是'**观点**'和用**观点来评判观点**。在它的眼中,每一个人跟每一种精神产品一样,都变成了观点。"②实际上,鲍威尔及其伙伴鲁道夫的"批判的批判"仍然来自于黑格尔的《现象学》,在黑格尔那里,"自我意识的单纯规定性是'**纯粹的范畴**',是单纯的'**思想**'","人变成**自我意识**的人"③,因此,"整部《现象学》就是要证明**自我意识是唯一的、无所不包的实在**"④。而鲍威尔狡猾地部分改造了黑格尔的观点,"把绝对知识改名为**批判**,而给自我意识的规定性换上了一个听起来更具有世俗意味的名字——**观点**"⑤。然而,尽管这样,同黑格尔相比,鲍威尔"他们只是提供了一幅毫无内容的漫画,这幅漫画只是满足于从某种精神产物中或从现实的关系和运动中撷取一种规定性,把这种规定性变为思想规定性,变为**范畴**,并用这个范畴充当产物、关系或运动的观点",从而抛弃了黑格尔"在许多方面提供了真实地评述人的关系的要素"⑥。

---

① 《马克思恩格斯文集》第 1 卷,人民出版社 2009 年版,第 280 页。
② 《马克思恩格斯文集》第 1 卷,人民出版社 2009 年版,第 356 页。
③ 《马克思恩格斯文集》第 1 卷,人民出版社 2009 年版,第 357 页。
④ 《马克思恩格斯文集》第 1 卷,人民出版社 2009 年版,第 358 页。
⑤ 《马克思恩格斯文集》第 1 卷,人民出版社 2009 年版,第 358 页。
⑥ 《马克思恩格斯文集》第 1 卷,人民出版社 2009 年版,第 359、358 页。

（三）"精神的真正敌人应该到群众中去寻找"

马克思恩格斯分析批判青年黑格尔派认为群众"**是精神的真正敌人**"，无视甚至是敌视无产阶级、人民群众的历史作用。其主要观点集中在《神圣家族》"第六章　绝对的批判的批判或布鲁诺先生所体现的批判的批判""（1）绝对批判的第一次征讨（a）'精神'和'群众'""（2）绝对批判的第二次征讨（a）欣里克斯，第二号"。

首先，马克思恩格斯指出，在鲍威尔所谓的"批判"眼里，群众"**是精神的真正敌人**"①，是"**精神的对立物**"而存在的②，而且，他们的群众"**不同于现实的群众，群众只是为了'批判'才作为'群众'而存在**"③。

"批判的批判"说："**精神的真正敌人应该到群众中去寻找**"④，因为，在"批判的批判"看来，精神是绝对的，精神存在于世界之外、存在于群众之外，"它必须有一个对它施以奸计的**对头**。这个**对头**就是群众"。"精神知道，它应该到哪里去**寻找自己的**唯一的**对头**，——就是要到群众的自我欺骗和懦弱无能中去寻找。"⑤"因为'**群众**'无非是'**精神的对立物**'，即'**批判**'所说的**进步**的'**对立物**'，所以也只能用这一想象的对立物来给群众下定义。"⑥

马克思恩格斯阐述了"批判的批判"一直把群众作为其批判的对象，只是最初是把一定的群众作为批判的对象，而发展到现在为止的批判是把普遍的群众作为其批判的对象；如果说从前的批判是针对有限的群众个体进行批判，而到目前为止的批判是把群众作为绝对的对立面、绝对的统一的整体视为批判的对象；如果说先前的批判同群众有着有限的界限，同目前的批判同群众的

---

① 《马克思恩格斯文集》第1卷，人民出版社2009年版，第289页。
② 《马克思恩格斯文集》第1卷，人民出版社2009年版，第290页。
③ 《马克思恩格斯文集》第1卷，人民出版社2009年版，第290页。
④ 《马克思恩格斯文集》第1卷，人民出版社2009年版，第288页。
⑤ 《马克思恩格斯文集》第1卷，人民出版社2009年版，第289页。
⑥ 《马克思恩格斯文集》第1卷，人民出版社2009年版，第290页。

界限则是绝对的、普遍的界限。"先前,**群众性**看来或多或少是被批判的多种对象和多种人物的特性;现在,多种对象和多种人物却变成了'**群众**',而'**群众**'则变成了一种对象和一种人物。"①由此,批判成为主体,鲍威尔则成为批判主体的化身。

总之,"按照批判的意见,**精神**到目前为止一直受到限制,碰到障碍,就是说,它曾经有一个**对头**,因为它有过一个**对头**。谁是**精神**的对头呢? **精神的空虚**。因为批判把群众规定为只是精神的'对立物',只是**精神的空虚**,……也就是'懒惰'、'肤浅'、'自满'"。精神的空虚、懒惰等抽象的品质有一个特定的具体的主体,或者说是这些抽象品质的另一种称呼,"这些品质的**虚幻的人格化**"②,也就是群众。"批判同群众的关系,也就是已经体现出来的批判即布鲁诺先生及其伙伴同群众的关系,实际上就是现代的**唯一的**历史关系。""因为批判的批判只有通过它的对立面,通过群众,通过**蠢物**才能**具体地存在**,所以它就必须经常为自己**制造**这种对立面"③。

其次,马克思恩格斯批判了"批判的批判"否定人民群众的历史作用的观点。

一方面,马克思恩格斯指出,"绝对的批判摒弃**群众的**历史并打算用**批判的历史取而代之**"④。在绝对的批判看来,历史并非是人的历史,而是批判的历史。"历史所以存在,也是为了给理论的充饥(即**证明**)这种消费行为服务的。人为了历史能存在而存在,而历史则为了**真理的论据**能存在而存在。在这种**批判的**庸俗化的形式中重复着思辨的英明:人所以存在,历史所以存在,是为了使**真理**达到**自我意识**。"⑤历史是批判的历史,这是不证自明的真理。在这样的认识下,"**历史**也和**真理**一样变成了特殊的人物,即形而上学的主

---

① 《马克思恩格斯文集》第 1 卷,人民出版社 2009 年版,第 283 页。
② 《马克思恩格斯文集》第 1 卷,人民出版社 2009 年版,第 291 页。
③ 《马克思恩格斯文集》第 1 卷,人民出版社 2009 年版,第 293 页。
④ 《马克思恩格斯文集》第 1 卷,人民出版社 2009 年版,第 286 页。
⑤ 《马克思恩格斯文集》第 1 卷,人民出版社 2009 年版,第 284 页。

体,而现实的人类个体倒仅仅是这一形而上学的主体的体现者。""历史的任务只是证明这样**几条**终归是不言而喻的最简单的真理"①,而绝对的批判认为自己从始至终谈的就是"不言而喻的真理",这个真理是抽象的、不变的,这个真理和历史一样,"是超凡脱俗的、脱离物质群众的主体"②。

在马克思看来,"绝对的批判"关于精神与群众的关系的观点,"事实上不过是**黑格尔历史观的批判的漫画式的完成**"③,因为"**黑格尔的历史观以抽象的或绝对的精神为前提**",在黑格尔那里,"人类的历史变成了**抽象精神**的历史,因而也就变成了同现实的人相脱离的人类**彼岸精神**的历史"④。然而,鲍威尔则要消除黑格尔哲学表面上让绝对精神创造历史的不彻底性,宣布他们的"**批判就是绝对精神,而他自己就是批判**"⑤。于是,现代的全部历史都归结为批判同群众两个方面相互对立的运动,"一方面是群众,他们是历史上的消极的、精神空虚的、非历史的、**物质**的因素;另一方面是**精神**、**批判**、布鲁诺先生及其伙伴,他们是积极的因素,一切**历史**行动都是由这种因素产生的"⑥。

另一方面,马克思恩格斯指出,批判的批判认为,历史事件的失败就在于唤起了群众的热情:"到现在为止,历史上的一切伟大的活动之所以一**开始**就是不合时宜的和没有取得富有影响的成效,正是因为群众对这些活动**表示关注**和**怀有热情**。"⑦也就是说,他们认为这些活动之所以落得悲惨的结局,就是因为这些活动为博得群众的喝彩、讨好群众,但是群众实际上是愚昧的,群众是进步的对立物。

最后,马克思在批判的基础上,正面阐述了历史是人民群众活动的历史的

---

① 《马克思恩格斯文集》第1卷,人民出版社2009年版,第284页。
② 《马克思恩格斯文集》第1卷,人民出版社2009年版,第285页。
③ 《马克思恩格斯文集》第1卷,人民出版社2009年版,第291页。
④ 《马克思恩格斯文集》第1卷,人民出版社2009年版,第291、292页。
⑤ 《马克思恩格斯文集》第1卷,人民出版社2009年版,第292页。
⑥ 《马克思恩格斯文集》第1卷,人民出版社2009年版,第293页。
⑦ 《马克思恩格斯文集》第1卷,人民出版社2009年版,第286页。

唯物主义基本观点。

马克思指出,历史是人的历史、是人的活动的历史。这是马克思在批判"绝对的批判"摒弃群众的历史并用批判的历史取而代之的基础上,同时,肯定甚至可以说是高度赞扬了费尔巴哈思想的重要价值而得出的结论。"是**费尔巴哈**,而且仅仅是**费尔巴哈**","他早已摧毁了现今正被'**批判**'滥用的那些范畴",由此得出结论:"**历史什么事情**也没有做,它'不拥有任何惊人的丰富性',它'没有进行任何战斗'!其实,正是**人**,现实的、活生生的人在创造这一切,拥有这一切并且进行战斗。并不是'历史'把人当做手段来达到**自己**——仿佛历史是一个独具魅力的人——的目的。历史**不过是**追求着自己目的的人的活动而已。"①当费尔巴哈的唯物主义已经绝对地战胜了唯灵论之后,"批判的批判"却"又重新以最令人厌恶的形式把这种对立变成基本教条","把**精神**和**群众**的对立跟'**批判**'和群众的对立等同起来","更进一步,把**自身**和'**批判**'等同起来,从而把自己说成是'**精神**',是绝对的,是无限的,相反把群众说成是有限的、粗野的、鲁莽的、僵死的和无机的,因为'**批判**'就是这样理解物质的"②。

总之,针对青年黑格尔派的所谓"精神"与"群众"相对立、否认群众历史作用的错误观点,马克思提出一个著名的论断:"'**思想**'一旦离开'**利益**',就一定会使自己出丑。"③在历史活动中,重要的是群众的利益、群众的行动,而非批判的批判的思想。马克思指出,"历史活动是群众的活动,随着历史活动的深入,必将是群众队伍的扩大"④。

综上,马克思恩格斯在《神圣家族》中首先揭露了青年黑格尔派的主观唯心主义实质,指出"思辨唯心主义用'**自我意识**'即'**精神**'代替现实的个体的

---

① 《马克思恩格斯文集》第 1 卷,人民出版社 2009 年版,第 295 页。
② 《马克思恩格斯文集》第 1 卷,人民出版社 2009 年版,第 296—297 页。
③ 《马克思恩格斯文集》第 1 卷,人民出版社 2009 年版,第 286 页。
④ 《马克思恩格斯文集》第 1 卷,人民出版社 2009 年版,第 287 页。

人", 对于青年黑格尔派的批判, "我们所反对的正是以**漫画形式**再现出来的**思辨**"①。其次, 马克思恩格斯分析批判了青年黑格尔派的唯心史观的症结所在, 指出 "唯灵论的、**神学的**批判的批判仅仅知道 (至少它在自己的想象中知道) 历史上的政治、文学和神学方面的重大事件。正像批判的批判把思维和感觉、灵魂和肉体、自身和世界分开一样, 它也把历史同自然科学和工业分开, 认为历史的诞生地不是地上的粗糙的**物质**生产, 而是天上的迷蒙的云兴雾聚之处"②。再次, 马克思恩格斯尖锐地批判了青年黑格尔派无视甚至是敌视无产阶级、人民群众的历史作用的观点。"绝对的批判摒弃群众的历史并打算用批判的历史取而代之。"③ "绝对的批判宣布 ' **群众**' 是**精神的真正敌人**。"④但是, 他们的群众又 "不同于**现实的**群众, 群众只是为了 ' **批判**' 才作为 ' **群众**' 而存在"⑤。

马克思恩格斯在《德意志意识形态》中进一步分析批判了青年黑格尔派以 "自我意识" 为基础进行的哲学批判的实质。

一方面, 青年黑格尔派的整个批判都没有离开黑格尔哲学体系。"德国的批判, 直至它最近所作的种种努力, 都没有离开过哲学的基地。这个批判虽然没有研究过自己的一般哲学前提, 但是它谈到的全部问题终究是在一定的哲学体系即黑格尔体系的基地上产生的。"⑥这种批判具体主要表现在: "他们和黑格尔的论战以及他们相互之间的论战, 只局限于他们当中的每一个人都抓住黑格尔体系的某一方面, 用它来反对整个体系, 也反对别人所抓住的那些方面。起初他们还是抓住纯粹的、未加伪造的黑格尔的范畴, 如 ' 实体 ' 和 ' 自我意识 ', 但是后来却用一些比较世俗的名称如 ' 类 '、' 唯一者 '、' 人 ' 等等,

---

① 《马克思恩格斯文集》第 1 卷, 人民出版社 2009 年版, 第 253 页。
② 《马克思恩格斯文集》第 1 卷, 人民出版社 2009 年版, 第 350—351 页。
③ 《马克思恩格斯文集》第 1 卷, 人民出版社 2009 年版, 第 286 页。
④ 《马克思恩格斯文集》第 1 卷, 人民出版社 2009 年版, 第 289 页。
⑤ 《马克思恩格斯文集》第 1 卷, 人民出版社 2009 年版, 第 290 页。
⑥ 《马克思恩格斯文集》第 1 卷, 人民出版社 2009 年版, 第 514 页。

使这些范畴世俗化。"①

另一方面,青年黑格尔派的批判是有局限性的神学批判。马克思恩格斯揭示道:"从施特劳斯到施蒂纳的整个德国哲学批判都局限于对**宗教**观念的批判。""他们的出发点是现实的宗教和真正的神学。至于什么是宗教意识,什么是宗教观念,他们后来下的定义各有不同。"②"青年黑格尔派则通过以宗教观念代替一切或者宣布一切都是神学上的东西来**批判**一切。"③就是说,在青年黑格尔派看来,宗教统治着一切,是当时社会上种种弊端的根源,因此,必须批判宗教以及一切维护宗教的思想。青年黑格尔派批判的目的就是试图消除宗教的祸害。

于是,基于上述认识,青年黑格尔派的批判任务即为改变人们的意识。"既然青年黑格尔派认为,观念、思想、概念,总之,被他们变为某种独立东西的意识的一切产物,是人们的真正枷锁,就像老年黑格尔派把它们看做是人类社会的真正镣铐一样,那么不言而喻,青年黑格尔派只要同意识的这些幻想进行斗争就行了。既然根据青年黑格尔派的设想,人们之间的关系、他们的一切举止行为、他们受到的束缚和限制,都是他们意识的产物,那么青年黑格尔派完全合乎逻辑地向人们提出一种道德要求,要用人的、批判的或利己的意识来代替他们现在的意识,从而消除束缚他们的限制。这种改变意识的要求,就是要求用另一种方式来解释存在的东西,也就是说,借助于另外的解释来承认它。"④实际上,青年黑格尔派的哲学批判实质上仅仅是用一种词句反对另一种词句的斗争,是完全脱离以改变现实社会制度为目的的实践的,其内部的分歧也只是他们对待宗教进行批判的论点、方法的不同。由此,马克思恩格斯揭露了以施特劳斯、鲍威尔、施蒂纳为代表的青年黑格尔派进行的哲学批判的症

---

① 《马克思恩格斯文集》第 1 卷,人民出版社 2009 年版,第 514 页。
② 《马克思恩格斯文集》第 1 卷,人民出版社 2009 年版,第 514—515 页。
③ 《马克思恩格斯选集》第 1 卷,人民出版社 1995 年版,第 65 页。
④ 《马克思恩格斯文集》第 1 卷,人民出版社 2009 年版,第 515—516 页。

060

结所在："这些哲学家没有一个想到要提出关于德国哲学和德国现实之间的联系问题，关于他们所作的批判和他们自身的物质环境之间的联系问题。"①

二、阐明青年黑格尔派宗教批判的实质

正如马克思指出的："宗教里的苦难既是现实的苦难的表现，又是对这种现实的苦难的抗议。"②马克思不同意鲍威尔的观点，认为所谓犹太人的宗教问题并不仅仅是一个神学问题，而是一个世俗问题；现实的问题就应该从现实中来解决，其根源要从国家自身的本质中来解决。由此，马克思在《论犹太人问题》中分析批判了鲍威尔把犹太人和其他人的解放只归结为一个纯粹宗教的问题，论述了宗教解放和政治解放、政治解放和人类解放的关系，指出只有无产阶级才能完成人类解放的伟大历史任务。马克思的《论犹太人问题》是马克思主义思想史的重要文献之一，列宁曾指出，这部著作与《〈黑格尔法哲学批判〉导言》一起标志着马克思从唯心主义向唯物主义、从革命民主主义向共产主义转变的"彻底完成"。③　在《神圣家族》中，马克思继续延续《论犹太人问题》中对于青年黑格尔派在犹太人问题上错误观点的分析批判，这些分析批判主要集中在"第六章　绝对的批判的批判或布鲁诺先生所体现的批判的批判""（2）绝对批判的第二次征讨（b）犹太人问题，第二号。""（3）绝对批判的第三次征讨"等。

（一）"犹太人问题"仅仅是神学问题

鲍威尔认为，"犹太人问题"不独是犹太人的问题，而是所有信徒的问题。"犹太人问题是一个不以德国的特殊状况为转移的、具有普遍意义的问题。"④

---

① 《马克思恩格斯文集》第1卷，人民出版社2009年版，第516页。
② 《马克思恩格斯文集》第1卷，人民出版社2009年版，第4页。
③ 参见《列宁全集》第26卷，人民出版社1988年版，第83页。
④ 《马克思恩格斯文集》第1卷，人民出版社2009年版，第23页。

即德国的犹太人和基督徒的对立并不具有特殊性,在鲍威尔看来,"只要犹太人和基督徒把他们互相对立的宗教只看做**人的精神的不同发展阶段**,看做**历史**撕去的不同的蛇皮,把人本身只看做蜕皮的蛇,只要这样,他们的关系就不再是宗教的关系,而只是批判的、**科学的**关系,人的关系"①。犹太人要想获得自由,就必须放弃其所信仰的犹太教,并转向基督教。"犹太人和基督徒之间最顽固的对立形式是**宗教**对立。怎样才能消除对立? 使它不能成立。怎样才能使**宗教**对立不能成立? **废除宗教。**"②于是,在鲍威尔这里,宗教解放成为一个神学问题,犹太人问题的本质所在是犹太人的宗教束缚和政治解放的矛盾问题,犹太人的解放转化为了单纯的宗教解放,宗教解放就是消除基督教和犹太教的对立,宗教批判成为鲍威尔全部批判的主要路径。由此,让犹太人放弃自己的宗教,这是鲍威尔为解决"犹太人问题"给出的一种方法。为解决"犹太人问题"鲍威尔还提出了另一种方案,就是在政治国家中废除宗教,一旦国家废除了宗教,犹太人也就获得了宗教解放。"可见,一方面,鲍威尔要求犹太人放弃犹太教,要求一般人放弃宗教,以便作为公民得到解放。另一方面,鲍威尔坚决认为宗教在政治上的废除就是宗教的完全废除。"③

对于鲍威尔关于"犹太人问题"所作的批判,马克思赞扬道:"做得大胆、尖锐、机智、透彻,而且文笔贴切、洗练和雄健有力。"④但是,对于鲍威尔所提供的解决"犹太人问题"的方案,马克思的回答却是,"只有对政治解放本身的批判,才是对犹太人问题的最终批判,也才能使这个问题真正变成'当代的普遍问题'"。马克思认为鲍威尔对犹太人问题做了"**片面理解**"⑤,"他对问题的表述就是对问题的解决。对犹太人问题的批判就是对犹太人问题的回

---

① 《马克思恩格斯文集》第 1 卷,人民出版社 2009 年版,第 23 页。
② 《马克思恩格斯文集》第 1 卷,人民出版社 2009 年版,第 23 页。
③ 《马克思恩格斯文集》第 1 卷,人民出版社 2009 年版,第 25 页。
④ 《马克思恩格斯文集》第 1 卷,人民出版社 2009 年版,第 23 页。
⑤ 《马克思恩格斯文集》第 1 卷,人民出版社 2009 年版,第 25 页。

答。"①在马克思看来,鲍威尔最大的问题是"把犹太人的解放问题变成了纯粹的宗教问题"②来理解,没有从现实的角度、世俗的基础来审视犹太人问题,没有把握犹太人问题的本质。马克思认为宗教问题并不仅仅是一个神学的问题,而是一个世俗的问题,马克思认为,"在我们看来,政治解放对宗教的关系问题已经成了政治解放对人的解放的关系问题"。"宗教已经不是世俗局限性的**原因**,而只是它的**现象**。因此,我们用自由公民的世俗束缚来说明他们的宗教束缚。""我们不把世俗问题化为**神学**问题。我们要把神学问题化为世俗问题。"③现实的问题就应该从现实中来解决,其根源要从国家自身的本质中来解决。马克思批判鲍威尔"没有探讨**政治解放对人的解放的关系**,因此,他提供的条件只能表明他毫无批判地把政治解放和普遍的人的解放混为一谈"④。总之,马克思认为"犹太人问题"的实质是世俗的社会、历史问题。

"现在我们来考察一下现实的世俗犹太人,但不是像鲍威尔那样,考察安息日的犹太人,而是考察日常的犹太人。我们不是到犹太人的宗教里去寻找犹太人的秘密,而是到现实的犹太人里去寻找他的宗教的秘密。"⑤于是,马克思明确指出,"犹太教的世俗基础是什么呢? **实际需要,自私自利**。犹太人的世俗礼拜是什么呢? **经商牟利**。他们的世俗的神是什么呢? **金钱**"⑥。"金钱是以色列人的妒忌之神;在他面前,一切神都要退位。金钱贬低了人所崇奉的一切神,并把一切神都变成商品。"⑦至此,马克思揭示了"犹太人问题"不是单纯的宗教问题,而是世俗问题。既然找到了世俗问题的世俗基础,犹太人的解放就是在其世俗基础上的解放。"那好吧! 从**经商牟利**和**金钱**中解放出

---

① 《马克思恩格斯文集》第1卷,人民出版社2009年版,第23页。
② 《马克思恩格斯文集》第1卷,人民出版社2009年版,第47页。
③ 《马克思恩格斯文集》第1卷,人民出版社2009年版,第27页。
④ 《马克思恩格斯文集》第1卷,人民出版社2009年版,第25—26页。
⑤ 《马克思恩格斯文集》第1卷,人民出版社2009年版,第49页。
⑥ 《马克思恩格斯文集》第1卷,人民出版社2009年版,第49页。
⑦ 《马克思恩格斯文集》第1卷,人民出版社2009年版,第52页。

来——因而从实际的、实在的犹太教中解放出来——就会是现代的自我解放了。"①马克思进一步指出,"犹太人的解放,就其终极意义来说,就是人类从犹太精神中解放出来"②。"犹太人的**社会解放就是社会从犹太精神中解放出来**"。③马克思把犹太人的解放提升到"犹太精神"解放的高度,而犹太精神则是以利己主义为原则的经商牟利精神。马克思指出,"金钱是一切事物的普遍的、独立自在的**价值**。因此它剥夺了整个世界——人的世界和自然界——固有的价值。金钱是人的劳动和人的存在的同人相异化的本质;这种异己的本质统治了人,而人则向它顶礼膜拜。犹太人的神世俗化了,它成了世界的神。票据是犹太人的现实的神。犹太人的神只是幻想的票据"④。总之,马克思指出,"现代犹太人获得解放的能力就是犹太教和现代世界解放的关系。这种关系是由于犹太教在现代被奴役的世界中的特殊地位而必然产生的"⑤。"犹太人问题"及其解决不是到犹太教内部去寻找,而是要到决定其存在的现实世界去找寻。

马克思一方面认为"犹太人问题"的实质是世俗的社会、历史问题;另一方面,马克思批判鲍威尔抽象地谈论犹太人,而现实中的犹太人是生活在不同国家中的具体的犹太人。"犹太人问题依据犹太人所居住的国家而有不同的表述。"⑥马克思指出,在德国"不存在政治国家,不存在作为国家的国家,犹太人问题就是纯粹**神学的**问题。犹太人同承认基督教为自己基础的国家处于**宗教**对立之中。这个国家是职业神学家"⑦。而在法国这个立宪国家中,"犹太人问题是立宪制的问题,是**政治解放不彻底**的问题"。"犹太人对国家的关

---

① 《马克思恩格斯文集》第 1 卷,人民出版社 2009 年版,第 49 页。
② 《马克思恩格斯文集》第 1 卷,人民出版社 2009 年版,第 50 页。
③ 《马克思恩格斯文集》第 1 卷,人民出版社 2009 年版,第 55 页。
④ 《马克思恩格斯文集》第 1 卷,人民出版社 2009 年版,第 52 页。
⑤ 《马克思恩格斯文集》第 1 卷,人民出版社 2009 年版,第 49 页。
⑥ 《马克思恩格斯文集》第 1 卷,人民出版社 2009 年版,第 26 页。
⑦ 《马克思恩格斯文集》第 1 卷,人民出版社 2009 年版,第 26 页。

系""保持着宗教对立、神学对立的**外观**"。① 在实行共和制的北美各州,"犹太人问题才失去其**神学的**意义而成为真正**世俗的**问题"②,是政教分离的政策使国家从宗教的束缚中解脱出来。

正是由于在不同的国家"犹太人问题"有着不同的表现,因此,谈论"犹太人问题"就不应该抽象地谈论犹太人,而应该针对具体的、现实中的犹太人进行具体的分析,由此才能提供正确解决"犹太人问题"、获取犹太人解放的现实路径。"犹太人问题"的解决、犹太人的解放仅仅像鲍威尔那样进行神学的批判是不够的,要做的是找到"犹太人问题"产生的世俗基础,消灭其产生的现实根源,找到犹太人解放的现实路径。"因为宗教的定在是一种缺陷的定在,那么这种缺陷的根源就只能到国家自身的**本质**中去寻找。""我们并不宣称:他们必须消除他们的宗教局限性,才能消除他们的世俗限制。我们宣称:他们一旦消除了世俗限制,就能消除他们的宗教局限性。"③

马克思恩格斯在《神圣家族》中再次批判了鲍威尔把犹太人问题仅仅归结为一个神学问题。"鲍威尔先生之所以用**宗教**和**神学的**方式来考察**宗教**和**神学**问题,就是因为他把现代的'宗教'问题看做'**纯粹宗教的**'问题。"④马克思强调了其在《论犹太人问题》中的主要观点:"《德法年鉴》将鲍威尔对'犹太人问题'的探讨宣布为**真正神学的**探讨和**虚假**政治的探讨。""反对鲍威尔把犹太人问题当做'**纯粹宗教的**'问题来探讨"⑤,马克思指出,犹太人问题表面上看起来似乎是宗教问题,然而,实际上有着其社会意义,因此《论犹太人问题》就剥去了犹太教的宗教外壳,而探究其实际的、世俗的、社会的内核,即"描述了犹太教在现代市民社会中**的现实地位**"。这样的探究"决没有否认犹

---

① 《马克思恩格斯文集》第1卷,人民出版社2009年版,第26页。
② 《马克思恩格斯文集》第1卷,人民出版社2009年版,第26页。
③ 《马克思恩格斯文集》第1卷,人民出版社2009年版,第27页。
④ 《马克思恩格斯文集》第1卷,人民出版社2009年版,第309页。
⑤ 《马克思恩格斯文集》第1卷,人民出版社2009年版,第306页。

太人问题也是**宗教**问题",相反,《论犹太人问题》指出的是鲍威尔"只了解犹太教的**宗教**本质,但不了解这一宗教本质的**世俗的现实的基础**。他把**宗教意识**当做某种独立的本质来反对"。这正是鲍威尔批判的症结所在,由此导致的结果就是:"鲍威尔先生不是用**现实的犹太人**去说明犹太人的宗教的秘密,而是用**犹太人的宗教**去说明现实的犹太人。因此,鲍威尔先生对犹太人的理解仅限于犹太人是**神学**的直接对象或犹太人是**神学家**。"①

马克思恩格斯在《神圣家族》中进一步阐释了犹太人问题产生的社会基础及消灭途径。马克思指出,鲍威尔没有认识到犹太人问题来自于现实的市民社会,是在货币制度中最终形成的;同时,他们考察的犹太人不是在日常生活中进行劳动和工作的犹太人,犹太精神也不是在工商业实践中而是在宗教学说中看到的。与之相反,在马克思看来,不能像鲍威尔他们那样用犹太教来说明犹太人的生活,而应该"用那些在犹太人的宗教中得到**幻想**反映的市民社会的实际要素来说明犹太人宗教的顽强生命力"②。鉴于上述分析,马克思指出,犹太人的解放就成为"彻头彻尾渗透着**犹太精神**的现代世界的普遍的实践任务",而"消除犹太本质的任务实际上就是消除**市民社会中的犹太精神**的任务,就是消除现代生活实践中的非人性的任务,这种非人性的最高表现就是**货币制度**"③。只有消灭了犹太人问题产生的社会基础,犹太人问题才能得以解决,即只有在现代国家、现代社会,也就是完备的政治国家、自由的市民社会,犹太人才有信仰的自由,也就是说,政治解放是宗教解放的前提。"现代的'**公共状况**'的基础、发达的现代国家的基础","是**废除**和**取消了特权**的社会,是使在政治上仍被特权束缚的生活要素获得自由的发达的**市民社会**"。而"整个**市民社会**就是这种由于各自的**个性**而从此相互隔绝的所有个人之间

---

① 《马克思恩格斯文集》第 1 卷,人民出版社 2009 年版,第 307 页。
② 《马克思恩格斯文集》第 1 卷,人民出版社 2009 年版,第 308 页。
③ 《马克思恩格斯文集》第 1 卷,人民出版社 2009 年版,第 308 页。

相互反对的战争,就是摆脱了特权桎梏的自然生命力的不可遏止的普遍运动"①。在消灭了特权封闭状态的完备的现代政治国家,宗教和其他市民生活要素都成为非政治的存在而自行其是,即"它们才**开始**获得充分的存在"②。

(二)颠倒宗教解放与政治解放的关系

马克思认为,事实上,犹太人渴望的解放是"**公民**的解放,**政治**解放"③。于是,马克思反驳了鲍威尔关于"犹太人问题"的解决方案,一方面批判鲍威尔抽象地谈论犹太人,指出现实中的犹太人是生活在不同国家中的具体的犹太人;另一方面,批判鲍威尔没有认识到宗教问题的存在有其更深层次的社会历史根源和阶级根源,指出"犹太人问题"的实质是世俗的社会、历史问题。马克思分析了犹太人在德国、法国和美国的不同处境,从而揭示道,"只有在政治国家十分发达的地方,犹太教徒和一般宗教信徒对政治国家的关系,就是说,宗教对国家的关系,才呈现其本来的、纯粹的形式"。因此,"一旦国家不再从**神学的角度**对待宗教,一旦国家是作为国家即从**政治的角度**来对待宗教,对这种关系的批判就不再是对神学的批判了。这样,批判就成了对**政治国家的批判**"④。也就是说,"犹太人问题"的解决应该是通过建立一个完备的政治国家的政治解放道路。由于德国是没有经过政治解放而建立起来的一个政治国家,法国是一个政治解放不彻底的立宪国家,美国则是进行了比较彻底的政治解放的国家,因此,犹太人在德国、法国和美国的境况不同。由此,马克思矫正了鲍威尔颠倒了的宗教解放与政治解放的关系。

同时,马克思结合博蒙、托克维尔和汉密尔顿的结论:"北美主要还是一个笃信宗教的国家",进一步阐释了一个完备政治国家的建立即政治解放并

① 《马克思恩格斯文集》第1卷,人民出版社2009年版,第316页。
② 《马克思恩格斯文集》第1卷,人民出版社2009年版,第317页。
③ 《马克思恩格斯文集》第1卷,人民出版社2009年版,第21页。
④ 《马克思恩格斯文集》第1卷,人民出版社2009年版,第26页。

不排斥其中生活的人们继续保有其宗教信仰。"甚至在政治解放已经完成了的国家,宗教不仅仅存在,而且是**生气勃勃的**、**富有生命力**的存在",由此证明了"宗教的定在和国家的完成是不矛盾的"。"因为宗教的定在是一种缺陷的定在",这种缺陷定在的根源"只能到国家自身的**本质**中去寻找"①。"甚至在绝大多数人还信奉宗教的情况下,国家也是可以从宗教中解放出来的。"②而"摆脱了宗教的政治解放让宗教持续存在,虽然不是享有特权的宗教"③。"政治解放并没有消除人的实际的宗教笃诚,也不力求消除这种宗教笃诚。"④

总之,基于上述分析,马克思得出结论,"犹太教徒、基督徒、一般**宗教**信徒的**政治**解放,是**国家**从犹太教、基督教和一般**宗教中解放出来**。当国家从**国教**中解放出来,就是说,当国家作为**一个国家**,不信奉任何宗教,确切地说,信奉作为国家的自身时,国家才以自己的形式,以自己本质所固有的方式,作为**一个国家**,从宗教中解放出来。"⑤

再者,由于鲍威尔仅仅抨击表面上宗教的对立,而无视宗教问题正是现实政治问题在宗教上的折射反映,因此,"听任""世俗对立持续存在"。⑥ 在马克思看来,表面上的宗教问题根源在于现实世俗生活中的矛盾、人本质的异化。"犹太人问题最终归结成的这种世俗冲突,政治国家对自己的前提——无论这些前提是像私有财产等等这样的物质要素,还是像教育、宗教这样的精神要素——的关系,**普遍利益**和**私人利益**之间的冲突,**政治国家**和**市民社会**之间的分裂"⑦,而在政治国家中,人过着正是本质异化的生活,政治国家又正是人本质异化生活的体现。"完成了的政治国家,按其本质来说,是人的同自己

① 《马克思恩格斯文集》第 1 卷,人民出版社 2009 年版,第 27 页。
② 《马克思恩格斯文集》第 1 卷,人民出版社 2009 年版,第 28 页。
③ 《马克思恩格斯文集》第 1 卷,人民出版社 2009 年版,第 37 页。
④ 《马克思恩格斯文集》第 1 卷,人民出版社 2009 年版,第 32 页。
⑤ 《马克思恩格斯文集》第 1 卷,人民出版社 2009 年版,第 28 页。
⑥ 《马克思恩格斯文集》第 1 卷,人民出版社 2009 年版,第 31 页。
⑦ 《马克思恩格斯文集》第 1 卷,人民出版社 2009 年版,第 31 页。

物质生活**相对立的类生活**。""在政治国家真正形成的地方,人不仅在思想中,在意识中,而且在**现实**中,在**生活**中,都过着双重的生活——天国的生活和尘世的生活。前一种是**政治共同体**中的生活,在这个共同体中,人把自己看做**社会存在物**;后一种是**市民社会**中的生活,在这个社会中,人作为私人进行活动,把他人看做工具,把自己也降为工具,并成为异己力量的玩物。"①在政治国家中,人的应然状态是作为社会存在物、具有社会本性,按照社会关系要求生活的人;而人的实然状态却是以工具形式存在,他人以及人自己都是作为工具的个体,都成为异己的存在物,即异化的存在。"人在其**最直接的**现实中,在市民社会中,是尘世存在物。在这里,即在人把自己并把别人看做是现实的个人的地方,人是一种**不真实的**现象。相反,在国家中,即在人被看做是类存在物的地方,人是想象的主权中虚构的成员;在这里,他被剥夺了自己现实的个人生活,却充满了非现实的普遍性。"②

更进一步,马克思剖析了现实中的所谓基督教国家仍然是不完备的政治国家,马克思用一连串的"所谓基督教国家……"作主语进行鞭辟入里的分析批判。"那种把基督教当做自己的基础、国教,因而对其他宗教抱排斥态度的所谓**基督教**国家,并不就是完成了的基督教国家","所谓基督教国家只不过是**非国家**","所谓基督教国家,就是通过基督教来否定国家,而决不是通过国家来实现基督教"。"所谓基督教国家,就是**不完善**的国家","基督教国家是**伪善的国家**"。③ 等等。基督教国家其实质就是人的本质异化的国家。马克思指出:"仍然以宗教形式信奉基督教的国家,还不是以国家形式信奉基督教,因为它仍然从宗教的角度对待宗教,就是说,它不是宗教的人的基础的**真正实现**,因为它还诉诸**非现实性**,诉诸这种人的实质的**虚构形象**。""因为通过

---

① 《马克思恩格斯文集》第 1 卷,人民出版社 2009 年版,第 30 页。
② 《马克思恩格斯文集》第 1 卷,人民出版社 2009 年版,第 31 页。
③ 《马克思恩格斯文集》第 1 卷,人民出版社 2009 年版,第 33—34 页。

现实的人的创作所实现的,并不是作为宗教的基督教,而只是基督教的**人的背景**。"①而完备的政治国家即非基督教国家,无神论国家、民主制国家,这些国家不同于基督教国家,二者之间有着较大的差别。"**完成了的**国家由于国家的一般**本质**所固有的缺陷而把宗教列入自己的**前提**,**未完成的**国家则由于自己作为有缺陷的国家的**特殊存在**所固有的缺陷而声称宗教是自己的**基础**,二者之间是有很大差别的。""在后一种情况下,宗教成了**不完善的政治**。在前一种情况下,甚至完成了的**政治**具有的那种不完善性也在宗教中显露出来。"②在马克思看来,"**无神论**国家、**民主制**国家,即把宗教归为市民社会的其他要素的国家"③才是真正的政治国家、完备的国家。由此产生的结果则是:"所谓基督教国家需要基督教,是为了充实自己而**成为国家**。民主制国家,真正的国家则不需要宗教从政治上充实自己。确切地说,它可以撇开宗教,因为它已经用世俗方式实现了宗教的人的基础。而所谓基督教国家则相反,既从政治的角度对待宗教,又从宗教的角度对待政治。当它把国家形式降为外观时,也就同样把宗教降为外观。"④因此,"在所谓基督教国家中,实际上起作用的是**异化**,而不是**人**"。而在民主制国家,"国家的基础不是基督教,而是基督**教的人的基础**"⑤。

由于民主制国家才是真正的政治国家,而基督教国家的实质就是人的本质异化的国家,因此,在不同的国家里,信仰宗教的个体的人与国家之间的关系则也有着本质的不同。"政治国家的成员信奉宗教,是由于个人生活和类生活之间、市民社会生活和政治生活之间的二元性;他们信奉宗教是由于人把处于自己的现实个性彼岸的国家生活当作他的真实生活;他们信奉宗教是由

① 《马克思恩格斯文集》第1卷,人民出版社2009年版,第33页。
② 《马克思恩格斯文集》第1卷,人民出版社2009年版,第34页。
③ 《马克思恩格斯文集》第1卷,人民出版社2009年版,第33页。
④ 《马克思恩格斯文集》第1卷,人民出版社2009年版,第34页。
⑤ 《马克思恩格斯文集》第1卷,人民出版社2009年版,第36页。

于宗教在这里是市民社会的精神,是人与人分离和疏远的表现。"①在政治民主制国家,人是享有主权的,是社会生活中的最高存在物。在政治民主制国家,宗教继续存在,但是宗教已不享有特权;信仰宗教的信徒与自身身份之间也存在矛盾,但是这个矛盾"只是**政治国家和市民社会之间的普遍世俗矛盾的一部分**"②。

在"布鲁诺·鲍威尔:《犹太人问题》1843 年不伦瑞克版"的最后,马克思论述了政治解放对于人权的确认。马克思主要结合 1791 年《人权与公民权宣言》和 1793 年法国宪法的内容对于"人的权利"进行了分析:"所谓的**人权**,不同于[**公民权**]的[**人权**],无非是**市民社会的成员**的权利",这些权利包括"平等、自由、安全、财产"。③ 马克思认为,"信仰自由就属于这些权利之列","**信仰的特权**或者被明确承认为一种**人权**"。④ 接下来,马克思逐一分析了这些人权。"自由是可以做和可以从事任何不损害他人的事情的权利。"而这里所说的自由是"人作为孤立的、自我封闭的单子的自由"⑤。自由这一人权是"**分隔的权利**,是**狭隘的**、局限于自身的个人的权利"。在马克思看来,私有财产也是人权,私有财产这一人权是"自由这一人权的实际应用","是任意地、同他人无关地、不受社会影响地享用和处理自己的财产的权利"。但是,私有财产这种自由使得"每个人不是把他人看做自己自由的**实现**,而是看做自己自由的**限制**"。关于平等的人权,马克思认为,"在这里就其非政治意义来说,无非是上述**自由**的平等,就是说,每个人都同样被看成那种独立自在的单子"⑥。但是,"自由这一人权一旦同**政治**生活发生冲突,就不再是权利"⑦。关于安全

① 《马克思恩格斯文集》第 1 卷,人民出版社 2009 年版,第 36—37 页。
② 《马克思恩格斯文集》第 1 卷,人民出版社 2009 年版,第 37 页。
③ 《马克思恩格斯文集》第 1 卷,人民出版社 2009 年版,第 40 页。
④ 《马克思恩格斯文集》第 1 卷,人民出版社 2009 年版,第 39 页。
⑤ 《马克思恩格斯文集》第 1 卷,人民出版社 2009 年版,第 40 页。
⑥ 《马克思恩格斯文集》第 1 卷,人民出版社 2009 年版,第 41 页。
⑦ 《马克思恩格斯文集》第 1 卷,人民出版社 2009 年版,第 43 页。

的人权,马克思指出,"**安全**是市民社会的最高社会概念,是**警察**的概念;按照这个概念,整个社会的存在只是为了保证维护自己每个成员的人身、权利和财产"。但是,在马克思看来,这些所谓人权都没有超出利己的人,"任何一种所谓的人权都没有超出利己的人,没有超出作为市民社会成员的人,即没有超出封闭于自身、封闭于自己的私人利益和自己的私人任意行为、脱离共同体的个体"。"市民社会没有借助安全这一概念而超出自己的利己主义。相反,安全是它的利己主义的**保障**。"①

总之,政治解放应该是宗教解放的前提,而非相反;正是通过政治解放,人才能够获得人权,获得宗教信仰的自由。因为"政治革命打倒了这种统治者的权力,把国家事务提升为人民事务,把政治国家组成为**普遍**事务,就是说,组成为现实的国家;这种革命必然要摧毁一切等级、同业公会、行帮和特权,因为这些是人民同自己的共同体相分离的众多表现。于是,政治革命**消灭了市民社会的政治性质**"②。而正是通过政治解放,在政治国家中,人获得他应得的权利。"人没有摆脱宗教,他取得了信仰宗教的自由。他没有摆脱财产,他取得了占有财产的自由。他没有摆脱经营的利己主义,他取得了经营的自由。"③

（三）混淆政治解放与人类解放的关系

马克思指出鲍威尔的根本症结所在,即混淆政治解放与人类解放的关系,没有把"犹太人问题"、犹太人的解放指向人本身即人类解放。"他批判的**只是**'基督教国家',而不是'国家本身',他没有探讨**政治解放对人的解放的关系**,因此,他提供的条件只能表明他毫无批判地把政治解放和普遍的人的解放

---

① 《马克思恩格斯文集》第 1 卷,人民出版社 2009 年版,第 42 页。
② 《马克思恩格斯文集》第 1 卷,人民出版社 2009 年版,第 44 页。
③ 《马克思恩格斯文集》第 1 卷,人民出版社 2009 年版,第 45 页。

混为一谈。"①

在马克思看来,"**政治解放对宗教的关系**问题已经成了**政治解放对人的解放的关系**问题"②。也就是说,宗教解放、政治解放与人类解放归根结底在于人类解放。马克思一针见血地揭示道:"我们不像鲍威尔那样对犹太人说,你们不从犹太教彻底解放出来,就不能在政治上得到解放。相反,我们对他们说,因为你们不用完全地、毫无异议地放弃犹太教就可以在政治上得到解放,所以**政治解放**本身并不就是**人**的解放。"③因为,"从人的角度来看,国家和某一**特定宗教**例如和**犹太教**的矛盾,就是国家和**特定世俗**要素的矛盾;而国家和**一般宗教**的矛盾,也就是国家和它的一般**前提**的矛盾"④。

当然,马克思肯定了政治解放的进步性。相对于宗教解放的局限,"**政治解放**当然是一大进步;尽管它不是普遍的人的解放的最后形式,但**在**迄今为止的世界制度**内**,它是人的解放的最后形式"⑤。然而,虽然政治解放是宗教解放的前提,但是,政治解放却有着一定的限度。"政治解放的限度一开始就表现在:即使人还没有**真正**摆脱某种限制,**国家**也可以摆脱这种限制,即使人还不是**自由人**,国家也可以成为**自由国家**。"⑥因此,"犹太人问题"的解决最终还是要通过实现人类解放。

由此,马克思得出如下几个结论:首先,"人通过**国家**这个中介得到解放,他**在政治上**从某种限制中解放出来,就是在与自身的矛盾中超越这种限制,就是以**抽象的**、**有限的**、局部的方式超越这种限制"⑦。人通过完备的政治国家这个中介获得政治解放,虽然超越了某种限制,但是获得的仍然是局部解放。

---

① 《马克思恩格斯文集》第1卷,人民出版社2009年版,第25—26页。
② 《马克思恩格斯文集》第1卷,人民出版社2009年版,第27页。
③ 《马克思恩格斯文集》第1卷,人民出版社2009年版,第38页。
④ 《马克思恩格斯文集》第1卷,人民出版社2009年版,第27—28页。
⑤ 《马克思恩格斯文集》第1卷,人民出版社2009年版,第32页。
⑥ 《马克思恩格斯文集》第1卷,人民出版社2009年版,第28页。
⑦ 《马克思恩格斯文集》第1卷,人民出版社2009年版,第28—29页。

其次,"人在政治上得到解放,就是用**间接的方法**,通过一个**中介**,尽管是一个**必不可少的中介**而使自己得到解放"。人获得的政治解放,只能是通过国家这个必不可少的中介而实现。最后,"人即使已经通过国家的中介作用宣布自己是无神论者,就是说,他宣布国家是无神论者,这时他总还是受到宗教的束缚,这正是因为他仅仅以间接的方法承认自己,仅仅通过中介承认自己"。因为"国家是人和人的自由之间的中介者"①。政治国家虽然摆脱宗教的束缚,并不意味着在政治国家中的人同样摆脱了宗教的束缚,都成为了真正的无神论者,成为真正自由的人。因为,"人对宗教的政治超越,具有一般政治超越所具有的一切缺点和优点"②。即人通过政治解放虽然超越了某种限制、获得了局部解放,但是,由于其产生的现实基础仍然存在,仍然没有被超越,人因此不能够获得作为人本质、人本身的解放。而"**任何**解放都是使人的世界即各种关系**回归于人自身**"③。

最终,解决的方案在于,只有国家真正超越了现实社会特殊要素的差别,人才真正能够实现自身的解放即人类解放。"当国家宣布出身、等级、文化程度、职业为**非政治的**差别,当它不考虑这些差别而宣告人民的每一成员都是人民主权的**平等**享有者,当它从国家的观点来观察人民现实生活的一切要素的时候,国家是以自己的方式废除了**出身、等级、文化程度、职业**的差别。"④人类解放表现在:"只有当现实的个人把抽象的公民复归于自身,并且作为个人,在自己的经验生活、自己的个体劳动、自己的个体关系中间,成为**类存在物**的时候,只有当人认识到自身'固有的力量'是**社会**力量,并把这种力量组织起来因而不再把社会力量以**政治**力量的形式同自身分离的时候,只有到了那个时候,人的解放才能完成。"⑤

---

① 《马克思恩格斯文集》第 1 卷,人民出版社 2009 年版,第 29 页。
② 《马克思恩格斯文集》第 1 卷,人民出版社 2009 年版,第 29 页。
③ 《马克思恩格斯文集》第 1 卷,人民出版社 2009 年版,第 46 页。
④ 《马克思恩格斯文集》第 1 卷,人民出版社 2009 年版,第 29—30 页。
⑤ 《马克思恩格斯文集》第 1 卷,人民出版社 2009 年版,第 46 页。

综上，马克思在《论犹太人问题》中，把"犹太人问题"从鲍威尔所理解的仅仅局限于宗教的问题还原到政治现实问题，实现了从宗教批判到政治批判，从宗教解放到政治解放的超越。同时，马克思又深刻地阐释了政治解放的限度，指出这种限度只有通过人类解放才能得到最终的解决，从而实现了把"犹太人问题"从政治解放上升到人类解放的高度。在马克思看来，"犹太人问题"即犹太人的解放问题，其最终落脚点是人类解放问题，人类解放成为了马克思在《论犹太人问题》中的思想落脚点。"社会一旦消除了犹太精神的**经验本质**，即经商牟利及其前提，犹太人就**不可能存在**，因为他的意识将不再有对象，因为犹太精神的主观基础即实际需要将会人化，因为人的个体感性存在和类存在的矛盾将被消除。犹太人的**社会**解放就是**社会从犹太精神中解放出来**。"①

马克思恩格斯在《神圣家族》中再次重申鲍威尔在犹太人问题上混淆了政治解放与人类解放，由此导致的结果就是："他也就必然合乎逻辑地要把实现解放的**政治手段**同实现解放的**人的手段**混淆起来。"②总之，"这个社会无非是**批判的天堂**，而现实的世界则作为**非批判的地狱**从那里被排除出去"。"**未来是批判的创造物。**"③也就是说，鲍威尔等人所进行的批判实质仍然是抽象的批判，社会发展、社会未来都是其在批判中构想出来的，而非基于现实的批判推导出的结论。"正如上帝把自己的意志赋予**自己的创造物**——人一样，**批判**也把**自己的意志赋予自己的创造物**——命运。所以创造命运的**批判**也像上帝一样是**万能的**。""既然像上帝一样是**万能的**，那么它也像上帝一样是**无所不知的**"④。马克思则再次论述了政治解放与人类解放的关系。

马克思指出，"在许多国家，**犹太人**（如同基督徒一样）**在政治上已经获得**

---

① 《马克思恩格斯文集》第 1 卷，人民出版社 2009 年版，第 55 页。
② 《马克思恩格斯文集》第 1 卷，人民出版社 2009 年版，第 298 页。
③ 《马克思恩格斯文集》第 1 卷，人民出版社 2009 年版，第 302 页。
④ 《马克思恩格斯文集》第 1 卷，人民出版社 2009 年版，第 302—303 页。

了完全的**解放**。但是,犹太人和基督徒还远远没有获得人的意义上的解放。可见,**政治**解放和**人**的解放之间必定是存在**差别**的"①。导致这种差别存在的原因是什么呢?马克思认为需要了解政治解放的实质,而政治解放的实质在于发达的现代国家的实质。换句话说,只有在发达的现代国家,犹太人才能获得政治解放;那些没有获得政治解放的犹太人,是因为他们生活的国家是不发达的国家,即不完备的政治国家。而"没有任何宗教特权的政治上完备的现代国家,也就是完备的基督教国家";只有"完备的基督教国家不仅**能够**解放犹太人,而且已经解放了他们,同时按这种国家的本质来说,也必定会解放他们"②。然而,获得政治解放的犹太人并非意味着就获得了人的解放。由于鲍威尔等人的"批判根本没有对政治解放的本质进行批判的分析,根本没有探究这种本质和人的本质的确切的关系,所以,它只能触及政治解放的**事实**,触及发达的现代国家"③,而发达的现代国家是有缺陷的。正因为现代国家"本质本身的缺陷",在现代国家中获得政治解放并不意味着获得了完全的人的解放。

马克思进一步论证了人的解放所包含的实质内容。"自由"就是当国家摆脱了国教,即国家从宗教中解放出来了,人获得了政治自由,人依然可以信仰宗教,即"单个的人不再把宗教当做**公共**事务而当做自己的**私人事务**来对待时,他在**政治上**也就从宗教中解放出来了"④。这种人的自由就是人权。人权是什么?在马克思看来,"**人权**并不是使人摆脱宗教,而是使人有信仰**宗教的自由**;人权并不是使人摆脱财产,而是使人有**占有财产的自由**;人权并不是使人摆脱牟利的龌龊行为,反而是赋予人以**经营的自由**"⑤。现代国家人权的自然基础是"市民社会以及市民社会中的**人**",只有摆脱旧的市民社会的桎

① 《马克思恩格斯文集》第 1 卷,人民出版社 2009 年版,第 309 页。
② 《马克思恩格斯文集》第 1 卷,人民出版社 2009 年版,第 310 页。
③ 《马克思恩格斯文集》第 1 卷,人民出版社 2009 年版,第 314 页。
④ 《马克思恩格斯文集》第 1 卷,人民出版社 2009 年版,第 311 页。
⑤ 《马克思恩格斯文集》第 1 卷,人民出版社 2009 年版,第 312 页。

梏,即人先在政治上获得解放,然后才能获得现代国家的人的人权,如在法国的人权宣言中,"自由的人性"作为人权得到了承认,"**普遍的人权**"就是"按照自己的意愿选择信仰的**权利**,进行任何宗教礼拜的权利",因此,"犹太人在**政治上**获得解放和赋予犹太人以'**人权**',这是一种彼此相互制约的行为"①。

三、揭示青年黑格尔派唯心史观的症结

马克思恩格斯在《德意志意识形态》中分析批判费尔巴哈唯心史观时指出,"当费尔巴哈是一个唯物主义者的时候,历史在他的视野之外;当他去探讨历史的时候,他不是一个唯物主义者。在他那里,唯物主义和历史是彼此完全脱离的"②。总之,青年黑格尔派在社会历史领域陷入唯心史观,主要表现为:不承认真实的历史的发展,没能正确认识自然科学和工业在人类历史发展过程中的地位和作用,没能认识到真正的批判在于对现实的批判,用历史唯心主义手段制造"思想独立化"的假象,等等。

(一)不承认真实的历史的发展

马克思恩格斯在《神圣家族》中分析批判了青年黑格尔派的唯心史观的症结所在,指出"唯灵论的、**神学的**批判的批判仅仅知道(至少它在自己的想象中知道)历史上的政治、文学和神学方面的重大事件。正像批判的批判把思维和感觉、灵魂和肉体、自身和世界分开一样,它也把历史同自然科学和工业分开,认为历史的诞生地不是地上的粗糙的**物质**生产,而是天上的迷蒙的云兴雾聚之处"③。这些批判主要集中在"第六章 绝对的批判的批判或布鲁诺先生所体现的批判的批判""(3)绝对批判的第三次征讨(f)绝对批判的思辨循环和自我意识的哲学"以及"第七章 批判的批判的通信"中。

---

① 《马克思恩格斯文集》第1卷,人民出版社2009年版,第313页。
② 《马克思恩格斯文集》第1卷,人民出版社2009年版,第530页。
③ 《马克思恩格斯文集》第1卷,人民出版社2009年版,第350—351页。

恩格斯在第二章中指出,"自满自足、自圆其说和自成一家的批判当然不会承认历史的真实的发展"①,然而,与之相反的实际情况是,"在群众的历史中,工厂出现以前是没有任何工厂城市的"②,接下来恩格斯用了较多篇幅陈述了以生产工具的变革、早期工业革命的发展历程为代表的真正的工厂及城市发展的历史,在恩格斯看来,"批判的批判"颠倒了历史发展过程中的因果关系,因为"批判着手改造英国的历史和英国的语言是从原则出发"。③

在第四章(1)中,恩格斯进一步指出,在"批判的批判"眼里,"凡是现实的、活生生的东西都是非批判的、群众的,因此它是'无',只有批判的批判的理想的创造才是'一切'"④。因为"批判所做的,仅仅是用'现存事物的范畴来制定公式',也就是用现存的黑格尔哲学和现存的社会意向来制定公式。公式除了公式便什么也没有"⑤。换句话说,"批判的批判"实际上仍然是搬弄黑格尔抽象的哲学论证,并且仅仅用观念、意向等精神领域的现象裁剪现实,其结果必然是仅仅局限于抽象的思维领域,对于解决活生生的现实问题丝毫不起任何作用。"因为在思辨的用语中,具体的叫做抽象的,而抽象的却叫做具体的","批判的批判""反对一切有生命的东西、一切直接的东西、一切感性的经验,反对所有一切实际的经验"⑥。

(二)没能正确认识自然科学和工业在人类历史发展过程中的地位和作用

在《神圣家族》中,马克思恩格斯指出,虽然"批判的批判"宣称自己尊重工业和自然科学,然而,他们却说:"自然界并不因为我们吃的和喝的都是自

① 《马克思恩格斯全集》第2卷,人民出版社1957年版,第13页。
② 《马克思恩格斯全集》第2卷,人民出版社1957年版,第13页。
③ 《马克思恩格斯全集》第2卷,人民出版社1957年版,第18页。
④ 《马克思恩格斯全集》第2卷,人民出版社1957年版,第21页。
⑤ 《马克思恩格斯全集》第2卷,人民出版社1957年版,第22页。
⑥ 《马克思恩格斯全集》第2卷,人民出版社1957年版,第26页。

然界的一个个产品就成了唯一的现实。"正如马克思所批判的,在"批判的批判"眼里,关于自然界的一个个产品竟然狭隘到仅仅局限于"'我们**吃**它们的和**喝**它们的'而已"。于是,马克思诘问道:"难道批判的批判以为,只要它把人对自然界的理论关系和实践关系,把自然科学和工业排除在历史运动之外,它就能达到,哪怕只是初步达到对历史现实的认识吗?难道批判的批判以为,它不把比如说某一历史时期的工业,即生活本身的直接的生产方式认识清楚,它就能真正地认清这个历史时期吗?"①马克思指出,鲍威尔等人"把历史同自然科学和工业分开,认为历史的诞生地不是地上的粗糙的**物质**生产,而是天上的迷蒙的云兴雾聚之处"②。但是,这样的认识在"批判的批判"看来,却被看作是"**群众的唯物主义者**"③。

在《德意志意识形态》中,马克思恩格斯分析批判了费尔巴哈唯心史观的错误,指出,费尔巴哈把人看作是天生的具有"社会性"的"共产主义者",是在实际生活中不存在的、抽象的人。费尔巴哈阐述道:"某物或某人的存在同时也就是某物或某人的本质;一个动物或一个人的一定生存条件、生活方式和活动,就是使这个动物或这个人的'本质'感到满意的东西。"④这是费尔巴哈的错误所在:把人的存在和人的本质混为一谈。然而,在现实中,面对无产阶级的"存在"与他们的"本质"的不符,费尔巴哈却束手无策了。造成费尔巴哈对于人的本质问题认识的错误根源在于他离开社会生活的实践即工业和自然界发展的历史直观地认识人、抽象地谈论人。"在这样的场合费尔巴哈从来不谈人的世界,而是每次都求救于外部自然界,而且是**那个**尚未置于人的统治之下的自然界。但是,每当有了一项新的发明,每当工业前进一步,就有一块新的地盘从这个领域划出去,而能用来说明费尔巴哈这类论点的事例借以产生

---

① 《马克思恩格斯文集》第1卷,人民出版社2009年版,第350页。
② 《马克思恩格斯文集》第1卷,人民出版社2009年版,第350—351页。
③ 《马克思恩格斯文集》第1卷,人民出版社2009年版,第351页。
④ 《马克思恩格斯文集》第1卷,人民出版社2009年版,第549页。

的基地,也就越来越小了。"①而实际情况是:实践、生产实践,才是人类历史的基础,也是人类认识的基础,这是马克思主义的基本原理。费尔巴哈的问题是:"他没有看到,他周围的感性世界决不是某种开天辟地以来就直接存在的、始终如一的东西,而是工业和社会状况的产物,是历史的产物,是世世代代活动的结果,其中每一代都立足于前一代所奠定的基础上,继续发展前一代的工业和交往,并随着需要的改变而改变它的社会制度。甚至连最简单的'感性确定性'的对象也只是由于社会发展、由于工业和商业交往才提供给他的。"②因此,"从这些分析中还可以看出,费尔巴哈是多么错误,他竟借助于'共同人'这一规定宣称自己是共产主义者,把这一规定变成'人'的谓词,以为这样一来又可以把表达现存世界中特定革命政党的拥护者的'共产主义者'一词变成一个空洞范畴"③。"他从来没有把感性世界理解为构成这一世界的个人的全部活生生的感性活动,……正是在共产主义的唯物主义者看到改造工业和社会结构的必要性和条件的地方,他却重新陷入唯心主义。"④

(三)没能认识到真正的批判在于对现实的批判

马克思指出,"真正的运动和对这些各不相同的社会倾向的改造不仅没有**日薄西山**,而且只是在现在才真正**开始**。这一运动将不会像批判的批判所希望的那样以纯粹的、即抽象的**理论**为归宿,而将以**实实在在的实践**为归宿"⑤,这正是法国和英国的空想社会主义的批判,他们的批判"并不是什么在人类之外的、抽象的、彼岸的人格化的东西,这种批判是那些作为社会积极成员的个人所进行的**现实的人的活动**,这些个人作为人也有痛苦,有感情,有思

---

① 《马克思恩格斯文集》第1卷,人民出版社2009年版,第549—550页。
② 《马克思恩格斯文集》第1卷,人民出版社2009年版,第528页。
③ 《马克思恩格斯文集》第1卷,人民出版社2009年版,第548页。
④ 《马克思恩格斯文集》第1卷,人民出版社2009年版,第530页。
⑤ 《马克思恩格斯文集》第1卷,人民出版社2009年版,第354页。

想,有行动。因此,他们的批判同时也是实践的",正因如此,"他们的共产主义是这样一种社会主义,在这里面他们提出了实践的、明确的实际措施,在这里面他们不仅思考,并且更多的是行动。因此,他们的批判是对现存社会的生动的现实的批判,是对'衰败'原因的认识"①。

马克思恩格斯认为他们错误的症结在于:"其实全部问题只在于从现存的现实关系出发来说明这些理论词句。如前所说,要真正地、实际地消灭这些词句,从人们意识中消除这些观念,就要靠改变了的环境而不是靠理论上的演绎来实现。"②

(四)用历史唯心主义手段制造"思想独立化"的假象

马克思恩格斯在《德意志意识形态》中还说明了占统治地位的思想形成和发展的规律性。

首先,占统治地位的思想是占统治地位的物质关系在观念上的表现。马克思恩格斯认为,在每一社会历史时代,都存在占统治地位的思想和不居于统治地位的思想,而"统治阶级的思想在每一时代都是占统治地位的思想。这就是说,一个阶级是社会上占统治地位的**物质**力量,同时也是社会上占统治地位的**精神**力量。支配着物质生产资料的阶级,同时也支配着精神生产资料,因此,那些没有精神生产资料的人的思想,一般地是隶属于这个阶级的。占统治地位的思想不过是占统治地位的物质关系在观念上的表现,不过是以思想的形式表现出来的占统治地位的物质关系;因而,这就是那些使某一个阶级成为统治阶级的关系在观念上的表现,因而这也就是这个阶级的统治的思想"③。这个现实的社会表现是由社会存在决定社会意识的规律决定的。

其次,统治阶级成员在思想上既有着局部的矛盾性,又有着根本的一致

---

① 《马克思恩格斯文集》第 1 卷,人民出版社 2009 年版,第 355 页。
② 《马克思恩格斯文集》第 1 卷,人民出版社 2009 年版,第 547 页。
③ 《马克思恩格斯文集》第 1 卷,人民出版社 2009 年版,第 550—551 页。

性。虽然由于社会存在决定社会意识的规律所决定,占统治地位的思想是占统治地位的物质关系在观念上的表现,但是,在统治阶级内部,统治阶级成员在思想上却既有着根本的一致性又有着局部的矛盾性,造成这一现象的根源仍然在于分工。由于"分工也以精神劳动和物质劳动的分工的形式在统治阶级中间表现出来,因此在这个阶级内部,一部分人是作为该阶级的思想家出现的,他们是这一阶级的积极的、有概括能力的意识形态家,他们把编造这一阶级关于自身的幻想当做主要的谋生之道,而另一些人对于这些思想和幻想则采取比较消极的态度,并且准备接受这些思想和幻想,因为在实际中他们是这个阶级的积极成员,并且很少有时间来编造关于自身的幻想和思想"①。因此,结果便是这样:"在这一阶级内部,这种分裂甚至可以发展成为这两部分人之间的某种程度的对立和敌视,但是一旦发生任何实际冲突,即当这一阶级本身受到威胁的时候,当占统治地位的思想好像不是统治阶级的思想而且这种思想好像拥有与这一阶级的权力不同的权力这种假象也趋于消失的时候,这种对立和敌视便会自行消失。"②

最后,马克思恩格斯进一步指出,指出"思想独立化"在阶级社会具有历史必然性,并分析批判制造"思想独立化"假象的历史唯心主义手段。

马克思恩格斯指出,在历史发展过程中,会出现这样的现象,即把在社会上占统治地位的本属于统治阶级的思想同统治阶级本身分割开来,即同统治阶级的阶级地位、阶级利益等分割开来,把其说成是超阶级的、完全独立的思想,这就是所谓"思想独立化"。这种"思想独立化"现象的产生在阶级社会有着其历史必然性。"因为每一个企图取代旧统治阶级的新阶级,为了达到自己的目的不得不把自己的利益说成是社会全体成员的共同利益,就是说,这在观念上的表达就是:赋予自己的思想以普遍性的形式,把它们描绘成唯一合乎

---

① 《马克思恩格斯文集》第 1 卷,人民出版社 2009 年版,第 551 页。
② 《马克思恩格斯文集》第 1 卷,人民出版社 2009 年版,第 551 页。

理性的、有普遍意义的思想。"①而这种假象的消失只能在这样的条件下才能实现:"只要阶级的统治完全不再是社会制度的形式,也就是说,只要不再有必要把特殊利益说成是普遍利益,或者把'普遍的东西'说成是占统治地位的东西,那么,一定阶级的统治似乎只是某种思想的统治这整个假象当然就会自行消失。"②也就是说,到了未来阶级消失的社会,即共产主义社会里,"思想独立化"现象才会消失,因为它赖以产生的必要性丧失了。

在阶级社会,统治阶级是通过一些手段制造了"思想独立化"的假象。总体而言,是"把占统治地位的思想同进行统治的个人分割开来,主要是同生产方式的一定阶段所产生的各种关系分割开来,并由此得出结论说,历史上始终是思想占统治地位,这样一来,就很容易从这些不同的思想中抽象出'**思想**'、观念等等,并把它们当做历史上占统治地位的东西,从而把所有这些个别的思想和概念说成是历史上发展着的**概念**的'自我规定'。在这种情况下,从人的概念、想象中的人、人的本质、**人**中能引申出人们的一切关系,也就很自然了"③。总之,马克思恩格斯具体分析了这些手段主要有:或者是把统治者个人的思想同统治者本人分割开来,以肯定思想的独立;或者是建立思想统治的某种秩序,以证明承继着的思想之间有着某种神秘的联系;或者是把看似普遍性的概念变成是思想家、哲学家的创造;等等。"这样一来,就把一切唯物主义的因素从历史上消除了,就可以任凭自己的思辨之马自由奔驰了",即思想由此而"独立化"了。④

对于青年黑格尔派和费尔巴哈的唯心史观,马克思恩格斯揭示道:"迄今为止的一切历史观不是完全忽视了历史的这一现实基础,就是把它仅仅看成与历史进程没有任何联系的附带因素。因此,历史总是遵照在它之外的某种

---

① 《马克思恩格斯文集》第1卷,人民出版社2009年版,第552页。
② 《马克思恩格斯文集》第1卷,人民出版社2009年版,第553页。
③ 《马克思恩格斯文集》第1卷,人民出版社2009年版,第553页。
④ 《马克思恩格斯文集》第1卷,人民出版社2009年版,第554页。

尺度来编写的;现实的生活生产被看成是某种非历史的东西,而历史的东西则被看成是某种脱离日常生活的东西,某种处于世界之外和超乎世界之上的东西。这样,就把人对自然界的关系从历史中排除出去了,因而造成了自然界和历史之间的对立。因此,这种历史观只能在历史上看到重大政治历史事件,看到宗教的和一般理论的斗争,而且在每次描述某一历史时代的时候,它都不得不赞同这一时代的幻想。"①马克思恩格斯在这里所揭露的正是青年黑格尔派的错误,即把历史看成是"纯粹精神""想象""自我意识""观念"的历史,把这些因素看成是历史的决定性因素。

四、正面、全面阐释唯物史观基本观点

在分析批判青年黑格尔派唯心史观的基础上,马克思恩格斯还从正面,较全面地阐释了其唯物史观基本观点。

正如恩格斯在《路德维希·费尔巴哈和德国古典哲学的终结》中曾指出的,"对抽象的人的崇拜,即费尔巴哈的新宗教的核心,必定会由关于现实的人及其历史发展的科学来代替。这个超出费尔巴哈而进一步发展费尔巴哈观点的工作,是由马克思于1845年在《神圣家族》中开始的"②。正是基于对青年黑格尔派唯心史观的批判,马克思恩格斯发展了唯物史观。主要表现在如下几个方面:第一,论述了工业和自然科学在历史发展中的作用,认为历史的发源地不在"自我意识"的云雾中,而在尘世的粗糙的物质生产中。第二,科学揭示了现实的物质生产和人及社会发展的关系。认为决定人的是他所处时代的经济状况和工业状况,只有研究人所处时代的经济状况、工业状况即物质生产自身发展的问题,从物质生产出发才能科学地说明人。《神圣家族》在分析雅各宾派失败的原因时指出,十八世纪的人和古代共和国时期的人不一样,因为十八世纪的经济状况和工业状况与古代的不同,因此,现代的民主代议制

---

① 《马克思恩格斯文集》第1卷,人民出版社2009年版,第545页。
② 《马克思恩格斯文集》第4卷,人民出版社2009年版,第295页。

国家是建立在现代人的基础上,而古代民主共和国是建立在古代人的基础上。罗伯斯比尔等人失败的主要原因就在于他们不懂得这点。"**世俗的**历史告诉我们,罗伯斯比尔倒台以后,从前**想超越**自我的、**热情洋溢的政治**启蒙,才开始以质朴平淡的方式得到实现。"①而拿破仑的成功在于"他已经懂得,现代国家是以资产阶级社会的顺利发展、私人利益的自由运动等等作为基础的"②。第三,坚持群众史观,认为真实的历史就是群众活动的历史。因为"思想本身根本**不能实现什么东西。思想要得到实现,就要有使用实践力量的人"③。

而在《德意志意识形态》中,马克思恩格斯集中清算了他们从前的哲学信仰,阐明他们的唯物主义世界观和历史观同"德国哲学思想体系"之间的对立,在对青年黑格尔派进行全面分析批判、彻底清算的基础上,进而又分析批判了费尔巴哈、鲍威尔和施蒂纳的唯心主义历史观,批判了"真正的社会主义"或"德国社会主义"所代表的各式各样的哲学观点,比较了两种对立的历史观——唯物史观和唯心史观,第一次系统、全面并正面阐释了唯物史观的基本原理。

马克思恩格斯把唯物史观的主要观点表述如下:"这种历史观就在于:从直接生活的物质生产出发阐述现实的生产过程,把同这种生产方式相联系的、它所产生的交往形式即各个不同阶段上的市民社会理解为整个历史的基础,从市民社会作为国家的活动描述市民社会,同时从市民社会出发阐明意识的所有各种不同的理论产物和形式,如宗教、哲学、道德等等,而且追溯它们产生的过程。这样做当然就能够完整地描述事物了(因而也能够描述事物的这些不同方面之间的相互作用)。"④"这种观点表明:历史不是作为'源于精神的精神'消融在'自我意识'中而告终的,历史的每一阶段都遇到一定的物质结

---

① 《马克思恩格斯文集》第1卷,人民出版社2009年版,第324页。
② 《马克思恩格斯文集》第1卷,人民出版社2009年版,第325页。
③ 《马克思恩格斯文集》第1卷,人民出版社2009年版,第320页。
④ 《马克思恩格斯文集》第1卷,人民出版社2009年版,第544页。

果,一定的生产力总和,人对自然以及个人之间历史地形成的关系,都遇到前一代传给后一代的大量生产力、资金和环境,尽管一方面这些生产力、资金和环境为新的一代所改变,但另一方面,它们也预先规定新的一代本身的生活条件,使它得到一定的发展和具有特殊的性质。由此可见,这种观点表明:人创造环境,同样,环境也创造人。每个个人和每一代所遇到的现成的东西:生产力、资金和社会交往形式的总和,是哲学家们想象为'实体'和'人的本质'的东西的现实基础,是他们加以神化并与之斗争的东西的现实基础,这种基础尽管遭到以'自我意识'和'唯一者'的身份出现的哲学家们的反抗,但它对人们的发展所起的作用和影响却丝毫也不因此而受到干扰。"①

(一)人类社会历史的前提

历史观首先必须要回答的问题是:人类社会历史的前提。马克思恩格斯认为,"我们开始要谈的前提不是任意提出的,不是教条,而是一些只有在臆想中才能撇开的现实前提。这是一些现实的个人,是他们的活动和他们的物质生活条件,包括他们已有的和由他们自己的活动创造出来的物质生活条件。""全部人类历史的第一个前提无疑是有生命的个人的存在。"②不是黑格尔的"绝对精神",也不是鲍威尔的"自我意识"、施蒂纳的"唯一者",也不是费尔巴哈的作为超历史的抽象的、一般的人。"一当人开始生产自己的生活资料,即迈出由他们的肉体组织所决定的这一步的时候,人本身就开始把自己和动物区别开来。人们生产自己的生活资料,同时间接地生产着自己的物质生活本身。"③

总之,在马克思恩格斯看来,现实的个人的存在,包括他们的生产活动和物质生活,即是人类社会历史的前提。马克思恩格斯强调,历史就是人类活动

---

① 《马克思恩格斯文集》第1卷,人民出版社2009年版,第544—545页。
② 《马克思恩格斯文集》第1卷,人民出版社2009年版,第516—517、519页。
③ 《马克思恩格斯文集》第1卷,人民出版社2009年版,第519页。

的历史,正是人,是现实的、活生生的人创造了历史,历史是为人自己目的而活动的历史。

(二)生产力与交往形式(生产关系)的关系

作为人类社会历史前提的现实的个人的存在是以从事社会性的生产活动为其根本特征的。"人们用以生产自己的生活资料的方式,首先取决于他们已有的和需要再生产的生活资料本身的特性。这种生产方式……更确切地说,它是这些个人的一定的活动方式,是他们表现自己生命的一定方式、他们的一定的**生活方式**。个人怎样表现自己的生命,他们自己就是怎样。因此,他们是什么样的,这同他们的生产是一致的——既和他们生产什么一致,又和他们**怎样**生产一致。因而,个人是什么样的,这取决于他们进行生产的物质条件。"①"这种生产第一次是随着**人口的增长**而开始的。而生产本身又是以个人彼此之间的交往为前提的。这种交往的形式又是由生产决定的。"②

马克思恩格斯特别谈到了生产力与分工的关系。"一个民族的生产力发展的水平,最明显地表现于该民族分工的发展程度。任何新的生产力,只要它不是迄今已知的生产力单纯的量的扩大(例如,开垦土地),都会引起分工的进一步发展。"③由此得出,分工是生产力发展的重要标志。马克思恩格斯根据分工的发展程度,进一步论证了生产力决定交往形式,决定整个社会结构的历史发展。"分工的各个不同发展阶段,同时也就是所有制的各种不同形式。"④"第一种所有制形式是部落所有制。这种所有制与生产的不发达阶段相适应,当时人们靠狩猎、捕鱼、畜牧,或者最多靠耕作为生。""第二种所有制形式是古典古代的公社所有制和国家所有制。这种所有制首先是由于几个部

---

① 《马克思恩格斯文集》第 1 卷,人民出版社 2009 年版,第 519—520 页。
② 《马克思恩格斯文集》第 1 卷,人民出版社 2009 年版,第 520 页。
③ 《马克思恩格斯文集》第 1 卷,人民出版社 2009 年版,第 520 页。
④ 《马克思恩格斯文集》第 1 卷,人民出版社 2009 年版,第 521 页。

落通过契约或征服联合为一个城市而产生的。在这种所有制下仍然保存着奴隶制。""第三种形式是封建的或等级的所有制……",而现实的个人在物质生产活动中又结成一定的社会关系和政治关系,即生产关系。"以一定的方式进行生产活动的一定的个人,发生一定的社会关系和政治关系。""社会结构和国家总是从一定的个人的生活过程中产生的。"①

马克思恩格斯论述了生产力、生产关系矛盾运动的唯物史观基本原理。"各种交往形式的联系就在于:已成为桎梏的旧交往形式被适应于比较发达的生产力,因而也适应于进步的个人自主活动方式的新交往形式所代替;新的交往形式又会成为桎梏,然后又为另一种交往形式所代替。由于这些条件在历史发展的每一阶段都是与同一时期的生产力的发展相适应的,所以它们的历史同时也是发展着的、由每一个新的一代承受下来的生产力的历史,从而也是个人本身力量发展的历史。"②

(三)生活和意识的关系(社会存在和社会意识的关系)

马克思恩格斯还科学回答了社会存在与社会意识的关系,在《德意志意识形态》中的表述是:生活和意识的关系。"思想、观念、意识的生产最初是直接与人们的物质活动,与人们的物质交往,与现实生活的语言交织在一起的。人们的想象、思维、精神交往在这里还是人们物质行动的直接产物。表现在某一民族的政治、法律、道德、宗教、形而上学等的语言中的精神生产也是这样。""意识在任何时候都只能是被意识到了的存在,而人们的存在就是他们的现实生活过程。"③

总之,马克思恩格斯在这里表述的主要观点是:第一,意识一开始就受到人们的物质活动和物质交往的制约;第二,作为意识的生产者——现实的、参加社

---

① 《马克思恩格斯文集》第1卷,人民出版社2009年版,第521—524页。
② 《马克思恩格斯文集》第1卷,人民出版社2009年版,第576页。
③ 《马克思恩格斯文集》第1卷,人民出版社2009年版,第524、525页。

会实践活动的人,要受到生产力的发展以及交往的发展的制约;第三,任何意识都来源于实际的生活过程。一句话,"不是意识决定生活,而是生活决定意识"①。

由此得出:"统治阶级的思想在每一时代都是占统治地位的思想。这就是说,一个阶级是社会上占统治地位的**物质**力量,同时也是社会上占统治地位的**精神**力量。支配着物质生产资料的阶级,同时也支配着精神生产资料,因此,那些没有精神生产资料的人的思想,一般地是隶属于这个阶级的。占统治地位的思想不过是占统治地位的物质关系在观念上的表现,不过是以思想的形式表现出来的占统治地位的物质关系;因而,这就是那些使某一个阶级成为统治阶级的关系在观念上的表现,因而这也就是这个阶级的统治的思想。"②

(四)观察社会历史的方法

马克思恩格斯进一步把他们观察社会历史的方法和从前人们观察历史的方法,尤其是青年黑格尔派观察历史的方法作了比较。

"前一种考察方法从意识出发,把意识看做是有生命的个人。后一种符合现实生活的考察方法则从现实的、有生命的个人本身出发,把意识仅仅看做是**他们的**意识。"③"后一种考察方法"正是马克思恩格斯唯物主义历史观的考察社会历史的方法,而"这种考察方法不是没有前提的。它从现实的前提出发,它一刻也不离开这种前提"。总之,"在思辨终止的地方,在现实生活面前,正是描述人们实践活动和实际发展过程的真正的实证科学开始的地方"④,即是马克思主义观察社会历史的科学方法发生的地方。

---

① 《马克思恩格斯文集》第 1 卷,人民出版社 2009 年版,第 525 页。
② 《马克思恩格斯文集》第 1 卷,人民出版社 2009 年版,第 550—551 页。
③ 《马克思恩格斯文集》第 1 卷,人民出版社 2009 年版,第 525 页。
④ 《马克思恩格斯文集》第 1 卷,人民出版社 2009 年版,第 526 页。

（五）构成人类历史的基本要素

马克思恩格斯还探讨了构成人类历史的基本要素。他们认为包括如下要素：

第一，生产物质生活本身的历史活动（生产力）。"我们首先应当确定一些人类生存的第一个前提，也就是一切历史的第一个前提，这个前提是：人们为了能够'创造历史'，必须能够生活。但是为了生活，首先就需要吃喝住穿以及其他一切东西。因此第一个历史活动就是生产满足这些需要的资料，即生产物质生活本身，这是人们从几千年前直到今天单是为了维持生活就必须每日每时从事的历史活动，是一切历史的基本条件。"[1]"因此任何历史观的第一件事情就是必须注意上述基本事实的全部意义和全部范围，并给予应有的重视。"[2]而马克思恩格斯在此描述的"生产物质生活本身的历史活动"实则就是生产力——人改变自然的客观物质性活动。因此，生产力是构成人类历史的第一个基本要素。

第二，需要。"第二个事实是，已经得到满足的第一个需要本身、满足需要的活动和已经获得的为满足需要而用的工具又引起新的需要，而这种新的需要的产生是第一个历史活动。"[3]总之，进行生产以满足需要和新需要的产生，实际上是同一过程即人类第一个历史活动两个相互联系的方面。

第三，繁殖—家庭—社会关系。"一开始就进入历史发展过程的第三种关系是：每日都在重新生产自己生命的人们开始生产另外一些人，即繁殖。这就是夫妻之间的关系，父母和子女之间的关系，也就是**家庭**。"[4]马克思恩格斯认为，人们不仅每日通过生产物质生活本身的历史活动在生产着自己的生命，

---

[1] 《马克思恩格斯文集》第1卷，人民出版社2009年版，第531页。
[2] 《马克思恩格斯文集》第1卷，人民出版社2009年版，第531页。
[3] 《马克思恩格斯文集》第1卷，人民出版社2009年版，第531—532页。
[4] 《马克思恩格斯文集》第1卷，人民出版社2009年版，第532页。

而且也生产着子女,即增殖人口,而与人口的增殖相联系,产生了夫妻、父母子女关系,即家庭关系。人口的增殖和家庭在人类历史的初期起着突出的作用,但随着社会历史的发展,它们就越来越降到从属的地位了。

马克思恩格斯在分析了人的三个方面的社会活动的同时,特别强调:"不应该把社会活动的这三个方面看做是三个不同的阶段,而只应该看做是三个方面,或者,为了使德国人能够明白,把它们看做是三个'因素'。从历史的最初时期起,从第一批人出现以来,这三个方面就同时存在着,而且现在也还在历史上起着作用。"[①]"这样,生命的生产,无论是通过劳动而生产自己的生命,还是通过生育而生产他人的生命,就立即表现为双重关系:一方面是自然关系,另一方面是社会关系;社会关系的含义在这里是指许多个人的共同活动,不管这种共同活动是在什么条件下、用什么方式和为了什么目的而进行的。由此可见,一定的生产方式或一定的工业阶段始终是与一定的共同活动方式或一定的社会阶段联系着的,而这种共同活动方式本身就是'生产力';由此可见,人们所达到的生产力的总和决定着社会状况,因而,始终必须把'人类的历史'同工业和交换的历史联系起来研究和探讨。"[②]由此,我们看到,马克思恩格斯论述了人们之间的社会关系状况,社会关系状况首先与一定的生产力——生产物质生活本身的历史活动密切相关;其次,社会关系状况与社会的发展阶段相联系;最后,社会关系状况是人们的物质客观实在联系。"由此可见,人们之间一开始就有一种物质的联系。这种联系是由需要和生产方式决定的,它和人本身有同样长久的历史;这种联系不断采取新的形式,因而就表现为'历史',它不需要用任何政治的或宗教的呓语特意把人们维系在一起。"[③]

第四,意识。马克思恩格斯探讨了构成历史的上述三个要素之后,进一步

① 《马克思恩格斯文集》第1卷,人民出版社2009年版,第532页。
② 《马克思恩格斯文集》第1卷,人民出版社2009年版,第532—533页。
③ 《马克思恩格斯文集》第1卷,人民出版社2009年版,第533页。

探讨了"意识"这个要素。"只有现在,在我们已经考察了原初的历史的关系的四个因素、四个方面之后,我们才发现:人还具有'意识'。"那么,是否是说"意识"这个要素是与前面的几个要素相并列的、在社会历史中共同起作用的要素呢? 马克思恩格斯明确指出:"但是这种意识并非一开始就是'纯粹的'意识。""意识一开始就是社会的产物,而且只要人们存在着,它就仍然是这种产物。"①因此,从意识的起源来说,意识来源于人们的物质性交往。"'精神'从一开始就很倒霉,受到物质的'纠缠',物质在这里表现为振动着的空气层、声音,简言之,即语言。语言和意识具有同样长久的历史;语言**是**一种实践的、既为别人存在因而也为我自身而存在的、现实的意识。语言也和意识一样,只是由于需要,由于和他人交往的迫切需要才产生的。"②

意识不仅起源于人们的物质性交往,从意识的内容和其发展来说,人们的意识也始终与人们的物质活动和物质交往相联系。"意识起初只是对**直接的**可感知的环境的一种意识,是对处于开始意识到自身的个人之外的其他人和其他物的狭隘联系的一种意识。"③但是,由于分工的发展,"从这时候起意识才能现实地想象:它是和现存实践的意识不同的某种东西;它不用想象某种现实的东西就能现实地想象某种东西。从这时候起,意识才能摆脱世界而去构造'纯粹的'理论、神学、哲学、道德等等。但是,如果这种理论、神学、哲学、道德等等同现存的关系发生矛盾,那么,这仅仅是因为现存的社会关系同现存的生产力发生了矛盾"。也就是说,意识的发展是随着物质生活和物质交往的发展而逐步发展,在物质劳动和精神劳动日益分离之后,意识也获得了相对独立性,人类意识的发展也开始进入到新的高度抽象的阶段,才出现了意识脱离现实的现象。但是,即使意识获得了相对独立性,意识仍然由社会物质生活所决定,即受"现存的社会关系和现存的生产力"制约。

---

① 《马克思恩格斯文集》第 1 卷,人民出版社 2009 年版,第 533 页。
② 《马克思恩格斯文集》第 1 卷,人民出版社 2009 年版,第 533 页。
③ 《马克思恩格斯文集》第 1 卷,人民出版社 2009 年版,第 533—534 页。

　　总之,《德意志意识形态》包括了马克思主义唯物史观的最重要内容,主要有:第一,通过生产力和交往方式之间关系的考察,阐述了生产力和生产关系的辩证关系。第二,通过"市民社会"的概念,阐述了经济基础的内容,论述了经济基础和上层建筑的关系。第三,论证了人们的社会存在决定社会意识的原理。"不是意识决定生活,而是生活决定意识。"第四,提出了阶级斗争和社会革命是推动阶级社会历史发展动力的科学论断。第五,马克思恩格斯研究人类历史所使用的观察方法同德国唯心史观根本对立,是从现实的前提出发。所谓现实的前提就是指现实的个人,他们的活动和他们的物质生活条件。第六,构成社会的基本因素是生产力、社会状况和意识,生产力的总和决定着社会状况。《德意志意识形态》揭示了生产力和生产关系、经济基础和上层建筑矛盾运动和发展的客观规律这一唯物史观最基本的原理,虽然生产关系的概念往往用"市民社会""交往方式""交往形式""所有制关系"等术语表达。同时,还根据新历史观对共产主义作了科学的论证,表述了对科学社会主义的基本认识。

　　基于上述分析,马克思恩格斯指出了唯物史观和唯心史观的主要区别在于:"这种历史观和唯心主义历史观不同,它不是在每个时代中寻找某种范畴,而是始终站在现实历史的基础上,不是从观念出发来解释实践,而是从物质实践出发来解释各种观念形态,由此也就得出下述结论:意识的一切形式和产物不是可以通过精神的批判来消灭的,不是可以通过把它们消融在'自我意识'中或化为'怪影'、'幽灵'、'怪想'等等来消灭的,而只有通过实际地推翻这一切唯心主义谬论所由产生的现实的社会关系,才能把它们消灭;历史的动力以及宗教、哲学和任何其他理论的动力是革命,而不是批判。"①总之,唯物主义历史观立足于物质实践来解释观念,而唯心主义历史观从观念出发来解释实践;唯物主义历史观认为历史发展的动力在于社会革命,唯心主义历史

――――――――――

① 《马克思恩格斯文集》第1卷,人民出版社2009年版,第544页。

观认为历史发展的动力在于观念的批判;唯物主义历史观认为只有消灭现实的社会关系,才能消灭在此基础之上产生的意识或观念,而唯心主义历史观则相反;唯物主义历史观认为历史是物质生产力、社会物质关系发展的历史,人与社会生活条件在发展的过程中相互改变,而唯心主义历史观则认为历史是精神、意识的历史。

总体而言,《德意志意识形态》批判地分析了费尔巴哈、鲍威尔和施蒂纳的唯心主义历史观,批判了"真正的社会主义"或"德国社会主义"所代表的各式各样的哲学观点;通过对历史唯物主义和科学社会主义一般原理的阐述,不仅划清了马克思主义哲学与黑格尔以后的德国思辨唯心主义哲学的界限,而且划清了马克思主义哲学与费尔巴哈形而上学唯物主义的界限,还划清了科学社会主义与形形色色资产阶级的社会主义的界限。

第三节　分析批判的当代启示:
人民立场与现实根基

一、马克思主义哲学坚持人民立场

马克思恩格斯在《神圣家族》中分析批判青年黑格尔派认为群众"**是精神的真正敌人**",无视甚至是敌视无产阶级、人民群众的历史作用。马克思恩格斯指出,在鲍威尔所谓的"批判"眼里,群众"**是精神的真正敌人**"①,是以"**精神的对立物**"而存在的②,而且,他们的群众"不同于**现实的**群众,群众只是为了'**批判**'才作为'**群众**'而存在"③。马克思恩格斯批判了青年黑格尔派否定人民群众历史作用的观点,在此基础上,进一步正面阐述了历史是人民群众活

---

① 《马克思恩格斯文集》第 1 卷,人民出版社 2009 年版,第 289 页。
② 《马克思恩格斯文集》第 1 卷,人民出版社 2009 年版,第 290 页。
③ 《马克思恩格斯文集》第 1 卷,人民出版社 2009 年版,第 290 页。

动的历史的唯物主义基本观点,为人们认识世界提供了基本立场,就是人民的立场,即以人民为中心、一切为了人民、一切依靠人民。

正如习近平总书记在《在纪念马克思诞辰200周年大会上的讲话》中强调指出的:"马克思主义是人民的理论,第一次创立了人民实现自身解放的思想体系。""马克思主义第一次站在人民的立场探求人类自由解放的道路","它植根人民之中,指明了依靠人民推动历史前进的人间正道"。①"学习马克思,就要学习和实践马克思主义关于坚守人民立场的思想。人民性是马克思主义最鲜明的品格。"②人民的立场是共产党人观察问题、分析和解决问题的根本立足点和出发点,也是进行马克思主义理论教育的根本立足点,是马克思主义理论教育的方向性与原则性问题。马克思主义理论是具有较强意识形态特征的科学,从根本上说应该立足中国最广大人民群众的利益,坚定不移地站在人民群众的立场上,牢固树立为人民群众利益代言、服务于人民群众的根本利益理念。

中国共产党是无产阶级政党,无产阶级政党始终是代表人民利益的政党。在无产阶级政党的第一个纲领性文献《共产党宣言》中就已明确指出:"共产党人始终代表整个运动的利益。""他们没有任何同整个无产阶级的利益不同的利益。"③这一观点是基于马克思主义唯物史观关于人民群众在社会历史发展过程中的重要作用原理而得出的。唯物史观认为人民群众是历史的创造者,要求无产阶级政党在实际工作中要坚持马克思主义群众观点,贯彻党的群众路线。习近平总书记在十八届中共中央政治局常委同中外记者见面时的讲话中再次重申了唯物史观这一基本原理:"人民是历史的创造者,群众是真正的英雄。人民群众是我们力量的源泉。"党的十九大报告在阐释新时代中国特色社会主义思想和基本方略时进一步指出:"坚持以人民为中心。人民是

① 习近平:《在纪念马克思诞辰200周年大会上的讲话》,人民出版社2018年版,第8页。
② 习近平:《在纪念马克思诞辰200周年大会上的讲话》,人民出版社2018年版,第17页。
③ 《马克思恩格斯文集》第2卷,人民出版社2009年版,第44页。

095

历史的创造者,是决定党和国家前途命运的根本力量。必须坚持人民主体地位,坚持立党为公、执政为民,践行全心全意为人民服务的根本宗旨,把党的群众路线贯彻到治国理政全部活动之中,把人民对美好生活的向往作为奋斗目标,依靠人民创造历史伟业。"尤其强调,"中国共产党人的初心和使命,就是为中国人民谋幸福,为中华民族谋复兴"①。

科学社会主义及其当代重要表现形态——中国特色社会主义代表了无产阶级的利益、人民群众的利益。作为中国共产党指导思想之一的"三个代表"重要思想就包括"代表中国最广大人民的根本利益",而"科学发展观"的核心是以人为本,这个"人"则是人民群众。从邓小平提出的"三个有利于",到"三个代表"重要思想、科学发展观的"以人为本"原则,再到党的十九大报告的"中国共产党人的初心",处处体现出中国共产党领导人坚持和发展中国特色社会主义的出发点和落脚点是为人民谋福祉,体现出"党的一切工作必须以最广大人民根本利益为最高标准"。正如习近平总书记 2018 年 5 月 4 日在纪念马克思诞辰 200 周年大会上的讲话中指出的:"我们要始终把人民立场作为根本立场,把为人民谋幸福作为根本使命,坚持全心全意为人民服务的根本宗旨,贯彻群众路线,尊重人民主体地位和首创精神,始终保持同人民群众的血肉联系,凝聚起众志成城的磅礴力量,团结带领人民共同创造历史伟业。这是尊重历史规律的必然选择,是共产党人不忘初心、牢记使命的自觉担当。"②

二、思想的批判要立足于现实根基

马克思恩格斯在批判青年黑格尔派时指出,其"思辨唯心主义用'**自我意识**'即'**精神**'代替现实的个体的人",是"**以漫画形式**再现出来的**思辨**"③。因

---

①　习近平:《决胜全面建成小康社会　夺取新时代中国特色社会主义伟大胜利——在中国共产党第十九次全国代表大会上的报告》,《人民日报》2017 年 10 月 28 日。

②　习近平:《在纪念马克思诞辰 200 周年大会上的讲话》,人民出版社 2018 年版,第 17 页。

③　《马克思恩格斯文集》第 1 卷,人民出版社 2009 年版,第 253 页。

此,最终"转向了**黑格尔唯心主义**",从斯宾诺莎的"'**实体**'转向了另一个**形而上学的怪物**,即'**主体**'、'**作为过程的实体**'、'**无限的自我意识**'"①;而无限的"自我意识"则导致思辨的循环,这正是马克思恩格斯要反对的青年黑格尔派的所谓"批判"。马克思恩格斯认为,思想的批判不能仅仅停留在思想领域,而要立足于现实根基,才能真正发挥其作用,实现其价值。由此导致马克思所创立的唯物史观与以费尔巴哈为代表的唯心史观具有本质区别。

在《神圣家族》中,马克思恩格斯分析批判了青年黑格尔派的唯心史观的症结所在,即不承认真实的历史的发展,没能正确认识自然科学和工业在人类历史发展过程中的地位和作用,没能认识到真正的批判在于对现实的批判。在《德意志意识形态》中,马克思恩格斯分析批判了费尔巴哈,指出唯物史观是"从直接生活的物质生产出发阐述现实的生产过程,把同这种生产方式相联系的、它所产生的交往形式即各个不同阶段上的市民社会理解为整个历史的基础,从市民社会作为国家的活动描述市民社会,同时从市民社会出发阐明意识的所有各种不同的理论产物和形式,如宗教、哲学、道德等等,而且追溯它们产生的过程"②。因此,唯物史观和唯心史观有着根本的不同,唯物史观始终站在现实历史的基础上,从物质实践出发来解释观念的形成,认为历史是物质生产力、社会物质关系发展的历史,人与社会生活条件在发展的过程中相互改变。

之后,马克思在 1859 年《〈政治经济学批判〉序言》中对唯物史观基本原理作了更为凝练的表述:"人们在自己生活的社会生产中发生一定的、必然的、不以他们的意志为转移的关系,即同他们的物质生产力的一定发展阶段相适合的生产关系。这些生产关系的总和构成社会的经济结构,即有法律的和政治的上层建筑竖立其上并有一定的社会意识形式与之相适应的现实基础。物质生活的生产方式制约着整个社会生活、政治生活和精神生活的过程。不

---

① 《马克思恩格斯文集》第 1 卷,人民出版社 2009 年版,第 339 页。
② 《马克思恩格斯文集》第 1 卷,人民出版社 2009 年版,第 544 页。

是人们的意识决定人们的存在,相反,是人们的社会存在决定人们的意识。社会的物质生产力发展到一定阶段,使同它们一直在其中运动的现存生产关系或财产关系(这只是生产关系的法律用语)发生矛盾。于是这些关系便由生产力的发展形式变成生产力的桎梏。那时社会革命的时代就到来了。随着经济基础的变更,全部庞大的上层建筑也或慢或快地发生变革。"①

而后恩格斯在 1884 年版的《社会主义从空想到科学的发展》中明确了"历史唯物主义""唯物主义历史观"的概念及其内涵:"用'历史唯物主义'这个名词来表达一种关于历史过程的观点,……这种观点认为,一切重要历史事件的终极原因和伟大动力是社会的经济发展,是生产方式和交换方式的改变,是由此产生的社会之划分为不同的阶级,是这些阶级彼此之间的斗争。"②唯物史观或者说历史唯物主义的基本原理概括如下:"唯物主义历史观从下述原理出发:生产以及随生产而来的产品交换是一切社会制度的基础;在每个历史地出现的社会中,产品分配以及和它相伴随的社会之划分为阶级或等级,是由生产什么、怎样生产以及怎样交换产品来决定的。所以,一切社会变迁和政治变革的终极原因,不应当到人们的头脑中,到人们对永恒的真理和正义的日益增进的认识中去寻找,而应当到生产方式和交换方式的变更中去寻找;不应当到有关时代的哲学中去寻找,而应当到有关时代的经济中去寻找。"③

参考文献

[1]马克思:《论犹太人问题》,载《马克思恩格斯全集》第 3 卷,人民出版社 2002 年版。

[2]马克思、恩格斯:《神圣家族》,载《马克思恩格斯文集》第 1 卷,人民出版社 2009 年版。

[3]马克思、恩格斯:《德意志意识形态》,载《马克思恩格斯全集》第 3 卷,人民出

---

① 《马克思恩格斯文集》第 2 卷,人民出版社 2009 年版,第 591—592 页。
② 《马克思恩格斯文集》第 3 卷,人民出版社 2009 年版,第 508—509 页。
③ 《马克思恩格斯文集》第 3 卷,人民出版社 2009 年版,第 547 页。

版社 2002 年版。

[4]马克思、恩格斯:《德意志意识形态》(节选本),人民出版社 2018 年版。

[5]马克思:《〈黑格尔法哲学批判〉导言》,《马克思恩格斯全集》第 1 卷,人民出版社 2002 年版。

[6][德]大卫·施特劳斯:《耶稣传》,吴永泉译,商务印书馆 2010 年版。

[7][德]费尔巴哈:《基督教的本质》,荣震华译,商务印书馆 1984 年版。

[8][德]费尔巴哈:《关于哲学改造的临时纲要》,洪潜译,生活·读书·新知三联书 1958 年版。

[9][德]费尔巴哈:《未来哲学原理》,洪谦译,生活·读书·新知三联书店 1955 年版。

[10][德]莫泽斯·赫斯:《赫斯精粹》,邓习议译,南京大学出版社 2010 年版。

[11][德]亨利希·海涅:《论德国宗教和哲学的历史》,海安译,商务印书馆 2016 年版。

[12][英]大卫·利奥波德:《青年马克思:德国哲学、当代政治与人类繁荣》,刘同舫、万小磊译,中山大学出版社 2017 年版。

[13][波]兹维·罗森:《布鲁诺·鲍威尔和卡尔·马克思》,王谨等译,中国人民大学出版社 1984 年版。

[14][美]沃伦·布雷克曼:《废黜自我:马克思、青年黑格尔派及激进社会理论的起源》,李佃来译,北京师范大学出版社 2018 年版。

[15][日]岩佐茂、小林一穗、渡边宪正:《〈德意志意识形态〉的世界》,梁海峰、王广译,北京师范大学出版社 2014 年版。

[16][英]伯尔基:《马克思主义的起源》,伍庆、王文扬译,华东师范大学出版社 2007 年版。

[17][英]戴维·麦克莱伦:《青年黑格尔派与马克思》,夏威仪、陈启伟、金海民译,商务印书馆 1982 年版。

[18][英]马丁·吉尔伯特:《五千年犹太文明史》,蔡永良、袁冰洁译,上海三联书店 2010 年版。

[19][英]保罗·托马斯著:《马克思和施蒂纳》,刘贵祥译,《现代哲学》2010 年第 1 期。

[20][澳大利亚]罗兰·玻尔:《马克思、恩格斯与宗教》,李华译,《陕西师范大学学报(哲学社会科学版)》2013 年第 2 期。

[21]中央编译局:《马列主义研究资料》第 1 辑,人民出版社 1985 年版。

[22]林进平:《马克思主义研究资料(第1卷):〈德意志意识形态〉研究》,中央编译出版社 2014 年版。

[23]孙伯鍨:《探索者道路的探索:青年马克思恩格斯哲学思想研究》,北京师范大学出版社 2017 年版。

[24]陈先达、靳辉明:《马克思早期思想研究》,中国人民大学出版社 2016 年版。

[25]聂锦芳:《批判与建构:〈德意志意识形态〉文本学研究》,人民出版社 2012 年版。

[26]聂锦芳、李彬彬:《马克思思想发展历程中的〈犹太人问题〉》,中国人民大学出版社 2017 年版。

[27]李彬彬:《思想的传承与决裂——以"犹太人问题"为中心的考察》,中国人民大学出版社 2015 年版。

[28]卜祥记:《青年黑格尔派与马克思》,商务印书馆 2015 年版。

[29]黄建都:《苦恼的疑问及其解决:〈莱茵报〉—〈德法年鉴〉时期马克思文献及思想再研究》,中国人民大学出版社 2015 年版。

[30]叔贵峰:《青年黑格尔派宗教批判的逻辑演进》,人民出版社 2014 年版。

[31]李成旺:《〈德意志意识形态〉导读》,中国民主法制出版社 2012 年版。

[32]王巍:《〈德意志意识形态〉导读》,中共中央党校出版社 2014 年版。

[33]张倩红、张少华:《犹太人千年史》,北京大学出版社 2016 年版。

[34]林进平:《马克思如何看待宗教批判——基于对〈论犹太人问题〉的解读》,《马克思主义与现实》2015 年第 5 期。

[35]聂锦芳:《再论"犹太人问题"——重提马克思早期思想演变中的一桩"公案"》,《现代哲学》2013 年第 6 期。

[36]聂锦芳:《马克思是怎样了断与鲍威尔的思想关系的——对〈德意志意识形态〉三个片段的解读和分析》,《北京行政学院学报》2007 年第 3 期。

[37]聂锦芳:《"离开思辨的基地来解决思辨的矛盾"——〈德意志意识形态〉中的〈圣布鲁诺〉章解读》,《学术月刊》2006 年第 2 期。

[38]聂锦芳:《一段思想因缘的解构——〈神圣家族〉的文本学解读》,《学术研究》2007 年第 2 期。

[39]叔贵峰、段晓昱:《马克思对青年黑格尔派实现的历史观变革》,《求是学刊》2017 年第 1 期。

[40]李彬彬:《政治解放与人的解放——马克思和鲍威尔对"犹太人问题"的解答》,《贵州师范大学学报(社会科学版)》2015 年第 4 期。

[41]王志军:《马克思〈论犹太人问题〉的研究现状、问题及现实意义》,《马克思主义研究》2012 年第 7 期。

[42]朱学平:《从共和主义到社会主义——马克思〈论犹太人问题〉新解》,《现代哲学》2014 年第 3 期。

[43]黄学胜、邹诗鹏:《犹太人问题何以成为"当代的普遍问题"——马克思〈论犹太人问题〉解读》,《现代哲学》2008 年第 1 期。

[44]刘增明:《论马克思对个人生活与公共生活关系的批判和重构——从〈论犹太人问题〉的文本解读来看》,《哲学动态》2009 年第 3 期。

[45]王代月:《新 MEGA 视野中的〈德意志意识形态〉"卢格问题"探讨》,《哲学动态》2015 年第 4 期。

[46]仰海峰:《马克思的意识形态批判理论探析》,《马克思主义与现实》1998 年第 4 期。

[47]刘富胜:《从〈论犹太人问题〉看马克思的解放理论》,《社会科学辑刊》2008 年第 5 期。

[48]张文喜:《从"犹太人问题"的解决之道看马克思政治哲学的底色》,《社会科学辑刊》2014 年第 1 期。

[49]刘同舫、陈晓斌:《现代国家的解放限度与历史命运——马克思〈论犹太人问题〉释义》,《人文杂志》2016 年第 1 期。

[50]沈真:《对青年黑格尔派的新研究——评〈黑格尔左派·批判分析〉》,《哲学译丛》1987 年第 5 期。

[51]李淑梅:《人类解放:消除对政治国家、宗教和金钱的崇拜——读马克思的〈论犹太人问题〉》,《学习与探索》2010 年第 4 期。

[52]张添翼:《论作为同化的启蒙——从政治哲学角度重释马克思〈论犹太人问题〉》,《学习与探索》2013 年第 9 期。

[53]焦佩锋:《"犹太人问题"的现代性透视——基于马克思主义思想史的研究视角》,《教学与研究》2014 年第 10 期。

[54]刘宇兰:《现代性状况下人的形象——马克思〈论犹太人问题〉研究》,《社会科学家》2013 年第 8 期。

[55]侯彦峰:《〈神圣家族〉中的物质利益思想及其现实意义》,《学习与探索》2012 年第 2 期。

[56]王长里:《〈神圣家族〉和历史唯物主义的形成》,《江西社会科学》1983 年第 5 期。

[57]吴远:《走向唯物主义的重要一步——〈神圣家族〉读书札记》,《南京理工大学学报(哲学社会科学版)》1995年第1期。

[58]周嘉昕:《文本、历史与问题——21世纪马克思主义哲学发展视域中的"青年马克思"》,《教学与研究》2018年第1期。

[59]张端:《马克思解放思想的起程——读〈黑格尔法哲学批判〉导言和〈论犹太人问题〉》,《科学社会主义》2015年第2期。

[60]林锋:《马克思〈问题〉与〈导言〉人类解放理论新探——兼评所谓"〈问题〉、〈导言〉不成熟论"》,《东岳论丛》2011年第4期。

[61]王兆星:《青年黑格尔派的形成及其宗教批判》,《武汉大学学报(社会科学版)》1988年第2期。

[62]王兆星:《青年黑格尔派的兴盛及其政治批判》,《武汉大学学报(社会科学版)》1989年第3期。

[63]罗衡林:《论普鲁士犹太人的解放》,《武汉大学学报(人文科学版)》2004年第1期。

[64]张双利:《马克思论宗教与现代政治——重解马克思的〈论犹太人问题〉》,《复旦学报(社会科学版)》2016年第1期。

[65]李金和:《人类解放前提论——马克思〈论犹太人问题〉解读》,《理论月刊》2011年第6期。

[66]朱宝信:《人权、公民权与政治解放和人类解放——马克思〈论犹太人问题〉研究》,《江苏社会科学》1993年第5期。

[67]邵芳强、贺长余:《试析马克思〈论犹太人问题〉的内在理路》,《长春理工大学学报(社会科学版)》2011年第4期。

[68]阎孟伟:《完整理解马克思的人的解放理论——马克思〈论犹太人问题〉的再解读》,《西南大学学报(社会科学版)》2014年第4期。

[69]徐瑞康:《〈神圣家族〉和马克思的哲学史观》,《武汉大学学报(社会科学版)》1985第1期。

[70]肖灼基:《马克思恩格斯对青年黑格尔派的清算(上)》,《求索》1982年第4期。

[71]肖灼基:《马克思恩格斯对青年黑格尔派的清算(下)》,《求索》1982年第5期。

[72]魏小萍:《从社会现象的批判到社会关系本质的批判——马克思和恩格斯对施蒂纳批判局限性的批判》,《江西社会科学》2008年第4期。

[73]陆昱:《历史观的历史决断——从施蒂纳到马克思恩格斯》,《前沿》2010年第1期。

[74]赵常林:《〈神圣家族〉在马克思主义哲学形成中的历史地位》,《晋阳学刊》1984年第4期。

[75]傅敏智、曾鸣:《马克思主义诞生的标志是〈神圣家族〉》,《湖南师范大学社会科学学报》1991年第4期。

[76]郑冬芳:《论〈神圣家族〉中的唯物史观萌芽》,《西安交通大学学报(社会科学版)》2008年第6期。

[77]代建鹏:《马克思、恩格斯为什么能共同创作〈神圣家族〉》,《贵州师范大学学报(社会科学版)》2012年第3期。

[78]韩蒙:《社会主义语境中的哲学探索——〈神圣家族〉的创作、主题与逻辑》,《山东社会科学》2016年第2期。

[79]叶向平:《政治解放的进步意义及其阶级局限性——学习马克思〈论犹太人问题〉兼与杨明等同志商榷》,《福建论坛(人文社会科学版)》1987年第5期。

[80]余泽娜:《马克思〈论犹太人问题〉的批判原则及其价值立场》,《中共南昌市委党校学报》2006年第4期。

[81]贾利民:《论犹太人问题与现代性批判》,《云南社会科学》2008年第1期。

[82]赵民:《要有"使用实践力量的人"——〈神圣家族〉的特殊贡献》,《社科纵横》1998年第4期。

[83]崔绪治:《友谊的结晶事业的开端——读马克思、恩格斯的〈神圣家族〉》,《江苏师院学报》1981年第1期。

[84]唐正东:《马克思恩格斯对青年黑格尔派的批判及其当代意义》,《江苏行政学院学报》2010年第5期。

[85]杨淑琴:《马克思关于犹太人问题的论述及其影响》,《长春理工大学学报(社会科学版)》2008年第2期。

[86]张亚君、杨楹:《论马克思政治解放视域中的"宗教问题"——马克思〈论犹太人问题〉的解读》,《华侨大学学报(哲学社会科学版)》2008年第4期。

[87]吴苑华、杨楹:《走向现实的人道主义对马克思〈论犹太人问题〉"宽容"理念的审视》,《华侨大学学报(哲学社会科学版)》2006年第2期。

[88]高策:《国内对〈论犹太人问题〉的研究综述》,《开封大学学报》2010年第2期。

[89]杨泽章、孙明明:《〈论犹太人问题〉的政治哲学维度及其当代价值》,《四川文

理学院学报》2010 年第 4 期。

[90]张振鹏:《批判的四重论域——〈论犹太人问题〉论及的国家、宗教和人》,《延安大学学报(社会科学版)》2008 年第 3 期。

[91]张振鹏:《马克思社会批判的四重历史论域——〈论犹太人问题〉的深层解读》,《北方论丛》2008 年第 5 期。

[92]贾丽民、赵志勇:《马克思对犹太人问题的"现实批判"》,《吉林师范大学学报(人文社会科学版)》2009 年第 1 期。

[93]李长虹:《批判的现代性和现代性的批判——〈论犹太人问题〉中解放逻辑延展的真实视域》,《内蒙古民族大学学报(社会科学版)》2009 年第 3 期。

[94]李春生:《马克思对鲍威尔哲学的三次批判》,《燕山大学学报(哲学社会科学版)》2006 年第 4 期。

[95]王勇:《马克思恩格斯对青年黑格尔派批判的路径与意义》,《才智》2015 年第 12 期。

[96]陈耀彬:《试论马克思唯物史观的形成》,《河北学刊》1983 年第 4 期。

[97]方敏:《〈神圣家族〉在马克思思想发展史上的地位——从马克思与费尔巴哈的关系看》,《渤海大学学报》2013 年第 4 期。

[98]郝永平:《从异化劳动理论向唯物史观的过渡——读〈神圣家族〉》,《内蒙古大学学报(哲学社会科学版)》1987 年第 2 期。

[99]许坤平:《"异化"视域下的"人的解放"——〈论犹太人问题〉批判逻辑探析》,《河北青年管理干部学院学报》2011 年第 5 期。

[100]江喜:《从〈论犹太人问题〉看马克思的政治解放观》,《西安社会科学》2010 年第 1 期。

[101]李荣亮:《从〈论犹太人问题〉探析马克思解放理论》,《渭南师范学院学报》2013 年第 10 期。

[102]赵华灵:《〈论犹太人问题〉的现代性批判思想》,《天中学刊》2009 年第 6 期。

第二章　思想崇拜中的现实回归——费尔巴哈人本学唯物主义的扬弃

马克思恩格斯在其思想发展早期批判费尔巴哈人本主义,从费尔巴哈抽象的人转向立足现实的人,与旧唯物主义区别开来,最终实现了"两个转变"。这些批判的文献主要体现在马克思的《关于费尔巴哈的提纲》(简称《提纲》)以及马克思恩格斯合写的《德意志意识形态。对费尔巴哈、布·鲍威尔和施蒂纳所代表的现代德国哲学以及各式各样先知所代表的德国社会主义的批判》(简称《形态》)、恩格斯的《路德维希·费尔巴哈和德国古典哲学的终结》(简称《费尔巴哈论》)等文本中。马克思恩格斯通过《提纲》《形态》和《费尔巴哈论》等经典文献,对于费尔巴哈人本学唯物主义进行了全面的批判,尤其揭示其在社会历史领域陷入唯心史观的症结与实质,并正面表述自己的主张,系统阐述了历史唯物主义基本原理。

《提纲》是马克思于1845年春天在布鲁塞尔写的,写在其1844—1847年的笔记本中。1888年,恩格斯把《提纲》作为《费尔巴哈论》一书的附录第一次予以发表,标题为《马克思论费尔巴哈》。恩格斯在谈到这一《提纲》时写道:"它作为包含着新世界观的天才萌芽的第一个文献,是非常宝贵的。"[①]

---

① 《马克思恩格斯文集》第4卷,人民出版社2009年版,第266页。

《形态》是马克思恩格斯共同撰写的著作,这部著作的主体部分写于1845年11月到1846年夏天。马克思恩格斯在《形态》中依然延续了他们分析批判的总体思路。《形态》分为两卷,其中第一卷是对费尔巴哈、鲍威尔和施蒂纳所代表的现代德国哲学的批判,第二卷是对各式各样先知所代表的德国社会主义的批判。第一卷包括三章,其中第一章"费尔巴哈唯物主义观点和唯心主义观点的对立"主要是批判费尔巴哈,其理论内容具有独立的价值。这一部分阐述了唯物史观的基本原理,包括:物质生产在社会生活中的决定作用;生产力和生产关系、经济基础和上层建筑的辩证关系;存在和意识的关系;共产主义的历史必然性等。从而划清了马克思恩格斯的"新唯物主义"与青年黑格尔派的唯心主义以及与费尔巴哈"旧唯物主义"的界限,揭示了社会发展的客观规律和必然进程,指出无产阶级解放的条件和任务。而恩格斯在《费尔巴哈论》的第二章和第三章全面分析批判了费尔巴哈学说,在一定意义上可以说是对马克思《提纲》内容的进一步展开论述。恩格斯晚年写作《费尔巴哈论》的缘由正如其在《费尔巴哈论》"1888年单行本序言"中所说,"至于费尔巴哈,虽然他在好些方面是黑格尔哲学和我们的观点之间的中间环节,我们却从来没有回顾过他"①。虽然《形态》一书第一卷的第一部分较集中地对费尔巴哈的观点进行了批判,但是,恩格斯认为,"其中关于费尔巴哈的一章没有写完。已写好的部分是阐述唯物主义历史观的;……缺少对费尔巴哈学说本身的批判"②。因此,《费尔巴哈论》是对费尔巴哈学说本身进行批判的重要著作。其直接写作契机源自1885年施达克发表了《路德维希·费尔巴哈》一书,《新时代》杂志请恩格斯写一篇评论,于是恩格斯便写了《费尔巴哈论》,意在系统阐释唯物主义历史观与德国古典哲学的关系。这篇文章于1886年分两期发表在《新时代》杂志,1888年经修订后出版了单行本,出版单行本时,恩格斯把马克思写于1845年的《提纲》作为附录发表了。

① 《马克思恩格斯文集》第4卷,人民出版社2009年版,第265页。
② 《马克思恩格斯文集》第4卷,人民出版社2009年版,第266页。

第一节 分析批判的缘由:信仰
清算与新世界观制定

一、清算他们从前的信仰

马克思恩格斯思想发展的早期,即 19 世纪前半期的德国,其意识形态领域内存在尖锐的矛盾,马克思恩格斯的思想也处在剧烈的变动时期。在《形态》第一卷第一章[I]的前言部分,马克思恩格斯描述了这段时期德国思想理论领域斗争与变革状况的"喧嚣吵嚷"①。在"这些喧嚣吵嚷"中,费尔巴哈对马克思恩格斯的影响不容否认,其人本主义哲学极大地影响着他们,促使他们开始由唯心主义转向唯物主义。1841 年,费尔巴哈发表了《基督教的本质》一书,正如恩格斯所说:"这部书的解放作用,只有亲身体验过的人才能想象得到。那时大家都很兴奋:我们一时都成为费尔巴哈派了。"②意大利哲学家奥·拉布里奥拉也曾指出:"费尔巴哈的人本主义名副其实地是马克思的启示录,以至可以说在某些方面马克思始终是费尔巴哈的信徒。"③

然而,马克思恩格斯却很快地从费尔巴哈的信徒转而批判费尔巴哈。正如西方思想家悉尼·胡克指出:"马克思批判费尔巴哈的提纲,在实际上代表了哲学史中的一个转折点。"④由于《关于费尔巴哈的提纲》的写作不是为了公开发表,所以写得比较简单。但是,这个提纲却是马克思在澄清黑格尔、青年黑格尔派的思想影响之后,进一步较全面、扼要地澄清费尔巴哈思想影响的重要文章。

---

① 《马克思恩格斯文集》第 1 卷,人民出版社 2009 年版,第 513 页。
② 《马克思恩格斯文集》第 4 卷,人民出版社 2009 年版,第 275 页。
③ 转引自《马克思主义哲学的历史和现状》上卷,南京大学出版社 2004 年版,第 49 页。
④ [美]悉尼·胡克:《对卡尔·马克思的理解》,徐崇温译,重庆出版社 1989 年版,第 263 页。

而马克思恩格斯思想发展早期对于自己从前信仰的清算更集中地体现在《形态》中。一如 1859 年马克思在《〈政治经济学批判〉序言》中谈到当时写作《形态》的目的:"我们决定共同阐明我们的见解与德国哲学的意识形态的见解的对立,实际上是把我们从前的哲学信仰清算一下。"①当时青年黑格尔派的代表人物费尔巴哈、鲍威尔和施蒂纳围绕着"人""人的本质""异化"等概念进行了激烈的论战。鲍威尔在青年黑格尔派的杂志《维干德季刊》第三期上,发表了《路德维希·费尔巴哈的特性描写》一文,在这篇论文中不仅批判了费尔巴哈、施蒂纳、赫斯,还顺便捎带着批判了马克思和恩格斯合著的《神圣家族》。施蒂纳在《唯一者及其所有物》这本畅销书中也批判了马克思发表在《德法年鉴》上的两篇论文,即《论犹太人问题》和《〈黑格尔法哲学批判〉导言》。鲍威尔和施蒂纳批判的一个共同特点,就是把马克思和恩格斯看成是费尔巴哈哲学的一个流派,看成是费尔巴哈的追随者。为了回应鲍威尔和施蒂纳的批判,阐明自己的思想与青年黑格尔派,特别是与费尔巴哈的根本区别,马克思和恩格斯着手写下了《形态》这部著作。

二、制定自己的新世界观

马克思恩格斯分析批判费尔巴哈人本主义,不仅出于自身澄清思想的需要,更是在清理过程中"破"中达"立",即制定了自己的新世界观,促进了马克思主义的最终创立。

正如《神圣家族》"序言"中所述:"我们先发表这部论战性的著作,然后再写几部独立的著作,在那些著作里,我们——当然是各自单独地——将正面阐述自己的观点,从而也正面阐述自己对现代哲学学说和社会学说的态度。"②换句话说,马克思恩格斯在写"这部论战性的著作"的同时,已经有意把自己的理论观点做正面的阐述。需要说明的是,马克思恩格斯这里所说"再写几

---

① 《马克思恩格斯文集》第 2 卷,人民出版社 2009 年版,第 593 页。
② 《马克思恩格斯文集》第 1 卷,人民出版社 2009 年版,第 254 页。

部独立的著作"究竟指哪几部？在《马克思恩格斯全集》中文第 2 版的编纂说明中，编者认为"《神圣家族》、《英国工人阶级状况》、《德意志意识形态》和《哲学的贫困》等著作就是他们为实现这一任务取得的重要成果"①。

恩格斯在 1844 年 10 月致马克思的信中也曾说："只要我们的原则还没有从以往的世界观和以往的历史中逻辑地和历史地作为二者的必然继续用几部著作加以阐述，那就一切仍然处于半睡半醒状态，大多数人还得盲目地摸索。"②在后来传播共产主义的过程中，恩格斯还多次强调"必然继续用几部著作加以阐述"这件事的紧迫性："目前首先需要我们做的，就是写出几部较大的著作，以便向许许多多非常愿意干但不能独立胜任的知识浅薄的人提供必要的依据。"③于是，马克思恩格斯便致力于那"几部较大的著作"了。但是由于种种因素的影响，"几部较大的著作"得以变现的主要是马克思的《提纲》以及马克思恩格斯合著的《形态》。"1845 年春天当我们在布鲁塞尔再次会见时，马克思已经从上述基本原理出发大致完成了阐发他的唯物主义历史理论的工作，于是我们就着手在各个极为不同的方面详细制定这种新形成的世界观了。"④而在《形态》这部手稿中，为了达到回应鲍威尔和施蒂纳的批判，阐明自己的思想与青年黑格尔派，特别是与费尔巴哈的根本区别等目的，马克思和恩格斯还从正面说明了他们对于社会历史、人的解放等问题的理解。于是，在马克思和恩格斯头脑中酝酿已久的新世界观，即唯物主义历史观，在《形态》中第一次得到较为系统的阐明。

在《费尔巴哈论》中，恩格斯进一步指出，费尔巴哈的问题在于他始终没有了解"排除了法国唯物主义的一切片面性的、历史的自然观"，而且在历史观中陷于唯心主义，其主要原因在于其"在穷乡僻壤中过着农民式的孤陋寡

---

① 《马克思恩格斯全集》第 47 卷，人民出版社 2004 年版，"前言"第 6 页。
② 《马克思恩格斯文集》第 10 卷，人民出版社 2009 年版，第 17—18 页。
③ 《马克思恩格斯全集》第 47 卷，人民出版社 2004 年版，第 336 页。
④ 《马克思恩格斯文集》第 4 卷，人民出版社 2009 年版，第 232 页。

闻的生活""孤寂生活"①。而费尔巴哈的局限正是马克思恩格斯突破的起点,不然的话,会导致梅林在1910年还持有的看法出现的情况:"马克思和恩格斯始终坚持费尔巴哈的哲学观点;简单明了地说,他们在自然科学领域是机械唯物主义者,就像他们在社会科学领域是历史唯物主义者一样。"②

三、回应施蒂纳的批判

马克思恩格斯之所以撰写《形态》,不仅为了阐明自己的思想与青年黑格尔,特别是与费尔巴哈的根本区别,其直接的原因之一是针对施蒂纳发表了《唯一者及其所有物》,回应鲍威尔和施蒂纳的批判,从而全面、系统地制定唯物主义历史观。正如英国著名哲学家保罗·托马斯曾经说过:"人们经常注意的倒是,马克思从早期对费尔巴哈的近乎崇拜到对其突然进行批判者重力场的转变(尽管这种转变性被过分强调);但是却很少有人注意到没有谁的作用更胜于施蒂纳,是他迫使马克思发生了这一转变。"③

1844年施蒂纳出版了《唯一者及其所有物》一书,引起了思想界的极大震动和普遍关注,施蒂纳的《唯一者及其所有物》在某种意义上是对费尔巴哈式人本主义思路的釜底抽薪式打击。④ 当代西方著名的马克思主义学者麦克莱伦就马克思恩格斯与施蒂纳的关系也曾写道,在《形态》中,"马克思与恩格斯以前所未有的一种方式将他们自己与费尔巴哈区别开来,这就表示他们默默地接受了施蒂纳的批判。费尔巴哈在这里遭到批判的是他的感性,他的静观的唯物主义……从《德意志意识形态》的写作情况看来,毫无疑问,施蒂纳不仅迫使马克思修正了对费尔巴哈的观点,而且通过他们提出的与一切抽象相

---

① 《马克思恩格斯文集》第4卷,人民出版社2009年版,第284页。
② 转引自[南斯拉夫]弗兰尼茨基:《马克思主义史》(第一卷),李嘉恩等译,人民出版社1986年版,第341页。
③ [英]保罗·托马斯:《马克思和施蒂纳》,《现代哲学》2010年第1期。
④ 参见张一兵:《回到马克思》,江苏人民出版社1999年版,"第五章第三节"。

对立的'创造性自我'这个观念为这一修正提供了某种帮助。当马克思在写作《德意志意识形态》关于费尔巴哈部分时,马克思看来肯定是才想到了施蒂纳的"①。因此,恩格斯在 1844 年 11 月中旬写给马克思的信中说:"我们不应当把它丢在一旁,而是要把它当作现存的荒谬事物的最充分的表现而加以利用,在我们把它翻转过来之后,在它上面继续进行建设。"②而在 1845 年 3 月恩格斯写给马克思的信中,恩格斯进一步认识到"对施蒂纳的批判升格为对整个青年黑格尔派的清算"③,而且,对于费尔巴哈的批判成为了马克思恩格斯清算德国意识形态的基础。因为对施蒂纳影响最大的部分是对费尔巴哈哲学的核心——"普遍人"的概念——的批判。施蒂纳认为费尔巴哈从神的本质推出人的本质,将人的本质归结为神的本质的世俗化是不合理的,因为费尔巴哈所谓作为最高本质的"人"依旧是一个超出自我的、神圣的、抽象的东西即宗教的东西。施蒂纳主张将现实的、特殊的、感性的、有形体的人作为哲学的出发点和返回点,这种现实的人是不受自然制约的、自身一致的、"不受任何条件制约的神人"。"你在我那里看到的并非是我、有形体者,而是看到了一种非现实的东西、幽灵,这就叫做人。"④施蒂纳所主张的"现实的人"给马克思以启发,促使马克思对费尔巴哈的"抽象的人"进行批判。⑤ 从而实现马克思恩格斯新历史观的建构。正如恩格斯在给马克思的信中所说:"施蒂纳屏弃费尔巴哈的'人',屏弃起码是《基督教的本质》里的'人',是正确的。费尔巴哈的'人'是从上帝引申出来的,费尔巴哈是从上帝进到'人'的,这样,他的'人'无疑还戴着抽象概念的神学光环。进到'人'的真正途径是与此完全

---

① ［英］麦克莱伦:《青年黑格尔派与马克思》,夏威仪、陈启伟、金海民译,商务印书馆 1982 年版,第 138 页。

② 《马克思恩格斯全集》第 27 卷,人民出版社 1972 年版,第 12 页。

③ 胡大平:《回到恩格斯》,江苏人民出版社 2011 年版,第 199 页。

④ ［德］麦克斯·施蒂纳:《唯一者及其所有物》,金海民译,商务印书馆 1989 年版,第 186 页。

⑤ 李萍、闫国明:《马克思由费尔巴哈崇拜转向费尔巴哈批判的思想历程探析》,《社科纵横》2014 年第 7 期。

相反的。"①施蒂纳在《唯一者及其所有物》中揭示了费尔巴哈关于人的本质问题的实质,"人不被看作我的特性而是被当作原来的自我,故而人也不外是只是一个幽灵、一个思想、一个概念"②。即在施蒂纳看来,在费尔巴哈那里,"人"的概念本身仍然是神学性质的。

第二节　分析批判的主要内容:费尔巴哈历史唯心主义的实质

一、旧唯物主义不了解革命的实践活动

被恩格斯称为是"天才萌芽"体现的《提纲》,主要在于其贯穿通篇的把实践的观点看作高于一切的基本观点,以及强调实践在整个历史发展过程和社会生活中的作用,从而批判了以费尔巴哈为代表的旧唯物主义。

(一)"只是从客体的或者直观的形式去理解"现实事物

《提纲》的第一条通常被认为是《提纲》的"总论",即从认识论的角度,提出了新旧唯物主义的根本区别在于是否真正了解实践的意义。

马克思在此指出了包括费尔巴哈在内的从前的一切唯物主义的主要缺点是:"对对象、现实、感性,只是从**客体**的或者直观的形式去理解,而不是把它们当做**感性的人的活动**,当做**实践**去理解,不是从主体方面去理解。"费尔巴哈"他没有把人的活动本身理解为**对象性的**[gegenständliche]活动"。"他在《基督教的本质》中仅仅把理论的活动看做是真正人的活动,而对于实践则只是从它的卑污的犹太人的表现形式去理解和确定。"因此,其症结在于"他不

---

① 《马克思恩格斯全集》第47卷,人民出版社2004年版,第329—330页。
② [德]麦克斯·施蒂纳:《唯一者及其所有物》,金海民译,商务印书馆1989年版,第188页。

了解'革命的'、'实践批判的'活动的意义"①。所谓旧唯物主义对现实事物只是从客观的或直观的形式去理解,是指旧唯物主义把事物仅仅当作同人的实践活动没有关系的纯粹客观对象,人作为认识的主体,对于现实事物只是像照镜子那样,进行消极的反应,认识的结果仅仅是客观现实事物作用于人的感官产生的。因此,事物的本质仅仅凭借直观就可以获得。马克思认为旧唯物主义的这个认识是片面的,应该从认识和实践相统一的观点来看待事物、现实和感性。由此,马克思在针对费尔巴哈人本主义的主要观点逐一反驳并指出其症结所在的基础上,隐含地正面表述自己的主张。一方面,客观事物在被人认识之前就已经存在,对其不能作抽象的理解;另一方面,只有通过人的活动、有目的地改造客观世界的实践活动,即把"事物、现实、感性"当作人的感性活动,当作实践去理解,客观现实事物才能成为认识的对象,即客体,也就是从主观方面即主体方面去理解,即通过实践,积极地在改造世界的过程中认识世界。

(二)没有把人的活动与社会实践相联系

马克思在《提纲》第五条指出:"费尔巴哈不满意**抽象的思维**而喜欢**直观**;但是他把感性不是看做**实践的**、人的感性的活动。"②需要注意的是,费尔巴哈所说的"感性"不是指人的感性活动,而只是用人的自然感官像照镜子一样,消极地反映自然,不是能动地从变革自然中来反映自然。因为费尔巴哈始终强调,人的感觉器官,就是人与整个自然界联系的通道,自然界的任何一种事物或属性都能为人的感官所感知。因此,人的认识只是从起初的感性直观,到后来的理性直观。费尔巴哈没有把人的认识与社会实践,与对客观现实的改造联系起来。

---

① 《马克思恩格斯文集》第1卷,人民出版社2009年版,第499页。
② 《马克思恩格斯文集》第1卷,人民出版社2009年版,第501页。

同理,旧唯物主义在检验人的认识是否正确的标准问题上犯下同样的错误。《提纲》的第二条批判了旧唯物主义在检验人的认识是否正确的标准问题上的错误,指出其问题在于"关于思维——离开实践的思维——的现实性或非现实性的争论,是一个纯粹**经院哲学的**问题"。最后阐明马克思自己的观点,即"人的思维是否具有客观的[gegenständliche]真理性,这不是一个理论的问题,而是**一个实践的**问题"①。即只有通过实践的检验才能证明人的认识是否是真理。马克思在此把实践作为检验真理的标准,为人们提供了一个最基本的辨别认识是否是真理的尺度。

费尔巴哈不理解人的感情是社会实践关系的产物,由此导致他也不能理解各种理论等社会意识对于人的社会实践的基础关系。因此,马克思在《提纲》第八条提出了"全部社会生活在本质上是**实践的**"这一论断,也就是说实践是社会生活的基础和内容,是人类社会赖以存在和发展的条件。而在实践中最重要的则是生产实践,有了生产实践,才能首先满足人的各种物质生活的需要,然后人们才有可能去进行理论等社会意识的探索。因此,"凡是把理论引向神秘主义的神秘东西,都能在人的实践中以及对这种实践的理解中得到合理的解决"②。

马克思在第九条又揭示道:"直观的唯物主义,即不是把感性理解为实践活动的唯物主义,至多也只能达到对单个人和市民社会的直观。"③这一条指出了由于旧唯物主义不理解社会实践的意义而终究不能超越自己、解决自身存在的问题。因为在费尔巴哈看来,社会就是人与人的统一,费尔巴哈把这种人与人的统一简单地归结为"我"与"你"的关系。在这种"我"与"你"的交往关系中,由"我"的自然本性决定各种行为规范的建立,社会就是由这些"纯粹自然的"联系起来的人组成的。总之,由于费尔巴哈对于人的本质的理解是

---

① 《马克思恩格斯文集》第1卷,人民出版社2009年版,第500页。
② 《马克思恩格斯文集》第1卷,人民出版社2009年版,第501页。
③ 《马克思恩格斯文集》第1卷,人民出版社2009年版,第502页。

抽象的,因此,在他这里不可能推论出来具体的社会。

在《形态》第一卷第一章的[Ⅱ]部分,马克思恩格斯进一步批评了费尔巴哈由于不懂得实践、不重视实践,致使其在社会历史领域陷入了历史唯心主义泥淖的具体表现,并指出导致费尔巴哈问题的根源在于:"他没有看到,他周围的感性世界决不是某种开天辟地以来就直接存在的、始终如一的东西,而是工业和社会状况的产物,是历史的产物,是世世代代活动的结果,其中每一代都立足于前一代所奠定的基础上,继续发展前一代的工业和交往,并随着需要的改变而改变他们的社会制度。甚至连最简单的'感性确定性'的对象也只是由于社会发展、由于工业和商业交往才提供给他的。"①即人的感觉以及意识的产生都有其客观的、现实的实践基础,在此基础上,所谓人与自然、自然与历史的"对立"才能够得以解决,而非"两种互不相干的'事物'"。

二、在社会历史领域陷入历史唯心主义

马克思恩格斯在《形态》第一卷第一章[Ⅱ]中一针见血地指出费尔巴哈历史唯心主义的症结在于,"当费尔巴哈是一个唯物主义者的时候,历史在他的视野之外;当他去探讨历史的时候,他不是一个唯物主义者。在他那里,唯物主义和历史是彼此完全脱离的"②。恩格斯在《费尔巴哈论》的第四章中对于费尔巴哈进一步延续了这个评价:"费尔巴哈是个杰出的哲学家。但是,不仅哲学这一似乎凌驾于一切专门科学之上并把它们包罗在内的科学的科学,对他来说,仍然是不可逾越的屏障,不可侵犯的圣物,而且作为一个哲学家,他也停留在半路上,他下半截是唯物主义者,上半截是唯心主义者;他没有批判地克服黑格尔,而是简单地把黑格尔当做无用的东西抛在一边,同时,与黑格尔体系的百科全书式的丰富内容相比,他本人除了矫揉造作的爱的宗教和贫

---

① 《马克思恩格斯文集》第1卷,人民出版社2009年版,第528页。
② 《马克思恩格斯文集》第1卷,人民出版社2009年版,第530页。

乏无力的道德以外,拿不出什么积极的东西。"①

　　《费尔巴哈论》第二章在阐述哲学基本问题及其主要内容的基础上,指出了施达克在其《路德维希·费尔巴哈》著作中对于费尔巴哈的评述为什么首先研究费尔巴哈在哲学基本问题上的立场,由此得出费尔巴哈在自然观上是唯物主义者,然而在社会历史领域却"没有'前进'"的结论。首先,恩格斯揭示了费尔巴哈是一个唯物主义者。"费尔巴哈的发展进程是一个黑格尔主义者(诚然,他从来不是完全正统的黑格尔主义者)走向唯物主义的发展进程,这一发展使他在一定阶段上同自己的这位先驱者的唯心主义体系完全决裂了。"②也就是说,在费尔巴哈眼里,世界的本质和本原是物质,精神、意识是派生的,而不是黑格尔所认为的"绝对观念"先于世界的存在,相反,"我们自己所属的物质的、可以感知的世界,是唯一现实的;而我们的意识和思维,不论它看起来是多么超感觉的,总是物质的、肉体的器官即人脑的产物"。因此,"物质不是精神的产物,而精神本身只是物质的最高产物。这自然是纯粹的唯物主义"③。但是,接下来,恩格斯进一步分析了费尔巴哈虽然在自然观上是唯物主义者,然而在社会历史领域却"没有'前进'"的原因。最主要的原因在于唯物主义哲学的发展需要以自然科学的发展程度和发展水平为基础,而"费尔巴哈在世时,自然科学也还处在剧烈的酝酿过程中,这一过程只是在最近15 年才达到了足以澄清问题的相对完成的地步"④。自然科学规律的发现和提出虽然具备了新的认识材料,然而使这些材料条理化、建立起看似杂乱的材料间的联系,从而得出科学理论"只是到最近才有可能"。因此,"上一世纪的唯物主义主要是机械唯物主义",他们能够用到的、赖以概括自然界规律的材料使之陷入"不可避免的局限性"。"因为那时在所有自然科学中只有力学,

① 《马克思恩格斯文集》第4卷,人民出版社 2009 年版,第296 页。
② 《马克思恩格斯文集》第4卷,人民出版社 2009 年版,第281 页。
③ 《马克思恩格斯文集》第4卷,人民出版社 2009 年版,第281 页。
④ 《马克思恩格斯文集》第4卷,人民出版社 2009 年版,第283 页。

而且只有固体(天上的和地上的)力学,简言之,即重力的力学,达到了某种完善的地步"①。另一方面,"这种唯物主义的第二个特有的局限性在于:它不能把世界理解为一种过程,理解为一种处在不断的历史发展中的物质。这是同当时的自然科学状况以及与此相联系的形而上学的即反辩证法的哲学思维方法相适应的"②。而"这种非历史观点也表现在历史领域中"③。

　　总之,费尔巴哈避免不了其生活时代的唯物主义所特有的局限性,这些局限性再加上其长期生活在乡间,结果则是,"他虽然有'基础',但是在这里仍然受到传统的唯心主义的束缚"④。因此,导致费尔巴哈"没有'前进'"的另外一个重要的、直接的原因则是,虽然当时自然科学的三个伟大发现——细胞学说、能量转化和守恒定律以及达尔文生物进化论"费尔巴哈在世时全看到了"⑤,但是由于费尔巴哈长期生活在乡间,过着近乎离群索居的生活,难以对科学有足够的关注并给予充分的认识和评价,更何况这些科学发现在当时自然科学家群体中还存有异议,甚至没能够充分重视并利用。于是,连费尔巴哈自己也不得不承认,"向后退时,我同唯物主义者是一致的;但是往前进时就不一致了"⑥。费尔巴哈若要"往前进",需要突破的局限性是什么? 或者说,他当时没能够做到的是什么? 恩格斯揭示道:"问题在于使关于社会的科学,即所谓历史科学和哲学科学的总和,同唯物主义的基础协调起来,并在这个基础上加以改造。"⑦因为"我们不仅生活在自然界中,而且生活在人类社会中,人类社会同自然界一样也有自己的发展史和自己的科学"⑧。这正是包括费尔巴哈的唯物主义在内的旧唯物主义的症结所在。正如费尔巴哈自己所认识

----

① 《马克思恩格斯文集》第4卷,人民出版社2009年版,第282页。
② 《马克思恩格斯文集》第4卷,人民出版社2009年版,第282页。
③ 《马克思恩格斯文集》第4卷,人民出版社2009年版,第283页。
④ 《马克思恩格斯文集》第4卷,人民出版社2009年版,第284页。
⑤ 《马克思恩格斯文集》第4卷,人民出版社2009年版,第283—284页。
⑥ 《马克思恩格斯文集》第4卷,人民出版社2009年版,第284页。
⑦ 《马克思恩格斯文集》第4卷,人民出版社2009年版,第284页。
⑧ 《马克思恩格斯文集》第4卷,人民出版社2009年版,第284页。

到的,"纯粹自然科学的唯物主义虽然'是人类知识的大厦的基础,但不是大厦本身'"①。在《费尔巴哈论》第二章的最后,恩格斯特别指出施达克虽然批评费尔巴哈在某种程度上说是唯心主义者,然而在费尔巴哈的唯心主义表现上施达克却没能做到有的放矢。施达克和当时的一些偏见看法一样,"把唯物主义理解为贪吃、酗酒、娱目、肉欲、虚荣、爱财、吝啬、贪婪、牟利、投机,简言之,即他本人暗中迷恋着的一切龌龊行为",与对唯物主义的贬低之相反,"而把唯心主义理解为对美德、普遍的人类爱的信仰,总之,对'美好世界'的信仰"②。

既然恩格斯认为施达克没能做到有的放矢地批评费尔巴哈是某种程度上的唯心主义者,或者说"施达克在找费尔巴哈的唯心主义时找错了地方"③,那么,费尔巴哈的唯心主义究竟体现在哪些方面、哪些领域呢? 在恩格斯看来,费尔巴哈的唯心主义主要表现在社会历史领域。"在社会领域内,正是费尔巴哈本人没有'前进',没有超过自己在 1840 年或 1844 年的观点"④。对于"费尔巴哈在这个领域内究竟在多大程度上仍然是唯心主义者",恩格斯指出:"我们将在下面加以详细的考察。"⑤即在《费尔巴哈论》的第三章,恩格斯对于费尔巴哈在社会历史领域陷入唯心主义的典型表现进行了全面的分析批判。

综合马克思恩格斯在其经典文本中对于费尔巴哈思想的相关论述,马克思恩格斯分析批判费尔巴哈在社会历史领域陷入历史唯心主义错误的主要表现如下:

(一)在环境与教育关系问题上走偏

《提纲》第三条批判了旧唯物主义在环境与教育的关系问题上的错误。

---

① 《马克思恩格斯文集》第4卷,人民出版社2009年版,第284页。
② 《马克思恩格斯文集》第4卷,人民出版社2009年版,第286页。
③ 《马克思恩格斯文集》第4卷,人民出版社2009年版,第285页。
④ 《马克思恩格斯文集》第4卷,人民出版社2009年版,第284页。
⑤ 《马克思恩格斯文集》第4卷,人民出版社2009年版,第284—285页。

旧唯物主义只看到环境对于人决定的一面,而没有看到人的实践经验对于能动地改造环境的作用,因而得出环境决定人的错误观点。

"关于环境和教育起改变作用的唯物主义学说忘记了:环境是由人来改变的,而教育者本人一定是受教育的。"其症结在于"这种学说必然会把社会分成两部分,其中一部分凌驾于社会之上"。即把改造社会的希望寄托在"其中一部分"人身上,由此导致唯心的英雄史观。马克思在批判了旧唯物主义的观点后,给出自己的观点是:"环境的改变和人的活动或自我改变的一致,只能被看做是并合理地理解为**革命的实践**。"①

(二)把人的存在和人的本质混为一谈

马克思在《提纲》第六条批判了费尔巴哈关于人的本质问题认识的错误所在,即把人的本质看作是"单个人所固有的抽象物",这是历史唯心主义的抽象人性论,从抽象的、一般的、孤立的单个人出发,抹杀了人的社会性、阶级性和历史性,即脱离具体的历史条件和社会关系考察人的本质。导致这个认识结果的原因即费尔巴哈的症结在于:"费尔巴哈把宗教的本质归结于**人的**本质。……费尔巴哈没有对这种现实的本质进行批判,因此他不得不:(1)撇开历史的进程,把宗教感情固定为独立的东西,并假定有一种抽象的——**孤立的**——人的个体。(2)因此,他只能把人的本质理解为'类',理解为一种内在的、无声的、把许多个人纯粹**自然地**联系起来的普遍性。"②与费尔巴哈相反,在马克思看来,"人的本质不是单个人所固有的抽象物,在其现实性上,它是一切社会关系的总和。"③。因此,要从具体的、历史的社会关系中考察、把握人的本质,而且在阶级社会中人的本质带有阶级性。

在《形态》第一卷第一章的[Ⅱ]部分,马克思恩格斯进一步批评了费尔巴

---

① 《马克思恩格斯文集》第1卷,人民出版社2009年版,第500页。
② 《马克思恩格斯文集》第1卷,人民出版社2009年版,第505页。
③ 《马克思恩格斯文集》第1卷,人民出版社2009年版,第505页。

哈把人的存在和人的本质混为一谈的历史唯心主义错误。马克思恩格斯虽然一方面肯定了费尔巴哈"与'纯粹的'唯物主义者相比有很大的优点：他承认人也是'感性对象'"。"但是，他把人只看做是'感性对象'，而不是'感性活动'，因为他在这里也仍然停留在理论领域，没有从人们现有的社会联系，从那些使人们成为现在这种样子的周围生活条件来观察人们——这一点且不说，他还从来没有看到现实存在着的、活动的人，而是停留于抽象的'人'，并且仅仅限于在感情范围内承认'现实的、单个的、肉体的人'，也就是说，除了爱与友情，而且是理想化了的爱与友情以外，他不知道'人与人之间'还有什么其他的'人的关系'。"①一句话，在费尔巴哈这里，人有抽象的、与生俱来的一般的本质。"费尔巴哈设定的是'人'，而不是'现实的历史的人'。"②总之，费尔巴哈的问题是："他从来没有把感性世界理解为构成这一世界的个人的全部活生生的感性**活动**，……正是在共产主义的唯物主义者看到改造工业和社会结构的必要性和条件的地方，他却重新陷入唯心主义。"③

综上，正如马克思恩格斯在《形态》中指出的，费尔巴哈在人的问题上，其唯心史观的错误表现之一在于把人看作是天生的具有"社会性"的"共产主义者"，是在实际生活中不存在的、抽象的人；其二在于把人的存在和人的本质混为一谈；其三，造成费尔巴哈对于人的本质问题认识的错误根源在于他离开社会生活的实践——工业和自然界发展的历史直观地认识人，抽象地谈论人。在《费尔巴哈论》中，恩格斯进一步揭示了费尔巴哈陷入历史唯心主义的泥淖，其症结一方面主要在于费尔巴哈人本主义哲学的核心是"对抽象人的崇拜"，他没有把人当作是在历史中行动的人去研究，因此，他不能找到从其抽象王国通向活生生的现实世界的道路，在历史观上没有摆脱传统唯心主义的束缚。另一方面，费尔巴哈的人实质上是纯粹的自然人，费尔巴哈把人的本质

---

① 《马克思恩格斯文集》第1卷，人民出版社2009年版，第530页。
② 《马克思恩格斯文集》第1卷，人民出版社2009年版，第528页。
③ 《马克思恩格斯文集》第1卷，人民出版社2009年版，第530页。

理解为"类",即一种把许多人纯自然地联系起来的共同性,而不是从人们现实的社会联系、社会关系中来考察人们,只是片面地强调人是自然的产物,把人的自然属性看成是人唯一的属性。马克思恩格斯在分析批判费尔巴哈错误观点的基础上,从费尔巴哈的抽象的人转到现实的、活生生的人,把人当作在历史中活动中的人去研究,从而使得关于人的本质问题的认识建立在唯物主义的基础之上,实现了对于人的问题的科学解读。

(三)在宗教问题上唯心主义特征凸显

马克思在《提纲》第四条首先肯定了费尔巴哈对宗教唯心主义世界观的批判:"费尔巴哈是从宗教上的自我异化,从世界被二重化为宗教世界和世俗世界这一事实出发的。他做的工作是把宗教世界归结于它的世俗基础。"但是,接下来,马克思指出了对于宗教本质的认识上费尔巴哈的不足在于,费尔巴哈没有认识到"世俗基础使自己从自身中分离出去,并在云霄中固定为一个独立王国,这只能用这个世俗基础的自我分裂和自我矛盾来说明。因此,对于这个世俗基础本身应当在自身中、从它的矛盾中去理解,并且在实践中使之发生革命"①。马克思认为,人们根据现实的人间世界幻想出一个宗教的天堂世界,并使它成为凌驾于人间世界之上的独立王国。而要探索宗教产生的根源,就要从客观存在的社会(世俗基础)的内在矛盾(自我分裂和自我矛盾)中去寻找。宗教的产生是同私有制的出现、以及阶级的产生和对立分不开的。因此,要消灭宗教,就要充分发展社会生产力,逐步消灭阶级,建立共产主义社会,最终消灭产生宗教的社会根源。"因此,例如,自从发现神圣家族的秘密在于世俗家庭之后,世俗家庭本身就应当在理论上和实践中被消灭。"②

恩格斯在《费尔巴哈论》第三章的开始就开宗明义地指出费尔巴哈在宗教和道德等社会历史问题上,以至于在社会历史领域陷入唯心主义的典型表

---

① 《马克思恩格斯文集》第1卷,人民出版社2009年版,第500页。
② 《马克思恩格斯文集》第1卷,人民出版社2009年版,第500页。

现。"我们一接触到费尔巴哈的宗教哲学和伦理学,他的真正的唯心主义就显露出来了。"①于是,在这一章接下来的篇幅中,恩格斯重点分析批判了费尔巴哈在社会领域的宗教和道德问题上的唯心主义特征体现。

恩格斯用大量篇幅分析批判了费尔巴哈在宗教问题上的唯心主义体现。因为费尔巴哈的成名、费尔巴哈对于青年黑格尔派以及马克思恩格斯的影响最主要源自于其对于宗教的猛烈批判;也正是由于费尔巴哈对于宗教的猛烈批判使其被大学开除了教职,后半生在乡间过着离群索居的生活。费尔巴哈对于宗教的猛烈批判以其《宗教的本质》《基督教的本质》等著作为代表。然而,在恩格斯看来,虽然费尔巴哈对于宗教看起来批判猛烈,事实上,"费尔巴哈决不希望废除宗教,他希望使宗教完善化"。而"哲学本身应当融化在宗教中"②。因为,在费尔巴哈那里,宗教的实质是"人与人之间的感情的关系、心灵的关系","归根到底,在费尔巴哈那里,性爱即使不是他的新宗教借以实现的最高形式,也是最高形式之一"③。但是,与费尔巴哈所理解的相反,现实情况却是,"人与人之间的,特别是两性之间的感情关系,是自从有人类以来就存在的"④。由此,恩格斯阐述了以爱情和友谊为代表的两性之间感情关系的历史发展、宗教的变迁,以及两性的感情关系与宗教之间的关联历史。两性的感情关系自从有人类以来就存在,也将随着人类的存在而永远存在下去;但是,宗教,尤其是"现存的通行的宗教",由于其"只限于使国家对性爱的管理即婚姻立法神圣化",或许"明天就会完全消失"⑤,而且历史上却是有过这种宗教消失过的例证,足见其存在具有时效性和历史阶段性,这是不同于伴随着人类存在的两性之间的感情关系的。因此,恩格斯批判地揭示了费尔巴哈在宗教问题的唯心主义表现之一就是:不是从现实的人与人之间的关系出发,而

---

① 《马克思恩格斯文集》第4卷,人民出版社2009年版,第287页。
② 《马克思恩格斯文集》第4卷,人民出版社2009年版,第287页。
③ 《马克思恩格斯文集》第4卷,人民出版社2009年版,第287页。
④ 《马克思恩格斯文集》第4卷,人民出版社2009年版,第287页。
⑤ 《马克思恩格斯文集》第4卷,人民出版社2009年版,第287页。

是把现实的人与人之间的关系抽象出来,使之以宗教的名义神圣化,从词源学的意义上、从宗教的概念形式上决定宗教的内容和实质。结果则是,"两个人之间的任何联系都是宗教"。而"这种词源学上的把戏是唯心主义哲学的最后一着"①。于是,费尔巴哈的宗教一词的意义"不是按照它的实际使用的历史发展来决定,而竟然按照来源来决定。因此,仅仅为了使宗教这个对唯心主义回忆很宝贵的名词不致从语言中消失,性爱和性关系竟被尊崇为'宗教'"②。归根结底,在费尔巴哈那里,人们之间的关系不是现实的,而是抽象的。比如,费尔巴哈对其认真研究过的基督教的认识,他虽然认为"基督教的神只是人的虚幻的反映、映象","但是,这个神本身是长期的抽象过程的产物","与此相应,被反映为这个神的人也不是一个现实的人,而同样是许多现实的人的精华,是抽象的人,因而本身又是一个思想上的形象"③。总之,表面上看起来,"费尔巴哈在每一页上都宣扬感性,宣扬专心研究具体的东西、研究现实",看起来是一个十足的、典型的唯物主义者,"可是这同一个费尔巴哈,一谈到人们之间纯粹的性关系以外的某种关系,就变成完全抽象的了"④。其唯心主义的本质彰显无遗。

(四)凌驾于一切时代、民族之上的抽象道德论

恩格斯在《费尔巴哈论》第三章还重点分析批判了费尔巴哈在社会领域的道德问题上的唯心主义特征体现。关于道德问题的看法,恩格斯给费尔巴哈下的结论是,"关于道德,费尔巴哈所告诉我们的东西只能是极其贫乏的"⑤。

首先,恩格斯比较了费尔巴哈和黑格尔在道德问题上的性质。恩格斯认

---

① 《马克思恩格斯文集》第4卷,人民出版社2009年版,第288页。
② 《马克思恩格斯文集》第4卷,人民出版社2009年版,第288页。
③ 《马克思恩格斯文集》第4卷,人民出版社2009年版,第290页。
④ 《马克思恩格斯文集》第4卷,人民出版社2009年版,第290页。
⑤ 《马克思恩格斯文集》第4卷,人民出版社2009年版,第291页。

为,黑格尔在道德问题的看法即"黑格尔的伦理学或关于伦理的学说就是法哲学",虽然其形式是唯心主义的,但是内容却是"实在论的",即包含着丰富的与道德问题相关的实质内容。而费尔巴哈却恰恰相反,"就形式讲,他是实在论的",因为他"把人作为出发点"①,而不是把某种精神或是上帝作为出发点。但是,费尔巴哈这个作为出发点的"人"却不是现实生活中的人,仍然是抽象的人,"这个人始终是在宗教哲学中出现的那种抽象的人"②。其唯心主义的特征由此再现。

其次,关于道德问题领域"善恶对立的研究上",恩格斯指出,费尔巴哈"同黑格尔比起来也是肤浅的"。"在黑格尔那里,恶是历史发展的动力的表现形式。"但是,相比较而言,"费尔巴哈就没有想到要研究道德上的恶所起的历史作用"③。

再次,关于"追求幸福的欲望"和"追求幸福的平等权利"等道德问题,恩格斯认为,"追求幸福的欲望是人生来就有的,因而应当是一切道德的基础"④。但是要满足人的欲望,就不仅需要正确评估我们自己的行为,而且还要考虑到其他人"有相应的欲望的平等权利"⑤。因为人是现实的社会的人,是处在社会关系中的活生生的人,每一个人的欲望和权利都不是能够孤立存在且能够独立被满足的。然而,到了费尔巴哈这里,其"道德的基本准则"则又变成了"对人以爱(又是爱!)"这样"贫乏和空泛"的命题。"至于说到他人追求幸福的平等权利",费尔巴哈认为他人的要求是绝对的,"是适合于任何时代和任何情况的"。⑥ 恩格斯接下来分析了正是由于"在古代的奴隶和奴隶主之间,在中世纪的农奴和领主之间"是不存在"平等权利"的,因此才会有资

① 《马克思恩格斯文集》第4卷,人民出版社2009年版,第290页。
② 《马克思恩格斯文集》第4卷,人民出版社2009年版,第290页。
③ 《马克思恩格斯文集》第4卷,人民出版社2009年版,第291页。
④ 《马克思恩格斯文集》第4卷,人民出版社2009年版,第291—292页。
⑤ 《马克思恩格斯文集》第4卷,人民出版社2009年版,第292页。
⑥ 《马克思恩格斯文集》第4卷,人民出版社2009年版,第292页。

产阶级反对封建制度的斗争、废除个人间不平等权利的斗争,以此批判了费尔巴哈的观点。然而,恩格斯进一步揭示道,资产阶级反对封建制度的斗争结果却是,"资本主义对多数人追求幸福的平等权利所给予的尊重,即使有,也未必比奴隶制或农奴制所给予的多一些"①。因此,"费尔巴哈的道德是完全适合于现代资本主义社会的",这正是费尔巴哈道德观的阶级实质所在。"不管他自己多么不愿意或想不到是这样。"②

最后,在分析批判了费尔巴哈在道德问题上的上述症结的基础上,恩格斯得出结论:"费尔巴哈的道德论是和它的一切前驱者一样的。它是为一切时代、一切民族、一切情况而设计出来的。"换句话说,费尔巴哈的道德论是抽象的道德论,超越于或凌驾于一切时代、民族之上,结果是,"它在任何时候和任何地方都是不适用的,而在现实世界面前,是和康德的绝对命令一样软弱无力的"③。因为在现实生活中,每一个阶级、每一个民族都有各自的道德。

总而言之,费尔巴哈的根本问题在于:"不能找到从他自己所极端憎恶的抽象王国通向活生生的现实世界的道路。他紧紧地抓住自然界和人;但是,在他那里,自然界和人都只是空话。无论关于现实的自然界或关于现实的人,他都不能对我们说出任何确定的东西。"情况不是不能被改变,但是"要从费尔巴哈的抽象的人转到现实的、活生生的人,就必须把这些人作为在历史中行动的人去考察。而费尔巴哈反对这样做"④。因此,费尔巴哈在社会历史领域陷入唯心主义的窠臼则是在所难免的。

三、正面阐述唯物史观基本原理

马克思恩格斯在分析批判费尔巴哈历史唯心主义的同时,正面阐述了唯

---

① 《马克思恩格斯文集》第4卷,人民出版社2009年版,第293页。
② 《马克思恩格斯文集》第4卷,人民出版社2009年版,第294页。
③ 《马克思恩格斯文集》第4卷,人民出版社2009年版,第294页。
④ 《马克思恩格斯文集》第4卷,人民出版社2009年版,第294页。

物史观的基本原理。

(一)唯物史观立足现实的人与物质生产

在《提纲》最后,马克思得出全文的结论,即新唯物主义的立脚点是人类社会或社会的人类。"旧唯物主义的立脚点是市民社会,新唯物主义的立脚点则是人类社会或社会的人类。"①这一条揭示了马克思的"新唯物主义"和旧唯物主义有着不同的社会根源和阶级根源。马克思在这里所用的"市民",是借用 18 世纪的说法,主要指资产阶级,"市民社会"则是指资本主义社会。也就是说,旧唯物主义是建立在资本主义社会基础上的,它反映的是资产阶级的阶级利益和诉求。和旧唯物主义不同,"新唯物主义的立脚点则是人类社会或社会的人类"。这里的"人类社会"或"社会的人类",主要指扬弃了私有财产条件下的人的关系和本质,就是指实现真正的人的本质社会,即共产主义社会。

在《形态》中,马克思和恩格斯通过对费尔巴哈抽象的人和纯自然的人的批判,确定了人类历史的前提是现实的人,人类历史的源头是物质生产,并以此作为出发点研究和探讨了人类历史,揭示了人类历史发展的基本规律,制定了唯物主义历史观,阐述了历史唯物主义基本原理,从而正面表述了自己的主张。

(二)新旧唯物主义、唯物史观与唯心史观的根本区别

首先,新旧唯物主义的特征不同。马克思在《提纲》的最后一条第十一条进一步延续第十条中把自己的"新唯物主义"与旧哲学区别开来的思想,强调指出:"哲学家们只是用不同的方式解释世界,问题在于改变世界。"②以往的哲学家们主要的工作在于构建理论、形成思想,并用其构建的理论、形成的思

---

① 《马克思恩格斯文集》第 1 卷,人民出版社 2009 年版,第 502 页。
② 《马克思恩格斯文集》第 1 卷,人民出版社 2009 年版,第 502 页。

想去解释世界上所发生的事件结果,而马克思的新世界观则强调,理论和思想的重要价值不在于如何很好地解释世界,而在于用理论和思想服务于实践,通过认识世界去改变世界,这正是马克思新唯物主义的重要特征所在。这意味着马克思把科学的实践观引入新世界观,正确地解决了理论和实践的关系,把认识世界和改造世界结合起来,从而形成了马克思主义哲学这一改变世界的新理论。

其次,新旧唯物主义的方法论不同。马克思恩格斯指出,费尔巴哈的方法究其实质仍然是唯心主义,即从意识出发、从观念出发解释社会,在他那里主要表现为从抽象的人出发来解释历史。"从人们所说的、所设想的、所想象的东西出发","从口头说的、思考出来的、设想出来的、想象出来的人出发,去理解有血有肉的人"①。这种方法无疑就是从意识出发,把意识看作有生命的个人,即从观念出发来解释现实。因此,费尔巴哈虽然突破了黑格尔的体系,并且干脆把它抛在一旁置之不理,但在社会历史领域他恰恰又从黑格尔那里承受了这种方法。在他那里,人们的一切社会关系都可能"从人的概念、想象中的人、人的本质、人中"很自然地引申出来。② 而正是"借助于这种从一开始就撇开现实条件的本末倒置的做法,他们就可以把整个历史变成意识的发展过程了"③。

最后,唯物史观与唯心史观是两种根本对立的历史观。马克思恩格斯在批判费尔巴哈的基础上,对比了这两种对立的历史观。指出唯物史观"这种历史观就在于:从直接生活的物质生产出发阐述现实的生产过程,把同这种生产方式相联系的、它所产生的交往形式即各个不同阶段上的市民社会理解为整个历史的基础,从市民社会作为国家的活动描述市民社会,同时从市民社会出发阐明意识的所有各种不同的理论产物和形式,如宗教、哲学、道德等等,而

---

① 《马克思恩格斯文集》第 1 卷,人民出版社 2009 年版,第 525 页。
② 《马克思恩格斯文集》第 1 卷,人民出版社 2009 年版,第 553 页。
③ 《马克思恩格斯文集》第 1 卷,人民出版社 2009 年版,第 582 页。

且追溯它们产生的过程。这样做当然就能够完整地描述事物了(因而也能够描述事物的这些不同方面之间的相互作用)"①。"这种历史观和唯心主义历史观不同,它不是在每个时代中寻找某种范畴,而是始终站在现实历史的**基础**上,不是从观念出发来解释实践,而是从物质实践出发来解释各种观念形态,由此也就得出下述结论:意识的一切形式和产物不是可以通过精神的批判来消灭的,不是可以通过把它们消融在'自我意识'中或化为'怪影'、'幽灵'、'怪想'等等来消灭的,而只有通过实际地推翻这一切唯心主义谬论所由产生的现实的社会关系,才能把它们消灭;历史的动力以及宗教、哲学和任何其他理论的动力是革命,而不是批判。"②总之,唯物史观和唯心史观从立足点、对于历史发展动力的理解,以及现实社会关系与意识或观念的关系的认识,历史不管是物质生产力、社会物质关系发展的历史,还是精神、意识的历史等方面都有着根本的区别。

第三节 分析批判的当代启示:立足
现实的人与现实社会实践

由上文分析可知,马克思恩格斯正是在对费尔巴哈人本学唯物主义进行分析批判的过程中实现了对于德意志意识形态错误思想的清算,从而完成了他们唯物史观的思想建构。

马克思在《提纲》中立足于科学的实践观,集中批判了包括费尔巴哈在内的一切旧唯物主义的直观性、形而上学性和社会历史观的不彻底性,阐明了新世界观的基础、内容和特征,勾画了马克思主义哲学的雏形,为以后进一步具体阐述和发展辩证唯物主义和历史唯物主义制定了大纲,开辟了道路。《提纲》中所具有的内容,后来在《形态》《〈政治经济学批判〉序言》《反杜林论》

---

① 《马克思恩格斯文集》第1卷,人民出版社2009年版,第544页。
② 《马克思恩格斯文集》第1卷,人民出版社2009年版,第544页。

《费尔巴哈论》中,作了进一步全面的发挥。正如有学者指出的:"马克思哲学革命的纲领、核心与实质,特别地体现在《关于费尔巴哈的提纲》和《德意志意识形态》中。这两部著作代表着马克思思想发展的一个新时期的开始,代表着一个革命性变革的实施;由此我们可以说,马克思摆脱了对其他思想体系的依傍,开始了独立的、以马克思的名字命名的思想事业的创制过程。"①而对于《费尔巴哈论》在哲学史的重要意义,著名的马克思主义理论家梅林曾指出:"马克思和恩格斯的一个完全不能低估的功绩是他们把我们从哲学行话中解放出来,这种哲学行话曾盛极一时但在马克思主义者的著作中就显得是完全陈腐的东西了。"②国内有学者对于恩格斯的《费尔巴哈论》所言"哲学的终结"或者说是马克思主义的革命性概括得更为明确而清晰:"在实质上,是从哲学向世界观的转变;在思维方式或方法上,是从形而上学向辩证法转变;在形式上是旧式体系哲学(即自然哲学和历史哲学)向实证科学的转变,在研究的内容上,则是从普遍规律向各种具体问题的转变。⋯⋯在功能上,从解释世界向改造世界的转变。"因此,在这些意义上,就可以理解恩格斯在《路德维希·费尔巴哈和德国古典哲学的终结》中的最后一句话的深刻意蕴了:德国的工人运动是德国古典哲学的继承者。③

　　而梳理马克思恩格斯分析批判费尔巴哈人本学唯物主义的理论进路,抛开其形而上的哲学意义,探究其对于当代建设中国特色社会主义的探索同样有着重要的理论启示与现实价值。

一、现实的人——人民群众是社会主义社会建设的主体力量

　　马克思和恩格斯通过对费尔巴哈抽象的人和纯自然的人的批判,确定了人类历史的源头是物质生产,人类历史的前提是现实的人,人的本质是具体

① 吴晓明:《形而上学的没落》,北京师范大学出版社2017年版,第539页。
② [德]梅林:《保卫马克思》,吉洪译,人民出版社1982年版,第79页。
③ 胡大平:《回到恩格斯》,江苏人民出版社2011年版,第337—338页。

的、历史的,是社会关系的总和,由此进一步科学回答了谁是历史的创造者、怎样看待人民群众和个人的历史作用等人类社会认识史上长期困扰人们的难题。而在马克思主义产生之前,在人类社会认识史上占主导地位的是唯心史观,其主要缺陷之一就是根本否认人民群众在历史发展中的决定作用。

1894年1月,意大利社会党人朱·卡内帕请求恩格斯为即将出版的《新纪元》周刊找一段题词,用简短的字句来表达未来社会主义的基本思想。恩格斯在复信中说,要用不多几个字来表达未来新时代的思想,同时既不堕入空想社会主义又不流于空泛辞藻,只有从《共产党宣言》中摘出下列一段话:"代替那存在着阶级和阶级对立的资产阶级旧社会的,将是这样一个联合体,在那里,每个人的自由发展是一切人的自由发展的条件。"[①]科学社会主义的最终目的是要解放全人类,实现人的自由和全面发展。在实现这项伟大事业的过程中,无产阶级人民群众始终应当是社会建设的主体力量。习近平总书记2018年5月4日在纪念马克思诞辰200周年大会上的讲话中指出:"马克思主义是人民的理论,第一次创立了人民实现自身解放的思想体系。马克思主义博大精深,归根到底就是一句话,为人类求解放。在马克思之前,社会上占统治地位的理论都是为统治阶级服务的。马克思主义第一次站在人民的立场探求人类自由解放的道路,以科学的理论为最终建立一个没有压迫、没有剥削、人人平等、人人自由的理想社会指明了方向。马克思主义之所以具有跨越国度、跨越时代的影响力,就是因为它植根人民之中,指明了依靠人民推动历史前进的人间正道。"[②]中国共产党以马克思主义为理论基础和指导思想,坚持把现实的人——人民群众作为社会主义社会建设的主体力量,提出了党的群众观点和群众路线,这是马克思主义理论当代价值的体现。

科学社会主义及其当代重要表现形态——中国特色社会主义代表了无产阶级的利益、人民群众的利益。从科学发展观的"以人为本"原则到党的十九

---

① 《马克思恩格斯文集》第2卷,人民出版社2009年版,第53页。

② 习近平:《在纪念马克思诞辰200周年大会上的讲话》,人民出版社2018年版,第8页。

大报告,处处体现出中国共产党新时代坚持和发展中国特色社会主义的出发点和落脚点是为人民谋福祉。如"我国是工人阶级领导的、以工农联盟为基础的人民民主专政的社会主义国家,国家一切权力属于人民"。"党的一切工作必须以最广大人民根本利益为最高标准。"党的十九大报告第三部分提出的新时代坚持和发展中国特色社会主义的 14 条基本方略中,第二条特别指出:"坚持以人民为中心。人民是历史的创造者,是决定党和国家前途命运的根本力量。必须坚持人民主体地位,坚持立党为公、执政为民,践行全心全意为人民服务的根本宗旨,把党的群众路线贯彻到治国理政全部活动之中,把人民对美好生活的向往作为奋斗目标,依靠人民创造历史伟业。"①正如习近平总书记 2018 年 5 月 4 日在纪念马克思诞辰 200 周年大会上指出的:"学习马克思,就要学习和实践马克思主义关于坚守人民立场的思想。人民性是马克思主义最鲜明的品格。马克思说,'历史活动是群众的活动'。让人民获得解放是马克思毕生的追求。我们要始终把人民立场作为根本立场,把为人民谋幸福作为根本使命,坚持全心全意为人民服务的根本宗旨,贯彻群众路线,尊重人民主体地位和首创精神,始终保持同人民群众的血肉联系,凝聚起众志成城的磅礴力量,团结带领人民共同创造历史伟业。这是尊重历史规律的必然选择,是共产党人不忘初心、牢记使命的自觉担当。"②

二、实践是检验中国特色社会主义建设事业的标准

实践的观点是马克思主义哲学首要的、基本的观点,是马克思主义新唯物主义与以费尔巴哈为代表的旧唯物主义区分开来的最主要标志。正如习近平总书记 2018 年 5 月 4 日在纪念马克思诞辰 200 周年大会上指出的:"马克思主义是实践的理论,指引着人民改造世界的行动。马克思说,'全部社会生活

---

① 习近平:《决胜全面建成小康社会　夺取新时代中国特色社会主义伟大胜利——在中国共产党第十九次全国代表大会上的报告》,《人民日报》2017 年 10 月 28 日。
② 习近平:《在纪念马克思诞辰 200 周年大会上的讲话》,人民出版社 2018 年版,第 17 页。

在本质上是实践的',‘哲学家们只是用不同的方式解释世界,问题在于改变世界'。实践的观点、生活的观点是马克思主义认识论的基本观点,实践性是马克思主义理论区别于其他理论的显著特征。马克思主义不是书斋里的学问,而是为了改变人民历史命运而创立的,是在人民求解放的实践中形成的,也是在人民求解放的实践中丰富和发展的,为人民认识世界、改造世界提供了强大精神力量。"①

世界社会主义运动历经五百年的实践,是无产阶级和人民群众参与的伟大社会实践;作为一种社会制度的社会主义,是各国无产阶级和人民群众在其革命斗争的实践中建立起来的;中国社会主义革命和建设的实践,是中国共产党领导中国各族人民群众进行的一场新的社会实践。改革开放40多年来的中国社会主义建设实践证明,中国特色社会主义理论体系和中国特色社会主义实践是为广大中国人民群众谋福利的理论与实践,只有在中国特色社会主义实践中不断发展马克思主义,才能不断丰富和完善中国特色社会主义理论体系。党的十九大报告指出:"实践没有止境,理论创新也没有止境。世界每时每刻都在发生变化,中国也每时每刻都在发生变化,我们必须在理论上跟上时代,不断认识规律,不断推进理论创新、实践创新、制度创新、文化创新以及其他各方面创新。"②实践创新是理论创新的基础和源泉;实践创新呼唤理论创新,又为理论创新积累经验、提供材料。离开了实践创新,理论创新就成了无源之水、无本之木。中国社会主义建设的一切成就,都是在社会主义的实践创新中取得的,并随着社会实践的不断开拓、创新而不断深化、发展和完善。

在纪念马克思诞辰200周年大会上,习近平总书记指出,从中国共产党诞生后,到改革开放以来,到中国特色社会主义进入新时代,中国共产党人始终把马克思主义基本原理同中国革命和建设的具体实际相结合,团结带领中国

---

① 习近平:《在纪念马克思诞辰200周年大会上的讲话》,人民出版社2018年版,第9页。

② 习近平:《决胜全面建成小康社会 夺取新时代中国特色社会主义伟大胜利——在中国共产党第十九次全国代表大会上的报告》,《人民日报》2017年10月28日。

人民,实现了中华民族从"东亚病夫"到站起来,从站起来到富起来,并迎来了从富起来到强起来的伟大飞跃。这些伟大飞跃以铁一般的事实证明,只有社会主义才能救中国!只有中国特色社会主义才能发展中国!只有坚持和发展中国特色社会主义才能实现中华民族伟大复兴!"实践证明,马克思主义的命运早已同中国共产党的命运、中国人民的命运、中华民族的命运紧紧连在一起,它的科学性和真理性在中国得到了充分检验,它的人民性和实践性在中国得到了充分贯彻,它的开放性和时代性在中国得到了充分彰显!实践还证明,马克思主义为中国革命、建设、改革提供了强大思想武器,使中国这个古老的东方大国创造了人类历史上前所未有的发展奇迹。历史和人民选择马克思主义是完全正确的,中国共产党把马克思主义写在自己的旗帜上是完全正确的,坚持马克思主义基本原理同中国具体实际相结合、不断推进马克思主义中国化时代化是完全正确的!"①

参考文献

[1]马克思:《关于费尔巴哈的提纲》,载《马克思恩格斯全集》第3卷,人民出版社2002年版。

[2]马克思、恩格斯:《德意志意识形态》,载《马克思恩格斯全集》第3卷,人民出版社2002年版。

[3]《马克思恩格斯文集》第1卷,人民出版社2009年版。

[4]《马克思恩格斯文集》第2卷,人民出版社2009年版。

[5]《马克思恩格斯文集》第4卷,人民出版社2009年版。

[6]恩格斯:《路德维希·费尔巴哈和德国古典哲学的终结》,中共中央马克思恩格斯列宁斯大林著作编译局译,人民出版社2014年版。

[7]《费尔巴哈哲学著作选集》上、下卷,荣震华、李金山译,商务印书馆1984年版。

[8][德]麦克斯·施蒂纳:《唯一者及其所有物》,金海民译,商务印书馆1989年版。

---

① 习近平:《在纪念马克思诞辰200周年大会上的讲话》,人民出版社2018年版,第14—15页。

[9][德]莫泽斯·赫斯:《赫斯精粹》,邓习议译,南京大学出版社2010年版。

[10][英]保罗·托马斯:《马克思和施蒂纳》,刘贵祥译,《现代哲学》2010年第1期。

[11]余其铨:《恩格斯哲学思想新探》,北京大学出版社1992年版。

[12]习近平:《在纪念马克思诞辰200周年大会上的讲话》,人民出版社2018年版。

[13]习近平:《决胜全面建成小康社会　夺取新时代中国特色社会主义伟大胜利——在中国共产党第十九次全国代表大会上的报告》,《人民日报》2017年10月28日。

[14]黄枬森:《马克思和恩格斯的哲学道路》,《南京社会科学》2003年第2期。

[15]鲁克俭:《〈关于费尔巴哈的提纲〉的写作原因及其再评价》,《马克思主义与现实》2008年第5期。

[16]赵家祥:《论马克思恩格斯思想的两种转变》,《中国人民大学学报》2007年第5期。

[17]徐重温:《关于马克思的新唯物主义——纪念马克思写作〈关于费尔巴哈的提纲〉150周年》,《南京社会科学》1996年第1期。

[18]孙伯鍨:《马克思的实践概念——纪念〈关于费尔巴哈的提纲〉写作150周年》,《哲学研究》1995年第12期。

[19]雷勇:《费尔巴哈在何种意义上肯定了人的社会性?——对费尔巴哈人本主义的一个重要问题的重新审视》,《世纪哲学》2012年第5期。

[20]蔡维屏:《纪念〈关于费尔巴哈的提纲〉写作105周年》,《南京社会科学》1995年第3期。

[21]杨俊启:《马克思主义理论的强大生命力在于它的实践性——从费尔巴哈的结局谈起》,《文史哲》1987年第2期。

[22]刘怡、薛萍:《马恩早期著作中"人"的思想的演进历程》,《理论前沿》2006年第21期。

[23]李士坤:《学习马克思主义哲学的最好教材——〈费尔巴哈论〉解读》,《高校理论战线》2006年第8期。

[24]周嘉昕:《〈关于费尔巴哈的提纲〉:历史、理论和文本》,《山东社会科学》2015年第7期。

[25]朱传棨:《论马克思的〈提纲〉与恩格斯的〈终结〉——驳〈提纲〉与〈终结〉"对立论"》,《马克思主义哲学研究》2005年第10期。

[26]朱子戟:《论马克思的〈提纲〉与恩格斯的〈终结〉——驳〈提纲〉与〈终结〉"对立论"》,《武汉大学学报(人文科学版)》2007年第6期。

[27]虞伟人:《批判费尔巴哈人本主义的道德学说》,《复旦大学学报》1965年第1期。

[28]吕云鹤:《论〈关于费尔巴哈的提纲〉是标志着马克思主义哲学诞生的文件》,《中央财政金融学院学报》1984年第6期。

[29]周世敏:《试述费尔巴哈的人本主义在历史唯物主义创立中的中介作用》,《江西社会科学》1987年第4期。

[30]单提平:《〈关于费尔巴哈的提纲〉:写作缘由及时间的探析》,《福建论坛·人文社会科学版》2006年第7期。

[31]郑建:《批判继承——从黑格尔到费尔巴哈再到走向历史唯物主义》,《前线》2014年第6期。

[32]孙厚权:《批判费尔巴哈人本主义　构建马克思主义实践观》,《理论月刊》2003年第7期。

[33]王东、郭丽兰:《〈关于费尔巴哈的提纲〉新解读——马克思原始稿与恩格斯修订稿的比较研究》,《武汉大学学报(人文科学版)》2007年第6期。

[34]王东、林锋:《马克思哲学存在一个"费尔巴哈阶段"吗?——"两次转变论"质疑》,《学术月刊》2007年第4期。

[35]姚顺良、汤建龙:《"两次转变论"的文本依据及其方法论意义——兼答王东教授等》,《学术月刊》2007年第4期。

[36]李锐:《〈关于费尔巴哈的提纲〉与〈神圣家族〉的关系再探析》,《世纪桥》2010年第3期。

[37]李萍、闫国明:《马克思由费尔巴哈崇拜转向费尔巴哈批判的思想历程探析》,《社科纵横》2014年第7期。

[38]王皑霞:《旧唯物主义陷入唯心史观的认识根源——读马克思〈关于费尔巴哈的提纲〉》,《安徽大学学报(哲学社会科学版)》1984年第1期。

[39]叶先闯:《论〈神圣家族〉中的历史唯物主义思想》,《科教文汇》2009年6月(下旬刊)。

[40]朱晓鹏:《论费尔巴哈哲学中的历史唯物主义萌芽》,《石油大学学报(社会科学版)》1989年第4期。

[41]张芳:《马克思恩格斯对费尔巴哈的人本主义的批判——〈德意志意识形态〉读书札记》,《商业文化·学术探讨》2007年第9期。

［42］宗占林：《马克思恩格斯通过批判费尔巴哈人本主义走上历史唯物主义——读〈德意志意识形态〉的一点体会》，《理论探讨》1992 年第 3 期。

［43］柳耀福、张维建：《试论马克思恩格斯对费尔巴哈人本主义历史观的批判》，《齐鲁学刊》1994 年第 2 期。

［44］王友洛：《唯物史观：现实的人及其历史发展的科学》，《中州学刊》2006 年第 4 期。

［45］夏淼、郝相赟：《浅析马克思和恩格斯对待费尔巴哈的异同——以〈提纲〉和〈终结〉为例分析》，《兰州学刊》2012 年第 6 期。

［46］席捷、赵华朋：《马克思实践观的嬗变和自我超越——从〈手稿〉、〈神圣家族〉到〈提纲〉的实践观发展轨迹》，《长春理工大学学报（社会科学版）》2012 年第 10 期。

［47］黎克明、徐超眉：《马克思恩格斯早期著作中唯物史观的萌芽》，《华南师院学报（社会科学版）》1982 年第 1 期。

［48］郭星云：《论马克思的〈提纲〉与恩格斯的〈终结〉》，《江汉论坛》2002 年第 8 期。

［49］耿芳兵、佟熙：《论马克思、恩格斯差异说——以对费尔巴哈的批评为例》，《现代国企研究》2015 年第 9 期（下）。

［50］夏少辉、丁瑞：《马克思恩格斯对费尔巴哈人本主义的批判》，《淮北职业技术学院学报》2009 年第 4 期。

［51］潘峻岭：《马克思"新唯物主义"对费尔巴哈伦理观的批判》，《武汉交通职业学院学报》2014 年第 2 期。

第三章 历史唯物主义的成熟显现——从哲学方法上全面清算蒲鲁东主义

马克思对于蒲鲁东思想的批判主要集中在《哲学的贫困》这篇经典文献中。1847 年,针对蒲鲁东的著作《经济矛盾体系,或贫困的哲学》,马克思撰写了《哲学的贫困。答蒲鲁东先生的〈贫困的哲学〉》(简称《哲学的贫困》)予以批判。正如 1859 年马克思在《〈政治经济学批判〉序言》中所说:"我们见解中有决定意义的论点,在我的 1847 年出版的为反对蒲鲁东而写的著作《哲学的贫困》中第一次作了科学的、虽然只是论战性的概述。"①马克思在这里用了"有决定意义的论点""第一次""科学的"等字眼,无疑强调了《哲学的贫困》在马克思主义发展史上所具有的标志性地位。关于这一点,恩格斯也作了相同的评价。恩格斯在为《反杜林论》所写的三版序言中说:"马克思和我所主张的辩证方法和共产主义世界观……首先在马克思的《哲学的贫困》和《共产主义宣言》中问世。"②恩格斯在为《哲学的贫困》德文第一版写的序言中也指出:"本书是 1846 年到 1847 年那个冬天写成的。那时候,马克思已经彻底明确了自己的新的历史观和经济观的基本点。当时刚刚出版的蒲鲁东'经济矛盾的体系,或贫困的哲学'一书,使他有机会发挥这些基本点……"③因此,

① 《马克思恩格斯文集》第 2 卷,人民出版社 2009 年版,第 593 页。
② 《马克思恩格斯文集》第 9 卷,人民出版社 2009 年版,第 11 页。
③ 《马克思恩格斯全集》第 21 卷,人民出版社 1965 年版,第 205 页。

《哲学的贫困》被认为是马克思新世界观的第一次公开问世之作。因为虽然在此之前马克思于 1845 年撰写了著名的《关于费尔巴哈的提纲》，明确阐释了马克思新唯物主义与以费尔巴哈为代表的旧唯物主义的根本区别，1845—1846 年马克思恩格斯合写的《德意志意识形态》较完整地表述了唯物史观的基本原理，但是，由于这两本著作在当时都未能及时发表，并不为人所知。

除《哲学的贫困》外，在马克思其他的一些文本中也较集中地对蒲鲁东进行了批判，有代表性的如《1857—1858 年经济学手稿》，马克思在该文中从理论上对蒲鲁东作了更为深入的批判。在 1846—1847 年马克思恩格斯之间以及同其他工人运动活动家的一些通信中也涉及对于蒲鲁东思想的看法，比较集中的论述如《恩格斯致布鲁塞尔共产主义通讯委员会》(1846 年 9 月 16日)、《恩格斯致马克思》(1846 年 9 月 18 日)、《恩格斯致布鲁塞尔共产主义通讯委员会》(1846 年 10 月 23 日)、《马克思致帕维尔·瓦西里耶维奇·安年科夫》(1846 年 12 月 28 日)、《恩格斯致马克思》(1847 年 1 月 15 日)等，以及后来马克思的《论蒲鲁东》(给约·巴·施韦泽的信) (1865 年 1 月 24 日)、《马克思致约翰·巴蒂斯特·施韦泽》(1868 年 10 月 13 日)等通信。恩格斯在《论住宅问题》一文中，以及第一国际时期的《国际工人协会成立宣言》《国际工人协会共同章程》和《临时中央委员会就若干问题给代表的指示》等文章，对蒲鲁东主义也进行了批判。

第一节 马克思与蒲鲁东——从很多方面具有一致性到总结性清算

蒲鲁东(Proudhon, Pierre-Joseph, 1809—1865)，法国小资产阶级社会主义者，无政府主义创始人，被称为无政府主义之父。1809 年 1 月 15 日生于一农民兼手工业者家庭，卒于 1865 年 1 月 19 日。曾在印刷厂当排字工人，后与人合伙开办小印刷厂。1837 年迁居巴黎，从事著述活动。1840 年发表《什么是财产？或关于法和权力的原理的研究》，提出"财产就是盗窃"的论点，蜚声于世。该书从小资产阶级立场出发批判资本主义大私有制，认为可以通过保护小私有制摆脱资本主义的各种弊端。蒲鲁东本人认为"财产就是盗窃"的论断是他的重大发现，他说："在科学上，从来没有一个发现，能够产生像读了我的著作所产生的那种效果。"①在《贫困的哲学》中，蒲鲁东又再次强调其论断的重要价值："一千年以来，这样的两句话是从未有人说过的。在地球上，除了这条所有权的定义之外，我没有别的东西了。"②蒲鲁东认为所有权是现实一切社会问题产生的根源，"竞争、利害关系的孤立状态、垄断、特权、资本的积累、独占的享受、职能的居于从属地位、个体生产、利润或收益的权利、人剥削人，或者把这种情况汇总在一个名称之下，就是所有权，乃是苦难和罪恶的主要原因"③。《什么是财产？》一出版就在社会上引起了强烈的反响，马克思曾这样评价："向经济学中'最神圣的东西'进攻的挑战性的勇气，用来嘲笑庸俗的资产阶级理性的机智的怪论，致命的批判，刻薄的讽刺，对现存制度的丑恶不时流露出来的深刻而真实的激愤，革命的真诚——'什么是财产？'就是以所有这些特性激动了读者，并在初次出版时留下了强烈印象的。"④

关于蒲鲁东的生平以及马克思和蒲鲁东的关系，国内外许多学者都有专门的或相关论述⑤，简而言之，二者的关系可以概括为从很多方面具有一致性到总结性清算。

---

① ［法］蒲鲁东：《什么是所有权》，孙署冰译，商务印书馆1963年版，第6页。

② ［法］蒲鲁东：《什么是所有权》，孙署冰译，商务印书馆1963年版，第37页注文。

③ ［法］蒲鲁东：《什么是所有权》，孙署冰译，商务印书馆1963年版，第4页。

④ 《马克思恩格斯全集》第16卷，人民出版社1964年版，第29页。

⑤ 关于蒲鲁东的生平以及马克思和蒲鲁东的关系参见朱进东：《马克思与蒲鲁东》，江苏人民出版社2000年版；姜海波：《马克思〈哲学的贫困〉研究读本》，中央编译出版社2013年版，"第一部分　历史考证　第一章　写作背景"，第13—38页；杨洪源：《政治经济学的形而上学——〈哲学的贫困〉与〈贫困的哲学〉比较研究》，中国人民大学出版社2015年版，"导论"，第1—44页；余源培、付畅一：《新世界观的第一次公开问世——〈哲学的贫困〉当代解读》，复旦大学出版社2012年版，第一章第一节以及第二章，第1—9、20—44页；等等。

一、很多方面具有一致性基础上的肯定评价

梳理马克思与蒲鲁东交往的历史,最早可以追溯到马克思在《莱茵报》编辑部工作时期。马克思当时正在为解决所谓"物质利益"的难事而烦恼,但其立场还是立足于自由理性主义。从一定意义上可以说,较早从事法的批判和政治经济学批判的蒲鲁东启发了马克思。马克思认识到,人的关系的根本问题和答案就隐藏在政治经济学领域之中,只有从针对"副本批判"(哲学和国家法的批判)推进到"原本批判"(政治经济学批判),才能从根本上解决现实问题。那时的马克思对于蒲鲁东更多的是持肯定的态度,尤其是蒲鲁东的《什么是财产?》博得了他的好感。

正如马克思曾评价的:"他的第一部著作《什么是财产?》无疑是他最好的著作。这一著作如果不是由于内容新颖,至少是由于论述旧东西的那种新的和大胆的风格而起了划时代的作用。"①对于蒲鲁东的《什么是财产?》,著名的马克思主义理论家梅林也曾高度评价:"法国的无产阶级认为自己的最卓越的代表就是蒲鲁东,它的《什么是财产?》一书,在一定的意义上是西欧社会主义的最前哨。"②在马克思看来,《什么是财产?》以关注社会现实为出发点,写作风格清晰。在《什么是财产?》一书中,蒲鲁东尖锐地抨击了私有财产,并得出结论:"财产就是盗窃"。这本书引起了当时正从民主主义向共产主义转变的马克思的欢迎和强烈兴趣。在《1844年经济学哲学手稿》中,马克思就指出,"国民经济学虽然从劳动是生产的真正灵魂这一点出发,但是它没有给劳动提供任何东西,而是给私有财产提供了一切。蒲鲁东从这个矛盾得出了有利于劳动而不利于私有财产的结论"③。在马克思恩格斯稍早些合著的第一

---

① 《马克思恩格斯文集》第3卷,人民出版社2009年版,第16页。
② [德]梅林:《马克思和恩格斯是科学共产主义的创始人》,何清新译,生活·读书·新知三联书店1962年版,第92页。
③ 《马克思恩格斯文集》第1卷,人民出版社2009年版,第166页。

部著作《神圣家族》第四章中,马克思用一节的篇幅专门论述了蒲鲁东的经济学观点,对蒲鲁东的成名作《什么是财产?》进行了解读,高度评价了蒲鲁东对政治经济学研究试图尝试的新途径,批判了青年黑格尔派对蒲鲁东思想的曲解。在马克思看来,蒲鲁东对政治经济学的全部基础即私有制做了批判性的考察,蒲鲁东的考察是从"充满矛盾的本质的最彰明较著、最触目惊心、最令人激愤的形式,即贫穷、贫困的事实出发的"①,这个批判性的考察"是第一次具有决定意义的、无所顾忌的和科学的考察。这就是蒲鲁东在科学上实现的巨大进步,这个进步在国民经济学中引起革命,并且第一次使国民经济学有可能成为真正的科学"②。蒲鲁东"严肃地看待国民经济关系的人性的假象,并让这种假象同国民经济关系的非人性的现实形成鲜明的对照……因此,蒲鲁东始终不同于其他国民经济学家,他不是以限于局部的方式把私有财产的这种或那种形式描述为国民经济关系的扭曲者,而是以总括全局的方式把私有财产本身描述为国民经济关系的扭曲者。从国民经济学观点出发对国民经济学进行批判时所能做的一切,他都已经做了"③。马克思还在《共产主义和奥格斯堡〈总汇报〉》一文和致卢格的信中,把蒲鲁东称为法国最优秀的社会主义者之一;在《评普鲁士人〈普鲁士国王和社会改革〉一文》中,他赞扬蒲鲁东的《什么是财产?》一书是法国社会主义者的优秀著作。"特别是对于蒲鲁东的机智的著作,决不能根据肤浅的、片刻的想象去批判,只有在长期持续的、深入的研究之后才能加以批判"④。

当时的马克思对于蒲鲁东更多的是持肯定的态度,主要在于马克思和蒲鲁东在很多方面具有一致性,如关注"物质利益"等社会现实问题,以及批判当时的政治制度和法的制度、从事政治经济学批判、以实现人的解放和自由为

---

① 《马克思恩格斯文集》第1卷,人民出版社2009年版,第259页。
② 《马克思恩格斯文集》第1卷,人民出版社2009年版,第256页。
③ 《马克思恩格斯文集》第1卷,人民出版社2009年版,第257页。
④ 《马克思恩格斯全集》第1卷,人民出版社1995年版,第295页。

目标等。随着马克思对于政治经济学研究的深入,马克思得出了如下结论:政治经济学的缺陷就在于把私有财产视为理论前提和确定不移的事实,而不对它作任何进一步的考察;蒲鲁东则对政治经济学的基础即私有财产作了第一次具有决定意义的、无所顾忌的和科学的考察,这种考察是能够引起政治经济学的革命并使其有可能成为一门科学的巨大进步。①

总体而言,在1845年以前,马克思对蒲鲁东的评价基本是肯定的,有时甚至很高,但是,1846年12月底,马克思在读了出版不久的蒲鲁东的《贫困的哲学》后,就决定批判蒲鲁东的错误观点,而批判的"严厉的方式"竟使马克思与蒲鲁东两人的"友谊永远结束了"。②

二、从具体观点存在分歧到总结性清算

实际上,虽然马克思思想发展早期最初对于蒲鲁东更多的是持肯定的态度,但是,马克思和蒲鲁东的具体观点一直都存在着一定的分歧。

在马克思的《1844年经济学哲学手稿》和马克思恩格斯合著的《神圣家族》中就已经指出了蒲鲁东理论的局限性,如没有正确认识到私有财产和异化劳动的关系,只是在异化范围内克服异化;没有把工资、商业、价值、价格和货币等视作私有财产的进一步形式,而是用它们来构建理想的社会形式;将私有财产视为劳动的创造物,看不到私有财产的主体本质(劳动)和客体形式(资本)之间的关联;等等。③ "蒲鲁东想扬弃不拥有以及拥有的旧形式,这同他想扬弃人与自己的对象性本质的实际异化的关系,以及想扬弃人的自我异化在国民经济学上的表现,其实都是完全相同的一回事。但是,由于他对国民经济学的批判还受到国民经济学的前提的束缚,因此,蒲鲁东仍以国民经济学

---

① 参见《马克思恩格斯文集》第1卷,人民出版社2009年版,第255—256页。
② 《马克思恩格斯文集》第3卷,人民出版社2009年版,第19页。
③ 参见杨洪源:《重新研究〈哲学的贫困〉:意旨、思路与结构》,《哲学动态》2015年第11期。

的占有形式来理解对象世界的重新获得。"①而且,在马克思对于"真正的社会主义"的批判中,也提到了蒲鲁东的观念史观和所谓"系列辩证法",认为蒲鲁东关于政治经济学的"一切证据都是错误的",他的平等观点只是"法学家和经济学家的幻想"②。

即使是对于马克思认为的《什么是财产?》这部蒲鲁东"最好的著作",马克思也指出:"在严格科学的政治经济学史中,这本书几乎是不值得一提的。"③它称不上是一本严谨科学的经济学著作,因为"不管表面上如何轰轰烈烈,在《什么是财产?》中已经可以看到一个矛盾:蒲鲁东一方面以法国小农的(后来是**小资产者的**)立场和眼光来批判社会,另一方面他又用社会主义者流传给他的尺度来衡量社会。这本书的缺点在它的标题上就已经表现出来了。问题提得非常错误,甚至无法给它一个正确的回答"④。蒲鲁东更多的是运用被歪曲了的黑格尔的辩证法、用法学观念去批判和解释私有财产。正如恩格斯指出的:"蒲鲁东的全部学说,都是建立在从经济现实向法律空话的这种救命的跳跃上的。每当勇敢的蒲鲁东看不出各种现象间的经济联系时……他就逃到法权领域中去求助于永恒公平。"⑤

1846年初,马克思和恩格斯在布鲁塞尔创立共产主义通讯委员会,旨在从思想上和组织上团结各国的社会主义者和先进工人,为建立一个国际的无产阶级政党做准备。尽管当时马克思恩格斯已经意识到和蒲鲁东在理论上的分歧,但是马克思还是给蒲鲁东写信,邀请他担任共产主义通讯委员会在巴黎的通讯员⑥。蒲鲁东在回信中提出了原则问题上的不同主张。马克思希望借助通讯委员会克服工人运动在观念上的混乱状况,建立一种科学的理论指导;

---

① 《马克思恩格斯文集》第1卷,人民出版社2009年版,第268页。
② 《马克思恩格斯全集》第3卷,人民出版社1960年版,第627页。
③ 《马克思恩格斯文集》第3卷,人民出版社2009年版,第17页。
④ 《马克思恩格斯文集》第3卷,人民出版社2009年版,第17—18页。
⑤ 《马克思恩格斯全集》第18卷,人民出版社1964年版,第242页。
⑥ 参见《马克思恩格斯全集》第47卷,人民出版社2004年版,第365—367页。

而蒲鲁东则暗示马克思不要成为马丁·路德的重蹈覆辙者,不要"强使人民信奉共产主义"。马克思在信中明确要求在条件成熟时,以革命的行动来铲除资本主义私有制;蒲鲁东认为这样的行动是"诉诸强力、诉诸横暴";他主张用"文火","通过经济的组合把原先由于另一种经济组合而逸出社会的那些财富归还给社会"。因此,马克思和蒲鲁东的分歧,正如恩格斯指出的,写作《哲学的贫困》一书时,"马克思已经彻底明确了自己的新的历史观和经济观的基本点",正面"答复"蒲鲁东的《贫困的哲学》,使马克思"有机会发挥这些基本点,以同这个从那时起就要在法国社会主义者中间居于最重要地位的人的见解对立。自从他们两人在巴黎常常终夜争论经济问题以来,他们的道路是越离越远了;蒲鲁东的著作证明,两人之间现在已经横着一条无法逾越的鸿沟;置之不理在当时已经不可能了;所以,马克思在他的这一个答复里也就确认了这个不可弥合的裂口"①。马克思"为了给只想阐明社会生产的真实历史发展的、批判的、唯物主义的社会主义扫清道路,必须断然同唯心主义的经济学决裂,这个唯心主义经济学的最新的体现者"②就是蒲鲁东。而马克思总结性清算蒲鲁东的著作,就是 1847 年初以法文写就的《哲学的贫困》。正如马克思在 1846 年 12 月 28 日给安年科夫的信中所说,蒲鲁东的《贫困的哲学》,"我认为它整个说来是一本坏书,是一本很坏的书"③。在《哲学的贫困》中,马克思嘲笑了蒲鲁东以歪曲了的黑格尔辩证法实现私有制和共产主义之间的合题的幻想:"蒲鲁东先生自以为他既批判了政治经济学,也批判了共产主义;其实他远在这两者之下。说他在经济学家之下,因为他作为一个哲学家,自以为有了神秘的公式就用不着深入纯经济的细节;说他在社会主义者之下,因为他既缺乏勇气,也没有远见,不能超出(哪怕是思辨地也好)资产者的眼界。他希望成为一种合题,结果只不过是一种总合的错误。他希望充当科学

---

① 《马克思恩格斯全集》第 21 卷,人民出版社 1965 年版,第 205 页。
② 《马克思恩格斯全集》第 25 卷,人民出版社 2001 年版,第 425—426 页。
③ 《马克思恩格斯文集》第 10 卷,人民出版社 2009 年版,第 41—42 页。

泰斗,凌驾于资产者和无产者之上,结果只是一个小资产者,经常在资本和劳动、政治经济学和共产主义之间摇来摆去。"①

第二节　分析批判的主要内容: 蒲鲁东贫困的哲学

马克思对于蒲鲁东贫困的哲学的分析批判主要可以归纳为如下几个方面:批判其唯心主义观点,坚持唯物论;批判其形而上学方法论,坚持唯物辩证法;批判其唯心史观,阐述唯物史观基本原理;批判其贫困哲学方法,阐述唯物史观方法。

一、批判唯心主义观点和形而上学方法论,坚持唯物论和辩证法

蒲鲁东不是到现实的经济关系发展中去寻找理论、范畴的依据,而是到"无人身的理性"运动中去寻找现实的经济关系发展。"蒲鲁东先生混淆了思想和事物。"②在蒲鲁东那里,经济范畴不是经济关系的反映,相反,经济关系是经济范畴的表现和化身。针对蒲鲁东的错误认识,马克思指出,"**经济范畴**只是这些现实关系的**抽象**,它们仅仅在这些关系存在的时候才是真实的"。"蒲鲁东先生不是把政治经济学范畴看做实在的、暂时的、历史性的社会关系的抽象,而是神秘地颠倒黑白,把实在的关系只看做这些抽象的体现。"③

马克思指出,蒲鲁东对黑格尔的辩证法了解得很肤浅,却想卖弄黑格尔的辩证法,"他对科学辩证法的秘密了解得多么肤浅,另一方面他又是多么赞同

---

① 《马克思恩格斯全集》第 4 卷,人民出版社 1958 年版,第 158 页。
② 《马克思恩格斯文集》第 10 卷,人民出版社 2009 年版,第 43 页。
③ 《马克思恩格斯文集》第 10 卷,人民出版社 2009 年版,第 47 页。

思辨哲学的幻想"①。"蒲鲁东是天生地倾向于辩证法的。但是他从来也不懂得真正科学的辩证法,所以他陷入了诡辩的泥坑。"②"蒲鲁东先生把这些冒牌的黑格尔词句扔向法国人,毫无疑问是想吓唬他们一下。"③但是却弄巧成拙、适得其反,因为"他不懂德文,不能认真地研究黑格尔主义"④。结果,"由于蒲鲁东先生把永恒观念、纯粹理性范畴放在一边,而把人和他们那种在他看来是这些范畴的运用的实践生活放在另一边,所以他自始就保持着生活和观念之间、灵魂和肉体之间的**二元论**——以许多形式重复表现出来的二元论"⑤。

蒲鲁东以黑格尔的纯粹的、永恒的、无人身的理性为前提,套用黑格尔的正题、反题、合题的三段论公式,企图推演出他的整个政治经济学体系。而"把这个方法运用到政治经济学的范畴上面,就会得出政治经济学的逻辑学和形而上学"⑥。具体的推演过程是:蒲鲁东把每个经济范畴都分为好坏两个方面,这就构成经济范畴固有的矛盾,解决矛盾的唯一方法是保存好的方面,消除坏的方面。"蒲鲁东先生认为,任何经济范畴都有好坏两个方面。""**好的方面**和**坏的方面**,**益处**和**害处**加在一起就构成每个经济范畴所固有的**矛盾**。应当解决的问题是:保存好的方面,消除坏的方面。"⑦马克思指出,这样做的结果,"就会把人所共知的经济范畴翻译成人们不大知道的语言,这种语言使人觉得这些范畴似乎是刚从纯粹理性的头脑中产生的,好像这些范畴仅仅由于辩证运动的作用才互相产生、互相联系、互相交织"⑧。于是,马克思一针见血地批判道:"蒲鲁东先生从黑格尔的辩证法那里只借用了用语。而蒲鲁东先生自己的辩证运动只不过是机械地划分出好、坏两面而已。……两个相互

① 《马克思恩格斯文集》第3卷,人民出版社2009年版,第19页。
② 《马克思恩格斯文集》第3卷,人民出版社2009年版,第24页。
③ 《马克思恩格斯文集》第1卷,人民出版社2009年版,第598页。
④ 《马克思恩格斯文集》第3卷,人民出版社2009年版,第18页。
⑤ 《马克思恩格斯文集》第10卷,人民出版社2009年版,第52页。
⑥ 《马克思恩格斯文集》第1卷,人民出版社2009年版,第601页。
⑦ 《马克思恩格斯文集》第1卷,人民出版社2009年版,第604页。
⑧ 《马克思恩格斯文集》第1卷,人民出版社2009年版,第601—602页。

矛盾方面的共存、斗争以及融合成一个新范畴,就是辩证运动。谁要给自己提出消除坏的方面的问题,就是立即切断了辩证运动。我们看到的已经不是由于自己的矛盾本性而设定自己并自相对立的范畴,而是在范畴的两个方面中间转动、挣扎和冲撞的蒲鲁东先生。"①十八年后马克思在评论这件事时还说:"这是自学者炫耀自己学问的极为笨拙而令人讨厌的伎俩"②。

二、揭露唯心史观,阐述唯物史观基本原理

马克思在给安年科夫的信中指出,蒲鲁东"之所以给我们提供了一种可笑的哲学,却是因为他不了解处于现代社会制度联结……关系中的现代社会制度"③。在马克思看来,蒲鲁东认为"抽象、范畴是始因"。"创造历史的,正是抽象、范畴,而不是人。"④因此,"在他看来,现代各种问题不是解决于社会行动,而是解决于他头脑中的辩证的旋转运动。由于在他看来范畴是动力,所以要改变范畴,是不必改变现实生活的;完全相反,范畴必须改变,而结果就会是现存社会的改变"⑤。于是,马克思揭示道:"蒲鲁东先生不了解,人们还按照自己的生产力而生产出他们在其中生产呢子和麻布的**社会关系**。蒲鲁东先生更不了解,适应自己的物质生产水平而生产出社会关系的人,也生产出各种观念、范畴,即恰恰是这些社会关系的抽象的、观念的表现。所以,范畴也和它们所表现的关系一样不是永恒的。它们是**历史的和暂时的产物**。"⑥结果,"蒲鲁东先生用自己头脑中奇妙的运动,代替了由于人们既得的生产力和他们的不再与此种生产力相适应的社会关系相互冲突而产生的伟大历史运动,代替了在一个民族内各个阶级间以及各个民族彼此间酝酿着的可怕的战争,代替

---

① 《马克思恩格斯文集》第1卷,人民出版社2009年版,第605页。
② 《马克思恩格斯文集》第3卷,人民出版社2009年版,第21页。
③ 《马克思恩格斯文集》第10卷,人民出版社2009年版,第42页。
④ 《马克思恩格斯文集》第10卷,人民出版社2009年版,第50页。
⑤ 《马克思恩格斯文集》第10卷,人民出版社2009年版,第51页。
⑥ 《马克思恩格斯文集》第10卷,人民出版社2009年版,第49—50页。

了唯一能解决这种冲突的群众的实践和暴力的行动,总之,代替了这一广阔的、持久的和复杂的运动"①。马克思运用唯物史观这一新的理论武器给了蒲鲁东以致命的打击。

在《哲学的贫困》中,马克思进一步指出:"经济范畴只不过是生产的社会关系的理论表现,即其抽象。真正的哲学家蒲鲁东先生把事物颠倒了,他认为现实关系只是一些原理和范畴的化身。……经济学家蒲鲁东先生非常明白,人们是在一定的生产关系中制造呢绒、麻布和丝织品的。但是他不明白,这些一定的社会关系同麻布、亚麻等一样,也是人们生产出来的。社会关系和生产力密切相联。随着新生产力的获得,人们改变自己的生产方式,随着生产方式即谋生的方式的改变,人们也就会改变自己的一切社会关系。手推磨产生的是封建主的社会,蒸汽磨产生的是工业资本家的社会。人们按照自己的物质生产率建立相应的社会关系,正是这些人又按照自己的社会关系创造了相应的原理、观念和范畴。所以,这些观念、范畴也同它们所表现的关系一样,不是永恒的。它们是**历史的、暂时的产物**。"②以上表述为马克思在《哲学的贫困》第二章第一节"方法"中所作的"七个比较重要的说明"中的第二个说明,可以说这个说明阐述了马克思主义唯物史观中"具有决定意义的论点"。而"这正是蒲鲁东先生没有理解、更没有证明的。蒲鲁东先生无法探索出历史的实在进程,他就给我们提供了一套怪论,一套妄图充当辩证怪论的怪论"③。在蒲鲁东那里,"不是历史创造原理,而是原理创造历史"④。

总之,马克思在批判蒲鲁东的过程中,用唯物辩证法说明了人类社会历史,主要包括如下基本观点:社会是客观存在的有机整体,生产力是全部社会历史的基础。"人们不能自由选择**自己的生产力**——这是他们的全部历史的

---

① 《马克思恩格斯文集》第10卷,人民出版社2009年版,第51页。
② 《马克思恩格斯文集》第1卷,人民出版社2009年版,第602—603页。
③ 《马克思恩格斯文集》第10卷,人民出版社2009年版,第44页。
④ 《马克思恩格斯文集》第1卷,人民出版社2009年版,第607页。

基础,因为任何生产力都是一种既得的力量,是以往的活动的产物。"①"在人们的生产力发展的一定状况下,就会有一定的交换和消费形式。在生产、交换和消费发展的一定阶段上,就会有相应的社会制度形式、相应的家庭、等级或阶级组织,一句话,就会有相应的市民社会。有一定的市民社会,就会有不过是市民社会的正式表现的相应的政治国家。"②"生产方式,生产力在其中发展的那些关系,并不是永恒的规律,而是同人们及其生产力的一定发展相适应的东西,人们生产力的一切变化必然引起他们的生产关系的变化吗?"③社会是辩证发展的,是在前一代的生产力和生产关系发展的基础上不断发展的。"后来的每一代人都得到前一代人已经取得的生产力并当做原料来为自己新的生产服务,由于这一简单的事实,就形成人们的历史中的联系,就形成人类的历史,这个历史随着人们的生产力以及人们的社会关系的愈益发展而愈益成为人类的历史。由此就必然得出一个结论:人们的社会历史始终只是他们的个体发展的历史,而不管他们是否意识到这一点。他们的物质关系形成他们的一切关系的基础。这种物质关系不过是他们的物质的和个体的活动所借以实现的必然形式罢了。"④"每一个社会中的生产关系都形成一个统一的整体。"⑤每一历史阶段的社会关系都是一个整体,经济范畴不过是生产方面社会关系的理论表现,需要在现实的社会关系中理解经济范畴。人们按照自己的物质的生产的发展建立相应的社会关系,正是这些人们又按照自己的社会关系创造了相应的原理、观念和范畴。"所以,这些观念、范畴也同它们所表现的关系一样,不是永恒的。它们是历史的暂时的产物。""生产力的增长、社会关系的破坏、思想的产生都是不断变动的"⑥。

---

① 《马克思恩格斯文集》第10卷,人民出版社2009年版,第43页。
② 《马克思恩格斯文集》第10卷,人民出版社2009年版,第42—43页。
③ 《马克思恩格斯文集》第1卷,人民出版社2009年版,第613页。
④ 《马克思恩格斯文集》第10卷,人民出版社2009年版,第43页。
⑤ 《马克思恩格斯文集》第1卷,人民出版社2009年版,第603页。
⑥ 《马克思恩格斯全集》第4卷,人民出版社1958年版,第144页。

三、解析贫困哲学方法，阐述唯物史观方法

马克思首先指出，蒲鲁东运用其贫困的哲学去构建其政治经济学是存在问题的。蒲鲁东自称是"一个普通的经济学家"，但是他对于自亚当·斯密以来的经济学家的评价却并不高，在其《贫困的哲学》第一章"经济学"中他写道："我应该现在就指出，我并不把近百年来人们正式名之曰政治经济学的那一套自相矛盾的理论视为科学。……亚当·斯密、李嘉图、马尔萨斯和让·巴·萨伊所流传给我们的那种政治经济学已经在某种意义上遭到否定，而且半个世纪以来我们亲眼看到它停滞不前。这是本书所得出的一个重要结论。"①之所以得出如此结论，在蒲鲁东看来，主要是因为政治经济学方法的贫困，作为经济学家的"建筑师不见了，也没有留下图样"，"这样一来，建筑社会大厦的事也就无人过问了"，建筑工地一片混乱。那些经济学家"历史的和叙述的方法尽管在当初认识事物时颇为有效，可是以后就毫无益处了"②。于是，蒲鲁东就以政治经济学的"救世主"面目出现，意欲在哲学方法上对政治经济学实行所谓的变革。然而，马克思认为，蒲鲁东的哲学方法实际上却是"贫困"的。主要表现在这样几个方面：

第一，蒲鲁东严重脱离现实经济生活陷入了唯心主义泥坑。"经济学家的材料是人的生动活泼的生活；蒲鲁东先生的材料则是经济学家的教条。"因为"既然我们只想把这些范畴看做是观念、不依赖现实关系而自生的思想，那么，我们就只能到纯粹理性的运动中去找寻这些思想的来历了"③。第二，蒲鲁东试图借用黑格尔的辩证法来构筑其政治经济学大厦，结果却是以失败告终。"蒲鲁东先生的辩证法背弃了黑格尔的辩证法，于是蒲鲁东先生只得承

①　[法]蒲鲁东：《贫困的哲学》上卷，余叔通、王雪华译，商务印书馆2000年版，第38—39页。

②　[法]蒲鲁东：《贫困的哲学》上卷，余叔通、王雪华译，商务印书馆2000年版，第60—61页。

③　《马克思恩格斯文集》第1卷，人民出版社2009年版，第599页。

认,他用以说明经济范畴的次序不再是这些经济范畴相互产生的次序。经济的进化不再是理性本身的进化了。那么,蒲鲁东先生给了我们什么呢?……是他本身矛盾的历史。"①黑格尔哲学体系虽然形式是唯心主义的,但却是一个有着紧密内在联系的有机整体;而在蒲鲁东那里,经济范畴的排列成了一种拼凑起来的脚手架。"范畴的顺序成了一种脚手架。辩证法不再是绝对理性的运动了。辩证法没有了,至多还剩下最纯粹的道德。"②第三,蒲鲁东的哲学是形而上学的二元论。如上文所述,由于蒲鲁东先生割裂了观念、纯粹理性范畴和把这些范畴运用的实践生活,因此他自始就保持着生活和观念之间、灵魂和肉体之间的**二元论**。这是蒲鲁东哲学贫困的深层原因,也是他政治和学术生涯悲剧的秘密所在。③

总之,由于蒲鲁东的哲学是"贫困"的,因此,"蒲鲁东先生看不到现代种种社会制度是历史的产物,既不懂得它们的起源,也不懂得它们的发展,所以他只能对它们作教条式的批判。因此,为了说明发展,蒲鲁东先生不得不求救于**虚构**。他想象分工、信用、机器等等都是为他的固定观念即平等观念而发明出来的"④。"因为他**不是把经济范畴看做历史的、与物质生产的一定发展阶段相适应的生产关系的理论表现**,而是荒谬地把它看做预先存在的、永恒的观念",于是,"又回到资产阶级经济学的立场上去"⑤。一句话,"蒲鲁东先生彻头彻尾是个小资产阶级的哲学家和经济学家"⑥。"他希望成为合题,结果只不过是一种合成的错误。他希望充当科学泰斗,凌驾于资产者和无产者之上,结果只是一个小资产者,经常在资本和劳动、政治经济学和共产主义之间摇来

---

① 《马克思恩格斯文集》第 1 卷,人民出版社 2009 年版,第 607 页。
② 《马克思恩格斯文集》第 1 卷,人民出版社 2009 年版,第 606 页。
③ 参见李建平:《关于马克思〈哲学的贫困〉的几个问题——兼评董必荣〈马克思如何理解经济学的哲学贫困——以〈哲学的贫困〉为例〉》,《东南学术》2012 年第 3 期。
④ 《马克思恩格斯文集》第 10 卷,人民出版社 2009 年版,第 47 页。
⑤ 《马克思恩格斯文集》第 3 卷,人民出版社 2009 年版,第 19 页。
⑥ 《马克思恩格斯文集》第 10 卷,人民出版社 2009 年版,第 52 页。

摆去。"①

四、用唯物史观分析批判了蒲鲁东经济学，阐述劳动价值论

基于对蒲鲁东思想的分析批判，马克思用唯物史观阐释了如分工、财产关系、所有权以及竞争和垄断等经济学范畴，阐述了其劳动价值论。

首先，马克思认为，经济范畴应该是现实的、具体的、历史的生产关系的抽象。"经济范畴只不过是生产的社会关系的理论表现，即其抽象。"②而蒲鲁东与资产阶级经济学家一样，把经济范畴看作是永恒的，而非存在于一定的历史条件、历史阶段中的。他把现实的经济关系看作是经济范畴的本质的实现，把经济范畴同现实的生产关系割裂开来。"经济学家们都把分工、信用、货币等资产阶级生产关系说成是固定的、不变的、永恒的范畴。蒲鲁东先生有了这些完全形成的范畴，他想给我们说明所有这些范畴、原理、规律、观念、思想的形成情况和来历。"③因此，马克思认为，蒲鲁东和资产阶级经济学家一样，把资本主义的生产关系看作是自然的、永恒的，"经济学家们向我们解释了生产怎样在上述关系下进行，但是没有说明这些关系是怎样产生的，也就是说，没有说明产生这些关系的历史运动"④。在马克思看来，经济范畴不是先验的，而是现实的、具体的、历史的生产关系的抽象。"机器正像拖犁的牛一样，并不是一个经济范畴。机器只是一种生产力。以应用机器为基础的现代工厂才是社会生产关系，才是经济范畴"⑤。同样，"**奴隶制**是同任何经济范畴一样的经济范畴。"因为"同机器、信用等等一样，直接奴隶制是资产阶级工业的基础。没有奴隶制就没有棉花；没有棉花就没有现代工业。奴隶制使殖民地具有价

① 《马克思恩格斯文集》第1卷，人民出版社2009年版，第617页。
② 《马克思恩格斯文集》第1卷，人民出版社2009年版，第602页。
③ 《马克思恩格斯文集》第1卷，人民出版社2009年版，第598页。
④ 《马克思恩格斯文集》第1卷，人民出版社2009年版，第598页。
⑤ 《马克思恩格斯文集》第1卷，人民出版社2009年版，第622页。

值,殖民地产生了世界贸易,世界贸易是大工业的条件"。因此,可见,"奴隶制是一个极重要的经济范畴"①。而且,"因为奴隶制是一个经济范畴,所以它总是存在于各民族的制度中"②。

其次,马克思认为,政治经济学研究的应该是一定生产力基础上产生的生产、分配、交换和消费的经济形式及其发展规律,研究现实的生产关系。生产关系决定交换关系、分配关系和消费关系;由于生产关系的变化,所有制的性质就会发生根本变化。任何一种生产关系,如货币、资本、利润、利息、地租、信贷等如果孤立起来,就是抽象的,只有把它们放到社会关系之中,才能具体地确定和把握它们的性质。正如马克思所说:"每一个社会中的生产关系都形成一个统一的整体。"③"社会关系和生产力密切相联。随着新生产力的获得,人们改变自己的生产方式,随着生产方式即谋生的方式的改变,人们也就会改变自己的一切社会关系。"因此,"手推磨产生的是封建主的社会,蒸汽磨产生的是工业资本家的社会"④。事实是,"人们按照自己的物质生产率建立相应的社会关系,正是这些人又按照自己的社会关系创造了相应的原理、观念和范畴"。因此,"这些观念、范畴也同它们所表现的关系一样,不是永恒的。它们是历史的、暂时的产物"⑤。然而,在蒲鲁东看来,"人类的事实是人类观念的化身;所以,研究社会经济的规律就是讨论理性规律的学说,就是创造哲学"⑥。因此,他的思想只能是唯心主义的。

最后,马克思分析了资产阶级发展的历史,得出资产阶级和无产阶级的对抗的结果最终是一切阶级的消灭。"劳动阶级解放的条件就是要消灭一切阶

① 《马克思恩格斯文集》第1卷,人民出版社2009年版,第604页。
② 《马克思恩格斯文集》第1卷,人民出版社2009年版,第605页。
③ 《马克思恩格斯文集》第1卷,人民出版社2009年版,第603页。
④ 《马克思恩格斯文集》第1卷,人民出版社2009年版,第602页。
⑤ 《马克思恩格斯文集》第1卷,人民出版社2009年版,第603页。
⑥ [法]蒲鲁东:《贫困的哲学》第1卷,余叔通、王雪华译,商务印书馆1961年版,第142页。

级","在这以前,无产阶级和资产阶级之间的对抗仍然是阶级反对阶级的斗争,这个斗争的最高表现就是全面革命"①。而社会革命的基础是生产力的大发展,因为"被压迫阶级的解放必然意味着新社会的建立。要使被压迫阶级能够解放自己,就必须使既得的生产力和现存的社会关系不再能够继续并存。在一切生产工具中,最强大的一种生产力是革命阶级本身。革命因素之组成为阶级,是以旧社会的怀抱中所能产生的全部生产力的存在为前提的"②。

总之,正如马克思在1865年1月24日致约·巴·施韦泽的信中说,他在《哲学的贫困》一书中已经指出,蒲鲁东"由于他不是把经济范畴看做历史的、与物质生产的一定发展阶段相适应的生产关系的理论表现,而是荒谬地把它看做历来存在的、永恒的观念,这就表明他对科学辩证法的秘密了解得多么肤浅,另一方面又是多么赞同思辨哲学的幻想,而且,他是如何拐弯抹角地又回到资产阶级经济学的立场上去"③。

第三节　分析批判的当代价值:历史唯物主义世界观的科学阐发

对于马克思《哲学的贫困》这部论著的重要地位,恩格斯在1847年3月9日写给马克思的一封信中这样说道,如果《德意志意识形态》的出版会妨碍《哲学的贫困》一书的出版,那就把《德意志意识形态》"扔掉算了",因为出版《哲学的贫困》一书要"重要得多"。④ 从马克思主义发展史来看,马克思恩格斯对蒲鲁东主义的分析批判可以说标志着马克思主义基本观点较为完整的新的思想体系已经基本形成。正如梅林曾指出的,"这部书不但是马克思生活

---

① 《马克思恩格斯文集》第1卷,人民出版社2009年版,第655页。
② 《马克思恩格斯文集》第1卷,人民出版社2009年版,第655页。
③ 《马克思恩格斯全集》第16卷,人民出版社1964年版,第31—32页。
④ 参见《马克思恩格斯全集》第27卷,人民出版社1972年版,第92页。

上的一个里程碑,而且也是科学史上的一个里程碑。"①

一、在分析批判中科学表述了历史唯物主义的基本观点

有学者认为,《哲学的贫困》是马克思主义发展史上第一部完全成熟的历史唯物主义著作。因为《哲学的贫困》不仅科学地表述了历史唯物主义的基本观点,而且在当时写作完成后就公开发表,从而成为历史唯物主义诞生的标志,是马克思主义哲学新纪元的开始,使人类思想史的伟大变革从可能变为现实。② 这种认识的提出有着马克思主义经典作家相关论述的支撑,或者说是对马克思本人的认识在一定意义上的继承。最为公认的经典表述是马克思在《〈政治经济学批判〉导言》中的明确说明,即"我们见解中有决定意义的论点,在我的 1847 年出版的为反对蒲鲁东而写的著作《哲学的贫困》中第一次作了科学的、虽然只是论战性的表述"③。另外,恩格斯在同法国社会主义者和民主主义者路易·勃朗交谈时,将马克思这部著作称为"我们的纲领"也是重要的佐证。④ 列宁也曾指出,《哲学的贫困》的巨大意义在于,"对蒲鲁东所提出的各种各样历史问题的解决办法的批评是从唯物主义原则出发的"⑤,其"特点是经过严格考验的历史唯物主义。从哲学部分来说,这一著作叙述了无产阶级政党科学世界观的基础,并且达到了马克思主义真正经典著作的水平"⑥。国外马克思主义学者也有着同样的评价。梅林在其《马克思传》中评价道:"在这部著作中,历史唯物主义世界观的最重要之点第一次得到了科学的阐发。……正是在反驳蒲鲁东的这部著作中,他以一种无往不胜的论战所

---

① 　[德]弗·梅林:《马克思传》,樊集译,人民出版社 1965 年版,第 159 页。
② 　参见杨耕:《〈哲学的贫困〉与历史唯物主义的形成》,《云南社会科学》1986 年第 1 期。
③ 　《马克思恩格斯文集》第 2 卷,人民出版社 2009 年版,第 593 页。
④ 　参见《马克思恩格斯全集》第 27 卷,人民出版社 1972 年版,第 109 页。
⑤ 　《列宁全集》第 1 卷,人民出版社 1955 年版,第 122—123 页。
⑥ 　中共中央马克思恩格斯列宁斯大林著作编译局《马列著作编译资料》编辑部编:《马列著作编译资料(第九辑)》,人民出版社 1980 年版,第 119 页。

特有的令人信服的明确性发挥了这些原理",从而奠定了历史唯物主义的基础。①

总之,《哲学的贫困》在分析批判蒲鲁东主义时用唯物辩证法说明社会历史,用唯物史观揭示资本主义发展规律,分析经济现象、说明经济学范畴,科学表述了历史唯物主义的基本观点,如社会是客观存在的有机整体,生产力是全部历史的基础,社会是辩证发展的,经济范畴是生产方面社会关系的理论表现,社会是在阶级对抗和斗争中发展的,等等。而且,生产力与生产关系的辩证关系已经明确揭示;唯物史观的表述更为精确,如对于生产关系的概念。"马克思在这里使用了确切的术语,不像在《德意志意识形态》中那样把生产关系称为'交往形式',而是称为'经济关系'、'社会关系'"②,生产关系成为人们在物质生产过程中结成的社会关系。而"生产力不仅包括生产工具,而且还包括劳动者本身"③,从而更加准确地概括了生产力与生产关系的辩证关系及其相互作用原理:"……生产力在其中发展的那些关系并不是永恒的规律,而是同人们及其生产力发展的一定水平相适应的东西,人们生产力的一切变化必然引起他们的生产关系的变化……"④"随着新生产力的获得,人们改变自己的生产方式,随着生产方式即谋生的方式的改变,人们也就会改变自己的一切社会关系。"⑤

一如1846年马克思在致安年科夫的信中的相应论述:"人们不能自由选择自己的生产力——这是他们的全部历史的基础,因为任何生产力都是一种既得的力量,是以往的活动的产物。可见,生产力是人们应用能力的结果,但

① [德]弗·梅林:《马克思传》,樊集译,人民出版社1965年版,第159页。
② [苏]彼·费多谢耶夫等:《卡尔·马克思》,孙家衡、胡永钦等译,生活·读书·新知三联书店1980年版,第140页。
③ [苏]彼·费多谢耶夫等:《卡尔·马克思》,孙家衡、胡永钦等译,生活·读书·新知三联书店1980年版,第143页。
④ 《马克思恩格斯全集》第4卷,人民出版社1958年版,第155页。
⑤ 《马克思恩格斯文集》第1卷,人民出版社2009年版,第602页。

是这种能力本身决定于人们所处的条件,决定于先前已经获得的生产力,决定于在他们以前已经存在、不是由他们创立而是由前一代人创立的社会形式。后来的每一代人都得到前一代人已经取得的生产力并当做原料来为自己新的生产服务,由于这一简单的事实,就形成人们的历史中的联系,就形成人类的历史,这个历史随着人们的生产力以及人们的社会关系的愈益发展而愈益成为人类的历史。由此就必然得出一个结论:人们的社会历史始终只是他们的个体发展的历史,而不管他们是否意识到这一点。他们的物质关系形成他们的一切关系的基础。这种物质关系不过是他们的物质的和个体的活动所借以实现的必然形式罢了。"①

二、马克思主义较为完整的新思想体系已经基本形成

就作为马克思主义理论体系重要组成部分的哲学、政治经济学、科学社会主义几方面内容而言,《哲学的贫困》已经表述了马克思主义的基本观点,作为一种较为完整的、新的思想体系已经基本形成了。

一方面,《哲学的贫困》彻底明确了马克思主义唯物史观和政治经济学的基本观点。

众所周知,虽然马克思恩格斯合著的《德意志意识形态》在马克思主义创立过程中具有重要的意义,通常被认为是标志着马克思主义唯物史观形成的著作,它在批判当时德国思想界的意识形态斗争中,分析批判了费尔巴哈、鲍威尔和施蒂纳的唯心主义历史观,批判了"真正的社会主义"或"德国社会主义"所代表的各式各样的哲学观点,比较系统地论述了唯物主义历史观的基本原理,并根据新的历史观对共产主义作了科学的论证,表述了对科学社会主义的认识。然而,《德意志意识形态》虽然运用唯物史观初步揭示了资本主义社会的内在矛盾,科学预测了未来共产主义社会的一些基本特征,但是并没有

---

① 《马克思恩格斯文集》第 10 卷,人民出版社 2009 年版,第 43 页。

揭示剩余价值的来源,没有形成马克思主义政治经济学的主要理论观点。剩余价值学说是马克思对于人类的另一伟大贡献,它揭示了资本主义生产方式的实质,马克思主义政治经济学的理论体系就是以此为根基而构建。在写作《哲学的贫困》时期,马克思虽然还没有以完备的理论形式表述剩余价值学说,但却为进一步提出剩余价值理论奠定了基础。正如恩格斯在为《哲学的贫困》德文第一版所写的序言中明确地指出的:"本书是1846年到1847年那个冬天写成的,那时候,马克思已经彻底明确了自己的新的历史观和经济观的基本点。当时刚刚出版的蒲鲁东'经济矛盾的体系,或贫困的哲学'一书,使他有机会发挥这些基本点……"①由此可见,在《哲学的贫困》这部著作中,马克思不仅已经"彻底地明确了"唯物史观和科学政治经济学的基本观点,而且"发挥"了这些基本观点。恩格斯在《资本论》第2卷的序言中也指出,马克思在《哲学的贫困》中"不仅已经非常清楚地知道'资本家的剩余价值'是从哪里'产生'的,而且已经非常清楚地知道它是怎样'产生'的。这一点,从1847年的《哲学的贫困》和1847年在布鲁塞尔所作的、1849年发表在《新莱茵报》第264—269号上的关于雇佣劳动与资本的讲演,可以得到证明"②。

在《哲学的贫困》一书出版三十多年之后,马克思决定重新出版这本书。1880年,在为《平等报》发表《哲学的贫困》写的引言《卡尔·马克思关于〈贫困的哲学〉》这篇短文中,马克思指出:卡尔·马克思的《哲学的贫困》是在1847年,即蒲鲁东的《经济矛盾》(副标题为《贫困的哲学》)一书出版后不久问世的。我们所以要重新发表《哲学的贫困》(第一版已售完)是因为:在该书中还处于萌芽状态的东西,经过二十年的研究之后,变成了理论,在《资本论》中得到了发挥。"为了给力求阐明社会生产的真实历史发展的、批判的、唯物主义的社会主义扫清道路,必须断然同唯心主义的政治经济学决裂,这个唯心

---

① 《马克思恩格斯全集》第21卷,人民出版社1965年版,第205页。
② 《马克思恩格斯文集》第6卷,人民出版社2009年版,第12页。

主义政治经济学的最新的体现者,就是自己并没有意识到这一点的蒲鲁东。"①

因此,可以说《哲学的贫困》奠定了唯物史观和剩余价值学说这两块马克思主义理论基石,从而使得科学社会主义的大厦也基本建立起来;《哲学的贫困》不仅是马克思主义哲学唯物史观的经典著作,也是马克思主义政治经济学思想呈现的重要经典。

另一方面,《哲学的贫困》在一系列问题上使得马克思恩格斯创立的科学社会主义与包括蒲鲁东在内的空想社会主义、小资产阶级社会主义等区别开来。"所以,阅读'哲学的贫困'以及马克思和恩格斯于1848年发表的'共产党宣言'可以作为研究'资本论'和现代其他社会主义者的著作的入门。"②

总之,《哲学的贫困》在马克思主义哲学、政治经济学和科学社会主义等方面都作出了突出的贡献,标志着马克思主义思想体系已经基本形成并公开问世。列宁把《哲学的贫困》和《共产党宣言》并列为"成熟的马克思主义的最初著作"③。

然而,虽然《哲学的贫困》在出版不久就产生了较大的影响,该书却并没有实现彻底清除蒲鲁东的《贫困的哲学》对于工人运动不利影响的这一预期效果。自1848年二月革命后蒲鲁东的学说对工人运动的影响愈发深入,在19世纪50—70年代的法国、德国、意大利、比利时、西班牙等欧洲主要国家都广泛传播,如恩格斯所言,"除了蒲鲁东的著作以外,罗曼语地区的工人就没有过任何别的精神食粮"④。马克思由此认识到与蒲鲁东继续进行政治论战,并从理论上彻底驳倒他的重要性。延续了《哲学的贫困》中的批判方式,马克思在以后的《共产党宣言》《1848年至1850年的法兰西阶级斗争》《路易·波

---

① 《马克思恩格斯全集》第19卷,人民出版社1963年版,第248页。
② 《马克思恩格斯全集》第19卷,人民出版社1963年版,第248页。
③ 《列宁全集》第3卷,人民出版社1986年版,第189页。
④ 《马克思恩格斯文集》第3卷,人民出版社2009年版,第240—241页。

拿巴的雾月十八日》《论蒲鲁东(给约·巴·施韦泽的信)》和《资本论》及其手稿等经典文献中,从哲学、政治经济学和社会主义理论及方法等方面对蒲鲁东进行了全面的清算。因此,可以说,《哲学的贫困》不仅较为系统地阐释了马克思主义三个有机组成部分即马克思主义哲学、政治经济学和科学社会主义,从而标志着马克思主义新世界观的首次公开问世,而且还奠定了马克思对于蒲鲁东进行全面清算的基本框架和分析视角。①

参考文献

[1]马克思:《哲学的贫困(节选)》,载《马克思恩格斯文集》第 1 卷,人民出版社 2009 年版。

[2]马克思:《哲学的贫困》,载《马克思恩格斯全集》第 4 卷,人民出版社 1997 年版。

[3]马克思:《哲学的贫困》,载《马克思恩格斯全集》第 4 卷,人民出版社 1958 年版、1965 年版。

[4]马克思:《关于〈哲学的贫困〉》,载《马克思恩格斯全集》第 25 卷,人民出版社 2001 年版。

[5]马克思:《致皮埃尔·约瑟夫·蒲鲁东》,载《马克思恩格斯文集》第 10 卷,人民出版社 2009 年版。

[6]马克思:《致帕维尔·瓦西里耶维奇·安年科夫》,载《马克思恩格斯文集》第 10 卷,人民出版社 2009 年版。

[7]马克思:《致约瑟夫·魏德迈》,载《马克思恩格斯文集》第 10 卷,人民出版社 2009 年版。

[8]马克思:《致恩格斯》,载《马克思恩格斯文集》第 10 卷,人民出版社 2009 年版。

[9]马克思:《论蒲鲁东》(给约·巴·施韦泽的信),载《马克思恩格斯文集》第 3 卷,人民出版社 2009 年版。

[10]恩格斯:《论住宅问题》,载《马克思恩格斯文集》第 3 卷,人民出版社 2009

---

① 参见杨洪源:《重新研究〈哲学的贫困〉:意旨、思路与结构》,《哲学动态》2015 年第 11 期。

年版。

　　[11]恩格斯:《蒲鲁东》,载《马克思恩格斯全集》第6卷,人民出版社1961年版。

　　[12]恩格斯:《致马克思》,载《马克思恩格斯全集》第47卷,人民出版社2004年版。

　　[13]恩格斯:《致布鲁塞尔共产主义通讯委员会》,载《马克思恩格斯文集》第10卷,人民出版社2009年版。

　　[14]马克思、恩格斯:《国际工人协会成立宣言》,载《马克思恩格斯全集》第16卷,人民出版社1964年版。

　　[15]马克思、恩格斯:《国际工人协会共同章程》,载《马克思恩格斯文集》第3卷,人民出版社2009年版。

　　[16]马克思、恩格斯:《临时中央委员会就若干问题给代表的指示》,载《马克思恩格斯全集》第16卷,人民出版社2007年版。

　　[17][法]蒲鲁东:《什么是所有权》,孙署冰译,商务印书馆1963年、2009年版。

　　[18][法]蒲鲁东:《贫困的哲学》上、下卷,余叔通、王雪华译,商务印书馆2000年版。

　　[19][德]奥古斯特·科尔纽:《马克思恩格斯传》,刘丕坤、王以铸等译,生活·读书·新知三联书店1964年、1980年版。

　　[20][苏]彼·费多谢耶夫:《卡尔·马克思》,孙家衡、胡永钦等译,生活·读书·新知三联书店1980年版。

　　[21][德]梅林:《马克思传》,樊集译,人民出版社1972年版。

　　[22][英]戴维·麦克莱伦:《青年黑格尔派与马克思》,夏威仪、陈启伟、金海民译,商务印书馆1982年版。

　　[23][英]戴维·麦克莱伦:《马克思传》,王珍译,中国人民大学出版社2008年版。

　　[24][苏]维戈茨基:《〈资本论〉创作史》,周成启等译,福建人民出版社1983年版。

　　[25]姜海波:《马克思〈哲学的贫困〉研究读本》,中央编译出版社2013年版。

　　[26]黄楠森、庄福龄:《马克思主义哲学史》第1卷,北京出版社1990年版。

　　[27]杨洪源:《政治经济学的形而上学——〈哲学的贫困〉与〈贫困的哲学〉比较研究》,中国人民大学出版社2015年版。

　　[28]张一兵:《回到马克思——经济学语境中的哲学话语》,江苏人民出版社1999年版。

［29］朱进东：《马克思与蒲鲁东》，江苏人民出版社 2000 年版。

［30］余源培、付畅一：《新世界观的第一次公开问世:〈哲学的贫困〉当代解读》，复旦大学出版社 2012 年版。

［31］陈汉楚：《蒲鲁东和蒲鲁东主义》，江苏人民出版社 1981 年版。

［32］李楠：《马克思对蒲鲁东思想的哲学批判——以〈哲学的贫困〉为例》，河北大学硕士学位论文，2018 年。

［33］［日］田中菊次：《〈哲学的贫困〉马克思批注影印本出版和马克思研究的发展》，《国外社会科学》1983 年第 1 期。

［34］［英］杰克逊：《马克思、蒲鲁东和欧洲社会主义》，《马克思主义研究参考资料》1985 年第 2 期。

［35］杨洪源：《重新研究〈哲学的贫困〉:意旨、思路与结构》，《哲学动态》2015 年第 11 期。

［36］杨洪源：《同时代思想图景中的〈哲学的贫困〉》，《哲学动态》2016 年第 11 期。

［37］杨洪源：《重新审视马克思对蒲鲁东的社会历史观的批判》，《马克思主义哲学论丛》2013 年第 2 期。

［38］杨洪源：《破解所有权之谜的不同方式——马克思对蒲鲁东"自在所有权"理论的批判》，《学习与探索》2016 年第 6 期。

［39］余源培、付畅一：《马克思与蒲鲁东历史关系之演变》，《毛泽东邓小平理论研究》2010 年第 7 期。

［40］余源培、付畅一：《新世界观的第一次公开问世:〈哲学的贫困〉的解读》，《江苏社会科学》2010 年第 6 期。

［41］朱进东：《论马克思对蒲鲁东无息信贷理论的批判》，《南京社会科学》1999 年第 3 期。

［42］朱进东：《解读马克思对蒲鲁东的批判——从〈哲学的贫困〉到〈1857—1858 年经济学手稿〉》，《南京航空航天大学学报(社会科学版)》2008 年第 4 期。

［43］张一兵：《历史唯物主义与政治经济学的最初接合——普鲁东与马克思的〈哲学的贫困〉》，《中共福建省委党校学报》1999 年第 1 期。

［44］孙伯鍨：《马克思的〈哲学的贫困〉与邓小平的改革理论——纪念〈哲学的贫困〉发表 150 周年》，《南京社会科学》1997 年第 10 期。

［45］刘惠林：《〈哲学的贫困〉与〈贫困的哲学〉》，《哲学研究》1978 年第 1 期。

［46］杨耕：《〈哲学的贫困〉对历史唯物主义的科学表述——兼论〈哲学的贫困〉在历史唯物主义形成中的地位》，《马克思主义研究》1985 年第 4 期。

［47］杨耕:《〈哲学的贫困〉与历史唯物主义的形成》,《云南社会科学》1986年第1期。

［48］冯景源:《重读马克思关于〈哲学的贫困〉——三论马克思主义不是"三个组成部分"》,《马克思主义与现实》2010年第5期。

［49］冯景源:《〈哲学的贫困〉在〈资本论〉哲学思想发展中的地位及其意义》,《青海社会科学》1985年第6期。

［50］承中:《法国的蒲鲁东研究概况》,《当代世界与社会主义》1984年第2期。

［51］袁隆生:《〈哲学的贫困〉是马克思一部重要的经济学著作》,《马克思主义研究》1985年第2期。

［52］陆健杰:《把握马恩哲学见解中"有决定意义的论点"——纪念〈哲学的贫困〉发表150周年》,《学海》1997年第5期。

［53］陈胜云:《〈哲学的贫困〉中的社会批判方法》,《南京社会科学》1997年第10期。

［54］张迪:《批判与建构:论马克思〈哲学的贫困〉中的政治经济学理论》,《当代世界与社会主义》2014年第5期。

［55］刘秀萍:《重温〈神圣家族〉对〈蒲鲁东〉的分析和评判》,《现代哲学》2016年第1期。

［56］杨建平:《〈哲学的贫困〉中的雇佣劳动概念》,《南京社会科学》1997年第10期。

［57］文析东:《〈哲学的贫困〉中蕴含着的内在理论张力》,《南京社会科学》1997年第10期。

［58］丰晓海:《纪念〈哲学的贫困〉发表150周年学术讨论会综述》,《南京社会科学》1997年第10期。

［59］汤在新:《〈哲学的贫困〉是〈资本论〉理论形成的起点》,《江汉论坛》1984年第2期。

［60］王瑞超:《马克思对蒲鲁东政治哲学思想的批判》,《学理论》2014年第34期。

［61］潘丽丽:《略论〈哲学的贫困〉在马克思主义发展史的地位》,《法制与社会》2008年6月(中)。

［62］赵家祥:《〈哲学的贫困〉在马克思主义发展史上的地位》,《中国延安干部学院学报》2016年第5期。

［63］唐正东:《对蒲鲁东的批判给马克思带来了什么?——〈哲学的贫困〉的思想史地位辨析》,《江苏社会科学》2010年第2期。

[64]董必荣:《马克思如何理解经济学的哲学贫困:以〈哲学的贫困〉为例》,《哲学动态》2011 年第 5 期。

[65]许全林:《〈哲学的贫困〉文献综述》,《教育教学论坛》2014 年第 15 期。

[66]许全林:《马克思对蒲鲁东抽象人性论历史观的批判》,《人民论坛》2014 年 5月(中)。

[67]郭红军:《〈哲学的贫困〉之逻辑与历史相统一的思想方法及其启示》,《前沿》2010 年第 15 期。

[68]李建平:《关于马克思〈哲学的贫困〉的几个问题——兼评董必荣〈马克思如何理解经济学的哲学贫困:以〈哲学的贫困〉为例〉》,《东南学术》2012 年第 3 期。

[69]姚颖:《〈哲学的贫困〉文本价值与当代启示》,《云南社会科学》2010 年第2 期。

[70]姚颖:《〈哲学的贫困〉在马克思与恩格斯逝世前后及苏联时期出版史述要》,《新东方》2009 年第 12 期。

[71]李晶晶:《〈贫困的哲学〉与〈哲学的贫困〉——从哲学视角看蒲鲁东与马克思的分裂》,《喀什师范学院学报》2013 年第 5 期。

[72]佟明燕:《论〈哲学的贫困〉的文本价值》,《黑河学刊》2013 年第 10 期。

[73]欧光南:《论〈哲学的贫困〉对唯物史观创立的贡献》,《西南农业大学学报(社会科学版)》2011 年第 12 期。

[74]钱梦旦:《论〈哲学的贫困〉中的历史唯物主义思想》,《常熟理工学院学报》2012 年第 11 期。

[75]李庆钧:《唯物史观:科学政治经济学研究的前提——读马克思的〈哲学的贫困〉》,《扬州大学学报(人文社会科学版)》1998 年第 2 期。

[76]彭飞、杨文斌:《马克思经济哲学思想的公开阐述——对蒲鲁东经济学、哲学思想的批判》,《铜陵学院学报》2012 年第 3 期。

[77]朱颖、杨化:《回归"现代"的真实时刻——马克思〈哲学的贫困〉之现代性启示》,《经济研究导刊》2010 年第 8 期。

[78]陈延斌:《论〈哲学的贫困〉在马克思主义发展史上的地位》,《南京师大学报(社会科学版)》1998 年第 1 期。

[79]李景禹:《〈哲学的贫困〉是第一部成熟的马克思主义著作》,《东北师大学报(哲学社会科学版)》1993 年第 1 期。

[80]廖显华:《马克思政治经济学批判的科学起点:〈哲学的贫困〉》,《社科纵横》2012 年第 4 期。

［81］陈锴:《西方主流经济学基本研究方法评析——重温〈哲学的贫困〉的思考》,《桂海论丛》2012 年第 2 期。

［82］王少萍:《〈哲学的贫困〉中社会有机体理论新解》,《中共福建省委党校学报》2012 年第 4 期。

［83］商大恒:《马克思政治经济学批判的科学起点:〈哲学的贫困〉》,《铜仁学院学报》2012 年第 1 期。

［84］王虎学:《马克思的分工思想与历史唯物主义》,《华北电力大学学报(社会科学版)》2009 年第 3 期。

［85］且大有:《简述马克思的辩证逻解思想》,《内蒙古社会科学》1983 年第 3 期。

第四章 "消极批判"中的积极建构——全面批判杜林主义

第一节 分析批判的缘起:消极应战与积极论战

马克思恩格斯对于杜林主义的分析批判主要集中在恩格斯写于 1876 年 5 月—1878 年 8 月的《反杜林论》。从当时的时代、社会背景来说,恩格斯写作的最主要原因是当时国际无产阶级革命的需要和德国社会主义工人党党内斗争的产物,而直接原因在于力图消除杜林的错误观点在德国社会主义工人党党内和工人阶级中的消极、负面影响。

一、"改革家"杜林的消极影响

恩格斯在《反杜林论》中批判的对象欧根·杜林(1833—1912)本是柏林大学的讲师,出生于德国一个大官僚家庭。1867 年,当马克思的《资本论》第一卷出版之后,杜林曾写文章进行批判,说《资本论》"一无是处"。1875 年前后,杜林突然宣布改信社会主义,并开始以社会主义"改革家"自居,扬言要在科学中实行一次全面的"改革",由此发表了一系列著作,包括《哲学教程——严格科学的世界观和生命形成》《国民经济学和社会经济学教程,兼论财政政策的基本问题》以及《国民经济学和社会主义批判史》。在其著作中,杜林坚持先验主义哲学,曲解马克思的辩证法;在经济学上,歪曲马克思的剩余价值学说,抹杀无产阶级和资产阶级之间的对立;在社会主义观点上,宣扬资产阶级改良主义,用伦理社会主义对抗科学社会主义。虽然如此,杜林及其观点却在德国社会民主党内产生了较大的影响,如国际工人运动的著名领袖人物倍倍尔在1874年就曾撰文指出:"他的基本观点是出色的,我们完全赞同。因此,我们毫不犹豫地宣布:继马克思的《资本论》之后,杜林的最新著作属于经济学领域最近出现的优秀著作之列。所以,我们赶紧推荐研究他的这本书。"①国际共运史上的另一著名人物伯恩施坦也曾指出:"他写的《国民经济学和社会主义批判史》我早已读过的。他在这本书中坦率地表示信奉社会主义,他用来说教的那种实用主义与实证主义的形式很中我的意,尤其是因为自从马克思和恩格斯的《共产党宣言》发表以来,社会主义在德国还没有对社会主义运动的基本思想和目的提出任何概括性的表述。……我受到杜林著作的鼓舞,把它介绍给其他地社会主义者,他们的反应几乎都同我一样。"②

针对德国社会民主党内的上述反应,德国社会民主党领导之一李卜克内西指出:"对于人们正从某些方面越来越厉害、越来越令人憎恶地搞的那种杜林崇拜,《人民国家报》编辑部是绝对不会加以支持的,而要争取尽快地对杜林的著作进行详尽的科学的批判性剖析。"③李卜克内西求助于恩格斯出手反击,要"尽快和尽量彻底地批判杜林的著作","下决心收拾杜林"。另一位国际工人运动的著名领袖白拉克也致信恩格斯说:"那就必须马上动手,不然就

---

① 中共中央马克思恩格斯列宁斯大林著作编译局国际共运史研究室编:《研究〈反杜林论〉参考史料》,生活·读书·新知三联书店1980年版,第41页。

② 中共中央马克思恩格斯列宁斯大林著作编译局国际共运史研究室编:《研究〈反杜林论〉参考史料》,生活·读书·新知三联书店1980年版,第2页。

③ 中共中央马克思恩格斯列宁斯大林著作编译局国际共运史研究室编:《研究〈反杜林论〉参考史料》,生活·读书·新知三联书店1980年版,第44页。

太迟了。"①于是,1876年5月,恩格斯写信给马克思讨论打算批判杜林的计划,得到马克思的支持后,恩格斯放下手中的《自然辩证法》的撰写,着手写作《反杜林论》。从1876年9月初到1877年1月,恩格斯写了《反杜林论》的"引论"和"哲学编",并连载于《前进报》;后续又完成了《反杜林论》的"政治经济学编"和"社会主义编",还是在《前进报》上连载,最终于1878年7月成书出版。因此,正如恩格斯所说:"这部著作决不是什么'内心冲动'的结果。恰恰相反",②它是德国社会阶级斗争及其在德国社会民主党内这个时期的反映,是无产阶级和资产阶级、马克思主义和机会主义的斗争。李卜克内西也认为,恩格斯发表《反杜林论》"是为了回答'杜林'分子的挑衅"③。而在一定意义上可以说,"在杜林问题上,如果不是德国社会民主党产生了严重的以杜林替代马克思的倾向,就不可能产生恩格斯的反击"④。

二、《反杜林论》的积极论战

恩格斯在《反杜林论》中不仅全面批判了杜林的错误,而且系统阐发了马克思主义基本原理。正如在该书出版七年后,恩格斯在撰写的二版序言中,回忆起当初与杜林论战的情形时,简明扼要地概括了他与杜林论战的理论实质:"消极的批判成了积极的批判;论战转变成对马克思和我所主张的辩证方法和共产主义世界观的比较连贯的阐述,而这一阐述包括了相当多的领域。"⑤

《反杜林论》全书由《引论》和《哲学》《政治经济学》《社会主义》三编共二

---

① 中共中央马克思恩格斯列宁斯大林著作编译局国际共运史研究室编:《研究〈反杜林论〉参考史料》,生活・读书・新知三联书店1980年版,第148页。
② 《马克思恩格斯文集》第9卷,人民出版社2009年版,第7页。
③ 转引自[德]曼・克里姆:《恩格斯文献传记》,中央编译局译,湖南人民出版社1986年版,第475页。
④ 胡大平:《回到恩格斯》,江苏人民出版社2011年版,第270页。
⑤ 《马克思恩格斯文集》第9卷,人民出版社2009年版,第11页。

十九章构成,全面阐述了马克思主义的三个组成部分——哲学、政治经济学、科学社会主义及其内在联系。其中《引论》包括《概论》和《杜林先生许下了什么诺言》两章,《概论》是主要内容。《引论》对全书作了系统的概括性叙述,说明了社会主义是怎样由空想变为科学的。在《引论》第一部分的最后,恩格斯阐释了杜林思想产生的背景及主要内容。"当欧根·杜林先生大叫大嚷地跳上舞台,宣布他在哲学、政治经济学和社会主义中已实行了全面的变革的时候,理论的社会主义和已经死去的哲学方面的情形大体上就是这样。现在我们来看看,杜林先生对我们许下了什么诺言,他又是怎样履行他的诺言的。"①《概论》的中心思想是阐述社会主义是如何由空想变为科学的。恩格斯认为,科学社会主义是运用唯物辩证法"对以往的全部历史作一番新的研究"的结果。因此,为了阐明科学社会主义的产生,恩格斯系统考察了辩证法的发展历史。恩格斯首先阐述了社会主义理论的发展历程,尤其指出 19 世纪空想社会主义者的成就以及空想社会主义的局限。"现代社会主义,就其内容来说,首先是对现代社会中普遍存在的有财产者和无财产者之间、资产者和雇佣工人之间的阶级对立以及生产中普遍存在的无政府状态这两个方面进行考察的结果。但是,就其理论形式来说,它起初表现为 18 世纪法国伟大的启蒙学者们所提出的各种原则的进一步的、据称是更彻底的发展。"②到了 19 世纪,进入空想共产主义发展的第三个阶段,"后来出现了三个伟大的空想社会主义者:圣西门、傅里叶和欧文"③。三大空想社会主义者的重要功绩在于不仅对资本主义制度进行了尖锐的揭露和批判,从而为启发工人的觉悟提供了极为宝贵的材料;而且对未来社会的描绘中提出了一些合理的主张;同时,他们的社会历史观点中含有某些辩证法的认识。因此,马克思和恩格斯在创立科学社会主义的过程中批判地吸收了这些积极的思想成果。而对于这三位空想社会主

① 《马克思恩格斯文集》第 9 卷,人民出版社 2009 年版,第 30 页。
② 《马克思恩格斯文集》第 9 卷,人民出版社 2009 年版,第 19 页。
③ 《马克思恩格斯文集》第 9 卷,人民出版社 2009 年版,第 21 页。

义者的局限性,恩格斯也给予了无情的揭示:"所有这三个人有一个共同点:他们都不是作为当时已经历史地产生的无产阶级的利益的代表出现的。他们和启蒙学者一样,并不是想解放某一个阶级,而是想解放全人类。他们和启蒙学者一样,想建立理性和永恒正义的王国;但是他们的王国和启蒙学者的王国是有天壤之别的。按照这些启蒙学者的原则建立起来的资产阶级世界也是不合理性的和非正义的,所以也应该像封建制度和一切更早的社会制度一样被抛到垃圾堆里去。"①

在《反杜林论》接下来的三编里,可以说恩格斯是针对杜林的错误观点逐一进行了系统性的批判,从而进一步正面阐释了马克思主义的三个主要组成部分的基本内容。在《哲学》编中,恩格斯在批判杜林的同时,正面论述了唯物主义一元论、唯物主义反映论,唯物辩证法的时空观、运动观和生命观,还阐述了唯物辩证法同形而上学的对立,并对唯物辩证法的三个主要规律进行了详尽的阐释;同时,运用唯物主义历史观对社会历史、道德与法作出了科学的说明;提出了唯物主义历史观的方法和研究社会伦理的基本原则,论述了平等观的历史发展,阐述了社会中的隶属关系和公民权利等问题,为建立马克思主义社会伦理学奠定了理论基础。在《政治经济学》编,恩格斯运用马克思主义唯物主义的世界观和方法论,阐述了政治经济学的研究对象和方法,表明了马克思主义关于价值、剩余价值和资本的学说,以及马克思关于地租的理论,关于资本主义条件下经济危机和各种社会危机的必然性问题,最终指出资本主义必然灭亡。在《社会主义》编,恩格斯评述了空想社会主义者的学说,揭示了社会主义从空想到科学的发展历程,陈述了科学社会主义的基本内容,以及马克思主义关于国家、宗教和教育的理论,批判了杜林以历史唯心主义为基础的所谓社会主义,论证了资本主义的基本矛盾和发展过程,社会主义代替资本主义的历史必然性。

---

① 《马克思恩格斯文集》第9卷,人民出版社2009年版,第21页。

就恩格斯在《反杜林论》《哲学》编中对于杜林错误观点的分析批判,可以概括为如下几个方面:揭露杜林哲学先验主义的唯心主义实质,阐明唯物主义的反映论原则——《三 分类。先验主义》;批判杜林"世界统一于存在"的折中主义命题,阐述世界物质统一性原理——《四 世界模式论》;系统批判杜林的自然哲学,论述辩证唯物主义的自然观——《五 自然哲学。时间和空间》《六 自然哲学。天体演化学,物理学,化学》《七 自然哲学。有机界》《八 自然哲学。有机界(续完)》;批判杜林的永恒道德论,揭示道德总是一定的社会生产和交换的经济关系的产物——《九 道德和法。永恒真理》;批判杜林的唯心主义平等观,提出无产阶级平等观的主要内容——《十 道德和法。平等》;批判杜林对马克思辩证法的曲解,阐释唯物辩证法是科学的世界观和方法论——《十二 辩证法。量和质》《十三 辩证法。否定的否定》;等等。

总体而言,恩格斯同杜林在哲学上论战的实质正如列宁在《唯物主义和经验批判主义》一书中的明确表述:"恩格斯同杜林的全部斗争始终是在彻底贯彻唯物主义这个口号下进行的。恩格斯谴责唯物主义者杜林用空洞的字眼来混淆问题的实质,谴责他夸夸其谈,采用向唯心主义让步和转到唯心主义立场上去的论断方法。在《反杜林论》的每一节中都是这样提出问题的:不是彻底的唯物主义,就是哲学唯心主义的谎言和糊涂观点"①。列宁在《论工人政党对宗教的态度》一文中也指出:"恩格斯的《反杜林论》(马克思看过该书的手稿),通篇都是揭露唯物主义者和无神论者杜林没有坚持唯物主义,给宗教和宗教哲学留下了后路"②。因此,恩格斯同杜林在哲学上论战的实质,就在于恩格斯坚持彻底的唯物主义,即辩证唯物主义和历史唯物主义,反对杜林唯物主义的不彻底性和形而上学性。

---

① 《列宁选集》第2卷,人民出版社2012年版,第229—230页。
② 《列宁选集》第2卷,人民出版社2012年版,第247页。

第二节 分析批判的主要内容：
杜林唯心主义哲学

一、揭露杜林在自然观上的唯心主义实质

（一）揭示杜林哲学是先验主义的唯心主义，阐明唯物主义的反映论原则

在《三 分类。先验主义》这一章，恩格斯批判、揭露了杜林先验主义的唯心主义实质，阐明了唯物主义的反映论原则。

杜林把自己的哲学研究对象分为三大类，依次为"原则""自然界"和"人类社会"。也就是说，先有原则，这些原则构成了世界模式，然后才有自然界和人类社会，自然界和人类社会要与这些原则相适应。因此，杜林的哲学实质是先验主义的唯心主义。

首先，恩格斯批判了杜林原则是第一性的观点，指出自然界和人类社会才是本原、是第一性的。恩格斯引用了杜林给哲学下的定义："哲学是对世界和生活的意识的最高形式的阐发，在更广的意义上说，还包括一切知识和意愿的原则。"[1]在恩格斯看来，杜林认为哲学的研究对象就是一切形式的原则。"这些原则是简单的或迄今被设想为简单的成分，这些成分可以构成各种各样的知识和意愿。"[2]原则是构成各种知识和意志的"简单的成分""终极的成分"，就像各种化学元素构成化合物一样。这些终极的成分或原则，一旦被发现，就可以知道一切，不仅可以知道那些为人们直接接触到的东西，也可以知道人们所不知道和没有接触到的东西，因为它们都是由这些原则构成的。因此，哲学

---

① 《马克思恩格斯全集》第 26 卷，人民出版社 2014 年版，第 37 页。
② 《马克思恩格斯文集》第 9 卷，人民出版社 2009 年版，第 37 页。

的原则就构成了科学所需要的最后的补充,人们可以凭借这些原则解决一切尚未解决的问题。关于原则同外部世界的关系,杜林认为:"除了一切存在的基本形式,哲学只有两个真正的研究对象,即自然界和人类世界。"①哲学不仅研究一般的原则,原则即最一般的世界模式;除此以外,还要研究自然界和人类社会,但是这三部分之间的关系是原则在先,自然界和人类社会在后。

针对杜林的上述错误观点,恩格斯针锋相对地指出杜林所说的从原则引出自然界和人类社会那种全部关系应该被颠倒过来。即"原则不是研究的出发点,而是它的最终结果;这些原则不是被应用于自然界和人类历史,而是从它们中抽象出来的;不是自然界和人类去适应原则,而是原则只有在符合自然界和历史的情况下才是正确的"②。也就是说,不是原则生出自然界和人类社会,而是人们在实践中从外部世界抽象、概括出原则,自然界和人类社会是本原、第一性的。应该是原则要适应和符合外部世界,而不是自然界和人类历史去适应某种原则。

同时,恩格斯批判了杜林认为思维脱离人和自然界的错误观点,指出人和自然界才是思维的唯一的真实基础。

杜林之所以把原则当作出发点,主要在于其用自然主义即非历史的观点看待意识和思维,把它当作一开始就和自然界相对立的东西看待。也就是说,意识和思维是不依赖于自然界的东西。杜林的这种"超世"的思维,实质上就是使思维脱离唯一的真实基础,即脱离人的自然界。这样,他就不能不陷入唯心主义。正如恩格斯所言:"在这样的意识形态的基础上是不可能建立任何唯物主义学说的。我们以后会看到,杜林先生不得不一再把有意识的行动方式,即直截了当地叫做上帝的东西,硬塞给自然界。"③恩格斯指出,思维和意识"都是人脑的产物,而人本身是自然界的产物,是在自己所处的环境中并且

---

① 《马克思恩格斯文集》第9卷,人民出版社2009年版,第37页。
② 《马克思恩格斯文集》第9卷,人民出版社2009年版,第38页。
③ 《马克思恩格斯文集》第9卷,人民出版社2009年版,第39页。

和这个环境一起发展起来的;这里不言而喻,归根到底也是自然界产物的人脑的产物,并不同自然界的其他联系相矛盾,而是相适应的"①。这就是说,人和自然界是思维的唯一真实的基础,思维的本质就是人脑对自然界、人类社会的反映。

(二)批判杜林"世界统一于存在"的折中主义命题,阐述世界物质统一性原理

在《四 世界模式论》这一章,恩格斯批判了杜林提出的"世界统一于存在"的折中主义观点,阐明世界的物质统一性原理。

所谓"世界模式论"是杜林的哲学总论。杜林用自己的一些概念、范畴和原则勾画出一个世界模式,从思维的统一性推论出世界的统一性,由此提出了"世界统一于存在"的折中主义命题。

首先,恩格斯批判了杜林从思维的统一性推导出世界的统一性的唯心主义观点。恩格斯引用杜林的表述:"包罗万象的存在是唯一的。由于它是自满自足的,因而没有任何东西同它并列或在它上面。如果给它加上第二个存在,那就使它成为不是它本来那样的东西,即成为一个包容更广的整体的一部分或组成部分。"②在杜林看来存在是唯一的,这是不需要证明的自足公理。而世间万物则统一于人的思想之中,世界统一于思维的"综合"作用。"任何东西也不能脱离这个思想统一体……一切思维的本质就在于把意识的要素联合为一个统一体……不可分割的世界概念正是通过这种综合的统一点产生的,而宇宙,就像这个词本身所表明的,被认为是万物在其中联合为一个统一体的东西"③。杜林认为,思维的本质在于综合,世界万物在思维的综合作用下,就变成了思维的统一体,没有思维的综合,世界万物就不会成为一个统一

---

① 《马克思恩格斯文集》第9卷,人民出版社2009年版,第38—39页。
② 《马克思恩格斯文集》第9卷,人民出版社2009年版,第44页。
③ 《马克思恩格斯文集》第9卷,人民出版社2009年版,第44页。

体。由此可见,杜林从"包罗万象的存在是唯一的"这一公理出发,通过思维的统一性推导出存在的统一性,也就是说,杜林认为世界模式——存在是唯一的,又是统一的。

针对杜林的错误观点,恩格斯剖析道:"第一,思维既把相互联系的要素联合为一个统一体,同样也把意识的对象分解为它们的要素。没有分析就没有综合。第二,思维,如果它不做蠢事的话,只能把这样一些意识的要素综合为一个统一体,在这些意识的要素中或者在它们的现实原型中,这个统一体以前就已经存在了。"①由此表明,现实世界的统一性不是来自思维的统一性,而是相反,思维的综合是对客观世界统一的反映。杜林认为现实世界的统一性来自于思维的统一性,思维统一性决定现实世界的统一性,这是彻底的唯心主义观点。众所周知,在世界的统一性问题上,哲学上有唯物主义一元论和唯心主义一元论两种观点。前者认为世界的本质是物质,世界统一于物质;后者认为世界的本质是精神,世界统一于精神。此外,还有"二元论",认为物质和精神同为世界的本原,但它们最终滑向了唯心主义。

其次,恩格斯批判了杜林世界统一于存在的折中主义错误。在"世界模式论"中,杜林指出"包罗万象的存在是唯一的",其"存在"实际上是与"虚无"相对立的一切存在的现象,即仅仅同不存在(或无)相对立,表示的仅仅是有而不是无。恩格斯指出:"当我们说到**存在**,并且**仅仅**说到存在的时候,统一性只能在于:我们所说的一切对象**都是存在的**、实有的。"②也就是说,杜林把世界的统一性归结为存在时,没有揭示出世界的本质是精神的还是物质的。唯物主义认为存在的本质是物质,唯心主义认为存在的本质是精神,而"二元论"则认为存在的本质是精神和物质两种并列的实体。换句话说,"世界统一于存在"这一命题,既可以理解为世界统一于物质,也可以理解为统一于精神,显而易见这是一种折中主义命题。

---

① 《马克思恩格斯文集》第9卷,人民出版社2009年版,第45页。
② 《马克思恩格斯文集》第9卷,人民出版社2009年版,第47页。

最后,基于上述对于杜林错误观点的分析,恩格斯阐明了世界的物质统一性原理。"世界的统一性并不在于它的存在,尽管世界的存在是它的统一性的前提,因为世界必须先**存在**,然后才能是**统一的**。……世界的真正的统一性在于它的物质性"。① 一方面,世界的存在与世界的统一是两个相互联系又相互区别的问题。我们不能孤立地谈论世界的存在问题,世界只有先存在才能谈论统一,但世界的统一并不等于世界的存在。由于杜林把这两个问题混同起来了,不能真正理解存在与统一的关系问题。"在我们的视野的范围之外,存在甚至完全是一个悬而未决的问题。"②存在问题是"实有"问题,统一问题是千差万别的事物的共同本原问题。另一方面,世界的真正的统一性在于它的物质性,这是《反杜林论》的核心问题,奠定了马克思主义的理论基石。"物质性"是对各种具体物质形态的科学抽象,表明客观实在性是世界各种物质现象的普遍本质和唯一特征。然而,"这种物质性不是由魔术师的三两句话所证明的,而是由哲学和自然科学的长期的和持续的发展所证明的"③。对世界统一于物质原理的认识和概括还需要随着"哲学和自然科学长期和持续的发展"来不断推进和证实。

(三)系统批判杜林的自然哲学,论述辩证唯物主义的自然观

恩格斯对于杜林自然哲学的系统批判,并论述辩证唯物主义的自然观,主要集中在《五 自然哲学。时间和空间》《六 自然哲学。天体演化学,物理学,化学》《七 自然哲学。有机界》《八 自然哲学。有机界(续完)》中。

1.批判杜林把时空的无限性归结为无限序列的无限性,论证有限和无限的辩证统一关系

在杜林看来,"自然哲学'堕落到这种地步,它竟变成了混乱的、以无知为

---

① 《马克思恩格斯文集》第9卷,人民出版社2009年版,第47页。
② 《马克思恩格斯文集》第9卷,人民出版社2009年版,第47页。
③ 《马克思恩格斯文集》第9卷,人民出版社2009年版,第47页。

基础的伪诗词'",而自然科学家们"在理论领域中带有纯属'漫不经心的轻率性'"①。那么,杜林如何拯救自然哲学呢? 他提出了"世界在时间上是有开端的""世界在时间上有发展""在空间上有界限"②的论断,并做出论证,"假定世界在时间上没有开端,那么在任何一个既定的瞬间之前有一种永恒经历过了,因而彼此相继的事物状态的无限序列便在世界上流逝了。但是,序列的无限性正好在于它永远不能由连续的综合来完成。因此,无限的、已经流逝的世界序列是不可能的,可见世界的开端是世界存在的必要条件"③。

针对杜林的命题,恩格斯一针见血地指出这是从康德的《纯粹理性批判》抄下来的,但康德并没有说其命题已经通过证明最终确立了,而且康德提出并证明了相反的命题,即康德著名的二律背反。杜林的症结在于把时空的无限性归结为无限序列的无限性,无限性就是无限序列。杜林认为,"可以没有矛盾地加以思考的无限性的最明显的形式,是数在数列中的无限积累……正如我们可以在每一个数后面加上另一个个位数而永远不会使进一步计数的可能性穷尽一样,存在的每一个状态也都有另一个状态与之联接,而无限性就在于这些状态的层出不穷。因此,这种被确切地加以思考的无限性也只有一个具有唯一方向的唯一基本形式"④。恩格斯提出时间永恒、空间无限的命题,并辩证地论证了有限和无限的矛盾统一。

恩格斯指出:"时间上的永恒性、空间上的无限性,本来就是,而且按照简单的词义也是:**没有一个方向**是有终点的,不论是向前或向后,向上或向下,向左或向右。"⑤这就是马克思主义的时空观,即认为时空无限。而且,"这种无限性和无限序列的无限性完全不同",因为"这种序列观念不能应用于我们的

---

① 《马克思恩格斯文集》第9卷,人民出版社2009年版,第50页。
② 《马克思恩格斯文集》第9卷,人民出版社2009年版,第50—51页。
③ 《马克思恩格斯文集》第9卷,人民出版社2009年版,第52页。
④ 《马克思恩格斯文集》第9卷,人民出版社2009年版,第51页。
⑤ 《马克思恩格斯文集》第9卷,人民出版社2009年版,第53页。

对象,这在我们把它应用于空间的时候就立刻显示出来了。无限序列一移到空间,就是从某一点起按一定方向延伸到无限的线"①。同样地,"如果我们把时间想象为一种从一数起的序列或从某一点延伸出去的线,那么,我们就是事先说时间是有开端的,"实际上是"把我们正好要证明的东西当做前提"②。因此,无论如何,"有终点而无开端的无限性和有开端而无终点的无限性,都同样是无限的"。这就是辩证思维认识的无限性,是现实的无限性。然而,杜林却不能够而且"永远做不到没有矛盾地思考现实的无限性"。实际上,应该用辩证矛盾思维思考现实的无限性,这在黑格尔那里已经"完全正确地看到了这一点",即"无限性**是**一个矛盾,而且充满矛盾。无限纯粹是由有限组成的,这已经是矛盾,可是情况就是这样"。"正**因为**无限性是矛盾,所以它是无限的、在时间上和空间上无止境地展开的过程。如果矛盾消除了,那无限性就终结了。"③总之,有限和无限是辩证统一的。任何有限中都包含着无限的因素,无限是由无数的有限构成;现实的无限性是由无数有限的阶段或者具体的形态而连接并展开的无止境发展过程。物质世界存在于时间和空间中,就其本原意义而言,它在时间和空间上是无限的;但是,物质世界的每个具体事物在时间上和空间上又是有限的。割裂有限和无限的矛盾,就会导致认为"世界曾经处于一种绝对不发生任何变化的状态"。那么,如何从"绝对不发生任何变化的状态""转入运动和变化的状态"呢?"必须有一个从外部、从世界之外来的第一推动,它使世界运动起来。"④"没有造物主的行动,我们无论如何不能从虚无到某物",于是,又回到了需要上帝和彼岸世界使世界运转起来的认识中,这就是典型的形而上学思维方式,或者说是把上帝是第一推动力变相形式的形而上学观点。总之,"无论杜林先生把他的从运动的虚无到普遍运

---

① 《马克思恩格斯文集》第 9 卷,人民出版社 2009 年版,第 53—54 页。
② 《马克思恩格斯文集》第 9 卷,人民出版社 2009 年版,第 54 页。
③ 《马克思恩格斯文集》第 9 卷,人民出版社 2009 年版,第 55 页。
④ 《马克思恩格斯文集》第 9 卷,人民出版社 2009 年版,第 57 页。

动的转变分成多少无限小的部分,无论他给这种转变以多长的持续时间,我们还是没有从原地前进万分之一毫米"①。恩格斯逐一分析批判了杜林三个错误的论调,不得不指出杜林的谬论只能让人们留在黑暗中,"走入迷途,不知所措",也不得不说杜林就是一个"江湖骗子"②。

2.批判杜林割裂物质和运动关系的错误观点,论证运动是物质的存在方式

在《六 自然哲学。天体演化学,物理学,化学》部分,恩格斯首先分析批判了杜林关于"现在的世界是通过什么方式和方法产生的理论"③的错误所在。

杜林对于康德的星云假说作了分析和评价,认为康德关于原始的气状宇宙概念是一种"非常浮泛的概念"④。然而,恩格斯分析了康德学说的产生给理论和思维方式带来的变化和影响后,认为,"康德关于所有现在的天体都从旋转的星云团产生的学说,是从哥白尼以来天文学取得的最大进步"。因为"在这之前,人们都认为,各个天体从最初起就始终在同一轨道上并且保持同一状态";而且,"虽然自然界明显地处在永恒的运动中,但是这一运动看起来好像是同一过程的不断重复"。因此,"认为自然界在时间上没有任何历史的那种观念,第一次被动摇了"。可以说,"康德在这个完全适合于形而上学思维方式的观念上打开了第一个突破口,而且用的是很科学的方法,以致他所使用的大多数论据,直到现在还有效"⑤。但是,杜林却用一种被称为"宇宙介质"的公式"表明物质的自身等同的状态",这种"宇宙介质"是"物质和机械力的统一",以此解释天体运动的发生。恩格斯指出,杜林的这个公式实际上是企图借用黑格尔的自在和自为范畴为其观点服务,而真实的情况却是:"在

① 《马克思恩格斯文集》第9卷,人民出版社2009年版,第59页。
② 《马克思恩格斯文集》第9卷,人民出版社2009年版,第60页。
③ 《马克思恩格斯文集》第9卷,人民出版社2009年版,第60页。
④ 《马克思恩格斯文集》第9卷,人民出版社2009年版,第61页。
⑤ 《马克思恩格斯文集》第9卷,人民出版社2009年版,第61页。

黑格尔那里,自在包含隐藏在某种事物、某种过程或某种概念中的尚未展开的对立所具有的原始同一性;而在自为中,这些隐藏的要素的区别和分离显现出来了,它们的抗争开始了。"黑格尔的自在和自为是一对辩证统一的矛盾体,自在中包含有隐藏对立要素的同一性,在自为中对立展开。然而,在杜林那里却是如此套用黑格尔的自在和自为的辩证关系:"把不动的原始状态理解为物质和机械力的统一,而把向运动的转化理解为这两者的分离和对立。"这样的话,不动的原始状态既可以归入黑格尔的自在范畴,也可以归入自为范畴。"在什么都不发生的原始状态中,物质及其状态即机械力是统一的。"①而当运动发生即物质和机械力分离时,就无法知道,"在那种状态下,机械力在什么地方"了,于是只能寻找外力的推动,只能求救于上帝了。"我们如果没有外来的推动,就是说没有上帝,怎样才能从绝对的不动转到运动。"②杜林兜了一圈之后,又回到了他在"世界模式论"中说要抛弃的形而上学。

在上述分析批判杜林错误观点的基础上,恩格斯论述了物质和运动的辩证关系。恩格斯指出,虽然在杜林之前的唯物主义者们已经谈到了物质和运动,但是由于杜林"把运动归结为机械力这样一种所谓的运动的基本形式",因此不能理解物质和运动之间的真实关系。恩格斯认为,物质和运动之间的真实关系首先是,"**运动是物质的存在方式。无论何时何地,都没有也不可能有没有运动的物质**"③。也就是说,凡物皆动,所有物质都处于运动的状态,不存在不运动的物质。恩格斯列举了从宇宙空间到有机生命体的运动形式说明物质运动的表现及其运动形式的多样性,指出"运动和物质本身一样,是既不能创造也不能消灭的"。"运动不能创造,只能转移"。因此得出"物质的没有运动的状态,是最空洞的和最荒唐的观念之一,是纯粹的'热昏的胡话'"。总

---

① 《马克思恩格斯文集》第9卷,人民出版社2009年版,第63页。
② 《马克思恩格斯文集》第9卷,人民出版社2009年版,第63页。
③ 《马克思恩格斯文集》第9卷,人民出版社2009年版,第64页。

之,"没有运动的物质和没有物质的运动一样,是不可想象的"①。

恩格斯还进一步论证了运动和静止的关系:"任何静止、任何平衡都只是相对的,只有对这种或那种特定的运动形式来说才是有意义的。"②运动是绝对的、是永恒的,静止是相对的、暂时的,静止是相对于运动而言的。而且,"运动应当以它的对立面即静止作为自己的量度"③,这虽然是事实和现实,但是,承认这一点,对于杜林这样的形而上学者来说,却"是一道难题和一服苦药"④;而对于辩证法而言,承认这一点却"根本不是什么困难","从辩证的观点看来,运动可以通过它的对立面即静止表现出来",因为"绝对的静止、无条件的平衡是不存在的。个别的运动趋向平衡,总的运动又破坏平衡。因此,出现静止和平衡,这是有限制的运动的结果,不言而喻,这种运动可以用自己的结果来计量,可以用自己的结果来表现,并且通过某种形式从自己的结果中重新得出来"⑤。恩格斯分析了热学的热理论以及化学中运动和静止辩证关系的体现,指出杜林的无机界自然哲学成果的积极方面和错误成分所在。

3. 批判杜林在生物进化问题上的形而上学观点,论证了马克思主义科学的生命观

关于生命的起源问题,杜林从"压力和碰撞的力学"即自然界渐进变化的运动过程中寻找解释。但是,在恩格斯看来,杜林的断言"只有一半是对的",即对于自然界不同运动形式渐进性变化的认识;而"从一种运动形式转变到另一种运动形式,总是一种飞跃,一种决定性的转折"。从天体力学、物体力学到分子力学所研究的运动,到普通化学作用转变到生命运动,不仅体现为渐变,而且有着飞跃性的质变,虽然生命运动的飞跃往后"变得越来越稀少和不显著"⑥。对

---

① 《马克思恩格斯文集》第9卷,人民出版社2009年版,第64页。
② 《马克思恩格斯文集》第9卷,人民出版社2009年版,第64页。
③ 《马克思恩格斯文集》第9卷,人民出版社2009年版,第66页。
④ 《马克思恩格斯文集》第9卷,人民出版社2009年版,第66页。
⑤ 《马克思恩格斯文集》第9卷,人民出版社2009年版,第67页。
⑥ 《马克思恩格斯文集》第9卷,人民出版社2009年版,第71页。

于这样的"转折",杜林却又借用或者确切地说是拙劣地仿制黑格尔的概念，即"借助于目的论或关于目的的学说从化学机理转到了生命"，是实实在在的"黑格尔的'粗制品'"①。

杜林反对达尔文的理论，反对适者生存、自然选择的观点，认为达尔文是"把马尔萨斯的人口论从经济学搬进自然科学"，"拘泥于牲畜饲养者的观念"，"用生存斗争来从事不科学的半诗"，因此，具有和马尔萨斯的人口论一样的缺陷。而"整个达尔文主义除了从拉马克那里抄来的东西以外，只是一种与人性对抗的兽性"②。但是，在恩格斯看来，达尔文通过他的科学旅行发现，"植物和动物的种不是固定的，而是变化的"③。在对植物和动物进行人工培育的过程中，达尔文发现，"培育工作在同种的动物和植物中人工造成的区别，比那些公认为异种的动物和植物的区别还要大些"。于是，物种在一定程度上的变异性，以及"具有异种特征的有机体可能有共同的祖先"④这一点都得到了证实。正是通过其研究过程，达尔文得出物种"通过自然选择、通过适者生存而发生变异"⑤。恩格斯指出，实际上，达尔文"根本没有想到要说生存斗争观念的**起源**应当到马尔萨斯那里去寻找。他只是说：他的生存斗争理论是应用于整个动物界和植物界的马尔萨斯理论"⑥。无论达尔文是否求助于、借助于马尔萨斯，自然界的生存斗争是实实在在存在着的，自然界的有机体有其自身的规律，"生存斗争也可以没有任何马尔萨斯的解释而依旧在自然界中进行"⑦，而正是达尔文对于证实这个客观存在的规律、对于物种进化的理论"给了决定性的推动"，其工作"有决定性的意义"⑧。总之，关于生命的起

① 《马克思恩格斯文集》第9卷，人民出版社2009年版，第71页。
② 《马克思恩格斯文集》第9卷，人民出版社2009年版，第72页。
③ 《马克思恩格斯文集》第9卷，人民出版社2009年版，第72页。
④ 《马克思恩格斯文集》第9卷，人民出版社2009年版，第72、73页。
⑤ 《马克思恩格斯文集》第9卷，人民出版社2009年版，第73页。
⑥ 《马克思恩格斯文集》第9卷，人民出版社2009年版，第73页。
⑦ 《马克思恩格斯文集》第9卷，人民出版社2009年版，第74页。
⑧ 《马克思恩格斯文集》第9卷，人民出版社2009年版，第74页。

源,自然科学能够断定"必然是通过化学的途径实现的",即要通过渐变、渐进的过程;达尔文的生物进化论表明:"自然选择这个用语只包括变异的**保存**而不包括变异的产生"①,自然选择通过生存斗争来实现。

关于生命的本质、生命的标志问题,杜林"想从比较狭窄的和严格的意义上来说明","结果提出了四个完全互相矛盾的生命标志"②。因为杜林对于生命的理解是这样的:"无机界也是一个自我实现的活动的体系;但是只有在真正的分化和物质循环的中介通过起始于一个内在的点的特别管道并且按照一种可向较小形体转移的胚胎模式开始实现时,才能从比较狭窄和比较严格的意义上来谈真正的生命。"③恩格斯分析了从细胞到生命的发育过程,"一切有机体,除了最低级的以外,都是由细胞构成的,即由很小的、只有经过高度放大才能看得到的、内部具有细胞核的蛋白质小块构成的"④,而"最低级的细胞体是由一个细胞构成的;绝大多数生物都是多细胞的,是集合了许多细胞的复合体,这些细胞在低级有机体中还是同类型的,而在高级有机体中就具有了越来越不同的形式、类别和功能"⑤。细胞经过发育的过程发展到植物或动物。然而,杜林却像一个对动物和植物一无所知的人一样,提出"难道动物是从植物发展出来的吗?"的问题。那么,生命究竟是什么? 恩格斯指出,"生理化学家和化学生理学家已经无数次地说过,有机体的新陈代谢是生命的最一般的和最显著的现象",但是"新陈代谢本身即使没有生命也可以发生",因此,"**生命是蛋白体的存在方式**,这种存在方式本质上就在于这些蛋白体的化学成分的不断的自我更新"⑥。恩格斯进一步解释道:"蛋白体是按照现代化学的意义来理解的,现代化学把所有在构成上类似普通蛋白或者也称为蛋白质的东

---

① 《马克思恩格斯文集》第9卷,人民出版社2009年版,第78页。
② 《马克思恩格斯文集》第9卷,人民出版社2009年版,第83页。
③ 《马克思恩格斯文集》第9卷,人民出版社2009年版,第82页。
④ 《马克思恩格斯文集》第9卷,人民出版社2009年版,第81页。
⑤ 《马克思恩格斯文集》第9卷,人民出版社2009年版,第81—82页。
⑥ 《马克思恩格斯文集》第9卷,人民出版社2009年版,第86页。

西都包括在蛋白体这一名称之内。"虽然恩格斯认为这个名称是不恰当的，"但是，当人们对蛋白体的化学构成还知之甚少的时候，这个名称总比一切其他名称好些，因为它更有概括性。"因为，"无论在什么地方，只要我们遇到生命，我们就发现生命是和某种蛋白体相联系的，而且无论在什么地方，只要我们遇到不处于分解过程中的蛋白体，我们也无例外地发现生命现象"①。作为蛋白体存在方式的生命，首先在于"蛋白体在每一瞬间既是它自身，同时又是别的东西"；生命"即通过摄食和排泄来实现的新陈代谢，是一种自我完成的过程，这种过程是它的体现者——蛋白质所固有的、生来就具备的，没有这种过程，蛋白质就不能存在"②。

总之，虽然恩格斯认为，"我们的生命定义当然是很不充分的，因为它远没有包括**一切**生命现象，而只是限于最一般的和最简单的生命现象。"但是，在科学上，一切定义都具有微小的但实际的意义和价值，这在于"对日常的应用来说，这样的定义是非常适用的，在有些地方简直是不能缺少的"，只要人们知道其不足，并进一步去深入探究，总有一天，生命的本质将会被科学揭示。因此，"要想真正详尽地知道什么是生命，我们就必须探究生命的一切表现形式，从最低级的直到最高级的"③。

二、剖析杜林在社会历史领域的唯心主义体现

（一）批判杜林的永恒道德论，揭示道德总是一定的社会生产和交换的经济关系的产物

在《九　道德和法。永恒真理》这章，恩格斯批判了杜林从人的思维至上性出发，以一些简单事实的表述为依据来论证存在着永恒终极真理的错误，论

---

① 《马克思恩格斯文集》第 9 卷，人民出版社 2009 年版，第 87 页。
② 《马克思恩格斯文集》第 9 卷，人民出版社 2009 年版，第 87—88 页。
③ 《马克思恩格斯文集》第 9 卷，人民出版社 2009 年版，第 88 页。

证了人的思维能力是至上性和非至上性相统一的原理。

杜林认为,人的思维只具有"至上的意义",因此,他从人的思维至上性出发,以一些简单事实的表述为依据来论证存在着永恒的终极真理。杜林认为:"真正的真理是根本不变的……因此,把认识的正确性设想成是受时间和现实变化影响的,那完全是愚蠢。"①在杜林看来,真理是永恒的,不受时间和现实变化的影响,从而否定了真理是一个辩证发展的过程。恩格斯认为,没有抽象的、永恒不变的真理,真理都是具体的,是随着实践和认识的过程不断丰富和发展的。因此,杜林的永恒终极真理是形而上学绝对主义的。

基于对杜林错误的剖析,恩格斯指出应该从人类历史发展的进程中去研究人的思维能力最终是至上的还是非至上的,并论证了人的思维能力是至上性和非至上性相统一的原理。恩格斯认为:"一方面,人的思维的性质必然被看做是绝对的,另一方面,人的思维又是在完全有限地思维着的个人中实现的。这个矛盾只有在无限的前进过程中,在至少对我们来说实际上是无止境的人类世代更迭中才能得到解决。从这个意义来说,人的思维是至上的,同样又是不至上的,它的认识能力是无限的,同样又是有限的。按它的本性、使命、可能和历史的终极目的来说,是至上的和无限的;按它的个别实现情况和每次的现实来说,又是不至上的和有限的。"②这即是说,至上和非至上并不是绝对对立的。一方面,就人的思维的性质而言是绝对的;另一方面,人的思维又是在完全有限地思维着的个人中实现的。这个矛盾只有在无限的前进过程中,在至少对我们来说实际上是无止境的人类世代更迭中才能得到解决。恩格斯分别从认识的性质和认识的过程论述了思维的至上性和非至上性(即人认识能力的无限性和有限性),认为人的思维能力的至上性和非至上性都是从一定的范围上讲的,如果离开了它所指的特定范围去谈论至上性和非至上性都是错误的。总之,马克思主义唯物辩证法认为,至上性和非至上性是人的认识

---

① 《马克思恩格斯文集》第9卷,人民出版社2009年版,第90页。
② 《马克思恩格斯文集》第9卷,人民出版社2009年版,第92页。

中的固有矛盾,它们是相互依存的。

接下来,恩格斯详尽地分析了人类思维成果的实际情况,来说明人类对真理的认识总是不断发展的,从而充分说明了人的认识在本质上是相对的。恩格斯把整个认识领域分为三大类别,"第一个部分包括所有研究非生物界的并且或多或少能用数学方法处理的科学,即数学、天文学、力学、物理学、化学"①,"第二类科学是研究活的有机体的科学"②。通过对这两类科学研究对象和研究过程的分析,恩格斯说明认识的相对性,说明一个真理性的科学认识是在错综复杂的历史过程中不断完善的。而"在第三类科学中,即在按历史顺序和现今结果来研究人的生活条件、社会关系、法的形式和国家形式及其由哲学、宗教、艺术等等组成的观念上层建筑的历史科学中,永恒真理的情况还更糟"③。也就是说,在对人类社会历史领域的考察说明方面获得真理性的认识比在自然科学方面要更困难得多。但是,在历史和现实生活中同样不存在什么永恒的真理,所谓真正的、根本不变的真理根本就是没有的,真理都是具体的,具有相对性。

然而,这也并不是说,无所谓真理和谬误的区分,或者说真理和谬误毫无关系。杜林认为,真理永远就是真理,它和谬误毫无关系,更不会相互转变。恩格斯对杜林的形而上学绝对主义真理观进行了有力的批判,指出真理和谬误的界限是相对的,揭露了杜林"永恒真理"的荒谬性。恩格斯阐释道:"认识就其本性而言,或者对漫长的世代系列来说是相对的而且必然是逐步趋于完善的,或者就像在天体演化学、地质学和人类历史中一样,由于历史材料不足,甚至永远是有缺陷的和不完善的,而谁要以真正的、不变的、最后的终极的真理的标准来衡量认识,那么,他只是证明他自己的无知和荒谬,即使真正的动机并不像在这里那样是要求个人不犯错误。真理和谬误,正如一切在两极对

---

① 《马克思恩格斯文集》第 9 卷,人民出版社 2009 年版,第 92 页。
② 《马克思恩格斯文集》第 9 卷,人民出版社 2009 年版,第 93 页。
③ 《马克思恩格斯文集》第 9 卷,人民出版社 2009 年版,第 94 页。

立中运动的逻辑范畴一样,只是在非常有限的领域内才具有绝对的意义"①。恩格斯的阐释说明了这样几层意思:第一,认识的必然趋势总是从相对的不完善逐步趋于完善,这是人类认识的本性;而具体历史时代的人的认识则永远是有缺陷的、不完善的。第二,"只要我们在上面指出的狭窄的领域之外应用真理和谬误的对立,这种对立就变成相对的"②,即真理和谬误既是对立的,又是统一的,二者在一定的条件下可以相互转化,转化的关键在于客观事物所处的条件。

最后,基于上面关于人的思维能力是至上性和非至上性相统一的原理、真理和谬误的对立统一关系,恩格斯批判了杜林的永恒道德论,论证了道德是一定经济关系的产物,道德发展总的说来是趋向进步的,但至今还未能超出阶级的道德。"我们拒绝想把任何道德教条当做永恒的、终极的、从此不变的伦理规律强加给我们的一切无理要求,这种要求的借口是,道德世界也有凌驾于历史和民族差别之上的不变的原则。"③

杜林以其永恒真理论为基础,提出了永恒道德论。杜林认为,无论怎么说,善不是恶,恶不是善,不能混淆善恶。恩格斯指出,如果问题这么简单,就根本不会有善恶之争了。因为人人都知道什么是善,什么是恶。在恩格斯看来,善与恶是道德领域最基本的对立概念,它们因民族、时代的不同而不同。"人们自觉地或不自觉地,归根到底总是从他们阶级地位所依据的实际关系中……获得自己的伦理观念。"④今天存在着基督教的封建主义道德、资产阶级道德和无产阶级道德,这三种道德都不具有终极的真理性。也就是说,一定的道德总是一定的社会生产和交换的经济关系的产物。换句话说,道德作为社会上层建筑总是经济基础的反映。社会直到现在还是在阶级对立中运动,

---

① 《马克思恩格斯文集》第9卷,人民出版社2009年版,第96页。
② 《马克思恩格斯文集》第9卷,人民出版社2009年版,第96页。
③ 《马克思恩格斯文集》第9卷,人民出版社2009年版,第99页。
④ 《马克思恩格斯文集》第9卷,人民出版社2009年版,第99页。

所以道德始终是阶级的道德。"一切以往的道德论归根到底都是当时的社会经济状况的产物。而社会直到现在是在阶级对立中运动的,所以道德始终是阶级的道德;它或者为统治阶级的统治和利益辩护,或者当被压迫阶级变得足够强大时,代表被压迫者对这个统治的反抗和他们的未来利益。"①道德发展总的说来是趋向进步的,但至今还未能有超出阶级的道德。只有到了不仅消灭阶级对立而且也忘却了这种对立的社会发展阶段,才可能出现真正人的道德。"只有在不仅消灭了阶级对立,而且在实际生活中也忘却了这种对立的社会发展阶段上,超越阶级对立和超越对这种对立的回忆的、真正人的道德才成为可能。"②

(二)批判杜林的唯心主义平等观,提出无产阶级平等观的主要内容

在《十 道德和法。平等》这一章,恩格斯不仅批判了杜林平等观的先验主义方法,而且批判了杜林所谓"两个人的意志彼此平等"的道德公理,最终概括了平等观的产生和发展的历程,阐述了无产阶级平等观的实质。

首先,恩格斯批判了杜林平等观的先验主义方法。即"把每一类认识对象分解成它们的所谓最简单的要素,把同样简单的所谓不言而喻的公理应用于这些要素,然后再进一步运用这样得出的结论"③。杜林在谈论人的平等等社会生活领域内的问题时同样坚持这种方法。恩格斯指出了这一方法的问题所在:"不是从对象本身去认识某一对象的特性,而是从对象的概念中逻辑地推导出这些特性。首先,从对象构成对象的概念;然后颠倒过来,用对象的映象即概念去衡量对象。这时,不是概念应当和对象相适应,而是对象应当和概

---

① 《马克思恩格斯文集》第 9 卷,人民出版社 2009 年版,第 99—100 页。
② 《马克思恩格斯文集》第 9 卷,人民出版社 2009 年版,第 100 页。
③ 《马克思恩格斯文集》第 9 卷,人民出版社 2009 年版,第 101 页。

念相适应了。"①那么,杜林对社会平等问题的研究,就是从抽象的平等概念中逻辑地进行推导,而不是从社会本身、不是从社会的现实关系出发。因此,杜林所谓的"现实哲学"则不是从现实本身出发来研究现实,而是从概念中推论出现实。如恩格斯所言:"现实哲学在这里也是纯粹的意识形态,它不是从现实本身推导出现实,而是从观念推导出现实。"②

其次,恩格斯进一步批判杜林"两个人的意志彼此平等"的道德公理。杜林认为"'两个人的意志,就其本身而言,是彼此完全平等的,而且一方不能一开始就向另一方提出任何肯定的要求'。因此,'道德上的正义的基本形式就被表述出来了';同样,法律上的正义的基本形式也被表述出来了,因为'为了阐发法的基本概念,我们只要有两个人的十分简单的和基本的关系就够了'"③。恩格斯尖锐地指出,"两个人或两个人的意志就其本身而言是彼此完全**平等**的——这不仅不是公理,而且甚至是过度的夸张。"④因为"两个人"的概念完全是抽象的,也就是说,这两个人摆脱了一切性别的和个人的特性。然而,"两个人甚至就其本身而言,在性别上可能就是不平等的"⑤。两个人性别不同,那么在道德上和法上自然也就不可能有平等的地位。"社会的最简单的要素——如果我们暂且接受这样的童稚之见——不是两个男人,而是一个男人和一个女人,他们建立了**家庭**,即以生产为目的的社会结合的最简单的和最初的形式。"⑥并且,"不仅道德上的不平等,而且精神上的不平等也足以排除两个意志的'完全平等'"⑦。由此可见,杜林的平等观出现了自相矛盾之处,他树立了这样一种道德,一方面主张按照公理建立平等,另一方面又主

① 《马克思恩格斯文集》第9卷,人民出版社2009年版,第101页。
② 《马克思恩格斯文集》第9卷,人民出版社2009年版,第101页。
③ 《马克思恩格斯文集》第9卷,人民出版社2009年版,第102页。
④ 《马克思恩格斯文集》第9卷,人民出版社2009年版,第102页。
⑤ 《马克思恩格斯文集》第9卷,人民出版社2009年版,第102页。
⑥ 《马克思恩格斯文集》第9卷,人民出版社2009年版,第102页。
⑦ 《马克思恩格斯文集》第9卷,人民出版社2009年版,第107页。

张通过暴力实行平等化,于是打破了自己的平等理论,实质上是一种道德的退却。

最后,恩格斯概括了平等观的产生和发展的历程,阐述了无产阶级平等观的实质。"要从这种相对平等的原始观念中得出国家和社会中的平等权利的结论,要使这个结论甚至能够成为某种自然而然的、不言而喻的东西,必然要经过而且确实已经经过几千年。"①

恩格斯回顾了社会发展的最初时期,指出那时的平等是分层次的、不全面的。"在最古老的自然形成的公社中,最多只谈得上公社成员之间的平等权利,妇女、奴隶和外地人自然不在此列。在希腊人和罗马人那里,人们的不平等的作用比任何平等要大得多。"②而"基督教只承认一切人的一**种**平等,即原罪的平等,这同它曾经作为奴隶和被压迫者的宗教的性质是完全适合的。此外,基督教至多还承认上帝的选民的平等,但是这种平等只是在开始时才被强调过"③。此后,市民阶级在封建的中世纪内部孕育产生。市民阶级最初只是一个封建等级,但是,随着社会经济生活条件的不断变革,这个等级在它进一步的发展中逐渐成为现代平等要求的代表者,这就是市民等级。于是,这个等级的平等和自由便"很自然地被宣布为**人权**"。"这种人权的特殊资产阶级性质的典型表现是美国宪法,它最先承认了人权,同时确认了存在于美国的有色人种奴隶制:阶级特权不受法律保护,种族特权被神圣化。"④与资产阶级的平等要求一直相伴随的是无产阶级的平等要求,这种平等是建立在消灭阶级的要求之上的。"无产阶级平等要求的实际内容都是消灭阶级的要求。任何超出这个范围的平等要求,都必然要流于荒谬。"⑤

通过对平等观的历史发展的分析,恩格斯概括了无产阶级平等观的实质。

---

① 《马克思恩格斯文集》第9卷,人民出版社2009年版,第109页。
② 《马克思恩格斯文集》第9卷,人民出版社2009年版,第109页。
③ 《马克思恩格斯文集》第9卷,人民出版社2009年版,第109页。
④ 《马克思恩格斯文集》第9卷,人民出版社2009年版,第112页。
⑤ 《马克思恩格斯文集》第9卷,人民出版社2009年版,第113页。

一方面,平等都是具体的平等。"平等应当不仅仅是表面的,不仅仅在国家的领域中实行,它还应当是实际的,还应当在社会的、经济的领域中实行。"①平等不是空泛的,应当是具体的。只有细致到国家社会具体生活领域的平等才是真正意义上的平等,空泛、抽象的平等口号只是欺骗人民的手段。另一方面,不存在永恒的平等。"平等的观念,无论以资产阶级的形式出现,还是以无产阶级的形式出现,本身都是一种历史的产物,这一观念的形成,需要一定的历史条件,而这种历史条件本身又以长期的以往的历史为前提。"②也就是说,对各个时代平等观念的评价都不能离开当时的社会现实,没有抽象的、永恒的平等。"平等观念说它是什么都行,就不能说它是永恒的真理。"③

（三）分析批判杜林"自由"定义的矛盾性,论证了自由是对规律的认识

在《十一 道德和法。自由和必然》这一章,恩格斯批判杜林"自由"定义的矛盾性,论证了自由是历史发展的产物,自由是对规律的认识。

杜林给自由下了两个定义。第一个定义:"人们用来代替一切伪自由学说的,是这样一种关系的合乎经验的特性,在这种关系中,一方面是理性的认识,另方面是本能的冲动,双方似乎联成一个合力。"④也就是说,自由是理性的认识与本能的冲动的合力,这种自由具有合乎经验的特性。在恩格斯看来,杜林对"自由"的解释是完全离开了客观必然性的判断。所谓"理性的认识""本能的冲动"都是主观行为,这两者合力的性质需要由人们预先估计。第二个定义:自由"只不过是按照先天的和后天的知性对自觉动机的感受。所有这样的动机,尽管会觉察到行动中可能出现对立,总是以不可回避的自然规律

---

① 《马克思恩格斯文集》第9卷,人民出版社2009年版,第112页。
② 《马克思恩格斯文集》第9卷,人民出版社2009年版,第113页。
③ 《马克思恩格斯文集》第9卷,人民出版社2009年版,第113页。
④ 《马克思恩格斯文集》第9卷,人民出版社2009年版,第119页。

性起着作用"①。对于这个定义,恩格斯评价道:"这第二个关于自由的定义随随便便地就给了第一个定义一记耳光,它又只是对黑格尔观念的极端庸俗化。"②杜林完全没有真正了解黑格尔关于自由实质的认识。恩格斯指出:"黑格尔第一个正确地叙述了自由和必然之间的关系。在他看来,自由是对必然的认识。""自由不在于幻想中摆脱自然规律而独立,而在于认识这些规律,从而能够有计划地使自然规律为一定的目的服务。"③

基于对杜林关于自由的错误定义的批判,恩格斯进一步论述了自由是历史发展的产物。既然"自由就在于根据对自然界的必然性的认识来支配我们自己和外部自然;因此它必然是历史发展的产物"④。摆在人类面前的尚未被认识的必然性还很多,随着人类对必然性的认识越深刻,人类根据这种认识进行选择的自由度也就越大。恩格斯之所以探讨自由和必然的关系问题,是因为要研究道德和法的问题,不能够回避自由和必然的关系问题。假如人在世界上的一切都只是受到必然性的支配,毫无自由可言的话,那么势必凡事听天由命,人对自己的行为就不需要负有道德和法律的责任。正如恩格斯所说:"如果不谈所谓自由意志、人的责任能力、必然和自由的关系等问题,就不能很好地议论道德和法的问题。"⑤

三、批判杜林对马克思辩证法的曲解

恩格斯批判了杜林对马克思辩证法的曲解,并阐释唯物辩证法是科学的世界观和方法论。这些观点集中在《十二 辩证法。量和质》《十三 辩证法。否定的否定》两部分中论述。

---

① 《马克思恩格斯文集》第9卷,人民出版社2009年版,第120页。
② 《马克思恩格斯文集》第9卷,人民出版社2009年版,第120页。
③ 《马克思恩格斯文集》第9卷,人民出版社2009年版,第120页。
④ 《马克思恩格斯文集》第9卷,人民出版社2009年版,第120页。
⑤ 《马克思恩格斯文集》第9卷,人民出版社2009年版,第119页。

(一)批判杜林对矛盾的否定

恩格斯首先批判了杜林对矛盾的否定。杜林一方面照搬黑格尔,另一方面又斥责和歪曲黑格尔。

杜林认为,"矛盾的东西是一个范畴,这个范畴只能归属于思想组合,而不能归属于现实"①。换句话说,在杜林眼里,现实世界中不存在矛盾,矛盾是思想范畴。恩格斯认为,杜林的观点实际上是从黑格尔那里搬过来的。但是,杜林一方面照搬黑格尔,另一方面又斥责和歪曲黑格尔,目的是证明其矛盾在现实世界中是不存在的观点。杜林如此阐释黑格尔的思想:"按照黑格尔的逻辑学,或确切些说,按照逻各斯学说,矛盾的东西决不是存在于按本性来说只能被看做主观的和自觉的思维中,而是客观地存在于事物和过程本身中,而且可以说是见诸形体的,这样,背理就不再是不可想象的思想组合,而是成为一种实际的力量。荒谬东西的现实性,是黑格尔关于逻辑和非逻辑的统一的第一项信条……越矛盾就越真实,或者换句话说,越荒谬就越可信,这种并非新发现的、而是从启示神学和神秘主义中抄来的箴言,是所谓辩证原则的赤裸裸的表现。"②事实上,黑格尔所说的矛盾是概念本身的矛盾,并非客观世界的矛盾,客观世界的矛盾只是概念矛盾的外化。

恩格斯指出,矛盾是客观存在的。只要承认事物的运动、变化和相互作用,就是承认矛盾。因为"运动本身就是矛盾;甚至简单的机械的位移之所以能够实现,也只是因为物体在同一瞬间既在一个地方又在另一个地方,既在同一个地方又不在同一个地方。这种矛盾的连续产生和同时解决正好就是运动"③。事物之所以处于运动、变化当中,其根本在于矛盾是事物运动、发展的源泉和动力。恩格斯进一步论证了从简单的机械位移到高级的生命运动形

---

① 《马克思恩格斯文集》第9卷,人民出版社2009年版,第125页。
② 《马克思恩格斯文集》第9卷,人民出版社2009年版,第126页。
③ 《马克思恩格斯文集》第9卷,人民出版社2009年版,第127页。

式,及至思维领域,都存在着矛盾,尤其分析了高等数学中的矛盾。恩格斯指出杜林不能理解运动本身就是矛盾,其错误在于他的形而上学思维方式,"形而上学地思维的知性绝对不能从静止的思想转到运动的思想"①。

(二)批判杜林对于质量互变规律的否定

杜林说:"引证黑格尔关于量转变为质这一混乱的模糊观念,从而认为预付达到一定界限时就会单单由于这种量的增加而成为资本,这岂不显得多么滑稽!"②杜林认为,黑格尔关于量转变为质的观点是混乱的模糊观念,并以此攻击了马克思在《资本论》中所说的货币转化为资本的理论是从黑格尔的量转变为质的规律套用来的。

恩格斯引证马克思在《资本论》中货币转为资本的论述,借以证明质量互变规律的存在;并从日常生活中的水变为冰和汽,以及在化学中的有机化合物和无机化合物等等实例,进一步论证质量互变规律的存在。还举拿破仑认为两个马木留克兵绝对能赢得三个法国兵的事例生动说明质量互变规律的存在。"我们还想为量转变为质找一个证人,他就是拿破仑。拿破仑描写过骑术不精、但有纪律的法国骑兵和当时无疑地最善于单兵格斗、但没有纪律的骑兵——马木留克兵之间的战斗"③,结果是:两个马木留克兵打赢三个法国兵,100个法国兵与100个马木留克兵势均力敌,300个法国兵大都能战胜300个马木留克兵,而1000个法国兵则总能打败1500个马木留克兵。

(三)阐释唯物辩证法是科学的世界观和方法论

恩格斯批判了杜林对于马克思借用黑格尔否定之否定公式的歪曲,阐释了唯物辩证法是科学的世界观和方法论。

---

① 《马克思恩格斯文集》第9卷,人民出版社2009年版,第127页。
② 《马克思恩格斯文集》第9卷,人民出版社2009年版,第131页。
③ 《马克思恩格斯文集》第9卷,人民出版社2009年版,第136页。

杜林认为,"马克思不依靠黑格尔的否定的否定,就无法证明社会革命的必然性,证明建立土地公有制和劳动所创造的生产资料的公有制的必然性"①。对此,杜林这样写道:"由于缺乏较好的和较明白的方法,黑格尔的否定的否定不得不在这里执行助产婆的职能,靠它的帮助,未来便从过去的腹中产生出来。"②也就是说,杜林认为马克思得出社会主义公有制必然代替资本主义私有制的结论是借用黑格尔的否定之否定公式作为助产婆帮助才得以完成的,马克思得出的未来社会主义公有制是一个"既是个人的又是社会的所有制的混沌世界",是马克思"根据从宗教中抄袭来的""荒唐类比"创造出的社会主义理论,而这个"混沌世界"来自于"马克思观念的混沌杂种",因此"一定会出现无稽之谈"③。

然而,在恩格斯看来,杜林说马克思用黑格尔的否定之否定来执行助产婆的职务,是"把马克思只字未提的什么所有制的更高的统一硬加给马克思"④,是颠倒了事实。恩格斯引用了马克思在《资本论》中关于资本积累的经济研究和历史研究得出的结论,由此反驳杜林强加给马克思的所谓"既是个人的又是社会的所有制"的臆想。恩格斯指出,马克思是基于社会经济关系和社会历史发展过程的具体分析,得出了未来社会是"一个按社会主义原则组织起来的联合体"即"自由人联合体",这个社会是人类社会在资本主义社会灭亡之后的更高级发展阶段,资本主义灭亡的过程是否定之否定。马克思说:"资本主义的生产方式和占有方式,从而资本主义的私有制,是对个人的、以自己劳动为基础的私有制的第一个否定。对资本主义生产的否定,是它自己由于自然过程的必然性而造成的。这是否定的否定"⑤。因为"正像以往小生产由于自身的发展而必然造成消灭自身,即剥夺小私有者的条件一样,现在资

---

① 《马克思恩格斯文集》第9卷,人民出版社2009年版,第137页。
② 《马克思恩格斯文集》第9卷,人民出版社2009年版,第136页。
③ 《马克思恩格斯文集》第9卷,人民出版社2009年版,第137页。
④ 《马克思恩格斯文集》第9卷,人民出版社2009年版,第137页。
⑤ 《马克思恩格斯文集》第9卷,人民出版社2009年版,第141页。

本主义生产方式也自己造成使自己必然走向灭亡的物质条件。"①这个过程是一个历史的过程,也是一个辩证的过程。马克思把这 过程称为否定之否定时,只是证明这一过程已经部分地得以实现,并还会进一步实现,是按照辩证法规律完成的过程。于是,恩格斯又进一步批判了杜林把辩证法当作单纯证明的工具,"是对辩证法的本性根本不了解"。恩格斯则把辩证法和形式逻辑作了对比,指出形式逻辑也并非单纯证明的工具,因为"形式逻辑也首先是探寻新结果的方法,由已知进到未知的方法;辩证法也是这样,不过它高超得多;而且,因为辩证法突破了形式逻辑的狭隘界限,所以它包含着更广泛的世界观的萌芽"②。由此驳斥了杜林的谬论。

接下来,恩格斯又以数学、大麦粒的成长、人类历史的发展进程以及哲学唯物主义和卢梭的平等说为例,揭示了否定之否定规律存在的广泛性、多样性和客观普遍性,最终得出结论:"否定的否定这个规律在自然界和历史中起着作用,而在它被认识以前,它也在我们头脑中不自觉地起着作用,它只是被黑格尔第一次明确地表述出来而已。"③否定的否定是"是自然界、历史和思维的一个极其普遍的、因而极其广泛地起作用的、重要的发展规律",这一规律正如恩格斯所举的从植物界到动物界,从数学、地质学到历史和哲学等例子,证明其广泛地起着作用,即使杜林"他百般反对和抗拒,也总是不知不觉地按照自己的方式遵循这一规律"④。但是,恩格斯同时强调要注意否定的否定适用范围,否定的方式"首先取决于过程的一般性质,其次取决于过程的特殊性质"。"每一种事物都有它的特殊的否定方式,经过这样的否定,它同时就获得发展,每一种观念和概念也是如此。"当我们谈否定的否定时候,"我是用这一个运动规律来概括所有这些过程,正因为如此,我没有去注意每一个个别的

---

① 《马克思恩格斯文集》第9卷,人民出版社2009年版,第141页。
② 《马克思恩格斯文集》第9卷,人民出版社2009年版,第142页。
③ 《马克思恩格斯文集》第9卷,人民出版社2009年版,第150页。
④ 《马克思恩格斯文集》第9卷,人民出版社2009年版,第148页。

特殊过程的特点"①。

恩格斯还指出了辩证法和形而上学思维狭隘性的区别。"在辩证法中，否定不是简单地说不，或宣布某一事物不存在，或用随便一种方法把它毁掉。"辩证的否定是指"我不仅应当否定，而且还应当再扬弃这个否定。因此，我第一次否定的时候，就必须使第二次否定能够发生或者将会发生"。总之，"辩证法不过是关于自然界、人类社会和思维的运动和发展的普遍规律的科学"②。因此，辩证法的规律是普遍适用的，但是，它具体适用的表现又是多样的，要具体事物具体分析，不能简单地生硬套用。

在《哲学》编的《十四 结论》部分，恩格斯小结了本编对于杜林哲学体系内容的逐一批判，指出杜林的"世界模式论"是"黑格尔逻辑学的一个肤浅得无以复加的复制品"，而且和黑格尔的逻辑学一样的错误当中，即先验主义地认为范畴神秘地存在于"世界之前和世界之外"③的某个地方。杜林自然哲学的出发点只有借助于"无可救药的混乱观念"才能想象，而只有借助上帝才能进入其描述的状态。在"道德和法领域"，杜林"把卢梭庸俗化"；在法学方面，表现出"少见的无知"。总之，号称自己的思维方式"'排除受主观主义限制的世界观'的任何趋向的哲学家"④杜林，实质上认识"极端贫乏"，有着"狭隘的形而上学思维方式"和"滑稽可笑的自高自大"，以及"幼稚的奇奇怪怪的想法"；他对别人采用的"真正批判的观点"，实际上是把他自己"一手炮制的东西硬加给别人"。而杜林的哲学"归根到底正是黑格尔所说的'德国的所谓启蒙学说的最稀薄的清汤'，它的稀薄和一眼就能看透的浅薄只是由于拌入了神谕式的只言片语，才变得稠厚和混浊起来"。究其性质，就是哲学上的"折中主义"，实则从折中主义倒向了唯心主义。他没有跳出黑格尔的范畴论证，

---

① 《马克思恩格斯文集》第9卷，人民出版社2009年版，第149页。
② 《马克思恩格斯文集》第9卷，人民出版社2009年版，第149页。
③ 《马克思恩格斯文集》第9卷，人民出版社2009年版，第151页。
④ 《马克思恩格斯文集》第9卷，人民出版社2009年版，第151—152页。

却抛弃了黑格尔的辩证法思想。于是,杜林所宣称的其全书带来的"新的思维方式""完全独特的结论和观点"以及"创造体系的思想"实际上提供的是"各种新的无稽之谈",同杜林"大吹大擂"地叫卖他的学说相反,其"大话后面却是空空如也,简直一无所有",因此,杜林不是"江湖骗子"①,谁还能是呢!

第三节　分析批判的当代价值：坚持
唯物主义与辩证法、唯物主义
自然观与历史观的有机统一

恩格斯对杜林主义的分析批判,尤其是《反杜林论》的出版,无论在当时还是今天,都具有重要的意义。如第二国际的领袖之一康·施米特曾说:"这部著作引导当时党内许多不甚了解马克思主义伟大思想的人提高了认识,并对后来的发展起了决定性作用。"②考茨基在其《弗里德里希·恩格斯》一文中也强调:"在恩格斯的《反杜林论》出版以后,我们才开始比较深入地探究了马克思主义的思维方式,开始系统地按马克思主义来思考和工作了。从那时起才开始出现了一个马克思主义的学派。"③

一、反对折中的唯心主义，坚持彻底的唯物主义

在《反杜林论》中,恩格斯批判、揭露了杜林先验主义的唯心主义实质,阐明了唯物主义的反映论原则。恩格斯批判杜林原则是第一性的观点,指出自然界和人类社会才是本原、是第一性的;批判杜林提出的"世界统一于存在"的折中主义观点,阐明世界的物质统一性原理。"世界的统一性并不在于它的存在,尽管世界的存在是它的统一性的前提,因为世界必须先**存在**,然后才

---

① 《马克思恩格斯文集》第9卷,人民出版社2009年版,第152页。
② 转引自[德]曼·克里姆:《恩格斯文献传记》,湖南人民出版社1986年版,第476页。
③ 转引自[德]曼·克里姆:《恩格斯文献传记》,湖南人民出版社1986年版,第477页。

能是**统一的**。……世界的真正的统一性在于它的物质性。"①恩格斯系统批判了杜林的自然哲学,论述了辩证唯物主义的自然观。批判杜林把时空的无限性归结为无限序列的无限性,论证有限和无限的辩证统一关系;批判杜林割裂物质和运动关系的错误观点,论证运动是物质的存在方式;批判杜林在生物进化问题上的形而上学观点,论证了马克思主义科学的生命观。

在其后的《费尔巴哈论》中恩格斯对于彻底的唯物主义观点做了系统的概括。恩格斯明确提出哲学的基本问题:"全部哲学,特别是近代哲学的重大的基本问题,是思维和存在的关系问题。"②并论述了哲学基本问题包括两个方面的内容,第一个方面的内容是:世界的本原是什么? 是思维/精神,还是存在/自然界? 恩格斯指出,"哲学家依照他们如何回答这个问题而分成了两大阵营。凡是断定精神对自然界说来是本原的,从而归根到底承认某种创世说的人(而创世说在哲学家那里,例如在黑格尔那里,往往比在基督教那里还要繁杂和荒唐得多),组成唯心主义阵营。凡是认为自然界是本原的,则属于唯物主义的各种学派"③。即在世界的本原问题上,划分了唯物主义和唯心主义。但是,需要指出的是,"唯心主义和唯物主义这两个用语本来没有任何别的意思,它们在这里也不是在别的意义上使用的"④。因此,唯物主义和唯心主义这两个概念的使用必须严格限制在这个命题的范围内。关于哲学基本问题第二个方面的内容是:"我们关于我们周围世界的思想对这个世界本身的关系是怎样的? 我们的思维能不能认识现实世界? 我们能不能在我们关于现实世界的表象和概念中正确地反映现实? 用哲学的语言来说,这个问题叫做思维和存在的同一性问题,绝大多数哲学家对这个问题都作了肯定的回

① 《马克思恩格斯文集》第9卷,人民出版社2009年版,第47页。
② 《马克思恩格斯文集》第4卷,人民出版社2009年版,第277页。
③ 《马克思恩格斯文集》第4卷,人民出版社2009年版,第278页。
④ 《马克思恩格斯文集》第4卷,人民出版社2009年版,第278页。

答。"①简要地说,即关于世界是否可知的问题。对于这个问题的不同回答,划分了可知论和不可知论。在西方哲学史上,所有的唯物主义哲学家都是可知论者,一部分唯心主义哲学家也承认世界可知,但还有一部分哲学家是不可知论者,如英国的怀疑论者休谟和德国哲学家康德就是其中的著名代表。

到了20世纪初,列宁对作为世界本原的物质概念作了全面的科学的规定:"物质是标志客观实在的哲学范畴,这种客观实在是人通过感觉感知的,它不依赖于我们的感觉而存在,为我们的感觉所复写、摄影、反映。"②此界定从此成为马克思主义物质范畴的科学界定。而马克思主义的物质范畴理论具有丰富而深刻的理论意义:它坚持了唯物主义一元论,同唯心主义一元论和二元论划清了界限;坚持了能动的反映论和可知论,批判了不可知论。同时,体现了唯物论和辩证法的统一,克服了形而上学唯物主义的缺陷;体现了唯物主义自然观与唯物主义历史观的统一,为彻底的唯物主义奠定了理论基础。③

正如列宁在《唯物主义和经验批判主义》一书中对于恩格斯批判杜林所做的评价:"恩格斯同杜林的全部斗争**始终**是在彻底贯彻唯物主义这个口号下进行的。恩格斯谴责唯物主义者杜林用空洞的字眼来混淆问题的实质,谴责他夸夸其谈,采用向唯心主义让步和转到唯心主义立场上去的论断方法。在《反杜林论》的**每一节**中都是这样提出问题的:不是彻底的唯物主义,就是哲学唯心主义的谎言和糊涂观点。"④于是,"杜林具有给信仰主义留下空子的唯心主义的奇思妙想"⑤。这正是恩格斯与杜林论战的实质——彻底的唯物主义反对折中的唯心主义。

---

① 《马克思恩格斯文集》第4卷,人民出版社2009年版,第278页。
② 《列宁选集》第2卷,人民出版社2012年版,第89页。
③ 参见《马克思主义基本原理概论》,高等教育出版社2018年版,第22—23页。
④ 《列宁选集》第2卷,人民出版社2012年版,第229—230页。
⑤ 《列宁选集》第2卷,人民出版社2012年版,第178页。

二、马克思主义唯物辩证法是科学的世界观和方法论

恩格斯在《反杜林论》中批判了杜林对马克思主义唯物辩证法的曲解,阐释唯物辩证法是科学的世界观和方法论。"辩证法不过是关于自然界、人类社会和思维的运动和发展的普遍规律的科学。"①恩格斯批判了杜林对矛盾的否定,指出杜林一方面照搬黑格尔,另一方面又斥责和歪曲黑格尔。在恩格斯看来,矛盾是客观存在的;只要承认事物的运动、变化和相互作用,就是承认矛盾。

在其后的《社会主义从空想到科学的发展》一文中,恩格斯概述了辩证法的发展历程,对比了唯物辩证法与以黑格尔为代表的唯心辩证法的不同,阐述了同辩证法相对立的形而上学思维方式的特点及局限。指出:"近代德国哲学""最大的功绩,就是恢复了辩证法这一最高的思维形式"②。而"黑格尔第一次——这是他的伟大功绩——把整个自然的、历史的和精神的世界描写为一个过程,即把它描写为处在不断的运动、变化、转变和发展中,并企图揭示这种运动和发展的内在联系"③。但是,由于"黑格尔是唯心主义者……不论黑格尔如何正确地和天才地把握了一些个别的联系,但由于上述原因,就是在细节上也有许多东西不能不是牵强的、造作的、虚构的,一句话,被歪曲的。黑格尔的体系作为体系来说,是一次巨大的流产,但也是这类流产中的最后一次"④。总之,黑格尔第一次把自然的、历史的和精神的世界描写为一个不断运动和发展的过程,并且企图揭示这种运动和过程的内在联系。但是,黑格尔的这种辩证思维方法与其唯心主义哲学体系是根本矛盾的,由此也造成了黑格尔哲学体系的破产。

① 《马克思恩格斯文集》第9卷,人民出版社2009年版,第149页。
② 《马克思恩格斯文集》第3卷,人民出版社2009年版,第538页。
③ 《马克思恩格斯文集》第3卷,人民出版社2009年版,第542页。
④ 《马克思恩格斯文集》第3卷,人民出版社2009年版,第542—543页。

马克思和恩格斯正是批判地吸收了黑格尔辩证法的"合理内核"和费尔巴哈唯物论的"基本内核",把辩证法和唯物论结合起来,并在总结欧洲工人运动经验和概括自然科学新成就的基础上,创立了辩证唯物主义,为科学社会主义提供了正确的世界观和方法论。马克思恩格斯创立的现代唯物主义不同于18世纪那种纯粹形而上学的、完全机械的唯物主义,它在本质上是辩证的,它把辩证法建立在唯物论的基础之上,从根本上克服了以往一切哲学的缺陷。

马克思恩格斯也正是把唯物辩证法运用于分析和研究人类社会历史,结果发现:以往的全部历史,除原始状态外,都是阶级斗争的历史;这些相互斗争的社会阶级都是自己时代的经济关系的产物;每一时代的经济关系的总和构成了这一时代的社会经济基础,一切由法的设施、政治设施和意识形态构成的全部上层建筑,归根到底都应由这个基础来说明。这样,一种新的唯物主义的历史观即唯物史观/历史唯物主义就被提出来了。

三、在社会历史领域坚持唯物史观

恩格斯在《反杜林论》中批判了杜林平等观的先验主义方法,批判了杜林所谓"两个人的意志彼此平等"的道德公理,概括了平等观的产生和发展的历程,阐述了无产阶级平等观的实质;针对杜林"自由"定义的矛盾性,论证了自由是历史发展的产物,自由是对规律的认识。从而提出唯物史观基本原理。

唯物史观批判了空想社会主义从抽象的理性、正义等道德观点去谴责资本主义制度不合理性的局限,科学论证了社会主义代替资本主义是社会基本矛盾运动规律在资本主义社会具体体现的必然结果;纠正了空想社会主义从头脑中构建的企图通过和平改良实现社会主义的幻想,阐释了无产阶级只有通过阶级斗争、社会革命的方式反抗资本主义社会制度,才能实现使其获得解放的社会主义,从而阐述了科学社会主义产生的经济社会根源,揭示了无产阶级的历史使命,阐明了科学社会主义的基本理论。唯物史观的提出,使"社会主义现在已经不再被看做某个天才头脑的偶然发现,而被看做两个历史地产生的阶级即无产阶级和资产阶级之间斗争的必然产物。它的任务不再是构想出一个尽可能完善的社会制度,而是研究必然产生这两个阶级及其相互斗争的那种历史的经济的过程;并在由此造成的经济状况中找出解决冲突的手段"①。

马克思恩格斯运用唯物史观基本原理分析资本主义生产方式的基本矛盾,揭示了资本主义必然灭亡和社会主义必然胜利的客观规律。正是唯物史观和剩余价值学说的发现,从根本上克服了以往社会主义的缺陷,把社会主义学说建立在了科学的基础之上。因此,正如恩格斯所说:"这两个伟大的发现——唯物主义历史观和通过剩余价值揭开资本主义生产的秘密,都应当归功于马克思。由于这两个发现,社会主义变成了科学"②。

参考文献

[1]恩格斯:《反杜林论》,载《马克思恩格斯文集》第9卷,人民出版社2009年版。

[2]《恩格斯致威廉·李卜克内西的信》(1874年6月到7月),载《马克思恩格斯全集》第33卷,人民出版社2004年版。

[3]《马克思恩格斯全集》第34卷,人民出版社1972年版。

[4]《恩格斯给马克思的信》(1876年5月28日),载《马克思恩格斯文集》第10卷,人民出版社2009年版。

[5]列宁:《唯物主义和经验批判主义》,载《列宁选集》第2卷,人民出版社2012年版。

[6][德]欧根·杜林:《哲学教程——严格科学的世界观和生命形成》,郭官义、李黎译,商务印书馆1991年版。

[7][英]戴维·麦克莱伦:《恩格斯传》,臧峰宇译,中国人民大学出版社2017年版。

[8][法]奥古斯特·科尔纽:《马克思恩格斯传》,刘丕坤、王以铸、杨静远、管士滨

---

① 《马克思恩格斯文集》第3卷,人民出版社2009年版,第545页。
② 《马克思恩格斯文集》第3卷,人民出版社2009年版,第545—546页。

译,生活·读书·新知三联书店 1980 年版。

[9][美]特雷尔·卡弗:《马克思与恩格斯:学术思想关系》,姜海波、王贵贤译,中国人民大学出版社 2008 年版。

[10][德]曼·克里姆:《恩格斯文献传记》,中央编译局译,湖南人民出版社 1986 年版。

[11]中共中央马克思恩格斯列宁斯大林著作编译局国际共运史研究室编:《研究〈反杜林论〉参考史料》,生活·读书·新知三联书店 1980 年版。

[12]中国人民大学马列主义发展史研究所:《马克思恩格斯思想史》,上海人民出版社 1982 年版。

[13]萧灼基:《恩格斯传》,中国社会科学出版社 2008 年版。

[14]赵建文、杨河:《〈反杜林论〉哲学编解说》,北京大学出版社 1999 年版。

[15]杨金海、李慧斌:《恩格斯〈反杜林论〉研究读本》,中央编译局出版社 2014 年版。

[16]朱传棨:《恩格斯哲学思想研究论稿》,人民出版社 2012 年版。

[17]罗定烈、丁叶来:《〈反杜林论〉中的哲学问题》,中国人民大学出版社 1985 年版。

[18]吴振海《〈反杜林论〉简明教程哲学编》,天津人民出版社 1981 年版。

[19]邢贲思、夏澎:《〈马列著作选读·哲学〉释义》,山东人民出版社 1989 年版。

[20]山东大学《〈反杜林论〉释注》编写组:《〈反杜林论〉释注》,山东人民出版社 1982 年版。

[21]罗郁聪、苏振富:《〈反杜林论〉研究》,山东人民出版社 1990 年版。

[22]全国《反杜林论》研究会:《〈反杜林论〉研究文集》,黑龙江人民出版社 1984 年版。

[23]十四所高校编写组:《〈反杜林论〉（哲学编）教程》,甘肃人民出版社 1984 年版。

[24]胡大平:《回到恩格斯》,江苏人民出版社 2011 年版。

[25]《学习〈反杜林论〉参考资料》,安徽人民出版社 1973 年版。

[26]马鼎璋:《〈反杜林论〉哲学编新解》,西安交通大学出版社 1988 年版。

[27]姚颖:《恩格斯〈反杜林论〉研究读本》,中央编译出版社 2014 年版。

[28]姚颖:《〈反杜林论〉吴亮平译本考》,辽宁人民出版社 2019 年版。

[29]姚颖:《〈反杜林论〉在中国的翻译及版本流传简考》,《党政干部学刊》2012 年第 6 期。

[30]姚颖:《〈反杜林论〉研究的欧美视角:评述与重释》,《学习与探索》2014年第11期。

[31]马鼎璋:《〈反杜林论〉哲学编的基本线索》,《吉林大学学报》1979年第1期。

[32]王艳丽:《论〈反杜林论〉对形而上学思维方式的批判》,东北师范大学硕士学位论文,2017年。

[33]李俊萱:《试论恩格斯〈反杜林论〉中的平等观及当代价值》,郑州大学硕士学位论文,2016年。

[34]张芹凤:《〈反杜林论〉的公平正义观及其当代价值》,江苏师范大学硕士学位论文,2013年。

[35]申学敏:《〈反杜林论〉中恩格斯平等观阐释》,河南大学硕士学位论文,2010年。

[36]王述霞:《〈反杜林论〉伦理思想探析》,湖南师范大学硕士学位论文,2009年。

[37]靳琰琰:《恩格斯的平等观及其当代价值——基于〈反杜林论〉的解读》,广西大学硕士学位论文,2019年。

[38]胡瑶:《〈反杜林论〉中的平等观及其当代价值研究》,湘潭大学硕士学位论文,2019年。

[39]赵起誉:《论恩格斯〈反杜林论〉中的平等观》,西安建筑科技大学硕士学位论文,2017年。

[40]杨鹿鹿:《〈反杜林论〉中的公平思想研究》,宁夏大学硕士学位论文,2017年。

[41]梅荣政:《恩格斯论道德和法的历史性及其启示——〈反杜林论〉第一编九、十、十一章研读》,《马克思主义理论学科研究》2016年第2期。

[42]周峰、周霞:《"批判正义"与人的自由和解放》,《现代哲学》2009年第3期。

[43]施德福:《杜林哲学体系剖析》,《北京大学学报》1978年第2期。

[44]朱贻庭:《不讲权利平等 何来社会公正——读恩格斯〈反杜林论〉心得》,《探索与争鸣》2012年第9期。

[45]王宏波、郑冬芳:《〈反杜林论〉中的平等观解读》,《思想理论教育导刊》2012年第2期。

[46]于建星:《应辩证地看待公平——读恩格斯的〈反杜林论〉有感》,《求实》2010年第9期。

[47]何丽野:《恩格斯与黑格尔对辩证法理解的差异——从〈反杜林论〉中的一句删节说起》,《哲学动态》2011年第10期。

[48]李睿:《恩格斯科学道德观审视——读〈反杜林论·哲学篇〉有感》,《人民论

坛》2014 年第 5 期。

[49]郭大俊:《恩格斯对形而上学思维方式的评价及其启示》,《学术论坛》1996 年第 9 期。

[50]余少波:《论恩格斯在〈反杜林论〉中对唯物辩证法的阐述和发展》,《东岳论丛》1983 年第 4 期。

[51]佚名:《重释〈反杜林论〉的学术价值》,《学术界》2014 年第 12 期。

[52]罗月虹:《浅析〈反杜林论〉中的平等观及其现实意义》,《学术探讨》2012 年第 9 期。

[53]李武林、牟文华:《不能否定恩格斯反对杜林折衷主义的斗争》,《东岳论丛》1982 年第 4 期。

[54]刘修水:《论恩格斯与杜林哲学论战的实质》,《陕西师范大学学报(哲学社会科学版)》1981 年第 3 期。

[55]李士坤:《理论化和系统化的马克思主义哲学——读〈反杜林论〉"哲学篇"》,《高校理论战线》2007 年第 6 期。

[56]沈贺:《〈反杜林论〉中的平等思想探析》,《思想政治教育研究》2016 年第 2 期。

[57]马云鹏:《试论〈反杜林论〉的结构与特点及其对马克思主义哲学的新贡献》,《辽宁大学学报》1987 年第 3 期。

[58]张维久、毋德印:《论杜林哲学的性质及恩格斯对杜林哲学批判的实质》,《吉林大学社会科学学报》1980 年第 2 期。

[59]吴雄丞:《杜林哲学体系性质的探讨》,《吉林大学社会科学学报》1980 年第 2 期。

[60]周新生:《〈反杜林论〉的逻辑和方法》,《江淮论坛》1984 年第 4 期。

[61]钟树文:《批判与建树的典范——学习恩格斯的〈反杜林论〉》,《湖北社会科学》1991 年第 6 期。

[62]张炳生:《恩格斯的〈反杜林论〉在建立马克思主义哲学体系中的贡献》,《镇江师专学报(社会科学版)》1987 年第 4 期。

[63]李同洲:《哲学与社会主义——重温恩格斯的〈反杜林论〉》,《苏州大学学报》1995 年第 2 期。

[64]许志峰:《马克思主义科学观诞生的标志——〈反杜林论〉——纪念〈欧根·杜林先生在科学中实行的变革〉出版 130 周年》,《东北师大学报(哲学社会科学版)》2009 年第 3 期。

[65]徐茂华、吴兴德:《改革开放以来〈反杜林论〉研究综述》,《重庆理工大学学报(社会科学)》2010年第11期。

[66]吕翚翚:《论体现在〈反杜林论·哲学篇〉中恩格斯思维方式的特点》,《赤子》2015年第4期。

[67]赵超颖:《恩格斯在〈反杜林论〉中的语言风格和论辩方法分析》,《群文天地》2013年第1期(下)。

[68]宋希仁:《论社会平等和公民平等——解读〈反杜林论〉的社会伦理学》,《玉溪师范学院学报》2002年第6期。

[69]李培超:《〈反杜林论〉的伦理思想探析》,《吉首大学学报(社会科学版)》2010年第6期。

[70]邓龙奎:《论〈反杜林论〉中平等观的理论转向及其当代价值》,《云南行政学院学报》2013年第1期。

[71]王广:《平等、正义观念的批判与历史审视——对〈反杜林论〉的政治哲学解读》,《太原理工大学学报》2006年第4期。

[72]李茜、廖薇:《马克思主义平等观探析——读〈反杜林论〉有感》,《传承》2008年第18期。

[73]刘承俊:《论〈反杜林论·哲学篇〉的现代意义——"道德和法·平等"的浅析及其现代意义》,《科技信息》2009年第25期。

[74]毛娟:《马克思恩格斯的平等观——恩格斯在〈反杜林论〉中对平等观的描述》,《法制与社会》2008年第9期。

[75]王盛:《浅述〈反杜林论〉中的平等观》,《现代企业教育》2014年第18期。

[76]李寄秦:《关于恩格斯同杜林哲学论战的实质——与施德福、吴雄丞和马鼎璋、张维久等商榷》,《辽宁大学学报(哲学社会科学版)》1980年第4期。

[77]孔繁宇:《〈反杜林论〉恩格斯平等观探析》,《理论观察》2016年第9期。

[78]刘兴灿等:《浅析〈反杜林论〉的平等观及其当代价值》,《中共南昌市委党校学报》2017年第3期。

[79]乔虎等:《〈反杜林论〉中马克思主义平等观及其现实意义》,《改革与开放》2016年第19期。

[80]张旭:《浅析〈反杜林论〉中马克思、恩格斯的平等观及当代启示》,《辽宁行政学院学报》2014年第11期。

中篇　严谨的政治经济学批判——理智客观性的坚守

马克思主义是关于无产阶级和人类解放的科学,马克思恩格斯一生理论探索的根本目的和主要任务就是寻求这种解放的条件和道路。为此,马克思恩格斯在其思想发展的历程中,先进行了犀利的宗教和哲学批判,而后转向深刻的政治批判,最终进行全面的社会意识形态批判。正是在政治批判的过程中,在《莱茵报》时期,"第一次遇到要对所谓物质利益发表意见的难事"成为促使马克思"去研究经济问题的最初动因"①。而后,通过对资产阶级政治经济学的批判研究,马克思认识到市民社会对国家以至整个社会生活的决定作用,进而通过《黑格尔法哲学批判》深刻地剖析市民社会,即从"副本的批判"深入到针对"原本的批判",开始进入到政治经济学的研究之中,其集中指向是对资本主义社会本质的揭露和批判。正如恩格斯在说明马克思研究政治经济学的动因时所述,马克思在《莱茵报》时期,"对莱茵省议会辩论的批评,迫使马克思着手研究有关物质利益的问题,在这方面他获得了一些无论法学或哲学都不曾提供的新观点。马克思从黑格尔的法哲学出发,得出这样一种见解:要获得理解人类历史发展过程的锁钥,不应当到被黑格尔描绘成'大厦之

---

① 《马克思恩格斯文集》第 2 卷,人民出版社 2009 年版,第 588 页。

顶'的国家中去寻找,而应当到黑格尔所那样蔑视的'市民社会'中去寻找。但关于市民社会的科学,也就是政治经济学,而当时要切实地研究这门科学,在德国是不可能的,只有在英国或法国才有可能"①。

在欧洲资本主义发展的过程中,在马克思恩格斯生活的年代,代表各类资产阶级利益的经济学说主要有:专注于流通领域的重商主义,以威廉·配第、亚当·斯密、大卫·李嘉图为著名代表的古典政治经济学,其中包括以魁奈为代表的法国重农学派,再有小资产阶级经济学和庸俗经济学等。马克思主义政治经济学的创立正是在继承其有益思想材料、分析批判其不足与局限之处,在对其扬弃的基础上而创立的。② 马克思恩格斯最主要的扬弃对象为资产阶级古典政治经济学,最主要的分析批判对象为以蒲鲁东和杜林为代表的小资产阶级经济学和庸俗政治经济学。

19世纪40年代,马克思撰写了其首部系统研究政治经济学的《1844年经济学哲学手稿》(即《政治经济学批判》的草稿),恩格斯也在《德法年鉴》上发表了其第一篇经济学著作《国民经济学批判大纲》。之后,马克思恩格斯为清算青年黑格尔派而合著的《德意志意识形态》为其实现政治经济学革命提供了科学的世界观和方法论。而后又有马克思为批判蒲鲁东的《贫困的哲学》以论战的形式科学表述了马克思主义政治经济学观点的《哲学的贫困》,以及基本表述了马克思主义政治经济学核心内容——剩余价值学说的《雇佣劳动与资本》。《雇佣劳动与资本》揭露了资本主义社会的剥削实质,分析了资产阶级统治和奴役工人阶级的经济基础。

1848年欧洲革命失败后,马克思移居并长居伦敦,由此得以对英国的现实经济状况和资产阶级古典政治经济学进行了全面而深入的研究,同时不断总结革命经验,于是,在1857年8月到1858年5月写成了《1857—1858年经

---

① 《马克思恩格斯全集》第16卷,人民出版社1964年版,第409页。

② 聂锦芳、彭宏伟:《〈资本论〉研究读本》,中央编译出版社2013年版,第10页;《马克思主义经济学说史》,高等教育出版社、人民出版社2012年版,第25—27页。

济学手稿》,即《资本论》第一部手稿。马克思的《政治经济学批判》一书于1859年6月4日发表,是马克思计划出版的政治经济学著作的第一册第一分册(计划出六册)。内容包括《序言》和《商品》《货币》两章。

1859年马克思撰写的《〈政治经济学批判〉序言》精辟而周密地概括了历史唯物主义的基本原理,并明确指出这是他用于指导研究工作的原则。《〈政治经济学批判〉序言》主要从如下方面精辟概括了唯物史观基本原理:阐明了社会经济结构、上层建筑和社会意识形式三个结构层次及其内在联系;第一次作出"物质生活的生产方式制约着整个社会生活、政治生活和精神生活的过程"的论断;首次提出"社会经济形态"的概念;进一步明确"社会存在""经济基础"等唯物史观基本范畴的含义及在唯物史观基本范畴体系中的作用。

之后,马克思又接着写出了篇幅巨大的《1861—1863年经济学手稿》和《1863—1865年经济学手稿》。《1861—1863年经济学手稿》即《资本论》第二部手稿,共有23册笔记本,就是《资本论》第四卷的内容。《1863—1865年经济学手稿》即《资本论》第三部手稿,这一稿成为现今的《资本论》第一、二、三卷的蓝本。《资本论》第一卷于1867年9月14日在德国汉堡出版;马克思逝世后,恩格斯整理的第二卷于1885年7月在德国汉堡出版;第三卷于1894年12月在德国汉堡出版;考茨基整理的《资本论》第四卷——《剩余价值理论》(《剩余价值学说史》)于1905年到1910年间分三册陆续出版。正如列宁所说:"整理这两卷《资本论》,是一件很费力的工作。奥地利社会民主党人阿德勒说得很对:恩格斯出版《资本论》第2卷和第3卷,就是替他的天才朋友建立了一座庄严宏伟的纪念碑,无意中也把自己的名字不可磨灭地铭刻在上面了。的确,这两卷《资本论》是马克思和恩格斯两人的著作。"①

《资本论》以马克思主义唯物史观为指导,研究了资本主义社会的大量丰富资料,揭露了资本主义制度的本质,验证并发展了唯物史观。首先,马克思

---

① 《列宁选集》第1卷,人民出版社2012年版,第95页。

在《资本论》中提供了关于资本主义社会或者说资本主义生产方式的典型本质特征是什么的明确答案。马克思指出："资本主义生产方式一开始就有两个特征。第一,它生产的产品是商品。使它和其他生产方式相区别的,不在于生产商品,成为商品是它的产品的占统治地位的、决定的性质。这首先意味着,工人自己也只是表现为商品的出售者,因而表现为自由的雇佣工人,这样,劳动就表现为雇佣劳动。"①"资本主义生产方式的第二个特征是,剩余价值的生产是生产的直接目的和决定动机。资本本质上是生产资本的,但只有生产剩余价值,它才生产资本。在考察相对剩余价值时,进而在考察剩余价值转化为利润时,我们已经看到,在这上面怎样建立起资本主义时期所特有的一种生产方式。"②同时,马克思在为《资本论》第一卷所写的注释中再次谈道:"资本主义时代的特点是,对工人本身来说,劳动力是归他所有的一种商品的形式,因而他的劳动具有雇佣劳动的形式。另一方面,正是从这时起,劳动产品的商品形式才普遍化。"③其次,《资本论》使得马克思主义唯物史观得以运用、验证和发展,这主要体现在:资本主义社会形态是一个有机联系的整体;社会形态的发展是一种自然历史过程。马克思指出:"一个社会即使探索到了本身运动的自然规律——,本书的最终目的就是揭示现代社会的经济运动规律——它还是既不能跳过也不能用法令取消自然的发展阶段。但是它能缩短和减轻分娩的痛苦。"④最后,《资本论》还体现出科学的方法论。在《资本论》中运用的辩证分析方法不同于黑格尔辩证法,即把反映资本主义社会现实的概念、范畴的转化看成是以现实的历史进程为基础,由于内在矛盾不断发展的过程,是由简单到复杂的发展过程。

正是以《资本论》为基石,马克思恩格斯创立了以剩余价值学说为核心的

---

① 《马克思恩格斯文集》第7卷,人民出版社2009年版,第995—996页。
② 《马克思恩格斯文集》第7卷,人民出版社2009年版,第997页。
③ 《马克思恩格斯文集》第5卷,人民出版社2009年版,第198页。
④ 《马克思恩格斯文集》第5卷,人民出版社2009年版,第9—10页。

马克思主义政治经济学,为无产阶级实现解放提供了强大的思想武器。马克思主义政治经济学基于对资产阶级政治经济学理论的扬弃,对于小资产阶级庸俗政治经济学理论的分析批判,从资本主义社会大量事实材料出发,通过对资本主义的起源和发展进行考察,阐明了资本主义社会发生、发展的过程,深刻揭示了资本主义经济的内在联系及其发展规律,从而证明资本主义制度不是永恒不变、永远存在的,它将随着生产力的巨大发展,在其不断爆发的经济危机中最终被消灭,而为一个新的、更高的社会形态所取代。

《资本论》第一卷问世以来,研究《资本论》的大量论著还表明,《资本论》不仅是一部马克思主义的政治经济学著作,而且是马克思主义的“百科全书”。列宁在《哲学笔记》中曾指出,《资本论》是一部哲学著作。“虽说马克思没有遗留下‘逻辑’……但他遗留下《资本论》的逻辑……在《资本论》中,唯物主义的逻辑、辩证法和认识论[不必要的三个词:它们是同一个东西]都应用于一门科学……”①早在20世纪90年代,我国著名学者顾海良教授就指出:“《资本论》已经‘过时’的说法本身,就是一种不科学的、甚至是无知的说法。……从人类经济思想史的角度来看,一个时代产生的伟大的著作、伟大的经济思想,没有什么‘过时’或‘不过时’的问题;这就如哲学史上,人们也不会提出柏拉图的著作和思想、亚里士多德的著作和思想、黑格尔的著作和思想是否‘过时’这一类问题。马克思的经济学作为经济思想史上的里程碑,是不会‘过时’的。后人的经济思想是而且必然是前人经济思想的继续,总是在对前人经济思想的科学的、合理的成分的继承中发展起来的。从这个意义上来说,作为经济学研究者,简单地宣布《资本论》‘过时’本身就是一种无知的表现。……更重要的是,《资本论》阐述的理论原理,《资本论》得出的一系列理论结论,在当代仍然是科学的,依然闪射着真理的光芒。直到现在,我们还得不出‘超越’马克思的结论。”②

---

① 《列宁全集》第55卷,人民出版社1990年版,第290页。
② 顾海良:《再论〈资本论〉的现实意义——从创作〈画说资本论〉谈起》,《当代财经》1997年第4期。

第一章　扬弃资产阶级古典政治经济学，奠定马克思主义政治经济学基础

第一节　"批判经济学范畴的天才大纲"——《国民经济学批判大纲》

恩格斯的《国民经济学批判大纲》①(简称《大纲》)写于 1843 年底到 1844 年 1 月,同马克思的《论犹太人问题》《〈黑格尔法哲学批判〉导言》一起载于《德法年鉴》。虽然这篇文章存在着很多不成熟、不完善的地方,但是它是恩格斯完成"两个转变"过程中公开发表的第一篇专门研究政治经济学的著作,也是促使马克思下决心系统研究政治经济学的重要原因之一。马克思把恩格斯的这篇文章称为德国人"内容丰富而**有独创性的著作**"②,是"批判经济学范畴的天才大纲"③,并且认为,"《大纲》中已经表述了科学社会主义的某些一般原则"。④ 列宁也指出,恩格斯在《大纲》中批判资产阶级政治经济学,是

---

① "国民经济学"是当时德国人对英国人和法国人称作"政治经济学"的资产阶级政治经济学所采用的概念。在 1956 年版的《马克思恩格斯全集》中,恩格斯的《国民经济学批判大纲》即被译为"政治经济学批判大纲"。
② 《马克思恩格斯文集》第 1 卷,人民出版社 2009 年版,第 112 页。
③ 《马克思恩格斯文集》第 2 卷,人民出版社 2009 年版,第 592 页。
④ 《马克思恩格斯文集》第 3 卷,人民出版社 2009 年版,第 491 页。

"从社会主义的观点考察了现代经济制度的基本现象,认为那些现象是私有制统治的必然结果"①。总之,《大纲》持有的鲜明阶级立场,科学的研究方法,严厉的批判态度,对于马克思主义政治经济学的形成和发展具有重大影响。

恩格斯在《大纲》中明确表示要系统地批判、揭露资产阶级政治经济学。他说:"我们的经济学本质上是基督教经济学,这一点我可以用任何命题和任何范畴加以证明,这个工作在适当的时候我会做的"②。

1888 年,恩格斯在《关于共产主义者同盟的历史》一文中曾说:"我在曼彻斯特时异常清晰地观察到,迄今为止在历史著作中根本不起作用或者只起极小作用的经济事实,至少在现代世界中是一个决定性的历史力量;这些经济事实形成了产生现代阶级对立的基础;这些阶级对立,在它们因大工业而得到充分发展的国家里,因而特别是在英国,又是政党形成的基础,党派斗争的基础,因而也是全部政治史的基础。"恩格斯还指出,在这个问题上,"马克思不仅得出同样的看法,并且在《德法年鉴》(1844 年)里已经把这些看法概括成如下的意思:决不是国家制约和决定市民社会,而是市民社会制约和决定国家,因而应该从经济关系及其发展中来解释政治及其历史,而不是相反"③。正如列宁所说,"马克思同恩格斯的交往,显然促使了马克思下决心去研究政治经济学,即马克思的著作在其中造成了整整一个革命的那门科学"④。马克思与恩格斯的交往,对马克思决心去研究政治经济学起到了重要的促进作用。要改变政治历史,就要到经济事实中去寻找根据,因为经济事实是全部政治历史的基础。而要分析研究经济事实,就要借助于政治经济学理论。英国是政治经济学的故乡,有着研究政治经济学得天独厚的条件。于是,在曼彻斯特时,恩

---

① 《列宁选集》第 1 卷,人民出版社 2012 年版,第 93 页。
② 《马克思恩格斯文集》第 1 卷,人民出版社 2009 年版,第 81 页。
③ 《马克思恩格斯文集》第 4 卷,人民出版社 2009 年版,第 232 页。
④ 《列宁选集》第 1 卷,人民出版社 1972 年版,第 91 页。

格斯研究了亚当·斯密、大卫·李嘉图、让·巴·萨伊、约·雷·麦克库洛赫、詹姆士·穆勒等经济学家的著作,并把研究政治经济学与进行社会变革紧密地联系在一起,对上述代表资产阶级利益的政治经济学进行了分析批判,写成了著名的《大纲》。

《大纲》按照其中心内容的顺序依次是:国民经济学的产生和发展、国民财富、商业、价值、生产费用、土地、资本、劳动、竞争、垄断、商业危机、人口、财产集中、竞争与道德、资本主义经济与科学技术,等等。从恩格斯对国民经济学内容的分析批判来看,主要可以概括为如下几个方面:揭示资产阶级政治经济学的资产阶级本质;昭示资产阶级政治经济学的庸俗化发展;批驳庸俗政治经济学的荒谬性;解析资产阶级政治经济学所用的经济范畴如价值、资本、竞争、垄断、商业危机等。

一、揭示资产阶级政治经济学的阶级本质

在恩格斯看来,私有制是现存社会一切矛盾的根源,因此只有消灭私有制才能消除这些对立。然而,资产阶级政治经济学却是为资本主义制度辩护的学说,这正是其资产阶级本质所在。"国民经济学,政治经济学,公共经济学等用语也是一样。在目前的情况下,应该把这种科学称为私经济学,因为在这种科学看来,社会关系只是为了私有制而存在。"①

《大纲》开宗明义地指出:"国民经济学的产生是商业扩展的自然结果……这种从商人的彼此妒忌和贪婪中产生的国民经济学或发财致富的科学,在额角上带有最令人厌恶的自私自利的烙印。"②于是,恩格斯接着指出:"**重商主义体系**就建立在这个基础上。"③在这个学说体系中,商业的贪婪性已多少被掩盖起来,但其实质还是和从前一样,"贪婪和自私"。当时由于商业

---

① 《马克思恩格斯文集》第1卷,人民出版社2009年版,第60页。
② 《马克思恩格斯文集》第1卷,人民出版社2009年版,第56页。
③ 《马克思恩格斯文集》第1卷,人民出版社2009年版,第56页。

竞争所引起的战争就一次又一次地表现了这种贪婪和自私。

接下来,恩格斯对于古典政治经济学做了评价。恩格斯首先指出,18 世纪资产阶级经济学体系的初步建立是历史的进步,但是,由于"经济学没有想去过问**私有制的合理性**的问题。因此,新的经济学只前进了半步;它不得不背弃和否认它自己的前提,不得不求助于诡辩和伪善,以便掩盖它所陷入的矛盾,以便得出那些不是由它自己的前提而是由这个世纪的人道精神得出的结论"①。由此一针见血地指出了古典政治经济学的资产阶级伪善性、其为资本主义制度辩护的实质,因此,其在理论上陷入不可避免的矛盾境地。

二、昭示资产阶级政治经济学的庸俗化发展

恩格斯从资产阶级政治经济学为资本主义制度的辩护指出这种学说将随着资本主义的发展而庸俗化。恩格斯写道:"经济学家离我们的时代越近,离诚实就越远。时代每前进一步,为把经济学保持在时代的水平上,诡辩术就必然提高一步。"②

"重商主义体系在某种程度上还具有某种纯朴的天主教的坦率精神,它丝毫不隐瞒商业的不道德的本质。"③但是,"新近的经济学甚至不能对重商主义体系作出正确的评判,因为它本身就带有片面性,而且还受到重商主义体系的各个前提的拖累"。要摆脱重商主义和"新近的经济学"的困境,"只有摆脱这两种体系的对立,批判这两种体系的共同前提,并从纯粹人的、普遍的基础出发来看问题,才能够给这两种体系指出它们的真正的地位"④。

对待重商主义和"新近的经济学"的态度,也正是恩格斯的《大纲》总体上对待资产阶级政治经济学的科学态度,即并非一味的批判,而是在分析批判中

---

① 《马克思恩格斯文集》第 1 卷,人民出版社 2009 年版,第 57 页。
② 《马克思恩格斯文集》第 1 卷,人民出版社 2009 年版,第 59 页。
③ 《马克思恩格斯文集》第 1 卷,人民出版社 2009 年版,第 61 页。
④ 《马克思恩格斯文集》第 1 卷,人民出版社 2009 年版,第 59 页。

鉴别、借鉴其中合理的成分。如恩格斯指出斯密的学说是不道德的、伪善的，而李嘉图的罪过比斯密还大，但是，恩格斯却汲取了二人关于地租定义的合理成分，从而得出一个全面的地租定义，即包含有级差地租和绝对地租思想萌芽的地租定义。同理，恩格斯对价值规律作用形式的论述和斯密的论述差不多，但是，他又抛弃了斯密认为资本主义的一切经济范畴都是自然、合理和长存的思想，赋予了价值规律以新的内容。在此意义上，马克思也正是在批判地汲取英国古典政治经济学劳动价值论的有益内容后，提出了劳动二重性学说，使劳动价值论科学化，在此基础上，探寻了剩余价值的来源问题，从而建立了剩余价值理论。

三、批驳庸俗政治经济学的荒谬性

恩格斯在《大纲》中对于庸俗政治经济学进行了更加严厉的分析批判。这时恩格斯还把古典政治经济学和庸俗政治经济学统称为自由主义经济学。

恩格斯不仅从理论上驳斥了萨伊的"效用论"，而且还说萨伊的"效用论"臭名远扬。恩格斯阐释道："如果我们转向萨伊的学说，我们也会发现同样的抽象。物品的效用是一种纯主观的根本不能绝对确定的东西，至少它在人们还在对立中徘徊的时候肯定是不能确定的。根据这种理论，生活必需品应当比奢侈品具有更大的价值。"然而，"在私有制统治下，竞争关系是唯一能比较客观地、**似乎**能大体确定物品效用大小的办法，然而恰恰是竞争关系被撇在一边。但是，只要容许有竞争关系，生产费用也就随之产生，因为没有人会卖得低于他自己在生产上投入的费用。因此，在这里也是对立的一方不情愿地转到另一方"。① 那么，价值和生产费用、效用的关系应该是怎样的呢？于是，恩格斯呼吁"让我们设法来澄清这种混乱吧！"恩格斯进一步分析道："价值是生产费用对效用的关系。价值首先是用来决定某种物品是否应该生产，即这种

---

① 《马克思恩格斯文集》第 1 卷，人民出版社 2009 年版，第 65 页。

物品的效用是否能抵偿生产费用。然后才谈得上运用价值来进行交换。如果
两种物品的生产费用相等,那么效用就是确定它们的比较价值的决定性因素。
这个基础是交换的唯一正确的基础。"既然如此,萨伊的"效用论"错误何在?
如何驳倒它呢? 恩格斯旗帜鲜明地指出:"不消灭私有制,就不可能消灭物品
固有的实际效用和这种效用的规定之间的对立,以及效用的规定和交换者的
自由之间的对立;而私有制一旦被消灭,就无须再谈现在这样的交换了。到那
个时候,价值概念的实际运用就会越来越限于决定生产,而这也是它真正的活
动范围。"①总之,萨伊"效用论"的实质就是维护资本主义私有制。

　　同时,恩格斯还从理论和实践上证明马尔萨斯人口论的两个基本前提的
荒谬性,揭露马尔萨斯人口论的实质是把资本主义私有制造成的无产阶级的
失业和贫困归于人口自身的自然繁殖。恩格斯指出,马尔萨斯的人口论"断
言,人口总是威胁着生活资料,一当生产增加,人口也以同样比例增加,人口固
有的那种其繁衍超过可支配的生活资料的倾向,是一切贫困和罪恶的原因。
因此,在人太多的地方,就应当用某种方法把他们消灭掉:或者用暴力将他们
杀死,或者让他们饿死。可是这样做了以后,又会出现一个空隙,这个空隙又
会马上被另一次繁衍的人口填满,于是,以前的贫困又开始到来"。"简言之,
要是我们愿意首尾一贯,那我们就得承认:**当地球上只有一个人的时候,就已
经人口过剩了**。从这种阐述得出的结论是:正因为穷人是过剩人口,所以,除
了尽可能减轻他们饿死的痛苦,使他们相信这是无法改变的,他们整个阶级的
唯一出路是尽量减少生育,此外就不应该为他们做任何事情;或者,如果这样
做不行,那么最好还是像'马尔库斯'所建议的那样,建立一种国家机构,用无
痛苦的办法把穷人的孩子杀死;按照他的建议,每一个工人家庭只能有两个半
小孩,超过此数的孩子用无痛苦的办法杀死。"②总之,恩格斯认为,马尔萨斯
的人口论是"卑鄙无耻的学说",是"对自然和人类的恶毒诬蔑"。"经济学家

---

① 《马克思恩格斯文集》第 1 卷,人民出版社 2009 年版,第 65 页。
② 《马克思恩格斯文集》第 1 卷,人民出版社 2009 年版,第 78—79 页。

的不道德已经登峰造极。一切战争和垄断制度所造成的灾难,与这种理论相比,又算得了什么呢?"①

四、解析资产阶级政治经济学的经济范畴

(一)"价值"范畴

恩格斯分析批判了资产阶级政治经济学的"价值"范畴。由于"商业形成的第一个范畴是**价值**",而且"新近的经济学家"对于此范畴有争议,其中"英国人和法国人萨伊进行了长期的争论。前者认为生产费用是实际价值的表现,后者则说什么实际价值要按物品的效用来测定"②。价值的本质究竟是什么?恩格斯既反驳了萨伊关于价值由物品效用决定的看法,也指出英国人李嘉图关于价值决定生产费用的错误论点。

恩格斯指出,英国经济学家在谈到生产费用决定价值的时候,指的是抽象价值,而不是交换价值,或是商业价值。"英国人……断言,物品的抽象价值是由生产费用决定的。请注意,是抽象价值,不是交换价值,不是 exchangeable value,不是商业价值;至于商业价值,据说完全是另外一回事。"③而且,他们把这种抽象价值当作现实价值。实际上,这种论点撇开了竞争,而商业是离不开竞争的。"难道经济学家根本没有想到,一旦竞争被撇开,那就保证不了生产者正是按照他的生产费用来卖自己的商品吗?多么混乱啊!"④于是,结果则是:由于这些经济学家坚持他的抽象价值,"不仅他所竭力避开的竞争,而且连他所攻击的效用,随时都可能突然出现在他面前。抽象价值以及抽象价值由生产费用决定的说法,恰恰都只是抽象的非实在的东西"⑤。这样,他们不

---

① 《马克思恩格斯文集》第 1 卷,人民出版社 2009 年版,第 79 页。
② 《马克思恩格斯文集》第 1 卷,人民出版社 2009 年版,第 63 页。
③ 《马克思恩格斯文集》第 1 卷,人民出版社 2009 年版,第 64 页。
④ 《马克思恩格斯文集》第 1 卷,人民出版社 2009 年版,第 64 页。
⑤ 《马克思恩格斯文集》第 1 卷,人民出版社 2009 年版,第 64 页。

仅没能够解决萨伊的矛盾,却犯了和萨伊同样性质的错误,"如果我们转向萨伊的学说,我们也会发现同样的抽象。物品的效用是一种纯主观的根本不能绝对确定的东西,至少它在人们还在对立中徘徊的时候肯定是不能确定的"①。即价值的抽象本质。

恩格斯认为,"价值是生产费用对效用的关系。价值首先是用来决定某种物品是否应该生产,即这种物品的效用是否能抵偿生产费用。然后才谈得上运用价值来进行交换。如果两种物品的生产费用相等,那么效用就是确定它们的比较价值的决定性因素"②。也就是说,价值首先是用来解决某种物品是否应该生产的问题,也就是这种商品的效用能否抵偿生产费用的问题;待解决了这个问题之后,才会根据价值进行交换。这样,如果两种物品的生产费用相等,那么效用就自然而然地成为确定物品比较价值的决定性因素了。"这个基础是交换的唯一正确的基础。"如果脱离这个基础,仅凭当事人的意见,或者只以物品固有的效用为依据进行交换,这样"总会有一人受骗",或者,交换是"强制进行"的。恩格斯认为,只有在消灭私有制之后,这种不合理的交换才会随之消失,价值概念才会实际运用于其真正的活动范围。因为"不消灭私有制,就不可能消灭物品固有的实际效用和这种效用的规定之间的对立,以及效用的规定和交换者的自由之间的对立;而私有制一旦被消灭,就无须再谈现在这样的交换了。到那个时候,价值概念的实际运用就会越来越限于决定生产,而这也是它真正的活动范围"③。

恩格斯还阐释了"物品的价格"和价值之间的关系,价格是实际价值和交换价值之间的差别,"价格由生产费用和竞争的相互作用决定,这是完全正确的,而且是私有制的一个主要的规律"。然而,在资产阶级政治经济学那里,由于其颠倒了价格与价值的关系,于是就构成了抽象的本质。"经济学中的

① 《马克思恩格斯文集》第1卷,人民出版社2009年版,第65页。
② 《马克思恩格斯文集》第1卷,人民出版社2009年版,第65页。
③ 《马克思恩格斯文集》第1卷,人民出版社2009年版,第65页。

一切就被本末倒置了:价值本来是原初的东西,是价格的源泉,倒要取决于价格,即它自己的产物。大家知道,正是这种颠倒构成了抽象的本质。"①

(二)"资本"范畴

恩格斯分析批判了资产阶级政治经济学的"资本"范畴,在一定程度上揭示了资本的性质。

在《大纲》中,恩格斯首先接受了斯密关于资本定义中的合理成分,指出"资本和劳动最初是同一个东西"②,资本和劳动后来分开了,产生了二者的分裂。但是,为什么会造成二者的分裂呢? 恩格斯在此超越了斯密,进一步探索资本产生的原因。"由私有制造成的资本和劳动的分裂,不外是与这种分裂状态相应的并从这种状态产生的劳动本身的分裂。这种分开完成之后,资本又分为原有资本和利润,即资本在生产过程中所获得的增长额,虽然实践本身立刻又将这种利润加到资本上,并把它和资本投入周转中。"③恩格斯把资本和劳动分裂的原因归结为私有制造成的,是私有制使人的活动分裂为劳动和资本。"如果我们撇开私有制,那么所有这些反常的分裂就不会存在。"④然而,现在的问题是,在资本主义以前的私有制社会里并不存在资本,货币如何转化为资本呢? 恩格斯分析道,"土地是我们的一切,是我们生存的首要条件;出卖土地,就是走向自我出卖的最后一步"⑤。恩格斯在此概括描述的正是在资本主义产生初期,农民被迫出卖土地,从而沦为雇佣劳动者的历史进程,即私有制使人变成商品的过程;这正是马克思后来创立的剩余价值学说所揭示的:劳动力成为商品是货币转化为资本的前提条件;而劳动力要成为商品,其中的一个必要前提则是劳动者失去了生产资料,一无所有,不得不出卖

---

① 《马克思恩格斯文集》第1卷,人民出版社2009年版,第66页。
② 《马克思恩格斯文集》第1卷,人民出版社2009年版,第70页。
③ 《马克思恩格斯文集》第1卷,人民出版社2009年版,第70—71页。
④ 《马克思恩格斯文集》第1卷,人民出版社2009年版,第71页。
⑤ 《马克思恩格斯文集》第1卷,人民出版社2009年版,第70页。

自己的劳动力。因此,只有在资本主义社会,资本主义私有制造成了资本和劳动的分裂,货币才由此转化为资本,资本家占用资本,剥削一无所有的劳动者。"所有这些微妙的分裂和划分,都产生于资本和劳动的最初的分开和这一分开的完成,即人类分裂为资本家和工人。"而且,"这一分裂正日益加剧,而且我们将看到,它**必定**会不断地加剧"①。结果便是,资本家阶级与工人阶级之间的阶级矛盾将日益尖锐,社会革命终将发生,资本主义私有制将会被消灭,资本和劳动的分裂则会消失。因此,与资产阶级政治经济学不同,恩格斯指出,资本不是一个永恒的范畴,资本是一个历史范畴。"如果我们撇开私有制,那么所有这些反常的分裂就不会存在。"②"私有制的最直接的结果是生产分裂为两个对立的方面:自然的方面和人的方面,即土地和人的活动。""只要我们消灭了私有制,这种反常的分离就会消失。"③

恩格斯还批驳了斯密说利润是资本的收入的解释。恩格斯认为,利润"即资本在生产过程中所获得的增长额"④,实际上就是资本在生产过程中使自己增殖。那么,资本在生产过程中怎样使自己增殖呢? 恩格斯指出,资本只能在周转中,即资本的运动中使自己增殖。"资本如果没有劳动、没有运动就是虚无。利润把自己的意义归结为资本在决定生产费用时置于天平上的砝码,它仍是资本所固有的部分,正如资本本身将回到它与劳动的最初统一体一样。""虽然实践本身立刻又将这种利润加到资本上,并把它和资本投入周转中。甚至利润又分裂为利息和本来意义上的利润。在利息中,这种分裂的不合理性达到顶点。"⑤由此,恩格斯更深入地揭露了资本的性质。

---

①　《马克思恩格斯文集》第 1 卷,人民出版社 2009 年版,第 71 页。
②　《马克思恩格斯文集》第 1 卷,人民出版社 2009 年版,第 71 页。
③　《马克思恩格斯文集》第 1 卷,人民出版社 2009 年版,第 72 页。
④　《马克思恩格斯文集》第 1 卷,人民出版社 2009 年版,第 70—71 页。
⑤　《马克思恩格斯文集》第 1 卷,人民出版社 2009 年版,第 71 页。

(三)垄断、竞争及其关系

恩格斯分析批判了资产阶级政治经济学的关于垄断和竞争关系的认识，指出，"只要私有制存在一天，一切终究会归结为竞争。竞争是经济学家的主要范畴"①，恩格斯把竞争看成是决定其他一切范畴的关键点，只要存在私有制，一切领域都会存在竞争。"因为私有制把每一个人隔离在他自己的粗陋的孤立状态中，又因为每个人和他周围的人有同样的利益，所以土地占有者敌视土地占有者，资本家敌视资本家，工人敌视工人。在相同利益的敌对状态中，正是由于利益的相同，人类目前状态的不道德已经达到极点，而这个极点就是竞争。"②但是，竞争的规律却是供求力图相互适应却永远不会相互适应。"竞争的规律是：需求和供给始终力图互相适应，而正因为如此，从未有过互相适应。"竞争规律的具体表现是："双方又重新脱节并转化为尖锐的对立。供给总是紧跟着需求，然而从来没有达到过刚好满足需求的情况；供给不是太多，就是太少，它和需求永远不相适应，因为在人类的不自觉状态下，谁也不知道需求和供给究竟有多大。"③于是，在资本主义制度下，生产的发展就表现出以生产者的盲目活动为基础的自然规律，呈现一定的周期性，即是周期性的商业危机，或周期性的革命，这是不可避免的。实践"用商业危机来回答，这种危机就像彗星一样定期再现，在我们这里现在是平均每五年到七年发生一次"。"这些商业革命证实了这个规律，完完全全地证实了这个规律"④，基于上述分析，恩格斯深刻地指出，经济危机是资本主义的特殊规律，只有废除资本主义私有制，这个规律才不会发生作用；如果资本家能够有意识地作为人进行生产，那么经济危机也是可以消除的，不然的话，经济危机只会一次比一次

---

① 《马克思恩格斯文集》第1卷，人民出版社2009年版，第72页。
② 《马克思恩格斯文集》第1卷，人民出版社2009年版，第72—73页。
③ 《马克思恩格斯文集》第1卷，人民出版社2009年版，第73—74页。
④ 《马克思恩格斯文集》第1卷，人民出版社2009年版，第74页。

更严重。"只要你们继续以目前这种无意识的、不假思索的、全凭偶然性摆布的方式来进行生产，那么商业危机就会继续存在；而且每一次接踵而来的商业危机必定比前一次更普遍，因而也更严重，……最后，必定引起一场社会革命"①，因此，只有消灭私有制，才能消灭资本主义竞争和生产的无政府状态，消灭产生经济危机的根源。

恩格斯还探讨了竞争和垄断的辩证关系。在恩格斯看来，"**竞争**的对立面是**垄断**"②。但二者作为私有制的产物是互为条件的，不是绝对对立的。因为，每个资本家出于自身利益的最大化就要垄断占有一切，每个资本家都力图取得垄断地位来对付所有其他的人，竞争建立在利益基础上，而利益又引起垄断，于是，竞争就转为垄断。"每一个竞争者，不管他是工人，是资本家，或是土地占有者，都必定希望取得垄断地位。每一个较小的竞争者群体都必定希望为自己取得垄断地位来对付所有其他的人。竞争建立在利益基础上，而利益又引起垄断；简言之，竞争转为垄断。另一方面，垄断挡不住竞争的洪流；而且，它本身还会引起竞争"。于是，这表现出一种矛盾，"竞争的矛盾在于：每个人都必定希望取得垄断地位，可是群体本身却因垄断而一定遭受损失，因此一定要排除垄断"。而"竞争的矛盾和私有制本身的矛盾是完全一样的"。因为"单个人的利益是要占有一切，而群体的利益是要使每个人所占有的都相等。因此，普遍利益和个人利益是直接对立的"③。

总体而言，恩格斯在这篇文章中把政治经济学和资本主义工商业联系起来考察，提出私有制的合理性问题；并从私有制出发说明价值，说明土地和人、资本和劳动以及劳动本身的分裂；从私有制和竞争出发去考察资本主义，说明资本主义生产方式的运动规律，指出资本主义的客观存在及历史发展趋势。马克思在许多重要著作中都提到或引用《大纲》的观点和文字。从 1844 年马

---

① 《马克思恩格斯文集》第 1 卷，人民出版社 2009 年版，第 75 页。
② 《马克思恩格斯文集》第 1 卷，人民出版社 2009 年版，第 73 页。
③ 《马克思恩格斯文集》第 1 卷，人民出版社 2009 年版，第 73 页。

克思写《〈大纲〉摘要》时起,直到 1880 年止的 36 年间,马克思至少在《1844年经济学哲学手稿》《神圣家族》《德意志意识形态》《哲学的贫困》《政治经济学批判》《1861—1863 年经济学手稿》《资本论》第 1 卷及《〈社会主义从空想到科学的发展〉法文版导言》等 9 本著作中有 12 个地方谈到了《大纲》,其中谈及最多的是《资本论》第 1 卷,其中有 4 处引用了《大纲》的文字和观点。①但是,《大纲》不可避免地有着其历史局限性。文章主要揭露了古典政治经济学反人道的性质,对劳动价值论持否定态度,对资本主义的批判带有强烈的伦理色彩。1871 年马克思就曾向威廉·李卜克内西转达恩格斯的意见:《大纲》"现在只具有历史价值"②。1884 年 6 月 26 日,俄国女歌唱家、民粹派革命家利尼尧夫的妻子叶·爱·帕普利茨写信告知恩格斯,她为了在俄国传播科学社会主义思想,她正在翻译恩格斯的《国民经济学批判大纲》,并请恩格斯提供一些他和马克思的不太为人知道的、可供翻译的文章。恩格斯在复信中说:"虽然我至今对自己的这第一本社会科学方面的著作还有点自豪,但是我清楚地知道,它现在已经完全陈旧了,不仅缺点很多,而且错误也很多。我担心,它引起的误解会比带来的好处多。"③

第二节 剖析资本主义社会工人的异化劳动理论——《1844 年经济学哲学手稿》

《1844 年经济学哲学手稿》(简称《手稿》)虽然是马克思的一部尚未完成的独立著作,但是马克思在其中所阐发的思想,不仅直接为《神圣家族》和《德意志意识形态》,在某种意义上也为《资本论》作了理论上的准备。

---

① 参见彭勋:《无产阶级政治经济学的开篇章——纪念恩格斯〈政治经济学批判大纲〉发表 140 周年》,《经济研究》1984 年第 5 期。

② 《马克思致威廉·李卜克内西》,载《马克思恩格斯〈资本论〉书信集》,人民出版社 1976年版,第 315 页。

③ 《马克思恩格斯全集》第 36 卷,人民出版社 1975 年版,第 172 页。

《手稿》是马克思彻底完成"两个转变"以后,由哲学批判转向政治经济学研究,对自己的政治经济学研究成果进行初步总结的第一部著作,是其自觉地创立无产阶级革命理论的第一部著作。它批判了资产阶级政治经济学、资本主义社会制度和黑格尔唯心主义哲学,阐述了马克思主义的一些基本原理,代表着马克思主义的三个组成部分形成过程中的一个阶段,是马克思自觉创立无产阶级科学理论体系的开端。特别是把异化问题与政治经济学的研究结合起来,是马克思第一次从经济上论证共产主义必然要代替资本主义的伟大尝试,是马克思思想发展上的一次飞跃。在《手稿》中,马克思在研究资本主义社会经济运动的规律时,第一次把唯物主义和辩证法结合起来;第一次把政治经济学、共产主义和哲学学说有机地结合起来,形成了一个包括马克思主义三个组成部分的统一的、完整的和系统的科学理论体系的胚胎。著名的西方马克思主义者阿尔都塞在《保卫马克思》中认为《手稿》的政治经济学是其全新的东西;《手稿》法文版的译者博蒂热利在《论〈1844 年经济学哲学手稿〉》的"异化概念"中,通过把马克思与黑格尔、费尔巴哈相比较,谈到马克思如何成为真正战胜黑格尔的人:"由于马克思站到了唯物主义一边,他能够用具体的辩证法取代了黑格尔的唯心主义辩证法。但是如果他不是坚决站在无产阶级立场上,他就不会超过费尔巴哈的十分抽象的观点,因为正是他采取的无产阶级立场使他识破了政治经济学的欺骗性,并从分析劳动出发,最后形成了他的异化观点。正是这一点使马克思掌握了对黑格尔哲学进行彻底批判的关键,使他成为真正战胜黑格尔哲学的人。"①

　　无论如何,正如《手稿》法文版的译者博蒂热利在《论〈1844 年经济学哲学手稿〉》中尤其肯定的:"在《手稿》中马克思把自己的方法与其他思想家的方法作了对照,进而把它确立下来并加以发挥。这就是《1844 年手稿》

---

　　① 　中央编译局编译:《〈1844 年经济学哲学手稿〉研究》,湖南人民出版社 1983 年版,第275 页。

的全部意义。"①马克思对国民经济学所用的经济范畴及其研究方法进行了分析批判,尤其揭示了国民经济学的资产阶级实质。马克思观察、研究资本主义社会问题的立场、观点和方法,在今天仍然具有重要的理论和现实意义。

然而,《手稿》也不可避免地有着局限性,突出表现在:《手稿》还不是成熟的马克思主义著作。马克思还没有意识到彻底与费尔巴哈哲学划清界限的必要性,还过高地评价了费尔巴哈的唯物主义。马克思指出:"对国民经济学的批判,以及整个实证的批判,全靠**费尔巴哈**的发现给它打下真正的基础。从费尔巴哈起才开始了**实证的**人道主义的和自然主义的批判。**费尔巴哈的**著作越是得不到宣扬,这些著作的影响就越是扎实、深刻、广泛和持久;费尔巴哈著作是继黑格尔的《现象学》和《逻辑学》之后包含着真正理论革命的唯一著作。"②其所包含的新的、革命的内容,还是用传统的特别是费尔巴哈的哲学术语来表述的,如"人的本质""类""异化"等等。而这些哲学术语并不完全符合它们所具有的新内容,在某种程度上甚至模糊了这些内容。阿尔都塞在《保卫马克思》中认为《手稿》的哲学方面受费尔巴哈"问题系"的影响。同时,作为经济学著作,《手稿》往往用抽象的思辨的哲学语言表述资本主义经济发展的规律;而且,马克思主义政治经济学最重要、最本质的部分还没有科学地建立起来,马克思主义政治经济学的科学的范畴体系也还没有完整地、系统地、科学地建立起来。总之,《手稿》还不是成熟的马克思主义著作,它只是建立马克思主义科学理论体系的起点、开端;应该把《手稿》放到马克思主义的整个发展过程中去,从马克思成熟时期的著作的高度对《手稿》进行科学的、历史的分析。

从内容上看,整个《手稿》大致可分成三个部分。第一部分包括"笔记本Ⅰ"的"工资""资本的利润"和"地租"这三章。三章基于古典经济学关于私

① 中央编译局编译:《〈1844 年经济学哲学手稿〉研究》,湖南人民出版社 1983 年版,第252 页。
② 《马克思恩格斯文集》第 1 卷,人民出版社 2009 年版,第 112 页。

有财产现实的论述,进一步引出马克思自己关于私有财产和整个政治经济学的看法。第二部分即"笔记本Ⅰ"的"异化劳动和私有财产"章。这章提出了马克思的"异化劳动"理论,对私有财产产生的原因作了深刻的说明。第三部分包括"笔记本Ⅱ""私有财产的关系"一章及"笔记本Ⅲ"中四部分内容,即"私有财产和劳动""私有财产和共产主义""对黑格尔的辩证法和整个哲学的批判"以及"私有财产和需要"。在这部分里,马克思认为,只有抓住资本与劳动的对立,才能把握私有财产的关系;马克思用异化劳动理论具体分析了需要、分工、货币等具体范畴。

一、批驳资产阶级政治经济学宣扬"资本家和工人利益一致"的谬论

在《手稿》的第一部分"笔记本Ⅰ""工资"中,马克思较为集中地分析批判了资产阶级政治经济学宣扬的"资本家和工人利益一致"的谬论,揭示资本主义社会工人工资的实质。然而,国民经济学却对工人的命运漠不关心,这正是资产阶级政治经济学资产阶级本质的反映。

马克思首先指出,"**工资**决定于资本家和工人之间的敌对的斗争。胜利必定属于资本家。资本家没有工人能比工人没有资本家活得长久"①。为什么会得此结论呢? 马克思接下来分析了工人工资的实质及其产生的原因。资本家支付给工人的工资是什么呢? 马克思指出,"最低的和唯一必要的工资额就是工人在劳动期间的生活费用,再加上使工人能够养家糊口并使工人种族不致死绝的费用"。或者"按照斯密的意见,通常的工资就是同'普通人'即牲畜般的生存状态相适应的最低工资"②。何以至此命运呢? 因为资本、地产、劳动相分离。"资本、地产和劳动三者的分离,只有对工人来说才是必然的、本质的和有害的分离。资本和地产无须停留于这种分离,可是,工人的劳

---

① 《马克思恩格斯文集》第1卷,人民出版社2009年版,第115页。
② 《马克思恩格斯文集》第1卷,人民出版社2009年版,第115页。

动则必须如此。**因此,资本、地租和劳动的分离对工人来说是致命的。**"①

马克思从供给需求的关系出发解读了决定工人工资的因素。"**对人的需求必然调节人的生产,正如其他任何商品生产的情况一样。**"②如果供给超过需求,那么一部分工人可能就会找不到工作,于是就没有工资,因此甚至有可能就要"沦为乞丐或者饿死"。因为"工人的存在被归结为其他任何商品的存在条件"。工人这种商品若有买主,则是他的幸运;但是在没有找到买主的情况下,只能是不幸的结果。或者是沦为乞丐或饿死,或者是被低于价格而支付。无论如何,"工人的生活取决于需求,而需求取决于富人和资本家的兴致"③,

马克思进一步从工人工资和劳动价格、生活资料价格之间的关系阐释决定工人工资的因素。由于"**劳动价格要比生活资料的价格远为稳定。二者往往成反比**"④,因为在物价高企时,虽然生活资料价格提高了,但是资本家对劳动的需求却下降,由此工资便随之下降,于是会有一定数量的工人没有饭吃。而在物价便宜时期,生活资料价格降低了,资本家对劳动的需求反而提高,于是,工资也因之提高。在这个问题上,还有一个"**不同行业的工人的劳动价格的差别**"。由于在具体的劳动过程中,单个工人的活动有着自然、精神和社会等方面的差别,因而其所得的报酬也就各不相同。然而,资本家却对此选择无视,他只"为他的死钱财的赢利而苦恼","对**现实的**个人活动漠不关心"⑤。由此可见,资本家和工人的利益不可能一致,结果只能是:"工人不仅必须为物质的生活资料而斗争,而且必须为谋求工作,即为谋求实现自己的活动的可能性、手段而斗争。"⑥

---

① 《马克思恩格斯文集》第1卷,人民出版社2009年版,第115页。
② 《马克思恩格斯文集》第1卷,人民出版社2009年版,第115页。
③ 《马克思恩格斯文集》第1卷,人民出版社2009年版,第116页。
④ 《马克思恩格斯文集》第1卷,人民出版社2009年版,第116页。
⑤ 《马克思恩格斯文集》第1卷,人民出版社2009年版,第119页。
⑥ 《马克思恩格斯文集》第1卷,人民出版社2009年版,第119页。

马克思还分析了竞争、分工与工人工资提高之间的关系。由于资本家要更多地赢利，于是他们之间就会展开竞争，竞争时，资本家会提高工人工资；工人想多挣钱，就要多劳动，于是就不得不多牺牲自己的时间、放弃更多的自由进行过度的劳动，这样就有可能使得工人的寿命缩短，结果则是对劳动的新需求的不断产生；而对工人的需求则超过了工人的供给。无论如何，"工人的结局也必然是劳动过度和早死，沦为机器，沦为资本的奴隶（资本的积累危害着工人），发生新的竞争以及一部分工人饿死或行乞"①。"工资的提高在工人身上激起资本家那样的致富欲望，工人只有牺牲自己的精神和肉体才能满足这种欲望。工资的提高以资本的积累为前提并且导致资本的积累，从而使劳动产品越来越作为异己的东西与工人相对立。"②这一点正是马克思在后文中所论述的"异化劳动"的表现之一。同样地，由于竞争，导致分工越来越细，而"分工使工人越来越片面化和越来越有依赖性；分工不仅导致人的竞争，而且导致机器的竞争"③。因为越来越细的分工使得工人从事的工作越来越简单化，工人像机器一样工作，或者说已被贬低为机器，生产出来的产品却越多，"于是发生生产过剩，而结果不是有很大一部分工人失业，就是工人的工资下降到极其可怜的最低限度"④。总之，资本家之间由于竞争，会提高工人的工资，确切地说，是提高部分工人的工资；同时，竞争致使分工越来越细，工人被贬低为机器，总体工人的工资是下降的。事实上，"**劳动**在国民经济学中仅仅以**谋生活动**的形式出现"⑤。"国民经济学把工人只当做劳动的动物，当做仅仅有最必要的肉体需要的牲畜。"⑥于是，**国民经济学家**得出"工人的利益从来

---

① 《马克思恩格斯文集》第 1 卷，人民出版社 2009 年版，第 121 页。
② 《马克思恩格斯文集》第 1 卷，人民出版社 2009 年版，第 121 页。
③ 《马克思恩格斯文集》第 1 卷，人民出版社 2009 年版，第 121 页。
④ 《马克思恩格斯文集》第 1 卷，人民出版社 2009 年版，第 121 页。
⑤ 《马克思恩格斯文集》第 1 卷，人民出版社 2009 年版，第 124 页。
⑥ 《马克思恩格斯文集》第 1 卷，人民出版社 2009 年版，第 125 页。

不同社会的利益相对立"①的结论。

最终,马克思揭露了工人和资本家之间关系的实质。"国民经济学家对我们说,……劳动的**全部产品**是属于劳动者的。但是,他同时又对我们说,实际上工人得到的是产品中最小的、万万不能缺少的部分,也就是说,只得到他不是作为人而是作为工人维持生存所必要的那一部分,只得到不是为繁衍人类而是为繁衍工人这个奴隶阶级所必要的那一部分。"②这就不可避免地产生了矛盾,这就是马克思所说的国民经济学家所谓的"劳动创造了财富"的矛盾。同时,马克思又进一步指出,"国民经济学家对我们说,一切东西都可用劳动来购买,而资本无非是积累的劳动;但是,他同时又对我们说,工人不但远不能购买一切东西,而且不得不出卖自己和自己的人性"③。这又是一个矛盾的体现。工人只能靠出卖自己的劳动才能获得基本的生存,而非用劳动所得换来或说是购买一切东西。之所以如此,是因为工人把劳动出卖给一个站在他对立面的资本家,其劳动产品全部为资本家所有了。马克思揭示道:"按照国民经济学家的意见,劳动是人用来增加自然产品的价值的唯一东西,劳动是人的能动的财产;而根据同一国民经济学,土地所有者和资本家——他们作为土地所有者和资本家不过是享有特权的、闲散的神仙——处处高踞于工人之上,并对工人发号施令。"④分工使审核越来越精细化,由此提高了劳动生产力,促进社会财富的增加,但却使工人变为机器,工人之间的竞争也更剧烈,工人被迫卷入到生产过剩的竞争中,工人越来越依附于资本家;社会福利在增长,工人却日益陷入贫困。因为"在社会的增长状态中,工人的毁灭和贫困化是他的劳动的产物和他生产的财富的产物。就是

---

① 《马克思恩格斯文集》第 1 卷,人民出版社 2009 年版,第 123 页。
② 《马克思恩格斯文集》第 1 卷,人民出版社 2009 年版,第 122 页。
③ 《马克思恩格斯文集》第 1 卷,人民出版社 2009 年版,第 122 页。
④ 《马克思恩格斯文集》第 1 卷,人民出版社 2009 年版,第 123 页。

说,贫困从现代劳动本身的**本质**中产生出来"①。换句话说,贫困是资本主义社会工人阶级的正常存在状态,这是由资本主义社会工人阶级劳动的本质决定的;"**劳动**在国民经济学中仅仅以**谋生活动**的形式出现"②。"社会的最富裕状态……对工人来说却是**持续不变**的贫困",而"在社会的衰落状态中,工人遭受的痛苦最深重"。③ 这是工人阶级自己所处的地位造成的,他遭受的压迫来自资本主义的社会状况。

总之,国民经济学的根本问题在于"国民经济学把**无产者**即既无资本又无地租,全靠劳动而且是靠片面的、抽象的劳动为生的人,仅仅当做**工人**来考察"。于是,在国民经济学那里,工人实际上完全和动物一样,"只应得到维持劳动所必需的东西"。国民经济学家看到的只是劳动中的工人,"国民经济学不考察不劳动时的工人",或者可以说,国民经济学"不把工人作为人来考察"④;"国民经济学把工人只当做劳动的动物,当做仅仅有最必要的肉体需要的牲畜。"⑤国民经济学对工人漠不关心,其资产阶级的本质昭然若揭。

二、解析"劳动在国民经济学中仅仅以谋生活动的形式出现"

马克思在[异化劳动和私有财产]这个片段在指出资产阶级政治经济学家的局限性的基础上,提出了其理论研究工作的任务;分析批判"劳动在国民经济学中仅仅以谋生活动的形式出现"⑥,指出资本主义社会工人的劳动是异化劳动,集中阐释了"异化劳动"的四个规定,论述了异化劳动和私有财产的关系,阐述了其早期经济学理论——异化劳动理论。

---

① 《马克思恩格斯文集》第 1 卷,人民出版社 2009 年版,第 124 页。
② 《马克思恩格斯文集》第 1 卷,人民出版社 2009 年版,第 124 页。
③ 《马克思恩格斯文集》第 1 卷,人民出版社 2009 年版,第 124、123 页。
④ 《马克思恩格斯文集》第 1 卷,人民出版社 2009 年版,第 124 页。
⑤ 《马克思恩格斯文集》第 1 卷,人民出版社 2009 年版,第 125 页。
⑥ 《马克思恩格斯文集》第 1 卷,人民出版社 2009 年版,第 124 页。

（一）资产阶级政治经济学家的局限性和马克思理论研究工作的任务

马克思首先指出了资产阶级政治经济学家的局限性："国民经济学从私有财产的事实出发。它没有给我们说明这个事实。它把私有财产在现实中所经历的**物质**过程，放进一般的、抽象的公式，然后把这些公式当做**规律**。它不**理解**这些规律，就是说，它没有指明这些规律是怎样从私有财产的本质中产生出来的。"①也就是说，资产阶级政治经济学家从资本主义社会现实出发提出他们的理论，但是，他们把这个现实当作合理存在的社会规律，并未从理论上加以解释说明，或者说，他们没有说明现实的资本主义社会即私有财产的本质究竟是什么。由此，他们无法建立完全科学的经济学学说。

基于此认识，马克思指出，造成资产阶级政治经济学家局限性的原因主要在于劳动和资本以及资本和土地的二元对立。"国民经济学没有向我们说明劳动和资本分离以及资本和土地分离的原因。"②这样，"国民经济学家只是使问题堕入五里雾中"。因为"他把应当加以推论的东西即两个事物之间的例如分工和交换之间的必然关系，假定为事实、事件"③。也就是把要推论的结果当作原因，看作为既成的、已经存在的事实。

于是，马克思进一步提出其研究工作的任务："我们现在必须弄清楚私有制、贪欲以及劳动、资本、地产三者的分离之间，交换和竞争之间、人的价值和人的贬值之间、垄断和竞争等等之间以及这全部异化和**货币**制度之间的本质联系。"④而要建立科学的经济学学说，必须要弄清楚私有制的本质，并厘清为什么在资本主义社会，会产生劳动和资本、地产三者之间的分离，以及为什么

① 《马克思恩格斯文集》第1卷，人民出版社2009年版，第155页。
② 《马克思恩格斯文集》第1卷，人民出版社2009年版，第155页。
③ 《马克思恩格斯文集》第1卷，人民出版社2009年版，第156页。
④ 《马克思恩格斯文集》第1卷，人民出版社2009年版，第156页。

人会被贬低到物,异化和资本主义货币制度之间又是什么关系? 等等。马克思尤其指出,科学经济学的建立需要"我们且从**当前的**国民经济的事实出发"①。即立足于资本主义社会现实状况去分析、揭示问题产生的原因。而分析、揭示的路径是借用国民经济学的概念,结合资本主义社会工人的劳动状况,最终揭示资本主义社会制度的实质。"我们把私有财产,把劳动、资本、土地的互相分离,工资、资本利润、地租的互相分离以及分工、竞争、交换价值概念等等当作前提。"也就是"从国民经济学本身出发,用它自己的话指出,工人降低为商品,而且降低为最贱的商品;工人的贫困同他的生产的影响和规模成反比;竞争的必然结果是资本在少数人手中积累起来,也就是垄断的更惊人的恢复;最后,资本家和地租所得者之间、农民和工人之间的区别消失了,而整个社会必然分化为两个阶级,即**有产者**阶级和没有财产的**工人阶级**"②。总之,马克思为自己提出的理论研究工作的任务就是科学地揭示资本主义制度产生、发展和灭亡的规律。

(二)"异化劳动"的四个规定

马克思从"**当前的**经济事实出发",详尽分析了在资本主义社会,工人的劳动如何成为异化劳动的主要表现。

在马克思看来,"**当前的**经济事实"是:"工人生产的财富越多,他的生产的影响和规模越大,他就越贫穷。工人创造的商品越多,他就越变成廉价的商品。"总之,"物的世界的**增值**同人的世界的**贬值**成正比"③。何以造成如此矛盾的现实状况呢? 因为在资本主义社会,工人的劳动成为异化劳动。马克思阐述了工人异化劳动四个方面的主要内容。

第一,工人同自己的劳动产品相异化。马克思指出,在资本主义社会,工

① 《马克思恩格斯文集》第 1 卷,人民出版社 2009 年版,第 156 页。
② 《马克思恩格斯文集》第 1 卷,人民出版社 2009 年版,第 155 页。
③ 《马克思恩格斯文集》第 1 卷,人民出版社 2009 年版,第 156 页。

人生产的劳动产品不属于工人自己,而成为同工人相对立的力量,"劳动所生产的对象,即劳动的产品,作为一种**异己的存在物**,作为**不依赖于生产者的力量**,同劳动相对立"①。马克思称之为"劳动的**对象化**"。因此,马克思说:"劳动的现实化就是劳动的对象化。在国民经济的实际状况中,劳动的这种现实化表现为工人的**非现实化**,对象化表现为**对象的丧失和被对象奴役**,占有表现为**异化**、**外化**。"②要注意的是,马克思在此所用"对象化""异化""外化""非现实化"等词语,在一定意义上是借用了黑格尔、费尔巴哈以及赫斯的用语,主要是要表达在资本主义社会工人劳动同自己的劳动产品之间的关系是一种对立和外在关系,即异化关系。

工人同自己的劳动产品相异化的具体表现是:"对对象的占有竟如此表现为异化,以致工人生产的对象越多,他能够占有的对象就越少,而且越受自己的产品即资本的统治。""劳动的现实化竟如此表现为非现实化,以致工人非现实化到饿死的地步。对象化竟如此表现为对象的丧失,以致工人被剥夺了最必要的对象——不仅是生活的必要对象,而且是劳动的必要对象。"总之,工人和**自己的劳动产品**的关系实质就是异化的关系。"工人对**自己的劳动的产品**的关系就是对一个**异己的**对象的关系。"③

然而,国民经济学家却不考察工人(即劳动)同产品的直接关系,由此掩盖了劳动本质的异化。结果则是"劳动为富人生产了奇迹般的东西,但是为工人生产了赤贫。劳动生产了宫殿,但是给工人生产了棚舍。劳动生产了美,但是使工人变成畸形。劳动用机器代替了手工劳动,但是使一部分工人回到野蛮的劳动,并使另一部分工人变成机器。劳动生产了智慧,但是给工人生产了愚钝和痴呆"④。实际上,劳动本质的关系,就是工人对生产的关系。

① 《马克思恩格斯文集》第1卷,人民出版社2009年版,第156页。
② 《马克思恩格斯文集》第1卷,人民出版社2009年版,第157页。
③ 《马克思恩格斯文集》第1卷,人民出版社2009年版,第157页。
④ 《马克思恩格斯文集》第1卷,人民出版社2009年版,第158—159页。

第二,工人同自己的劳动行为相异化。之所以造成工人同自己的劳动产品相异化,主要在于工人劳动的过程就是劳动行为异化的过程。马克思揭示道:"异化不仅表现在结果上,而且表现在生产行为中,表现在生产活动本身中。"①因为如果工人的生产行为本身不是异化的,其生产结果即劳动产品也就不会是异化的存在,产品是生产行为、生产活动产生的结果。

工人的劳动行为本质上是异化行为的具体表现在于:工人"在自己的劳动中不是肯定自己,而是否定自己,不是感到幸福,而是感到不幸,不是自由地发挥自己的体力和智力,而是使自己的肉体受折磨、精神遭摧残。因此,工人只有在劳动之外才感到自在,而在劳动中则感到不自在,他在不劳动时觉得舒畅,而在劳动时就觉得不舒畅"。"他的劳动不是自愿的劳动,而是被迫的**强制劳动**。"②这就是工人劳动的现实情况,工人为了自己和家人的生存,不得不出卖自己的劳动力,因此,在劳动的过程中,他们不会感到幸福,只会感到痛苦;自己的智力、体力在劳动过程中备受摧残和折磨,得不到自由发挥。

总之,"劳动对工人来说是**外在的东西**,也就是说,不属于他的本质"③;"对工人来说,劳动的外在性表现在:这种劳动不是他自己的,而是别人的;劳动不属于他;他在劳动中也不属于他自己,而是属于别人。"也就是说,工人在劳动生产中,其劳动活动已经不属于工人,而是属于一个异己于他的存在——资本家了。工人的活动不是他的自主活动,"他的活动属于别人,这种活动是他自身的丧失"④。于是,结局便是:"人(工人)只有在运用自己的动物机能——吃、喝、生殖,至多还有居住、修饰等等——的时候,才觉得自己在自由活动,而在运用人的机能时,觉得自己只不过是动物。动物的东西成为人的东西,而人的东西成为动物的东西。"⑤马克思在此并非否定吃、喝、生殖等行为

① 《马克思恩格斯文集》第1卷,人民出版社2009年版,第159页。
② 《马克思恩格斯文集》第1卷,人民出版社2009年版,第159页。
③ 《马克思恩格斯文集》第1卷,人民出版社2009年版,第159页。
④ 《马克思恩格斯文集》第1卷,人民出版社2009年版,第160页。
⑤ 《马克思恩格斯文集》第1卷,人民出版社2009年版,第160页。

不是人的机能,而是强调如果这些机能脱离了人的其他社会性活动,而成为人活着的最终和唯一目的,那么,这些机能就和纯粹动物的机能无异。最终,"只要肉体的强制或其他强制一停止,人们就会像逃避瘟疫那样逃避劳动"①。

马克思总结了上述两种异化"是物的异化",即工人和自己的劳动产品之间是异化的关系,工人在劳动过程中其生产行为之间也是异化的关系。而物的异化的结果就是工人的人性的丧失,是人的"自我异化"②,这正是马克思推出的"异化劳动"的第三个规定。

第三,工人同自己的类本质相异化。在这里需要注意的是:马克思所用"类存在物""类""类生活""类本质"等用语都是从费尔巴哈那里借来的术语,但他表达的却是不同于费尔巴哈的意思。马克思认为,资本主义条件下的异化劳动"由于(1)使自然界同人相异化,(2)使人本身,使他自己的活动机能,使他的生命活动同人相异化,因此,异化劳动也就使类同人相异化;对人来说,异化劳动把类生活变成维持个人生活的手段"③。也就是说,工人同自己的本质相异化。

接下来,马克思又从理论领域和实践领域论述了人和动物的本质区别,把人类的生产活动和所谓的动物的生产活动加以区别,从而揭示人的本质不同于动物。"动物的生产是片面的,而人的生产是全面的;动物只是在直接的肉体需要的支配下生产,而人甚至不受肉体需要的影响也进行生产,并且只有不受这种需要的影响才进行真正的生产;动物只生产自身,而人再生产整个自然界;动物的产品直接属于它的肉体,而人则自由地面对自己的产品。动物只是按照它所属的那个种的尺度和需要来构造,而人却懂得按照任何一个种的尺度来进行生产,并且懂得处处都把固有的尺度运用于对象;因此,人也按照美

---

① 《马克思恩格斯文集》第1卷,人民出版社2009年版,第159页。
② 《马克思恩格斯文集》第1卷,人民出版社2009年版,第160页。
③ 《马克思恩格斯文集》第1卷,人民出版社2009年版,第161—162页。

的规律来构造。"①总之,动物只是消极、被动地适应自然界,而人类是能动、主动地按照自己的要求和目的改造自然界。

然而,在资本主义社会,工人的劳动不再是自由自主的人的活动,而仅仅是满足人生存需要的一种手段,成为异化劳动。"劳动这种**生命活动**、这种**生产生活**本身对人来说不过是满足一种需要即维持肉体生存的需要的一种**手段**。"②"异化劳动把自主活动、自由活动贬低为手段,也就把人的类生活变成维持人的肉体生存的手段。"③异化劳动使人自己的身体,以及在他之外的自然界,他的精神本质,他的人的本质同人相异化。于是,人的本质即人的劳动——自由自主的人的活动也不再是人生活的目的,而成为生活的手段。"**人的类本质**,无论是自然界,还是人的精神的类能力,都变成了对人来说是**异己**的本质,变成了维持他的**个人生存的手段**。"④一句话,人们的一切活动都是盲目地、不自觉地被资本主义生产关系发展所支配、所统治。

第四,人同人相异化。马克思由上述对异化劳动三个表现的分析,得出了异化劳动的第四个表现——人同人相异化。"人同自己的劳动产品、自己的生命活动、自己的类本质相异化的直接结果就是**人同人相异化**。"⑤因为当人和自己对立时,他也就同他人相对立;人和自己的劳动、自己的劳动产品以及与自身之间的对立,同样适用于人同他人的对立关系。可以说,"人的类本质同人相异化这一命题,说的是一个人同他人相异化,以及他们中的每个人都同人的本质相异化"⑥。因为人和自身的关系,只有通过人和他人的关系才能够表现出来。"通过异化劳动,人不仅生产出他对作为异己的、敌对的力量的生产对象和生产行为的关系,而且还生产出他人对他的生产和他的产品的关系,

---

① 《马克思恩格斯文集》第 1 卷,人民出版社 2009 年版,第 162—163 页。
② 《马克思恩格斯文集》第 1 卷,人民出版社 2009 年版,第 162 页。
③ 《马克思恩格斯文集》第 1 卷,人民出版社 2009 年版,第 163 页。
④ 《马克思恩格斯文集》第 1 卷,人民出版社 2009 年版,第 163 页。
⑤ 《马克思恩格斯文集》第 1 卷,人民出版社 2009 年版,第 163 页。
⑥ 《马克思恩格斯文集》第 1 卷,人民出版社 2009 年版,第 164 页。

以及他对这些他人的关系。"①

工人通过异化劳动,不仅生产出异己于自己的产品,异己于自己的本质,同时生产出一个和他相对立的,但主宰他的劳动活动、劳动产品的对象即资本家。"总之,通过**异化的、外化的劳动**,工人生产出一个同劳动疏远的、站在劳动之外的人对这个劳动的关系。工人对劳动的关系,生产出资本家——或者不管人们给劳动的主宰起个什么别的名字——对这个劳动的关系。"②这种人与人的异化,在马克思看来就是阶级的分化,工人异化劳动的最终结果,就是产生了工人阶级与资本家阶级之间的对立。

(三)异化劳动和私有财产的关系

在[异化劳动和私有财产]这个片段的最后,马克思探讨了异化劳动和私有财产的关系。但是,在这个问题上,马克思的答案似乎并不明确。

一方面,马克思指出,由于异化劳动的存在导致私有财产的产生,因此,私有财产是异化劳动的结果。"**私有财产**是**外化劳动**即工人对自然界和对自身的外在关系的产物、结果和必然后果。""尽管私有财产表现为外化劳动的根据和原因,但确切地说,它是外化劳动的后果"。③

一方面,马克思又提出私有财产是劳动得以异化的手段,私有财产使得异化劳动得以产生。"私有财产一方面是外化劳动的**产物**,另一方面又是劳动借以外化的**手段**,是**这一外化的实现**。"④那么,在马克思这里,异化劳动和私有财产之间的关系究竟怎样? 谁是原因,谁是结果? 或许正如马克思所说:"私有财产只有发展到最后的、最高的阶段,它的这个秘密才重新暴露出

---

① 《马克思恩格斯文集》第 1 卷,人民出版社 2009 年版,第 165 页。
② 《马克思恩格斯文集》第 1 卷,人民出版社 2009 年版,第 166 页。
③ 《马克思恩格斯文集》第 1 卷,人民出版社 2009 年版,第 166 页。
④ 《马克思恩格斯文集》第 1 卷,人民出版社 2009 年版,第 166 页。

来"①。

可以说，在《手稿》时期，马克思处于思想发展的早期，很多问题还没有完全明晰、科学表达。但可以明确的是，无论如何，劳动创造了作为私有财产的物质内容，在此意义上说，私有财产是异化劳动的产物；然而，劳动成为异化劳动，其异化的实质是由资本主义生产关系即生产资料私有制决定的。只是需要注意的是，马克思早期所用"私有财产"的概念并非在同一个意义上使用，有时指资本主义私有财产，有时又从社会关系的意义上使用。

虽然关于异化劳动和私有财产的关系，马克思并未给出明确的答案，但是，马克思在《手稿》中提出的异化劳动理论仍然具有重要的意义。首先，异化劳动理论克服了资产阶级经济学的局限性。"正如我们通过**分析**从**异化的、外化的劳动**的概念得出**私有财产**的概念一样，我们也可以借助这两个因素来阐明国民经济学的一切**范畴**，而且我们将重新发现，每一个范畴，例如买卖、竞争、资本、货币，不过是这两个基本因素的**特定的、展开了的表现**而已。"②通过对于在资本主义社会工人的劳动变为异化劳动的解剖，通过异化劳动和私有财产关系的分析，可以看到资产阶级政治经济学的主要范畴都可以从中获得解释，或者说这些范畴不过是异化劳动和私有财产在资本主义社会的具体表现而已。比如工资这个范畴，在马克思看来，"**工资和私有财产**是同一的，因为用劳动产品、劳动对象来偿付劳动本身的工资，不过是劳动异化的必然后果"③。在工资中，劳动本身不是目的，工人劳动是为了工资而劳动，劳动成为工资的奴仆。因此，"工资是异化劳动的直接结果，而异化劳动是私有财产的直接原因"。结果则是，"随着一方衰亡，另一方也必然衰亡"④。

在上述分析基础上，马克思以消灭异化劳动和私有制为基础，进一步提出

① 《马克思恩格斯文集》第 1 卷，人民出版社 2009 年版，第 166 页。
② 《马克思恩格斯文集》第 1 卷，人民出版社 2009 年版，第 167 页。
③ 《马克思恩格斯文集》第 1 卷，人民出版社 2009 年版，第 167 页。
④ 《马克思恩格斯文集》第 1 卷，人民出版社 2009 年版，第 167 页。

解决问题的根本出路就在于彻底消灭异化劳动和私有制,由此揭示了无产阶级革命的客观必然性和无产阶级革命的必由之路。"社会从私有财产等等解放出来、从奴役制解放出来,是通过**工人解放**这种**政治**形式来表现的,这并不是因为这里涉及的仅仅是工人的解放,而是因为工人的解放还包含普遍的人的解放;其所以如此,是因为整个的人类奴役制就包含在工人对生产的关系中,而一切奴役关系只不过是这种关系的变形和后果罢了。"①工人阶级的解放只有通过消灭私有财产即私有制;工人阶级获得解放,人类也终将获得解放,因为工人的异化劳动、工人阶级的受奴役是人类社会奴役关系的最终表现形式。于是,马克思最后提出了自己理论研究工作下一步所要解决的任务:"从**私有财产**对**真正人的和社会的财产**的关系来规定作为异化劳动的结果的**私有财产的普遍本质**。"②即要进一步揭示从资本主义走向共产主义的客观物质根源的任务。

总之,马克思以"异化劳动"理论为核心,较全面地阐述了其关于政治经济学的主要观点。首先,第一次确定了自己研究政治经济学的根本方法。马克思始终坚持从资本主义经济制度的客观事实出发,根据它自身的矛盾运动的特点,自觉地把唯物论和辩证法结合起来。其次,马克思把资本主义社会里的三个基本阶级——无产阶级、资本家和土地所有者的社会生存条件,作为解剖资本主义制度的出发点。第一次从经济上分析了资本主义社会的阶级关系和阶级斗争,把雇佣劳动、资本和地租理解为决定资本主义社会阶级结构的基础,也是三个阶级之间的本质关系。为建立自己的政治经济学奠定了初步的然而是重要的基础。再次,把生产关系作为政治经济学的研究对象。马克思对私有财产的理解已经不是简单地把它当作占有、状态或事物看待了,不再把它看作是某种法律学的东西了,实际上已经开始把私有财产当作一种客观的社会经济关系来分析了,即已经开始把生产关系作为政治经济学的研究对象

① 《马克思恩格斯文集》第1卷,人民出版社2009年版,第167页。
② 《马克思恩格斯文集》第1卷,人民出版社2009年版,第167页。

了。最后,提出了异化劳动理论。马克思第一次系统地、全面地阐明了异化劳动理论,并企图以异化劳动理论为基础,建立起自己的政治经济学的理论体系。马克思一方面充分肯定了资产阶级政治经济学把劳动提高为自己的科学理论的最高原则的历史功绩;另一方面又指出,他们却说明不了在资本主义制度下工人的理论要求和实践要求的矛盾。

三、用异化劳动理论分析批判资产阶级政治经济学所用的经济范畴

（一）资本

马克思认为,资本就是对他人的劳动及劳动产品的占有权和支配权。"**资本**,即对他人劳动产品的私有权"①,"资本是对劳动及其产品的支配权力"②。资本家拥有资本就是拥有对工人的劳动及劳动产品的占有权和支配权。资本家不是由于其个人的或人的特性而拥有这种权力,而只是由于他是资本的所有者,他拥有用资本不可抗拒的购买的权力。资本家利用资本来行使他对劳动的支配权;资本的支配权又支配着资本家自身。

在斯密看来,"资本是**积蓄的劳动**"。"资金只有当它给自己的所有者带来收入或利润的时候,才叫做**资本**"。而"资金,是土地产品和工业劳动产品的任何积累"③。马克思指出,只有**积蓄的劳动**、积累的资金给资本家带来收入或利润的时候,才能成为**资本**。或者简单地说,**资本就是**资本家获得的利润。马克思探讨了资本家与**资本**、利润和工人工资之间的关系。"资本家赚得的利润首先同工资成比例,其次同预付的原料成比例。"④工资提高,利润也随之提高。但是,如前文马克思对于资本主义社会工资实质的揭示,工人工资

---

① 《马克思恩格斯文集》第1卷,人民出版社2009年版,第129页。
② 《马克思恩格斯文集》第1卷,人民出版社2009年版,第130页。
③ 《马克思恩格斯文集》第1卷,人民出版社2009年版,第130页。
④ 《马克思恩格斯文集》第1卷,人民出版社2009年版,第131页。

的提高远远低于资本家利润的提高,也远远低于生活总成本的增加。而就预付的原料来说,"在对自然产品加工和再加工时人的劳动的增加,不是使工资增加,而是一方面使获利资本的数额增加,另一方面使每一笔后来的资本比先前的资本增大"①。也就是说,预付的原料增加,劳动也增加,但工资并不会增加,它只是会增加获利资本的数额,同时增大后来的资本。无论如何,利润增加,最终获利的还是资本家,而且是大资本家。因为"当资本和地产掌握在同一个人手中,并且资本由于数额庞大而能够把各种生产部门联合起来的时候,资本的积累日益增长,而资本间的竞争日益减少"②。竞争导致了垄断,导致了数额庞大的资本日益被同一个人所掌握。

(二)地租

在斯密看来,"地租的数量取决于土地**肥力**的程度"。而"决定地租数量的另一个因素是土地的**位置**"。马克思指出其颠倒了概念,"竟把土地富饶程度变成土地占有者的特性"③。马克思分析了在现实的关系中地租是如何形成的。马克思认为"地租是通过**租地农场主**和**土地所有者之间的斗争**确定的"④。关于这一点,马克思认为,在国民经济学中,"各种利益的敌对性的对立、斗争、战争,被承认是社会组织的基础"⑤。于是,马克思基于国民经济学的认识,探讨了土地所有者和租地农场主之间的相互关系,以及"土地所有者如何榨取社会的一切利益"⑥。得出如下结论:"斯密从土地所有者榨取社会的一切利益这一事实得出结论说,土地所有者的利益始终同社会的利益一致,

---

① 《马克思恩格斯文集》第1卷,人民出版社2009年版,第132页。
② 《马克思恩格斯文集》第1卷,人民出版社2009年版,第141页。
③ 《马克思恩格斯文集》第1卷,人民出版社2009年版,第143页。
④ 《马克思恩格斯文集》第1卷,人民出版社2009年版,第144页。
⑤ 《马克思恩格斯文集》第1卷,人民出版社2009年版,第144页。
⑥ 《马克思恩格斯文集》第1卷,人民出版社2009年版,第145页。

这就荒谬了。"①为什么斯密会得出如此荒谬的结论呢? 因为"根据国民经济学,在私有制的统治下,个人从社会得到的利益同社会从个人得到的利益正好成反比,正像高利贷者靠挥霍者得到的利益决不同挥霍者的利益相一致一样"②。

马克思进一步分析,"按照国民经济学的原理,土地所有者与社会的繁荣有利害关系;他与人口、工业生产的增长,与社会需要的增长,一句话,与社会财富的增长有利害关系,正如我们上面所考察的,这种增长与贫困和奴役的增长是一致的"③。在国民经济学看来,土地所有者与人口、工业生产的增长,与社会需要的增长等都有利害关系;在马克思看来,这种利害关系表现在,土地所有者的增长与贫困和奴役的增长一致,也就是说,伴随着一方是土地所有者的增长,与之相对的则是贫困者和受奴役者的增长。这才是在私有制占统治的条件下,社会关系的本质所在。"根据国民经济学家自己的看法,土地所有者的利益同租地农场主从而同社会的相当大一部分人的利益是敌对的。"④马克思分析了租地农场主和土地所有者之间在支付的工资和索取的地租之间的关系,总是一方想尽力压低支付的工资,一方却想索取高额的地租。因此,正如工厂主的利益同他的工人的利益是敌对的一样,土地所有者的利益同雇农的利益也是敌对的。另外,马克思还分析了工业产品实际价格降低和提高地租之间的关系。因为工业产品价格实际降低,资本家之间的竞争就会激烈,工业工人的工资就会降低,土地所有者就可以提高地租,于是,土地所有者也会从生产过剩以及工业发展所造成的一切灾难中直接获利。因此,马克思得出结论,由于竞争,"土地所有者的利益同社会的利益完全不一致,并且同租地农场主、雇农、工业工人和资本家的利益相敌对",同样地,"一个土地所有者

---

① 《马克思恩格斯文集》第1卷,人民出版社2009年版,第146页。
② 《马克思恩格斯文集》第1卷,人民出版社2009年版,第146—147页。
③ 《马克思恩格斯文集》第1卷,人民出版社2009年版,第147页。
④ 《马克思恩格斯文集》第1卷,人民出版社2009年版,第147页。

的利益,由于竞争,也决不会同另一个土地所有者的利益一致"①。因为"大地产和小地产之间的相互关系一般是与大资本和小资本之间的相互关系一样的"②。

总之,从对国民经济学关于地租认识的分析批判,马克思揭示了在资本主义私有制条件下土地所有者对雇农的剥削实质,指出土地所有者的利益同雇农的利益就像资本家和工人之间的利益一样,同样不可能是一致的。"所有者的统治必然要失去一切政治色彩而表现为私有财产的、资本的单纯统治;所有者和劳动者之间的关系必然归结为剥削者和被剥削者的国民经济关系;所有者和他的财产之间的一切人格的关系必然终止,而这个财产必然成为纯**实物的**、物质的财富;与土地的荣誉联姻必然被利益的联姻所代替,而土地也像人一样必然降到交易价值的水平。"③

于是,马克思得出结论:"最终的结果是资本家和土地所有者之间的差别消失,以致在居民中大体上只剩下两个阶级:工人阶级和资本家阶级。"④这个结论与《共产党宣言》中的"两个必然"有一定程度的契合,整个社会将日益分裂为两大对立的阶级——资产阶级和无产阶级。

(三)分工

马克思在《手稿》的[分工]片段较为集中地分析批判了资产阶级经济学家在分工问题上的认识局限。马克思首先指出,"**分工**是关于异化范围内的**劳动社会性**的国民经济学用语"。也就是说国民经济学是在资本主义社会异化劳动意义上论述分工,他们所理解的分工是人的活动即劳动的外在表现,是人生命活动的体现,因此,在他们看来,分工"无非是人的活动作为**真正类活**

---

① 《马克思恩格斯文集》第1卷,人民出版社2009年版,第148页。
② 《马克思恩格斯文集》第1卷,人民出版社2009年版,第148页。
③ 《马克思恩格斯文集》第1卷,人民出版社2009年版,第151页。
④ 《马克思恩格斯文集》第1卷,人民出版社2009年版,第150页。

动或作为**类存在物的人的活动**的**异化的、外化的设定**"。但是,马克思认为他们的分析"极不明确并且自相矛盾"①。

接下来马克思引述了斯密、萨伊、斯卡尔培克以及穆勒等资产阶级经济学家的相关表述,首先指出他们的共同认识是:分工同生产的丰富、资本的积累相互制约,因此,"只有**自由放任的**、自行其是的私有财产才能创造出最有利的和无所不包的分工"②。换句话说,最好的分工产生于自由的私有制商品经济条件下。然后,马克思逐一分析批判了他们各自的问题所在。斯密认为,"分工给劳动以无限的生产能力。它起源于**交换和买卖的倾向**",而"进行交换的人们的动机不是**人性**而是**利己主义**。人的才能的差异与其说是分工即交换的原因,不如说是它的结果"。③ 分工即交换,由于利己的原因,人们进行交换即分工,由此导致人的才能存在差异,人的才能的差异是分工即交换的结果。萨伊却"把交换看成偶然的、不是基本的东西"。认为没有交换,社会也可以存在;"但是,**没有交换**就不可能有**生产**"。因此,分工巧妙地运用人力,对于社会财富来说是"一个**方便的、有用的手段**"④。"**斯卡尔培克把个人的、人生来就有**的力量即智力和从事劳动的身体素质,同**来源**于社会的力量即相互制约的**交换和分工**区别开来。"⑤在斯卡尔培克看来,交换和分工是社会性的,不同于人与生俱来的智力和体力,但是,交换的必要前提仍然是私有财产。穆勒则指出,商业是分工的结果,分工和机器的使用决定着产品和财富的生产。马克思对上述观点评价道:"斯卡尔培克用客观的形式表述了斯密、萨伊、李嘉图等人所说的东西,因为斯密等人把**利己主义、私人利益**称为交换的基础,或者把**买卖**称为交换的**本质的和适合的**形式。"⑥也就是说,认为交换的

① 《马克思恩格斯文集》第 1 卷,人民出版社 2009 年版,第 237 页。
② 《马克思恩格斯文集》第 1 卷,人民出版社 2009 年版,第 239 页。
③ 《马克思恩格斯文集》第 1 卷,人民出版社 2009 年版,第 239—240 页。
④ 《马克思恩格斯文集》第 1 卷,人民出版社 2009 年版,第 240 页。
⑤ 《马克思恩格斯文集》第 1 卷,人民出版社 2009 年版,第 240 页。
⑥ 《马克思恩格斯文集》第 1 卷,人民出版社 2009 年版,第 240 页。

必要前提仍然是私有财产,这个认识是资产阶级经济学家的共识,每个人观点的区别只是在于表述不同、侧重点相异而已。

既然在资产阶级经济学家那里,分工与交换密不可分,或者说分工即交换,因此,马克思说:"对**分工和交换**的考察具有极为重要的意义",因为"**分工和交换是人的活动和本质力量**——作为**类**的活动和本质力量——**的明显外化的表现**"①。在马克思看来,分工和交换是社会性的活动,是人类有别于动物的活动形式,是人的本质力量的体现。资产阶级经济学家虽然提出了分工和交换的前提是私有财产,但并没有作出相应论证,马克思说"我们则愿意替他证明"。马克思指出,断言分工和交换的前提是私有财产,实质上是"**断言劳动是私有财产的本质**"。同时,断言分工和交换是私有财产的形式,"这一情况恰恰包含着双重证明:一方面人的生命为了本身的实现曾经需要私有财产;另一方面人的生命现在需要消灭私有财产"②。在私有制即私有财产条件下,出现了分工和交换,工人为了自己的生存不得不出卖自己的劳动力,用来交换、换取生存的物质资料;而为了使得劳动不再是异化劳动,而成为人的真正的本质力量的体现,即人的生命特征的体现,就需要消灭私有财产即消灭私有制。资产阶级经济学家的问题则在"依靠非社会的特殊利益来论证社会"③,也就是把资本家的特殊利益表述为社会的普遍利益,从而为资本家的特殊利益辩护,即为资本主义社会制度辩护,这正是资产阶级经济学家理论的本质所在。

(四)货币

马克思在《手稿》的[货币]片段深刻地分析批判了在资本主义社会货币的本质及其外在表现。马克思揭示道:"**货币**,因为它具有购买一切东西的**特**

---

① 《马克思恩格斯文集》第1卷,人民出版社2009年版,第241页。
② 《马克思恩格斯文集》第1卷,人民出版社2009年版,第241页。
③ 《马克思恩格斯文集》第1卷,人民出版社2009年版,第241页。

性,因为它具有占有一切对象的特性,所以是最突出的**对象**。"货币可以购买一切东西,因此可以占有一切对象,于是,货币成为最为人关注的对象。而"货币的**特性**的普遍性是货币的本质的万能",货币成为万能的东西,这是其本质体现,是其特性的普遍性的表现。"货币是需要和对象之间、人的生活和生活资料之间的**牵线人**。"①由于货币的存在,使得对象能够满足人的需要,货币成为架起人的生活和生活资料之间的桥梁。但是,货币本是我和我的生活之间的中介,却也成为我和他人之间的中介,或者说,我和他人之间的关系表现为货币关系。

马克思接下来引用了歌德《浮士德》中靡菲斯特斐勒司的话,以及莎士比亚在《雅典的泰门》中对于货币本质的表述,马克思认为"莎士比亚把**货币**的本质描绘得十分出色"。马克思先阐释了歌德的诗句,得出结论说:"我**是**什么和我**能够**做什么,决不是由我的个人特征决定的。"②因为货币的特性成为我的特性,货币能够购买的东西,就是货币占有者——我的力量、特性和本质的体现。于是,货币受到尊敬,货币的占有者就受到尊敬,其具体表现则是:"货币是最高的善","它的占有者也是善的"。"我是**没有头脑的**,但货币是万物的**实际的头脑**","他可以给自己买到颇有头脑的人","能够支配颇有头脑者的人",一句话,人能"凭借货币得到人心所渴望的**一切**",于是,这个人则"具有人的一切能力"。③ 货币成为人同生活、社会,同自然界和人联结起来的纽带,货币则成为一切纽带的纽带。马克思认为,"莎士比亚特别强调了货币的两个特性","它是有形的神明",能够使人和自然的特性与之相对立,"使事物普遍混淆和颠倒";"它是人尽可夫的娼妇"④,因为货币的神力包含在其本质中,即是人的能力的外在体现。"凡是我作为人所不能做到的,也就是我

①　《马克思恩格斯文集》第1卷,人民出版社2009年版,第242页。
②　《马克思恩格斯文集》第1卷,人民出版社2009年版,第244页。
③　《马克思恩格斯文集》第1卷,人民出版社2009年版,第245页。
④　《马克思恩格斯文集》第1卷,人民出版社2009年版,第245页。

个人的一切本质力量所不能做到的,我凭借**货币**都能做到。"货币把我所思、所想,期望其从观念变成现实的东西都得以转化、得以实现,货币成为转化的中介,"作为这样的中介,货币是**真正的创造力**"。因此,"**货币**是一种……能够把观念变成**现实**而把**现实**变成**纯观念**的普遍**手段**和**能力**"①。货币是"**个性**的普遍颠倒",个性变成其对立物,因为货币被赋予了与个性相矛盾的特性。

总之,"因为货币作为现存的和起作用的价值概念把一切事物都混淆了、替换了,所以它是一切事物的普遍的**混淆**和**替换**,从而是颠倒的世界,是一切自然的品质和人的品质的混淆和替换"②。由于货币的存在,货币的作用,混淆和替换了所有自然的品质和人的品质,世界从而成为颠倒的世界,因为"货币能把任何特性和任何对象同其他任何即使与它相矛盾的特性和对象相交换"。但是,人本是现实的人,人与自然界的关系、与社会的关系,本应该与人的意志相符合,否则,真实的现实生活将是痛苦的生活。然而,"货币作为现存的和起作用的价值概念"③,其混淆和替换导致的颠倒的世界,导致的就是人的真实的、痛苦的现实生活。马克思鞭辟入里地揭示了在资本主义社会货币的本质。

第三节　资本主义剥削实质的揭示
——《雇佣劳动与资本》

《雇佣劳动与资本》是马克思分析资本主义生产关系的重要著作。该书对于资本主义生产关系的分析是在分析批判资产阶级政治经济学劳动价值论的基础上,揭露了资本家对于工人的剥削实质。

---

① 《马克思恩格斯文集》第 1 卷,人民出版社 2009 年版,第 246 页。
② 《马克思恩格斯文集》第 1 卷,人民出版社 2009 年版,第 247 页。
③ 《马克思恩格斯文集》第 1 卷,人民出版社 2009 年版,第 247 页。

《雇佣劳动与资本》一文原是马克思 1847 年 12 月在布鲁塞尔德意志工人协会发表的演说,1849 年 4 月曾以社论形式在《新莱茵报》上陆续发表,后因该报被封而未刊登完;后来公开发表的全文包括一篇"导言"和马克思所谓"三大部分"①内容。"导言"是恩格斯为了进一步向工人阶级宣传马克思的经济学说,在 1891 年重新刊印《雇佣劳动与资本》时而做,它对马克思的著作作了重要的说明和补充。恩格斯在"导言"中指出,出版马克思的著作与宣传马克思主义是两件不同的事情。"在供一般读者阅读的普通版本中,作者的思想发展进程中所包含的这种早期的观点,也应该得到反映;作者和读者都有无可争议的权利要求不加修改地重印这些早期著作。在这种情况下,重印这些早期著作,我连想也不会想到要更改这些著作中的任何一个字。""但是,新刊行的版本可以说是专为在工人中进行宣传工作用的,这与上面所说的情况不同。在这种场合,马克思一定会使这个发表于 1849 年的旧的论述同他的新的观点一致起来。所以我确信,我**在这个版本中**为了在一切要点上达到这种一致而作的一些必要的修改和补充,是完全符合他的心愿的。"②因此,恩格斯在"专为在工人中进行宣传工作用的"《雇佣劳动与资本》的新版本中,对马克思的原稿作了一些必要的修改和补充。这就是他在 1891 年 3 月 17 日致卡尔·考茨基的信中说的:"马克思在《雇佣劳动与资本》一书中使用的还是他创造剩余价值理论以前的那些术语,目前,要出版一万册小册子进行宣传,这些术语就不能原样保留下来了,因此我必须把它们全部改成现代用语,并加以说明。"③恩格斯同年 3 月 4 日致弗·阿·左尔格的信中也说过,就是把《雇佣劳动与资本》原稿"提高到《资本论》的水平"④。

然而,马克思在当时还未能建立起科学的剩余价值理论,因为科学的剩余

---

① 《马克思恩格斯文集》第 1 卷,人民出版社 2009 年版,第 712 页。
② 《马克思恩格斯文集》第 1 卷,人民出版社 2009 年版,第 701—702 页。
③ 《马克思恩格斯全集》第 38 卷,人民出版社 1972 年版,第 50 页。
④ 《马克思恩格斯全集》第 38 卷,人民出版社 1972 年版,第 43 页。

价值理论的建立是以区分劳动和劳动力,以及把剩余价值从它的各种具体形态中抽象出来为前提的。只有到 19 世纪 50 年代末马克思才彻底解决了这两个问题,从而建立了科学的剩余价值理论。在我国,1919 年 5 月 9 日至 6 月 1 日北京《晨报》以《劳动与资本》为题以连载的形式发表了这篇文章,这是中国第一次发表的马克思经济著作的完整译文。①

综合恩格斯的"导言"以及马克思撰写的主体内容,马克思恩格斯在《雇佣劳动与资本》一文中从以下几个方面展开了对于资产阶级政治经济学的分析批判:

一、论证资产阶级政治经济学没有区分劳动与劳动力遭到破产

在"导言"中,恩格斯指出,马克思当时还没有把劳动与劳动力两个概念从字面上明确区分开来,原著中仍沿用着资产阶级古典经济学关于"工人出卖自己劳动"的提法,而不是如同 19 世纪 50 年代末完成对资产阶级政治经济学批判工作之后那样明确指出工人出卖的是劳动力。但是,从全书的整个分析来看,当时马克思实际上已经掌握了工人出卖劳动力这一实质,从而发现了剩余价值的真正来源。因此,马克思关于工人"出卖劳动"的提法与资产阶级古典经济学的理解并不相同,马克思的重要贡献在于提出了工人出卖的不是劳动而是劳动力。恩格斯指出:"我所作的全部修改,都归结为一点。在原稿上是,工人为取得工资向资本家出卖自己的**劳动**,在现在这一版本中则是出卖自己的劳动**力**。""这里并不是单纯的咬文嚼字,而是牵涉到全部政治经济学中一个极重要的问题。"②

于是,恩格斯强调指出,资产阶级古典政治经济学遭到破产的重要原因之一就是没有区分劳动与劳动力。古典政治经济学虽然发现社会必要劳动时间

---

① 关于该书的出版、发表以及中文翻译情况参见马克思:《雇佣劳动与资本》,人民出版社 2018 年版,"编者引言",第 5—6 页。
② 《马克思恩格斯文集》第 1 卷,人民出版社 2009 年版,第 702 页。

决定商品的价值,从而为劳动价值论奠定了基础,但是,由于他们不能区分劳动与劳动力,因而,当把劳动决定价值的观点用来分析"劳动"这一商品的时候,就陷入了绝境。"古典政治经济学从工业实践方面因袭了工厂主的流行的看法,仿佛工厂主所购买和偿付的是自己的工人的**劳动**。"①可是,当他们将劳动价值论运用到"劳动"这个商品时,"他们马上就陷入一连串的矛盾之中"。即"'劳动'的价值是由什么决定的呢?""劳动"这一商品的价值也必然由劳动决定,他们只能用劳动来表现"劳动的价值"②。这相当于说,一小时劳动的价值等于一小时劳动,但实际上什么也说明不了! 那么这就使他们"陷在一个圈子里走不出去"③,陷入同义反复的困境。"于是古典经济学就企图另找出路,它说:商品的价值等于它的生产费用。但是劳动的生产费用又是什么呢?"④劳动的生产费用无法考察。于是又转而考察工人的生产费用。在他们看来,"劳动"的生产费用即工人的生产费用是指使工人能够生存并传宗接代的那些生活费用,与工人在劳动中创造的价值并不相同,但是,这样他们又陷入一个新的难以解决的矛盾,即维持工人一天生活所需的生活资料的价值与工人一天劳动创造的价值量不完全等同。结果这种考察又陷入了劳动似乎创造了两个价值的新矛盾中,即一个是劳动所创造的价值,一个是工人的生活费用。因此,"李嘉图学派,多半是由于不能解决这个矛盾而遭到了破产。古典经济学走入了绝境"⑤。

　　古典经济学走入的绝境,也正是马克思的突破之地。恩格斯指出,由于马克思科学地区分了劳动和劳动力,"那些最优秀的经济学家从'劳动'价值出发而无法解决的困难,一到我们把'劳动力'价值作为出发点,就消失不见

---

① 《马克思恩格斯文集》第1卷,人民出版社2009年版,第702页。
② 《马克思恩格斯文集》第1卷,人民出版社2009年版,第704页。
③ 《马克思恩格斯文集》第1卷,人民出版社2009年版,第706页。
④ 《马克思恩格斯文集》第1卷,人民出版社2009年版,第704页。
⑤ 《马克思恩格斯文集》第1卷,人民出版社2009年版,第706页。

了"①。马克思区分了"劳动"与"劳动力"两个概念,揭示了古典政治经济学所说的劳动的生产费用,实际是劳动力本身的生产费用,它等于工人的工资。工人出卖给资本家的不是劳动,而是劳动力,劳动力在出卖之后就由资本家支配,资本家通过使用这种可以"创造价值的力量"的"完全特殊的商品"②,就获得了超过其自身生产费用,即工资的余额,也就是剩余价值,由此科学地回答了古典政治经济学解决不了的矛盾,正确揭示了由工人创造并被资本家无偿占有的超过劳动力本身价值的部分即剩余价值的来源。马克思后来在《工资、价格和利润》中明确表述:"工人出卖的并不直接是他的**劳动**,而是他的暂时让资本家支配的**劳动力**。"③在《资本论》中更是反复强调:"工人出卖的是他的劳动力。"④因此,"政治经济学称为劳动的价值的东西,实际上就是劳动力的价值"⑤。工资通常只是劳动力的价值和价格的转化形式。总之,"看起来好像是资本家用货币**购买**工人的劳动。工人是为了货币而向资本家**出卖**自己的劳动。但这只是假象。实际上,他们为了货币而向资本家出卖的东西,是他们的劳动**力**。资本家以一天、一星期、一个月等等为期购买这个劳动力。他在购买劳动力以后使用这个劳动力,也就是让工人在约定的时间内劳动"⑥。由于工人劳动的时间长于为了生产自己必需的生活资料所需的时间,工人创造的新价值大于劳动力的价值,这就为资本家创造了剩余价值。

总之,正确区分劳动和劳动力,不仅解决了古典政治经济学劳动价值论陷入的困境,而且为马克思主义剩余价值理论奠立了坚实的基础。正如马克思所指出的:"因此可以懂得,为什么劳动力的价值和价格转化为工资形式,即转化为劳动本身的价值和价格,具有决定性的重要意义。这种表现形式掩盖

---

① 《马克思恩格斯文集》第1卷,人民出版社2009年版,第708页。
② 《马克思恩格斯文集》第1卷,人民出版社2009年版,第708页。
③ 《马克思恩格斯文集》第3卷,人民出版社2009年版,第54页。
④ 《马克思恩格斯文集》第5卷,人民出版社2009年版,第615页。
⑤ 《马克思恩格斯文集》第5卷,人民出版社2009年版,第617页。
⑥ 《马克思恩格斯文集》第1卷,人民出版社2009年版,第713页。

了现实关系,正好显示出它的反面。工人和资本家的一切法的观念,资本主义生产方式的一切神秘性,这一生产方式所产生的一切自由幻觉,庸俗经济学的一切辩护遁词,都是以这个表现形式为依据的。"①更为重要的是,由于资产阶级古典政治经济学家为资本主义制度辩护的实质,即使他们发现了同样的问题,他们也不会揭示出来。"古典政治经济学几乎接触到事物的真实状况,但是没有自觉地把它表述出来。"因为,"只要古典政治经济学附着在资产阶级的皮上,它就不可能做到这一点"。②

二、批驳资产阶级政治经济学关于资本家与工人"平等"买卖关系的说辞

马克思在提出《雇佣劳动与资本》一文要阐释的"三大部分"内容后,指出,"我们首先来讲第一个问题:**什么是工资? 它是怎样决定的?**"③由此展开全面分析资本主义社会工人工资的实质,驳斥了资产阶级政治经济学家所谓的资本家用货币向工人购买劳动力是"平等"的买卖关系的说辞,从而批判了资产阶级经济学家宣扬的"资本家和工人利益一致"的谬论。

马克思分析道,在资本主义社会,人们直观的认识是:"工资是资本家为一定的劳动时间或一定的劳动付出而偿付的一笔货币。"因此,表面上看,工资好像是资本家对工人的一定量劳动所支付的货币。然而,实际上,资本家用货币购买到的是工人的劳动力,而不是劳动。"资本家用货币**购买**工人的劳动。工人是为了货币而向资本家**出卖**自己的劳动。但这只是假象。实际上,他们为了货币而向资本家出卖的东西,是他们的劳动**力**。"④"劳动力是一种商品,是和砂糖一模一样的商品。""工人拿自己的商品即劳动力去换得资本家

① 《马克思恩格斯文集》第5卷,人民出版社2009年版,第619页。
② 《马克思恩格斯文集》第5卷,人民出版社2009年版,第622页。
③ 《马克思恩格斯文集》第1卷,人民出版社2009年版,第712页。
④ 《马克思恩格斯文集》第1卷,人民出版社2009年版,第713页。

的商品,即换得货币,并且这种交换是按一定的比例进行的。一定量的货币交换一定量的劳动力的使用时间。"①而资本家支付给工人的货币工资实际只是劳动力的价格,"**工资**只是人们通常称之为**劳动价格**的**劳动力价格**的特种名称,是只能存在于人的血肉中的这种特殊商品价格的特种名称"②。因此,资本家用货币向工人购买劳动力并非是"平等"的买卖关系。

马克思进一步揭示道:"**工资不是工人在他所生产的商品中占有的一份。工资是原有商品中由资本家用以购买一定量的生产性劳动力的那一部分。**"③也就是说,资本家支付给工人的工资并不是来自出售工人自己生产的产品,而是来自资本家过去剥削得来的货币资本。资本家用一部分资本购买工人的劳动力之后,工人在生产中则完全处于被剥削被奴役的地位。

马克思考察了"决定工资时要考虑到的一些最一般的条件",论述了调节工资的一般规律,从而揭示了工资是劳动力价值的货币表现。马克思再次重申:"**工资**是一定商品即劳动力的**价格**。"因此,"工资同样也是由那些决定其他一切商品价格的规律决定的"④。"调节一般商品价格的那些一般的规律,当然也调节**工资**,即调节**劳动价格**。""工资的波动一般是和商品价格的波动相适应的。"⑤马克思认为,在资本主义社会,工人的工资受劳动力供求状况的影响上下波动,但其波动的基础仍然是生产商品所必需的生活费用,也就是为生产劳动力这一商品所需要的费用。其具体内容包括:为维持工人的生存、延续工人的后代、使工人获得一定技术所必需的生活资料以及教育、训练费用。"这种维持生存和延续后代的费用的价格就是工资。这样决定的工资就叫做**最低工资额**。"而这就是劳动者的生产费用,"**这就是为了使工人保持其为工**

---

① 《马克思恩格斯文集》第 1 卷,人民出版社 2009 年版,第 713—714 页。
② 《马克思恩格斯文集》第 1 卷,人民出版社 2009 年版,第 714 页。
③ 《马克思恩格斯文集》第 1 卷,人民出版社 2009 年版,第 715 页。
④ 《马克思恩格斯文集》第 1 卷,人民出版社 2009 年版,第 717 页。
⑤ 《马克思恩格斯文集》第 1 卷,人民出版社 2009 年版,第 722 页。

人并把他训练成为工人所需要的费用"①。这些费用的价格构成工资,因此,工资是劳动力价值的货币表现;在资本主义社会,工人得到的只是最低工资,这种最低工资额也由生产费用决定,所以,工人阶级始终生活在极端贫困的境地。虽然,"单个工人、千百万工人的所得不足以维持生存和延续后代",但是,"**整个工人阶级的工资**在其波动范围内则是和这个最低额相等的"②。

马克思还分析了所谓工人工资显著增加、不断增加的实质。马克思指出:"工资的显著增加是以生产资本的迅速增长为前提的。生产资本的迅速增长,会引起财富、奢侈、社会需要和社会享受同样迅速的增长。所以,即使工人得到的享受增加了,但是,与资本家的那些为工人所得不到的大为增加的享受相比,与一般社会发展水平相比,工人所得到的社会满足的程度反而降低了。"③也就是说,工人工资的增加是相对的事实,要把其放到社会生产、社会关系中去分析,才能透过表面的现象,认清其实质。"工资包含着各种关系。"④马克思指出,资产阶级经济学家宣扬的"工资随生产资本增长必然提高"的论调实际上掩盖了雇佣劳动与资本的对立关系。马克思对生产资本增长对工人的工资和生活水平的影响作了深入、具体的分析。他分析道,在资本主义社会,由于资本主义竞争的加剧,促使生产规模不断扩大,生产技术水平不断改进,劳动生产力不断提高,生产资本不断增长。然而,这些是价值规律作用的结果,是资本主义生产发展的必然趋势。但是,它并不会自动导致工人工资水平的提高。因为,由于生产资本的增加,分工和采用机器的范围扩大,加剧了工人之间出卖劳动力的竞争,从而引起失业大军的存在和工资水平的下降;同时,由于生产资本的增加,促使大批小生产者破产,也扩大了失业队伍,这些都会使得劳动者的生活条件变得恶化。而生产资本的增长、生产规模

---

① 《马克思恩格斯文集》第1卷,人民出版社2009年版,第722页。
② 《马克思恩格斯文集》第1卷,人民出版社2009年版,第723页。
③ 《马克思恩格斯文集》第1卷,人民出版社2009年版,第729页。
④ 《马克思恩格斯文集》第1卷,人民出版社2009年版,第729页。

的扩大,导致生产过剩的经济危机爆发,危机期间大批工人又陷入失业的境况。由此,有力驳斥了资产阶级经济学家宣扬的"工资随生产资本增长必然提高"的荒谬结论。"所谓生产资本的尽快增加是对雇佣劳动最有利的条件这种论点,实际上不过是说:工人阶级越迅速地扩大和增加与它敌对的权力,即越迅速地扩大和增加支配它的他人财富,它就被允许在越加有利的条件下重新为增加资产阶级财富、重新为增大资本的权力而工作,满足于为自己铸造金锁链,让资产阶级用来牵着它走。"①

马克思通过区分名义工资、实际工资以及比较工资、相对工资,进一步揭示工人工资的实质。马克思指出:"劳动的货币价格即名义工资,是和实际工资即用工资实际交换所得的商品量并不一致的。因此,我们谈到工资的增加或降低时,不应当仅仅注意到劳动的货币价格,仅仅注意到名义工资。"而所谓"名义工资,即工人把自己卖给资本家所得到的货币量",所谓"实际工资,即工人用这些货币所能买到的商品量"。在马克思看来,无论名义工资还是实际工资"都不能把工资所包含的各种关系完全表示出来"②。因为,还存在比较工资、相对工资。所谓"比较工资、相对工资""是由它和资本家的赢利即利润的关系来决定的"。如果说"实际工资所表示的是同其他商品的价格相比的劳动价格",那么,"相对工资所表示的是:同积累起来的劳动即资本从直接劳动新创造的价值中所取得的份额相比,直接劳动在自己新创造的价值中所占的份额"③。由此看来,实际情况则是:"实际工资可能仍然未变,甚至可能增加了……相对工资却可能降低了。"④之所以造成这种情况,马克思又深入分析了工资和利润的关系,由此深刻揭示了"**资本的利益和雇佣劳动的利益是截然对立的**"⑤。

---

① 《马克思恩格斯文集》第 1 卷,人民出版社 2009 年版,第 735 页。
② 《马克思恩格斯文集》第 1 卷,人民出版社 2009 年版,第 730 页。
③ 《马克思恩格斯文集》第 1 卷,人民出版社 2009 年版,第 730—731 页。
④ 《马克思恩格斯文集》第 1 卷,人民出版社 2009 年版,第 731 页。
⑤ 《马克思恩格斯文集》第 1 卷,人民出版社 2009 年版,第 734 页。

那么,"究竟什么是决定工资和利润在其相互关系上的降低和增加的一般规律呢?"马克思认为:"**工资和利润是互成反比的。资本的份额即利润越增加,则劳动的份额即日工资就越降低;反之亦然。利润增加多少,工资就降低多少;而利润降低多少,则工资就增加多少。**"①之所以造成这样的结果,马克思指出,因为"工人所生产的商品的销售价格,对资本家来说可分为三部分:**第一**,补偿他所预付的原料价格和他所预付的工具、机器及其他劳动资料的损耗;**第二**,补偿资本家所预付的工资;**第三**,这些费用以外的余额,即资本家的利润。第一部分只是补偿原已存在的价值"。于是,"很清楚,补偿工资的那一部分和构成资本家利润的余额完全是从**工人劳动所创造出来的**并追加到原料上去的**新价值**中得来的。而**在这个意义上说**,为了把工资和利润加以比较,我们可以把两者都看成是工人的产品中的份额"②。马克思由此揭示了工资和利润的相互关系,驳斥了资产阶级经济学家的观点。雇佣工人劳动创造的价值被分割为工资和利润两部分,这在个别资本家和工人的关系中是这样,在整个资产阶级和工人阶级的关系中也是这样。资本家是靠剥削雇佣工人来增加资本的,资本增加越快,资本家对工人的剥削越残酷。资本对雇佣劳动只能是剥削、统治和奴役的关系,资本家的利益和雇佣劳动的利益是截然对立的。马克思揭示道:"**断言资本的利益和工人的利益是一致的,事实上不过是说资本和雇佣劳动是同一种关系的两个方面罢了。一个方面制约着另一个方面,就如同高利贷者和挥霍者相互制约一样。**"实际情况是:"**只要雇佣工人仍然是雇佣工人,他的命运就取决于资本。这就是一再被人称道的工人和资本家利益的共同性。**"③任何企图抹杀这一对立的宣传,实质只是要工人阶级服从资产阶级的摆布。马克思以他对雇佣劳动与资本的关系的科学分析为基础,辛辣地讽刺道:"资产者及其经济学家们断言,资本家和工人的利益是一

① 《马克思恩格斯文集》第1卷,人民出版社2009年版,第732页。
② 《马克思恩格斯文集》第1卷,人民出版社2009年版,第731页。
③ 《马克思恩格斯文集》第1卷,人民出版社2009年版,第728页。

致的。千真万确呵！如果资本不雇用工人，工人就会灭亡。如果资本不剥削劳动力，资本就会灭亡，而要剥削劳动力，资本就得购买劳动力。"①

三、分析批判资产阶级把资本与物混为一谈的谬论

在解决了工人为取得工资向资本家出卖的是自己的"劳动**力**"这一"全部政治经济学中一个极重要的问题"基础上，马克思论证了"**工资**是一定商品即劳动力的**价格**"，从而分析批判了资产阶级政治经济学家所谓的资本家用货币向工人购买劳动力是"平等"的买卖关系的谬论，其实质是在为资本主义制度进行辩护。由此，马克思又进一步分析批判了资产阶级经济学家把资本与物混为一谈的谬论，揭示了资本的实质是一种生产关系，论证了资本与雇佣劳动之间剥削与被剥削的关系，指出雇佣劳动与资本是对立关系，批驳了资产阶级经济学家宣扬的"资本家和工人利益一致"的谬论。正如恩格斯的评价：马克思的重要科学发现之一"就是彻底弄清了资本和劳动的关系，换句话说，就是揭示了在现代社会内，在现存资本主义生产方式下，资本家对工人的剥削是怎样进行的"②。这是马克思长期致力于政治经济学的研究，最后在《资本论》这部巨著中才彻底解决的。

对于什么是资本，资产阶级经济学家把凡是作为生产手段用的积累起来的劳动都称为资本，实际上混淆了资本与物。李嘉图在《政治经济学及赋税原理》中说："资本是指在国家的财富中用于生产的食物、衣服、工具、原料、机器等等。"③据此，在资产阶级经济学家那里，人类社会自从有了生产资料就有了资本，甚至原始人的木棒、石块也都划归资本之列。马克思对这种见物不见人，掩盖资本剥削本质的观点进行了分析批判。马克思一针见血地指出："黑

---

① 《马克思恩格斯文集》第 1 卷，人民出版社 2009 年版，第 727—728 页。

② 《马克思恩格斯文集》第 3 卷，人民出版社 2009 年版，第 460 页。

③ ［英］大卫·李嘉图：《政治经济学及赋税原理》，郭大力、王亚南译，商务印书馆 1962 年版，第 78 页。

人就是黑人。只有在一定的关系下,他才成为**奴隶**。纺纱机是纺棉花的机器。只有在一定的关系下,它才成为**资本**。"①资本不是自然物,而是一种特定的生产关系,是资本主义社会生产关系的历史范畴;黑人在一定的社会关系下才成为奴隶。"**资本**也是一种社会生产关系。这是**资产阶级的生产关系**,是资产阶级社会的生产关系。"②此时马克思对资本本质的认识已同《资本论》中的论述完全一致:"资本不是物,而是一定的、社会的、属于一定历史社会形态的生产关系"③。它只存在于人类社会的一定历史阶段中。因为"人们在生产中不仅仅影响自然界,而且也互相影响。他们只有以一定的方式共同活动和互相交换其活动,才能进行生产。为了进行生产,人们相互之间便发生一定的联系和关系;只有在这些社会联系和社会关系的范围内,才会有他们对自然界的影响,才会有生产"④。也就是说,任何的生产都是社会生产,原料、工具、生活资料等。"生产者相互发生的这些社会关系,他们借以互相交换其活动和参与全部生产活动的条件,当然依照生产资料的性质而有所不同。""**因此**,各个人借以进行生产的社会关系,即**社会生产关系**,是随着物质生产资料、生产力的变化和发展而变化和改变的。生产关系总和起来就构成所谓社会关系,构成所谓社会,并且是构成一个处于一定历史发展阶段上的社会,具有独特的特征的社会。"⑤生产力与生产关系辩证关系原理在此再次揭示。

马克思进一步阐明资本的实质是能够带来剩余价值的价值。工人在劳动中创造出新价值,不仅使资本家支付其劳动力价值,即工资得到补偿,而且为资本家提供了剩余价值,使资本增殖。所以,"资本的实质并不在于积累起来的劳动是替活劳动充当进行新生产的手段。它的实质在于活劳动是替积累起

---

① 《马克思恩格斯文集》第 1 卷,人民出版社 2009 年版,第 723 页。
② 《马克思恩格斯文集》第 1 卷,人民出版社 2009 年版,第 724 页。
③ 《马克思恩格斯选集》第 2 卷,人民出版社 2012 年版,第 644 页。
④ 《马克思恩格斯文集》第 1 卷,人民出版社 2009 年版,第 724 页。
⑤ 《马克思恩格斯文集》第 1 卷,人民出版社 2009 年版,第 724 页。

来的劳动充当保存并增加其交换价值的手段"①。其中"积累起来的劳动"是指作为资本投入生产中的生产资料和货币;"增加其交换价值"是指资本增殖。也就是说,资本之所以是资本,是由于它使雇佣工人的劳动成为了资本增殖的手段。由此引发的问题是:劳动创造资本,但劳动创造的资本却不属于劳动者所有,雇佣劳动归根到底是一种"劳动——资本"的对立关系。事实上,"劳动同资本的最初交换是一个形式上的过程,其中资本作为货币出现,劳动能力作为商品出现"②。但是,在其发展过程中,资本家逐步占有自己所购买的劳动力商品,此时劳动力成为了资本家所属的具备特殊使用价值的商品,而工人的劳动产品即劳动所创造的剩余价值全部无偿属于资本家,即工人的劳动为资本家创造了资本。为什么会导致这样的结果呢? 马克思分析了在资本主义社会劳动如何成为雇佣劳动的过程。

只有在资本主义社会,劳动才成为雇佣劳动。在马克思那里,雇佣劳动专指资本主义经济制度下被资本家雇佣的工人所进行的生产商品的劳动。③ 马克思说:"劳动并不向来就是雇佣劳动,即**自由**劳动。"④在原始社会,实行原始公社制度,劳动是共同劳动,不存在雇佣劳动;即使是私有制社会的奴隶社会和封建社会,也不存在雇佣劳动。在奴隶社会,奴隶主和奴隶的关系是:奴隶主占有生产资料和奴隶,奴隶毫无人身自由,劳动产品全为奴隶主占有;生产资料的所有者是奴隶主阶级,劳动者与生产资料的结合方式体现为奴隶主对奴隶的完全人身占有。在封建社会,地主/农奴主和农民/农奴的关系是:封建主占有土地等生产资料,不完全占有农民或农奴,农民以地租形式遭受剥削;生产资料的所有者是封建地主阶级,劳动者与生产资料的结合方式体现为农

① 《马克思恩格斯文集》第 1 卷,人民出版社 2009 年版,第 726 页。
② 《马克思恩格斯全集》第 48 卷,人民出版社 1985 年版,第 48 页。
③ 参见吕世荣、周宏:《资本全球化与马克思的资本批判》,《当代世界与社会主义》2006 年第 5 期。
④ 《马克思恩格斯文集》第 1 卷,人民出版社 2009 年版,第 716 页。

民对地主的人身依附。但是,在资本主义社会,生产资料的所有者是资本家阶级,劳动者与生产资料的结合方式体现为劳动者拥有完全的人身自由。资本家凭借对生产资料的所有权,在等价交换原则的掩盖下,即资本家购买工人的劳动力并支付工资使工人同生产资料结合在一起进行生产,进而无偿地占有工人生产的剩余价值。

雇佣劳动的特点是:工人的劳动力成了商品。劳动力成为商品,要具备两个基本条件:一是劳动者是自由人,能够把自己的劳动力当作自己的商品来支配;二是劳动者没有别的商品可以出卖,自由得一无所有,没有任何实现自己的劳动力所必需的东西。所谓"自由",如马克思所说:"除劳动能力以外一无所有的阶级的存在是资本的必要前提。"①马克思在《资本论》中更是明确指出,所谓"自由"具有双重含义,即:"一方面,工人是自由人,能够把自己的劳动力当作自己的商品来支配,另一方面,他没有别的商品可以出卖,自由得一无所有,没有任何实现自己的劳动力所必需的东西。"②劳动力成为商品的两个条件,并不是自古以来就有的,而是在封建社会后期发生、在资本原始积累过程中逐渐形成的。因为"资本主义社会的经济结构是从封建社会的经济结构中产生的。后者的解体使前者的要素得到解放"③。或者说,劳动力成为商品是伴随着商品经济的发展,尤其是资本主义经济制度确立之后才存在的。商品经济不是从来就有的,而是在一定的历史条件下,作为自然经济的对立物而产生和发展起来的。商品经济得以产生的历史条件有两个:一是社会生产力的发展和社会分工的出现,这是商品经济得以产生的前提条件;二是生产资料和劳动产品属于不同的所有者,这是商品经济得以产生的决定性条件。一方面,社会生产力在资本主义社会获得了极大的发展,正如马克思恩格斯在《共产党宣言》中所肯定的:"资产阶级在它的不到一百年的阶级统治中所创

---

① 《马克思恩格斯文集》第 1 卷,人民出版社 2009 年版,第 726 页。
② 《马克思恩格斯全集》第 23 卷,人民出版社 1972 年版,第 192 页。
③ 《马克思恩格斯文集》第 5 卷,人民出版社 2009 年版,第 822 页。

造的生产力,比过去一切世代创造的全部生产力还要多,还要大。"①一方面是满足人们需要的把社会经济活动日益划分为独立不同的部门和行业的社会分工的出现,典型表现一如恩格斯所论述的三次社会大分工,即农业和畜牧业的分工、手工业和农业的分离,直至商人的出现。而由于社会分工,最终导致生产资料和劳动产品属于不同的所有者,由此形成了资本的经营者和雇佣劳动关系。总之,生产力的进步是资本主义经济制度产生的基础,商品经济的发展是资本主义经济制度产生的要求;资本关系的创造过程,就是劳动者和其劳动力的占有者分离的过程,这个过程导致的结果即一方面是货币占有者或商品占有者,另一方面是转化为雇佣工人的直接生产者。

由此可知,资本主义所有制就是资本家占有生产资料和劳动产品,劳动者一无所有,只能出卖劳动力;资本家是工人劳动力的购买者,工人是劳动力的所有者,是劳动力使用价值的出卖者;资本家使用劳动力,实现资本价值的增殖;工人获得劳动力价值维持生活。资本主义所有制的本质就是资本家凭借对生产资料的占有,雇佣工人进行物质资料的生产,无偿占有工人劳动创造的剩余价值。资本主义所有制是生产资料归资本家所有的一种私有制形式,是经济意义上的所有制;是指事实上生产资料归资本家所有、归资本家支配,并凭借这种所有和支配实现生产和获得剩余价值。正如马克思所说:"原来的货币占有者作为资本家,昂首前行;劳动力占有者作为他的工人,尾随于后。一个笑容满面,雄心勃勃;一个战战兢兢,畏缩不前,像在市场上出卖了自己的皮一样,只有一个前途——让人家来鞣。"②

总之,在资本主义制度下,生产资料和货币采取了资本的形式,生产资料的所有者成为资本人格化的资本家,资本家与劳动者之间的关系是资本雇佣劳动的关系;资本家凭借对生产资料的占有,在等价交换原则的掩盖下,雇佣

---

① 《马克思恩格斯文集》第 2 卷,人民出版社 2009 年版,第 36 页。
② 《马克思恩格斯文集》第 5 卷,人民出版社 2009 年版,第 205 页。

工人从事劳动,占有雇佣工人的剩余价值。雇佣劳动与资本是对立关系。雇佣劳动与资本的对立主要表现为雇佣劳动在资本支配下生产出异己存在的剩余价值。剩余劳动并非由资本发明出来,但剩余劳动生产出最终转化为资本存在的剩余价值;雇佣劳动是资本产生和资本积累的源泉。

四、得出"资本的迅速增长对雇佣劳动却是最有利的条件"的结论

在上述分析批判的基础上,马克思得出了这样的结论:"**资本的迅速增长对雇佣劳动却是最有利的条件。**"①马克思是在什么意义上作此断言呢? 马克思认为,资本的迅速增长不仅为资本主义灭亡准备了社会化大生产的物质条件,而且准备了无产阶级作为资本主义掘墓人的人的条件,资本主义制度的灭亡和无产阶级的胜利是同样的不可避免。

因为"资本的**增大**加剧**资本家之间的竞争**。资本**规模的不断增大**,为把**装备着火力更猛烈的斗争武器的更强大的工人大军引向产业战场**提供了手段"②。马克思在此揭示了无产阶级大军的不断扩大。无产阶级大军的不断扩大主要在于越来越细的分工和机器采用范围的扩大,由此导致从前的"小产业家"和"小食利者"③成为无产阶级大军的重要来源。因为"大产业家"排斥了"小产业家","小食利者"不得不投身于产业,扩大了"小产业家"的队伍,从而成为无产阶级的候补力量。"**分工越细**,劳动就越**简单化**。工人的特殊技巧失去任何价值。工人变成了一种简单的、单调的生产力,这种生产力不需要投入紧张的体力或智力。他的劳动成为人人都能从事的劳动了。"④"**机器也发生同样的影响,而且影响的规模更大得多,因为机器用不熟练的工人代**

---

① 《马克思恩格斯文集》第1卷,人民出版社2009年版,第743页。
② 《马克思恩格斯文集》第1卷,人民出版社2009年版,第735页。
③ 《马克思恩格斯文集》第1卷,人民出版社2009年版,第741页。
④ 《马克思恩格斯文集》第1卷,人民出版社2009年版,第739页。

替熟练工人,用女工代替男工,用童工代替成年工;因为在最先使用机器的地方,机器就把大批手工工人抛向街头,而在机器日益完善、改进或为生产效率更高的机器所替换的地方,机器又把一批一批的工人排挤出去。"①总之,"**生产资本越增加,分工和采用机器的范围就越扩大。分工和采用机器的范围越扩大,工人之间的竞争就越剧烈,他们的工资就越减少**"②。资本的增长使无产阶级日益贫困化,无产阶级与资产阶级的矛盾和斗争将日益激烈。

于是,经济危机不可避免地爆发了,资本主义制度最终将被推翻。一方面,"产业地震也就越来越频繁……也就是说,**危机**也就越来越频繁了"③。另一方面,日益扩大的无产阶级队伍为了自己的生存不得不起来斗争,因为"**如果说资本增长得迅速,那么工人之间的竞争就增长得更迅速无比,就是说,资本增长得越迅速,工人阶级的就业手段即生活资料就相对地缩减得越厉害**"④。

在上述意义上,马克思得出了"**资本的迅速增长对雇佣劳动却是最有利的条件**"的结论。正如恩格斯在"导言"中明确指出的:"最终必将造成一种使当代资本主义经济走向灭亡的冲突。一方面是不可计量的财富和购买者无法对付的产品过剩,另一方面是社会上绝大多数人口无产阶级化,变成雇佣工人,因而无力获得这些过剩的产品。社会分裂为人数很少的过分富有的阶级和人数众多的无产的雇佣工人阶级,这就使得这个社会被自己的富有所窒息,而同时社会的绝大多数成员却几乎没有或完全没有免除极度贫困的任何保障。社会的这种状况日益显得荒谬,日益显得没有存在的必要。这种状况**应当被消除,而且能够被消除**。一个新的社会制度是可能实现的,在这个制度之下,当代的阶级差别将消失;而且在这个制度之下——也许在经过一个短暂

---

① 《马克思恩格斯文集》第1卷,人民出版社2009年版,第740页。
② 《马克思恩格斯文集》第1卷,人民出版社2009年版,第741页。
③ 《马克思恩格斯文集》第1卷,人民出版社2009年版,第742页。
④ 《马克思恩格斯文集》第1卷,人民出版社2009年版,第742—743页。

的、有些艰苦的、但无论如何在道义上很有益的过渡时期以后——,通过有计划地利用和进一步发展一切社会成员的现有的巨大生产力,在人人都必须劳动的条件下,人人也都将同等地、愈益丰富地得到生活资料、享受资料、发展和表现一切体力和智力所需的资料。"①

　　总之,《雇佣劳动与资本》这篇著作在揭示资产阶级古典政治经济学遭到破产的重要原因之一就是在没有区分劳动与劳动力的基础上,分析批判资产阶级政治经济学宣扬的"资本家和工人利益一致"的谬论,揭示了雇佣劳动与资本是对立关系;分析批判资产阶级政治经济学把资本与物混为一谈的谬论,揭示了资本的社会关系本质,即资本与雇佣劳动之间的剥削与被剥削关系;阐明了资本主义制度下阶级斗争的经济根源,指出了资本主义必然被社会主义代替的前景,从而论及了《资本论》第一卷的主要理论,对马克思主义政治经济学的基石——剩余价值学说作了较为系统和生动通俗的阐述,不仅是一篇重要的马克思主义政治经济学著作,也促进了马克思主义政治经济学理论在工人运动中的传播。

参考文献

[1]恩格斯:《国民经济学批判大纲》,载《马克思恩格斯文集》第1卷,人民出版社2009年版。

[2]马克思:《1844年经济学哲学手稿》,中共中央马克思恩格斯列宁斯大林著作编译局译,人民出版社2014年版。

[3]马克思:《1844年经济学哲学手稿》,刘丕坤译,人民出版社1983年版。

[4]马克思:《雇佣劳动与资本》,中共中央马克思恩格斯列宁斯大林著作编译局译,人民出版社2018年版。

[5][苏]尼·伊·拉宾:《论西方对青年马克思思想的研究》,马哲译,人民出版社1981年版。

---

① 《马克思恩格斯文集》第1卷,人民出版社2009年版,第709—710页。

[6][英]埃里克·罗尔:《经济思想史》,陆元诚译,商务印书馆1981年版。

[7][美]罗伯特·L.海尔布罗纳:《几位著名经济思想家的生平、时代和思想》,蔡受百、马建堂、马君潞译,商务印书馆1994年版。

[8][法]路易·阿尔都塞:《保卫马克思》,顾良译,商务印书馆2010年版。

[9][英]亚当·斯密:《国民财富的性质和原因的研究》,郭大力、王亚南译,商务印书馆1988年版。

[10][苏]尼·伊·拉宾:《马克思的青年时代》,南京大学外文系俄罗斯语言文学教研室译,生活·读书·新知三联书店1982年版。

[11][苏]列尼·巴日特诺夫:《哲学中革命变革的起源——马克思的〈1844年经济学—哲学手稿〉》,刘丕坤译,中国社会科学出版社1981年版。

[12][英]亚当·斯密:《国富论》,唐日松等译,华夏出版社2004年版。

[13][德]莫泽斯·赫斯:《赫斯精粹》,邓习议译,南京大学出版社2010年版。

[14][美]道格拉斯·多德:《资本主义经济学批评史》,熊婴、陶李译,江苏人民出版社2008年版。

[15][英]马克·布劳格:《凯恩斯以前100位杰出的经济学家》,丁之江、钦北愚等译,西南财经大学出版社1992年版。

[16]姜海波:《恩格斯〈国民经济学批判大纲〉研究读本》,中央编译出版社2014年版。

[17]阎树森:《创立马克思主义理论体系的开端——〈1844年经济学哲学手稿〉的解释与探讨》,求实出版社1987年版。

[18]杨适:《马克思〈经济学—哲学手稿〉述评》,人民出版社1982年版。

[19]王虎学:《〈1844年经济学哲学手稿〉导读》,中共中央党校出版社2014年版。

[20]刘秀萍:《马克思"巴黎手稿"再研究》,中国人民大学出版社2013年版。

[21]聂锦芳:《"巴黎手稿"再研究》,中央编译出版社2014年版。

[22]《马克思主义经济学说史》编写组编:《马克思主义经济学说史》,高等教育出版社、人民出版社2012年版。

[23]侯才:《青年黑格尔派与马克思早期思想的发展》,中国社会科学出版社1994年版。

[24]刘冠军:《走进新时代的马克思劳动价值论》,中央文献出版社2008年版。

[25]吴易风:《马克思主义经济理论的形成和发展》,中国人民大学出版社1998年版。

[26]王峰明:《马克思劳动价值论与当代社会发展》,社会科学文献出版社2008

年版。

[27]陈岱孙:《从古典经济学派到马克思》,北京大学出版社 1996 年版。

[28]孙伯鍨:《探索者道路的探索》,北京师范大学出版社 2017 年版。

[29]孙伯鍨、张一兵主编:《走进马克思》,江苏人民出版社 2008 年版。

[30]张建君:《马克思主义经济学研究》,中国经济出版社 2005 年版。

[31]顾海良、张雷声:《20 世纪国外马克思主义经济思想史》,经济科学出版社 2006 年版。

[32]顾海良:《马克思经济思想的当代视界》,经济科学出版社 2005 年版。

[33]中央编译局:《〈1844 年经济学—哲学手稿〉研究》,湖南人民出版社 1983 年版。

[34]复旦大学哲学系现代西方哲学研究室编译:《西方学者论〈一八四四年经济学—哲学手稿〉》,复旦大学出版社 1983 年版。

[35]韩立新:《〈巴黎手稿〉研究——马克思思想的转折点》,北京师范大学出版社 2014 年版。

[36]夏之放:《异化的扬弃——〈1844 年经济学哲学手稿〉的当代阐释》,花城出版社 2000 年版。

[37]刘永佶:《马克思经济学手稿的方法论》,河南人民出版社 1993 年版。

[38]程恩富主编:《马克思主义经济思想史》,东方出版中心 2006 年版。

[39]张一兵:《回到马克思——经济学语境中的哲学话语》,江苏人民出版社 2014 年版。

[40]张一兵、周嘉昕:《资本主义理解史》第一卷,江苏人民出版社 2009 年版。

[41][德]尤根·罗扬:《理论的诞生——以 1844 年笔记为例》,赵玉兰译,《马克思主义与现实》2012 年第 2 期。

[42]赵玉兰:《关于马克思〈1844 年经济学哲学手稿〉和"摘录笔记本"的编辑——对话尤根·罗扬》,《国外理论动态》2015 年第 7 期。

[43][德]尤根·罗扬:《马克思主义—马克思—历史学——以所谓的〈1844 年经济学哲学手稿〉为例》,赵玉兰译,《政治经济学评论》2017 年第 4 期。

[44]韩立新:《〈巴黎手稿〉的文献学研究及其意义》,《马克思主义与现实》2007 年第 1 期。

[45]张一兵、姚顺良:《两条逻辑的相互消长还是共同消解?——析青年马克思〈1844 年经济学哲学手稿〉的内在结构(学术对话)》,《理论探讨》2006 年第 3 期。

[46]张一兵、周嘉昕:《资本:一种历史性的社会生产关系——马克思〈雇佣劳动

与资本〉研究》,《党政干部学刊》2008年第6期。

[47]张一兵:《政治经济学逻辑中的政治哲学颠覆——青年恩格斯的〈政治经济学批判大纲〉解读》,《求实》1998年第6期。

[48]方以启:《论马克思经济学研究立场的根本转变》,苏州大学博士学位论文,2009年。

[49]马莎莎:《雇佣劳动的异化本质及其扬弃——马克思的雇佣劳动理论及其在中国的发展研究》,曲阜师范大学博士学位论文,2014年。

[50]惠琴:《马克思雇佣劳动论研究》,复旦大学硕士学位论文,2010年。

[51]李亚熙:《基于MEGA2的〈1844年手稿〉再研究》,南京大学硕士学位论文,2016年。

[52]周维浩:《马克思的雇佣劳动思想及其当代价值研究》,华中师范大学硕士学位论文,2018年。

[53]马列:《恩格斯〈国民经济学批判大纲〉的研究》,黑龙江大学哲学院硕士学位论文,2013年。

[54]孙成竹:《论马克思"异化劳动"概念及其运思方式——读〈1844年经济学哲学手稿〉》,山东大学硕士学位论文,2006年。

[55]马仕伟:《马克思〈1844年经济学哲学手稿〉的哲学观转变研究》,西南大学硕士学位论文,2018年。

[56]刘佳琦:《马克思主义整体性的开端之作——对〈1844年经济学哲学手稿〉的解读》,沈阳师范大学硕士学位论文,2018年。

[57]杨园:《马克思雇佣劳动理论的经济哲学研究》,河北大学硕士学位论文,2019年。

[58]李珍:《分工演化视角下马克思雇佣劳动理论研究》,曲阜师范大学硕士学位论文,2016年。

[59]俞吾金:《从"道德评价优先"到"历史评价优先"——马克思异化理论发展中的视角转换》,《中国社会科学》2003年第2期。

[60]张雄:《新"政治经济学批判":追求经济的政治与哲学实现》,《中国社会科学报》2013年第10期。

[61]白刚:《黑格尔、马克思与古典政治经济学》,《现代哲学》2015年第5期。

[62]陈道武:《马克思转向政治经济学研究"最初动因"的科学阐释》,《理论月刊》2017年第2期。

[63]何钢:《关于恩格斯〈政治经济学批判大纲〉中的价值理论》,《理论探索》1985

年第 5 期。

[64]张伟:《政治经济学批判与创新的天才大纲——读恩格斯〈国民经济学批判大纲〉》,《思想政治教育研究》2014 年第 6 期。

[65]张雷声:《马克思的第一部经济学著作的手稿——〈1844 年经济学哲学手稿〉研读》,《思想理论教育导刊》2014 年第 9 期。

[66]张雷声:《马克思主义经济思想史上的第一篇重要文献——读恩格斯的〈国民经济学批判大纲〉》,《甘肃社会科学》2014 年第 5 期。

[67]鲁路:《〈1844 年经济学哲学手稿〉两次文本编排的不同特点分析》,《求是学刊》2012 年第 4 期。

[68]安启念:《〈1844 年经济学哲学手稿〉笔记本 II 基本内容及全书文本结构研究》,《马克思主义与现实》2008 年第 1 期。

[69]张奎良:《社会主义异化与资本主义异化的区别》,《社会科学辑刊》1982 年第 3 期。

[70]张奎良:《哲学革命变革的源头和对"历史之谜"的解答——纪念马克思写作〈1844 年经济学哲学手稿〉160 周年》,《现代哲学》2004 年第 1 期。

[71]周嘉昕:《历史和文本中的〈1844 年经济学哲学手稿〉》,《学术月刊》2014 年第 9 期。

[72]陈先达:《论〈1844 年经济学哲学手稿〉的科学因素和价值因素》,《中国人民大学学报》1987 年第 6 期。

[73]侯才:《马克思"新唯物主义"的真正诞生地和秘密——纪念〈1844 年经济学哲学手稿〉写作 170 周年》,《哲学动态》2014 年第 8 期。

[74]孙熙国、尉浩:《论马克思异化劳动理论与资本批判理论的统一——〈1844 年经济学哲学手稿〉与〈资本论〉比较研究》,《中国高校社会科学》2014 年第 4 期。

[75]吴晓明:《马克思哲学的秘密和诞生地——〈1844 年经济学—哲学手稿〉探微》,《复旦学报(社科学科版)》1996 年第 4 期。

[76]高荣贵、尹文书:《〈1844 年经济学哲学手稿〉在马克思主义政治经济学形成过程中的历史地位》,《吉林大学社会科学学报》1983 年第 4 期。

[77]赵家祥:《〈1844 年经济学哲学手稿〉在马克思主义哲学史上的地位》,《学习与探索》2012 年第 6 期。

[78]訾阳:《〈政治经济学批判大纲〉视角下〈1844 年经济学哲学手稿〉的"循环论证"问题》,《理论界》2017 年第 6 期。

[79]林峰:《〈1844 年经济学哲学手稿〉异化劳动理论的重新解读——兼评关于

〈手稿〉"异化"概念的一种流行观点》,《江汉论坛》2012 年第 2 期。

[80]翁寒冰、唐正东:《马克思哲学路径中的"两条线索、三重逻辑"》,《南京社会科学》2012 年第 10 期。

[81]林宏彬:《〈1844 年经济学哲学手稿〉的经济学思想探究——马克思向唯物史观的转变》,《经济论坛》2016 年第 6 期。

[82]刘欢:《关于〈1844 年经济学哲学手稿〉中"异化理论"研究的文献综述》,《学理论》2013 年第 9 期。

[83]张守民:《〈雇佣劳动与资本〉1891 年单行本〈导言〉及其现实意义》,《高校理论战线》2008 年第 9 期。

[84]李光远:《〈雇佣劳动与资本〉揭示了资本家剥削工人的秘密——〈读点马列原著讲座〉之三》,《中华魂》2004 年第 12 期。

[85]王坤:《"资本雇佣劳动"向"劳动雇佣资本"转化问题研究》,《理论月刊》2005 年第 12 期。

[86]王朝辉:《"资本雇佣劳动"与"劳动雇佣资本"》,《南开经济研究》2002 年第 2 期。

[87]时永顺:《资本雇佣劳动的根源》,《首都经济贸易大学学报》2005 年第 3 期。

[88]陈方平:《历史唯物主义深层视域中的雇佣劳动概念》,《福建论坛(人文社会科学版)》2008 年第 11 期。

[89]宋龙祥:《〈雇佣劳动与资本〉——青年马克思研究经济学的系统总结》,《西北大学学报(哲学社会科学版)》1987 年第 3 期。

[90]吴宣恭:《科学认识资本与劳动关系的重要理论——重温〈雇佣劳动与资本〉的启示》,《高校理论战线》2008 年第 5 期。

[91]徐海艳:《〈雇佣劳动与资本〉1891 年单行本导言——关于"劳动"和"劳动力"》,《法制与社会》2014 年第 10 期。

[92]翟青:《论马克思主义理论整体性的初步呈现》,《学术界》2016 年第 8 期。

[93]杨致恒:《试论〈政治经济学批判大纲〉中的价值理论》,《财经科学》1984 年第 6 期。

[94]咸怡帆、杨虹:《马克思资本主义批判思想的跃升——基于异化劳动和雇佣劳动的考察》,《江汉论坛》2017 年第 12 期。

[95]熊久勋、汪璐:《马克思经济学语境下资本利润三大来源的批判和反思——以〈1844 年经济学哲学手稿〉笔记本 I 中的分析为例》,《中共四川省委党校学报》2015 年第 3 期。

[96]杨瑞龙、杨其静:《对"资本雇佣劳动"命题的反思》,《经济科学》2000年第6期。

[97]张德林:《论〈政治经济学批判大纲〉对马克思主义政治经济学形成的意义》,《吉林大学社会科学学报》1985年第4期。

[98]黄仲熊、曾启贤、汤在新:《恩格斯〈政治经济学批判大纲〉一书中的价值理论》,《经济研究》1963年第11期。

[99]尹宣明:《恩格斯的〈政治经济学批判大纲〉对〈资本论〉创作的影响》,《安徽大学学报(哲学社会科学版)》1985年第3期。

[100]石川、张改枝:《试论〈政治经济学批判大纲〉中的价值论》,《山西大学师范学院学报(综合版)》1991年第3期。

[101]邓秋菊:《解析恩格斯早期政治经济学批判——以〈政治经济学批判大纲〉为据》,《福建论坛(社科教育版)》2010年第12期。

[102]王志林、刘凯:《西方经济学者视角中的〈政治经济学批判大纲〉及其启示》,《长江论坛》2015年第2期。

[103]张湫、孙荣:《〈政治经济学批判大纲〉的哲学性质》,《理论界》2014年第4期。

[104]陈国泰、谭颖卓:《雇佣劳动与市场经济》,《暨南学报(哲学社会科学版)》1999年第6期。

[105]王东升:《雇佣劳动问题新论——雇佣劳动与实践中的市场经济》,《山东工业大学学报(社会科学版)》1999年第1期。

[106]王东升:《雇佣劳动在社会主义市场经济中的历史性演化》,《经济研究参考》1998年第26期。

[107]王东、王晓红:《解读马克思的三种模式——我国理论界对〈1844年经济学哲学手稿〉的探索及我们的新见解》,《理论学刊》2009年第4期。

[108]徐敏、邢德刚:《关于"资本雇佣劳动"理论的综述》,《长春师范学院学报》2004年第4期。

[109]唐正东:《基于竞争的价值理论:青年恩格斯对政治经济学批判的初步探索——恩格斯〈国民经济学批判大纲〉中的价值理论评析》,《四川大学学报(哲学社会科学版)》2019年第3期。

[110]索世帅:《论恩格斯早期对马克思主义政治经济学的贡献及当代意义》,《经济研究导刊》2016年第18期。

[111]宫敬才、吴学飞:《论〈政治经济学批判大纲〉中的哲学分析框架问题(待

续)》,《河北大学学报(哲学社会科学版)》2016年第4期。

[112]宫敬才、吴学飞:《论〈政治经济学批判大纲〉中的哲学分析框架问题(续完)》,《河北大学学报(哲学社会科学版)》2016年第5期。

[113]马宁:《恩格斯早期政治经济学研究在马克思主义发展中的作用——以〈国民经济学批判大纲〉文本分析为例》,《中共南昌市委党校学报》2016年第6期。

[114]彭勋:《无产阶级政治经济学的开篇章——纪念恩格斯〈政治经济学批判大纲〉发表140周年》,《经济研究》1984年第5期。

[115]马晓星:《我国〈1844年经济学哲学手稿〉研究现状与分析》,《重庆工商大学学报(社会科学版)》2015年第6期。

[116]张一兵:《马克思〈1844年经济学—哲学手稿〉文本结构研究》,《宁夏社会科学》1999年第4期。

[117]吴天江:《对马克思主义政治经济学中的一些基本概念及基本关系的解读——读〈雇佣劳动与资本〉的启示》,《农家参谋》2017年第13期。

[118]闫兴华、项荣建:《论雇佣劳动关系的对抗性及其扬弃——重读马克思的〈雇佣劳动与资本〉》,《知与行》2017年第11期。

[119]马莎莎、刘冠军:《马克思雇佣劳动理论及其历史贡献》,《兰州学刊》2015年第3期。

[120]李福安:《无产阶级贫困化的主要标志——学习马克思〈雇佣劳动与资本〉的一点体会》,《黄石师院学报(哲学社会科学版)》1983年第4期。

[121]郑小伟:《〈1844年经济学哲学手稿〉十大焦点问题研究述评》,《中共石家庄市委党校学报》2016年第5期。

[122]谈罗秋:《〈国民经济学批判大纲〉对马克思主义政治经济学形成的影响》,《岳阳师专学报》1985年第1期。

第二章　分析批判小资产阶级庸俗政治经济学，消除其负面影响

第一节　分析批判蒲鲁东主义，阐述科学的劳动价值论

马克思对蒲鲁东庸俗经济学的分析批判主要集中在《哲学的贫困》一书中，对于这部著作在马克思主义政治经济学史上的重要地位及价值，国内外很多学者予以了肯定。一些国外学者指出，在《哲学的贫困》中，马克思"提出了他的剩余价值的一些最初原理。这些理论是他在后来写的著作中发挥的。这本书对他来说可以说是政治经济学方面公开发表的处女作"①。然而，他们也认为，虽然马克思当时"总的来说很了解利润来自何处……但是这种一般的知识还不能决定马克思的经济学说的特点及其超过资产阶级古典作家学说的优越性"②。"从马克思主义政治经济学的观点来看，《哲学的贫困》无论如何还不是经典著作，其中也没有足够的科学共产主义的经

---

① ［苏］彼·费多谢耶夫：《卡尔·马克思》，周亮勋、张仲朴等译，生活·读书·新知三联书店1980年版，第145、141页。

② ［苏］阿·伊·马雷什：《马克思主义政治经济学的形成》，刘品大、马健行等译，四川人民出版社1983年版，第198—199页。

济学依据。"①国内学者对于《哲学的贫困》的研究,早期主要见于哲学史、经济学说史以及社会主义史方面的著作和教材。② 在 1997 年《哲学的贫困》发表 150 周年之际,国内一些学者开了专门的学术研讨会,由此掀起了一个小的研究高潮,其后还有学者关于蒲鲁东的《贫困的哲学》与马克思的《哲学的贫困》比较研究。③

马克思在《哲学的贫困》"序言"中开宗明义地指出写作《哲学的贫困》,或者说直接批判蒲鲁东的动因。马克思以不无嘲讽的口吻写道:"蒲鲁东先生不幸在欧洲异常不为人了解。在法国,人家认为他理应是一个拙劣的经济学家,因为他在那里以卓越的德国哲学家著称。在德国,人家却认为他理应是一个拙劣的哲学家,因为他在那里以最杰出的法国经济学家著称。我们是德国人同时又是经济学家,我们要反对这一双重错误。"但是,马克思同时指出,这一批判工作是一件"不讨好的工作",因为序言"常常不得不放下对蒲鲁东先生的批判,而去批判德国的哲学,同时还要对政治经济学作某些评论"④。总之,由于"蒲鲁东先生的著作不单是一本政治经济学的论著,也不是一本平常的书籍,而是一部圣经;其中应有尽有,如'神秘'、'来自神的怀抱的秘密'、'启示'"⑤等。因此,《哲学的贫困》主要有两章内容构成,即"第一章 科学的发现"和"第二章 政治经济学的形而上学"。通常认为,第一章的内容是

---

① [苏]阿·伊·马雷什:《马克思主义政治经济学的形成》,刘品大、马健行等译,四川人民出版社 1983 年版,第 173 页。

② 姜海波:《马克思〈哲学的贫困〉研究读本》,中央编译出版社 2013 年版,第 79 页。

③ 国内学者对于《哲学的贫困》的研究参见姜海波:《马克思〈哲学的贫困〉研究读本》"第六章 国内研究状况",中央编译出版社 2013 年版,第 79—86 页。关于蒲鲁东的《贫困的哲学》与马克思的《哲学的贫困》比较研究,以 1999 年南京大学朱进东的博士论文《马克思和蒲鲁东》(之后出版了专著,朱进东:《马克思与蒲鲁东》,江苏人民出版社 2000 年版),以及杨洪源:《政治经济学的形而上学——〈哲学的贫困〉与〈贫困的哲学〉比较研究》(中国人民大学出版社 2015 年版)最为代表性。关于《哲学的贫困》的研究专著如余源培、付畅一:《新世界观的第一次公开问世——对〈哲学的贫困〉当代解读》,复旦大学出版社 2012 年版;姜海波:《马克思〈哲学的贫困〉研究读本》,中央编译出版社 2013 年版;等等。

④ 《马克思恩格斯全集》第 4 卷,人民出版社 1958 年版,第 75 页。

⑤ 《马克思恩格斯全集》第 4 卷,人民出版社 1958 年版,第 76 页。

针对蒲鲁东经济学的批判,包括三节的内容,即"使用价值和交换价值的对立""构成价值或综合价值""价值比例规律的应用"。主要批判了蒲鲁东的构成价值理论以及以实现所谓"工资平等"为核心的小社会主义方案。实际上,虽然第二章主要批判蒲鲁东经济学的哲学基础,即其错误的哲学方法论,所谓黑格尔主义研究方法,以第一节"方法"为代表;而后面几节的主要内容包括"第二节　分工和机器""第三节　竞争和垄断""第四节　所有权或地租""第五节　罢工和工人同盟"等,也是基于方法论批判的基础上对蒲鲁东经济学的具体主张进行了分析批判,并由此对于马克思主义新世界观的基本原理进行了阐述,并阐发了研究社会经济的正确方法。

马克思在《哲学的贫困》一书中对于蒲鲁东庸俗经济学的分析批判主要可以概括为如下几个方面的内容:分析批判其政治经济学方法即贫困哲学方法,阐述研究社会经济的唯物史观正确方法;分析批判其构成价值理论,用唯物史观阐述劳动价值论;剖析蒲鲁东庸俗经济学的具体主张,分析批判其小资产阶级的社会主义方案。

一、透析贫困哲学方法,阐述唯物史观正确方法

马克思指出:"蒲鲁东先生之所以给我们提供了对政治经济学的谬误批判,并不是因为他有一种可笑的哲学;而他之所以给我们提供了一种可笑的哲学,却是因为他没有从现代社会制度的联结……中了解现代社会制度。"[1]因此,马克思针对蒲鲁东的贫困哲学方法予以分析批判,阐述了研究社会经济的唯物史观正确方法。

蒲鲁东在其《贫困的哲学》"序言"中说明,法国伦理与政治科学院提出过一个问题,即"贫困的根源是什么?"虽然很多人苦苦思索,但并没有人拿出答案。[2]蒲鲁东认为,这实际上就是财富分配不均的问题,其《贫困的哲学》正是

---

① 《马克思恩格斯全集》第27卷,人民出版社1972年版,第476页。
② [法]蒲鲁东:《贫困的哲学》,余叔通、王雪华译,商务印书馆1998年版,第28页。

试图回答这个问题。之所以冠之以哲学的名号讨论经济学问题,这在于在蒲鲁东看来,"哲学就是形而上学,或者愿意的话也可以说它就是逻辑学。它是社会的代数;政治经济学就是这种代数的实际运用"①。而"经济学是形而上学的一种客观形式和具体体现,是在行动中的形而上学"②。或者说,蒲鲁东认为,由于一直以来哲学与政治经济学相脱节,因此社会贫困问题一直未能解决。于是,蒲鲁东试图运用一种与哲学相结合的经济学,以此来研究和解决由来已久的社会贫困问题。以这种研究方法的优越创立的与哲学相结合的经济学将超越以往的经济学。但是,在马克思看来,蒲鲁东所谓新的研究方法"系列辩证法",就是力图用经济范畴的逻辑进化序列解释现实的经济历史发展,实际上是把黑格尔的辩证法庸俗化,实质"背弃了黑格尔的辩证法"③。马克思对于蒲鲁东的政治经济学方法进行了分析批判,阐述研究社会经济的唯物史观正确方法。

首先,马克思揭露了蒲鲁东"系列辩证法"的思辨实质。

蒲鲁东指出,"法国由于缺乏我们所说的哲学精神,也就是说,缺乏更高一级的辩证方法,所以即使到了目前这样一个观察已以惊人的速度积累起丰富材料的时代,科学仍然处于停滞状态"④。因此,需要一种"更高一级的辩证方法"即"系列辩证法"去解决问题。蒲鲁东认为,"只有运用这种方法,一种观念,一个事实就会显示出矛盾关系,并显示出两个对立系列的结果,从而得出一个预期中的新的综合观念。这就是由三段论和归纳法的既对立又相结合而形成的新工具所遵循的普遍而无穷变化的原则"。在蒲鲁东看来,这种方法"真正创造它的是康德,而使它发挥巨大威力和大放光彩的,则是他的后继者黑格尔"⑤。这种方法是一个有规律的系列,就是辩证法,"辩证法就是思想

① [法]蒲鲁东:《贫困的哲学》,余叔通、王雪华译,商务印书馆1998年版,第802页。
② [法]蒲鲁东:《贫困的哲学》,余叔通、王雪华译,商务印书馆1998年版,第38页。
③ 《马克思恩格斯文集》第1卷,人民出版社2009年版,第607页。
④ [法]蒲鲁东:《贫困的哲学》,余叔通、王雪华译,商务印书馆1998年版,第573页。
⑤ [法]蒲鲁东:《贫困的哲学》,余叔通、王雪华译,商务印书馆1998年版,第573页。

从一个观念前进到另一观念,通过一种更高级的观念而形成系列"①。

针对蒲鲁东的"系列辩证法",马克思认为其不过是对黑格尔辩证法的拙劣仿效,实际上,蒲鲁东"从来也不懂得真正科学的辩证法"②。蒲鲁东以黑格尔的纯粹的、永恒的、无人身的理性为前提,套用黑格尔的正题、反题、合题的三段论公式,企图推演出他的整个政治经济学体系。而"把这个方法运用到政治经济学的范畴上面,就会得出政治经济学的逻辑学和形而上学"③。具体的推演过程是:蒲鲁东把每个经济范畴都分为好坏两个方面,这就构成经济范畴固有的矛盾,解决矛盾的唯一方法是保存好的方面,消除坏的方面。"蒲鲁东先生认为,任何经济范畴都有好坏两个方面。""**好的方面和坏的方面,益处和害处**加在一起就构成每个经济范畴所固有的**矛盾**。应该解决的问题是:保存好的方面,消除坏的方面。"④马克思指出,这样做的结果,"就会把人所共知的经济范畴翻译成人们不大知道的语言,这种语言使人觉得这些范畴似乎是刚从纯粹理性的头脑中产生的,好像这些范畴仅仅由于辩证运动的作用才互相产生、互相联系、互相交织"⑤。于是,马克思一针见血地批判道:"蒲鲁东先生从黑格尔的辩证法那里只借用了用语。而蒲鲁东先生自己的辩证运动只不过是机械地划分出好、坏两面而已。……两个相互矛盾方面的共存、斗争以及融合成一个新范畴,就是辩证运动。谁要给自己提出消除坏的方面的问题,就是立即切断了辩证运动。我们看到的已经不是由于自己的矛盾本性而设定自己并自相对立的范畴,而是在范畴的两个方面中间转动、挣扎和冲撞的蒲鲁东先生。"⑥具体的做法是:"蒲鲁东先生把经济范畴逐一取来,把一个范畴用作另一个范畴的消毒剂,用矛盾和矛盾的消毒剂这二者的混合物写成两卷矛盾,

---

① ［法］蒲鲁东:《贫困的哲学》,余叔通、王雪华译,商务印书馆1998年版,第555页。
② 《马克思恩格斯全集》第21卷,人民出版社2003年版,第62页。
③ 《马克思恩格斯文集》第1卷,人民出版社2009年版,第601页
④ 《马克思恩格斯文集》第1卷,人民出版社2009年版,第604页。
⑤ 《马克思恩格斯文集》第1卷,人民出版社2009年版,第601—602页。
⑥ 《马克思恩格斯文集》第1卷,人民出版社2009年版,第605页。

并且恰当地称为《经济矛盾的体系》。"①十八年后马克思在评论这件事时还说:"这是自学者炫耀自己学问的极为笨拙而令人讨厌的伎俩。"②

总之,蒲鲁东颠倒了经济范畴和现实经济运动的关系,罗列了一系列经济范畴构建起一个政治经济学的体系,实质上是借用黑格尔的语言解说古典政治经济学的经济范畴,"蒲鲁东先生从黑格尔的辩证法那里只借用了用语"③。蒲鲁东与资产阶级经济学家一样,把经济范畴看作"永恒的法则",而不是看作"历史的法则"。他把现实的经济关系看作是经济范畴的本质的实现,把经济范畴同现实的生产关系割裂开来。在蒲鲁东那里,经济范畴不是经济关系的反映,相反,经济关系是经济范畴的表现和化身。蒲鲁东不是到现实的经济关系发展中去寻找理论、范畴的依据,而是到"无人身的理性"运动中去寻找现实的经济关系发展。"蒲鲁东先生混淆了思想和事物"④。

针对蒲鲁东的错误认识,马克思指出,"**经济范畴**只是这些现实关系的**抽象**,它们仅仅在这些关系存在的时候才是真实的"。"蒲鲁东先生不是把政治经济学范畴看做实在的、暂时的、历史性的社会关系的抽象,而是神秘地颠倒黑白,把实在的关系只看做这些抽象的体现。"⑤正如马克思所指出的,"经济学家们都把分工、信用、货币等资产阶级生产关系说成是固定的、不变的、永恒的范畴。蒲鲁东先生有了这些完全形成的范畴,他想给我们说明所有这些范畴、原理、规律、观念、思想的形成情况和来历"。因此,马克思认为,蒲鲁东和资产阶级经济学一样,把资本主义的生产关系看作是自然的、永恒的,"经济学家们向我们解释了生产怎样在上述关系下进行,但是没有说明这些关系是怎样产生的,也就是说,没有说明产生这些关系的历史运动"⑥。

---

① 《马克思恩格斯文集》第1卷,人民出版社2009年版,第606页。
② 《马克思恩格斯文集》第3卷,人民出版社2009年版,第21页。
③ 《马克思恩格斯文集》第1卷,人民出版社2009年版,第605页。
④ 《马克思恩格斯文集》第10卷,人民出版社2009年版,第43页。
⑤ 《马克思恩格斯文集》第10卷,人民出版社2009年版,第47页。
⑥ 《马克思恩格斯文集》第1卷,人民出版社2009年版,第598页。

马克思认为,经济范畴不是先验的,而是现实的、具体的、历史的生产关系的抽象。"机器正像拖犁的牛一样,并不是一个经济范畴。机器只是一种生产力。以应用机器为基础的现代工厂才是社会生产关系,才是经济范畴。"①同样,"**奴隶制**是同任何经济范畴一样的经济范畴"。因为"同机器、信用等等一样,直接奴隶制是资产阶级工业的基础。没有奴隶制就没有棉花;没有棉花就没有现代工业。奴隶制使殖民地具有价值,殖民地产生了世界贸易,世界贸易是大工业的条件"。由此可见,"奴隶制是一个极重要的经济范畴"②。而且,"因为奴隶制是一个经济范畴,所以它总是存在于各民族的制度中"③。

二、解析构成价值理论，用唯物史观阐释剩余价值学说

《哲学的贫困》第一章"科学的发现"是用讽刺的词汇针对蒲鲁东的政治经济学展开批判的。蒲鲁东政治经济学的核心内容就是其构成价值理论,构成价值理论被赋予整个"经济大厦的基石"④的地位。在蒲鲁东看来,价值矛盾是解决一切经济问题、社会问题的关键。他说:"商业战争,市场战争,货物充斥,产品滞销,各项禁令,屠杀竞争,垄断独占,工资低落,最高售价的法律,财产天地的悬殊,贫困;这一切都发源于价值方面的二律背反。"⑤但是,马克思认为,蒲鲁东构建其构成价值理论的经济学范畴如"交换价值""构成价值""货币""劳动的剩余"等并非是扬弃李嘉图理论的"科学的发现",而是倒退。在《哲学的贫困》写作 20 年后,马克思又特别指出,"蒲鲁东对这个问题的基础——交换价值的理解始终是模糊、错误和不彻底的"⑥。

马克思首先分析批判了蒲鲁东错误地解释交换价值的起源,并把使用价

① 《马克思恩格斯文集》第 1 卷,人民出版社 2009 年版,第 622 页。
② 《马克思恩格斯文集》第 1 卷,人民出版社 2009 年版,第 604 页。
③ 《马克思恩格斯文集》第 1 卷,人民出版社 2009 年版,第 605 页。
④ [法]蒲鲁东:《贫困的哲学》,余叔通、王雪华译,商务印书馆 1998 年版,第 64 页。
⑤ [法]蒲鲁东:《贫困的哲学》,余叔通、王雪华译,商务印书馆 1998 年版,第 72 页。
⑥ 《马克思恩格斯全集》第 16 卷,人民出版社 1964 年版,第 32 页。

值和交换价值的矛盾等同于供给和需求的矛盾。在"第一节　使用价值和交换价值的对立"中,马克思指出,在蒲鲁东看来,使用价值和交换价值不同,所谓使用价值,就是"一切自然产品或工业产品所具有的那种维持人类生存的性能",而交换价值则是"这些产品具有的互相交换的性能"①,蒲鲁东认为,由于以往的经济学家们没能阐明交换价值的起源,因此,他打算解决这一问题,也就是说明使用价值如何变成交换价值的过程。蒲鲁东解决的思路是:人们有许多建立在分工和交换基础上的需要,因而也就有交换和交换价值存在。也就是说,"要说明交换价值就要有交换。要说明交换就要有分工。要说明分工就必须有使分工成为必要的种种需要。要说明这种需要,就必须'假定'有这种需要"②,于是,既然分工是已经知道的事情,蒲鲁东则用分工来说明交换价值,即分工导致在不同行业的人彼此建议建立交换,并把使用价值和交换价值区别开,换句话说,交换就是由于急欲确立交换的第三者可能提出的建议而产生。针对蒲鲁东无视历史现实,把交换价值的产生当作一个既成事实的观念,马克思明确指出,"交换有它自己的历史。它经过各个不同的阶段"③。并进一步说明了交换经过不同阶段的历史。由于蒲鲁东把交换价值的产生当作一个既成事实,因此,他指出,使用价值和交换价值的关系是二者成反比。但是,马克思进一步指出,这一点在蒲鲁东以前的经济学家们已经看出来了,如西斯蒙第、罗德戴尔等。那么,蒲鲁东如何超越他们解决这个问题呢? 蒲鲁东用供给和需求的关系来解释使用价值和交换价值的关系。蒲鲁东认为,虽然使用价值和交换价值互相对立,但二者也是相互联系的。蒲鲁东"把交换价值和稀少、把使用价值和众多混为一谈"。在他看来,"毫无用处但极端稀少的东西价格就不可估量",也就是表明,"稀少就是交换价值"。④ 于是,他

---

① 《马克思恩格斯全集》第4卷,人民出版社1958年版,第77页。
② 《马克思恩格斯全集》第4卷,人民出版社1958年版,第78页。
③ 《马克思恩格斯全集》第4卷,人民出版社1958年版,第79页。
④ 《马克思恩格斯全集》第4卷,人民出版社1958年版,第82页。

就"在交换价值和稀少之间、在使用价值和众多之间划了等号"①,也就是"把使用价值和供给、把交换价值和需求混为一谈"。最终又"把需求或交换价值和意见当作同一个东西"②。然而,在马克思看来,"供给并不只是代表效用,需求也不只是代表意见"。"蒲鲁东先生随便把供给和效用、需求和意见混为一谈的那种对照,不过是建立在空洞的抽象概念之上而已。"③总之,蒲鲁东的症结在于其方法论的错误,其分析方法"辩证法""就是用抽象的和矛盾的概念,如稀少和众多、效用和意见、**一个**生产者和**一个**消费者(两者都是**自由意志的骑士**)来代替使用价值和交换价值、需求和供给"④。实际上,正如马克思指出的,使用价值和交换价值的关系与供给和需求的关系,是众所周知的老生常谈的问题,"如果需求不变,那末产品的交换价值随着供给的增长而下降,换句话说,产品越是供过于求,它的交换价值或价格也就越低。viceversa〔反过来说〕,越是求过于供时,供应的产品的交换价值或价格也就越高,换句话说,供应的产品越少,产品也就越贵。产品的交换价值取决于产品的多少,不过这总是对需求而言。假定某种产品不仅极为稀少,甚至是独一无二的,可是如果对它没有需求,这个独一无二的产品也是太多,也是多余的。相反地,假定某种产品有千百万个,可是如果它还不能满足需求,也就是说对这种产品的需求非常大,那末这种产品仍然是稀少的"⑤。

既然如此,蒲鲁东为什么要无视这样的尝试而得出上述认识呢?马克思一语中的:"为了以后能够引用他自己所去掉的各种要素中的一个要素(**生产费用**)作为使用价值和交换价值的**综合**。在他的心目中,生产费用就是这样构成**综合价值**或**构成价值**的。"⑥即为了其"科学的发现"构成价值理论的提

---

① 《马克思恩格斯全集》第4卷,人民出版社1958年版,第83页。
② 《马克思恩格斯全集》第4卷,人民出版社1958年版,第84页。
③ 《马克思恩格斯全集》第4卷,人民出版社1958年版,第85页。
④ 《马克思恩格斯全集》第4卷,人民出版社1958年版,第87—88页。
⑤ 《马克思恩格斯全集》第4卷,人民出版社1958年版,第82页。
⑥ 《马克思恩格斯全集》第4卷,人民出版社1958年版,第88页。

出打下基础。

马克思在《哲学的贫困》"第二节　构成价值或综合价值"集中分析批判了蒲鲁东"经济大厦的基石"构成价值理论。在蒲鲁东看来,其构成价值"正是政治经济学应该达到的高峰,因为通过价值的构成,政治经济学将得以改造;同时,这也正是社会进入有秩序状态的最高标志"①。蒲鲁东要实现的是使用价值和交换价值的合题,即二者的统一,因为"在价值还没有奠定的时候……当价值还没有构成的时候,价值在这两种面貌下所产生的作用是非常不规则的,这是由于这种构成的对象完全在变动中所造成的"②。因此,蒲鲁东把构成价值又称为"综合价值",于是,"价值先后以三种面目出现,这就是:使用价值、交换价值,综合价值或称社会价值。后者是真正的价值"③。社会的进步就在于不断解决价值构成问题,即产品的比例问题。

作为"蒲鲁东先生在政治经济学中的全部发现"的"构成价值"究竟是什么呢?"只要承认某种产品的效用,劳动就是它的价值的源泉。劳动的尺度是时间。产品的相对价值由生产这种产品所需的劳动时间来确定。价格是产品的相对价值的货币表现。最后,产品的构成价值不过是体现在产品中的劳动时间所构成的价值。"④这就是蒲鲁东的由产品中的劳动时间构成的所谓"构成价值"。而且,蒲鲁东认为,"亚当·斯密有模糊的直觉,让·巴·萨伊有二律背反",只有他由于发现了综合价值的完整历史,才有了"构成着的和'构成了的'真理"⑤。但是,马克思对此揭示道,"李嘉图已科学地阐明作为现代社会即资产阶级社会的理论,蒲鲁东先生却硬把它当作'将来的革命理论';李嘉图及其学派在很早以前就提出作为二律背反的一方面即**交换价值**

---

① [法]蒲鲁东:《贫困的哲学》,余叔通、王雪华译,商务印书馆1998年版,第77—78页。
② [法]蒲鲁东:《贫困的哲学》,余叔通、王雪华译,商务印书馆1998年版,第62页。
③ [法]蒲鲁东:《贫困的哲学》,余叔通、王雪华译,商务印书馆1998年版,第82页。
④ 《马克思恩格斯全集》第4卷,人民出版社1958年版,第88页。
⑤ 《马克思恩格斯全集》第4卷,人民出版社1958年版,第89页。

的科学公式,蒲鲁东先生却把它当做效用和交换价值之间的二律背反的解决"①。马克思把蒲鲁东和李嘉图的相关论述做了对照,认为李嘉图已经用简单明了而又准确的语言"给我们指出资产阶级生产的实际运动,即构成价值的运动"。而蒲鲁东却"想用劳动时间来确定相对价值的那种玩弄辞句的企图","撇开这个实际运动不谈",并"'煞费苦心地'去发明按照所谓的新公式""来建立世界的新方法"②。实际情况却是,蒲鲁东所谓的公式在李嘉图那里已经用理论清楚表述了现实的运动。

总之,马克思经过比较和对照后,得出如下结论:首先,二者理论的出发点不同。"李嘉图把现社会当做出发点,给我们指出这个社会怎样构成价值;蒲鲁东先生却把构成价值当做出发点,用它来构成一个新的社会世界。根据蒲鲁东先生的说法,构成价值应当绕个圈子,又成为按照这种估计方法已经完全构成的世界的构成因素。"其次,二者的价值论性质不同。"在李嘉图看来,劳动时间确定价值这是交换价值的规律,而蒲鲁东先生却认为这是使用价值和交换价值的综合。李嘉图的价值论是对现代经济生活的科学解释;而蒲鲁东先生的价值论却是对李嘉图理论的乌托邦式的解释。"最后,二者理论产生的基础不同。"李嘉图从一切经济关系中得出他的公式,并用来解释一切现象,甚至如地租、资本积累以及工资和利润的关系等那些骤然看来好象是和这个公式抵触的现象,从而证明他的公式的真实性;这就使他的理论成为科学的体系。蒲鲁东先生只是完全凭任意的假设再度发现了李嘉图的这个公式,后来就不得不找出一些孤立的经济事实,加以歪曲和捏造,以便作为例证,作为实际应用的现成例子,作为实现他那新生观念的开端"③。于是,按照蒲鲁东的构成价值理论,得出的结论则是:"一定的劳动量和同一劳动量所创造的产品

---

① 《马克思恩格斯全集》第4卷,人民出版社1958年版,第90页。
② 《马克思恩格斯全集》第4卷,人民出版社1958年版,第92—93页。
③ 《马克思恩格斯全集》第4卷,人民出版社1958年版,第93页。

是等价的","任何一个劳动日和另一个劳动日都是相等的"①。也就是说,如果一个人的劳动数量和另一个人的劳动数量相等,那么二者的劳动就并没有质的差别,因此就是等值的,两个人的产品就可以交换,交换就是在完全平等的基础上实现的。那么,由于所有的人都是雇佣工人,于是他们就以相等劳动时间得到相等的报酬;因此,工资即劳动的相对价值或价格,也就由生产工人一切生活必需品所必要的劳动时间来决定。这样的结论,按照李嘉图的话,实际上就是"把帽子的生产费用和人的生活费用混为一谈,这就是把人变成帽子"②。由此就揭露了现代经济关系,即资产阶级奴役现代工人的秘密,只是如李嘉图一样的资产阶级经济学家们不愿意戳穿这个秘密,他们要维护资产阶级、资本主义社会的统治。

马克思最终完成了这一揭穿的工作。马克思论证道:"劳动本身就是商品,它是作为商品由生产劳动这种商品所必需的劳动时间来衡量的。"那么,"要生产这种劳动商品需要什么呢? 需要为了生产维持不断的劳动即供给工人活命和延续后代所必需的物品的劳动时间"③。而若分析工人的劳动时间的价值,则会揭开工人遭受现代奴役的秘密。于是,马克思详细分析了"把劳动时间作为价值尺度这种做法和现存的阶级对抗、和劳动产品在直接劳动者与积累劳动占有者之间的不平等分配是多么不相容"④。经过分析,马克思指出:"蒲鲁东先生从李嘉图学说中引伸出的一切'平等'的结论,是建立在一个根本谬误的基础上。"即"他把用商品中所包含的劳动量来衡量的商品价值和用'劳动价值'来衡量的商品价值混为一谈"⑤。按照蒲鲁东这样的分析基础,把两种衡量商品价值的方法搅在一起,则会得出这样的结论,商品的价值

---

① 《马克思恩格斯全集》第4卷,人民出版社1958年版,第93页。
② 《马克思恩格斯全集》第4卷,人民出版社1958年版,第94页。
③ 《马克思恩格斯全集》第4卷,人民出版社1958年版,第94页。
④ 《马克思恩格斯全集》第4卷,人民出版社1958年版,第95页。
⑤ 《马克思恩格斯全集》第4卷,人民出版社1958年版,第97页。

是由它可以购买的劳动量来衡量,或者说,商品的价值是由可以得到它的劳动量来衡量。但是实际情况却是,劳动价值不能作为价值尺度。为了进一步说明,马克思又举例子来阐释用劳动价值确定商品价值的结论是不符合经济事实的,这是一种循环论证,因为是用本身还需要确定的价值来确定。问题的关键在于,蒲鲁东"把以下两种衡量的方法混为一谈了:一种是用生产某种商品所必要的劳动时间来衡量,另一种是用劳动价值来衡量"①。

同样地,蒲鲁东也"把生产费用和工资也混为一谈了"②。工资是什么?马克思指出,工资是劳动价值。马克思在写作《哲学的贫困》时还没有区分劳动和劳动力,实际上,他此时所言"劳动价值"就是在劳动力价值意义上使用的,即工资就是劳动力价值。马克思指出,本来李嘉图纠正了亚当·斯密有时把生产商品必需的劳动时间当作是价值尺度,有时又把劳动价值当作价值尺度的错误,并清楚地指明两种衡量方法的差别,但是蒲鲁东不仅重复了亚当·斯密的错误,而且又把两者混而一谈,反而加重了亚当·斯密的错误。为什么会是这样呢? 马克思揭露道,因为蒲鲁东"寻找商品相对价值的尺度是为了找出劳动者的平等报酬,他把工资的平等当做已解完全确定的事实,是为了根据这种平等去找出商品的相对价值"③。也就是说,蒲鲁东立足于错误的方法论必然导致错误的结论。于是,蒲鲁东的理论也陷入了矛盾。

为了解决自己理论体系的矛盾,蒲鲁东给"构成价值"下了一个新的定义:"价值是构成财富的各种产品的比例性关系"。但是,在马克思看来,"这个新术语并没有新概念",也就是说,这个表面上看起来的新名称,实际上没有被赋予什么新内涵,了无新意。因为,"产品的价值无论怎样涨跌,丝毫不会使这种产品失去它和构成财富的其他产品形成某种'比例性关系'的那种特性"。但是按照蒲鲁东的认识,不论供求关系怎样,产品就应当完全按照花

① 《马克思恩格斯全集》第4卷,人民出版社1958年版,第98页。
② 《马克思恩格斯全集》第4卷,人民出版社1958年版,第98页。
③ 《马克思恩格斯全集》第4卷,人民出版社1958年版,第99页。

费在产品上的劳动时间来交换,"商品的交换应当永远象商品的生产量完全适合需求那样来进行"①。蒲鲁东试图说明生产产品所必要的劳动时间和需要的关系,即在生产上花费时间最少的东西是最有直接效用的东西,奢侈品的生产就是有多余时间来满足某种奢侈的需要。以此推论,人们创造更高级的产品、从事更复杂的生产,则是由于所有劳动者的一切需要都已满足的结果。马克思指出,这就是撇开了阶级对抗,从而颠倒整个历史发展过程得出的结论。在马克思看来,实际情况完全不像蒲鲁东所想的那样。"当文明一开始的时候,生产就开始建立在级别、等级和阶级的对抗上,最后建立在积累的劳动和直接的劳动的对抗上。"因此,"没有对抗就没有进步。这是文明直到今天所遵循的规律。到目前为止,生产力就是由于这种阶级对抗的规律而发展起来的"②。产品的使用即需要不是由生产的劳动时间决定,而是取决于消费者所处的社会条件,而消费者所处的社会条件就是建立在阶级对抗上。直到"在没有阶级对抗和没有阶级的未来社会中",消费品"用途大小就不会再由生产所必要的时间的最低额来确定,相反地,花费在某种物品生产上的时间将由这种物品的社会效用大小来确定"③。

马克思又进一步分析了蒲鲁东构成价值的"比例性关系"。在马克思看来,"供求的'比例性关系',也就是一种产品在生产总和中所占的比例,根本不决定于这种产品按照相等于生产费用的价格的出售"。因为从供求的变动中,生产者获知"某种商品应当生产多少才可以在交换中至少收回生产费用"。而且由于这种供求变动是经常的,因此,资本也就不断地在各个不同的工业部门流动,也就是"资本按照适当的比例投入各种有需求的商品的生产中去",对此,李嘉图早已有过论述。于是,蒲鲁东的"完全构成了的'比例性

① 《马克思恩格斯全集》第 4 卷,人民出版社 1958 年版,第 102 页。
② 《马克思恩格斯全集》第 4 卷,人民出版社 1958 年版,第 104 页。
③ 《马克思恩格斯全集》第 4 卷,人民出版社 1958 年版,第 104 页。

关系'是不存在的"①,存在的只有构成这种关系的运动。总之,马克思指出,"一种东西的价值不是由生产它的时间来确定,而是由可能生产它的最低限度的时间来确定,而这种最低额又是由竞争来规定"②。马克思引用了政治经济学家布阿吉尔贝尔、西斯蒙第等人的论述并得出,蒲鲁东的"比例性关系""早就不存在了","它已经过时了";"它只有在生产资料有限、交换是在极狭隘的范围内进行的时候,才可能存在。随着大工业的产生,这种正确比例必然消失;由于自然规律的必然性,生产一定要经过繁荣、衰退、危机、停滞、新的繁荣等等周而复始的更替"。那么,在现代大工业生产条件下,"是什么东西维持了生产的正确的或大致正确的比例呢? 是支配供给并先于供给的需求;生产是紧随着消费的"。因为"大工业由于它所使用的工具的性质,不得不经常以愈来愈大的规模进行生产,它不能等待需求。生产走在需求前面,供给强制需求"。总之,"在现代社会中,在以个人交换为基础的工业中,生产的无政府状态是灾难丛生的根源,同时又是进步的原因"③。无论如何,蒲鲁东的新公式、新发现,即用劳动时间确定价值的表述,只不过是现代社会经济关系的科学表现,李嘉图在蒲鲁东之前早已明确论证过这一点。"在实际的社会历史中,产品的交换方式常常是由它的生产方式来调节,个人交换也和一定的生产方式相适应,而生产方式又是和阶级对抗相适应的。"马克思再次强调"没有阶级对抗就不会有个人交换"。但是,"在资产者的心目中,没有阶级对抗个人交换也可以存在;他们认为两者之间是毫无关系的"。因为"资产者想象中的个人交换和实际中存在的个人交换是大不相同的"④。

最后,在这一章的"第三节　价值比例规律的应用"中,马克思又通过"甲、货币""乙、劳动的剩余"两部分继续分析批判蒲鲁东政治经济学的价值

---

① 《马克思恩格斯全集》第4卷,人民出版社1958年版,第106页。
② 《马克思恩格斯全集》第4卷,人民出版社1958年版,第107页。
③ 《马克思恩格斯全集》第4卷,人民出版社1958年版,第109页。
④ 《马克思恩格斯全集》第4卷,人民出版社1958年版,第117页。

理论。

在"甲、货币"中,马克思指出,金银是蒲鲁东"构成价值"的最初应用。根据蒲鲁东用产品中所包含的劳动量确定价值的方法来构成产品的价值的理论,他要证明的是生产金银所必要的劳动时间的变动决定金银价值的变动。然而,马克思指出,问题在于,蒲鲁东"在谈及金银的时候,是把它们当作货币而不是当作商品"。他幼稚地"以变戏法的手法把金银作为货币的特性运用于由劳动时间衡量价值的一切商品"。由于任何有用的产品的价值都由生产它所必要的劳动时间来衡量,那么产品就永远具有交换性能,于是金银成为蒲鲁东论证的证据,即"金银就是达到构成状态的价值"①。事实是,贵金属被公认作为货币使用,因为货币所表现的关系像任何其他经济关系一样,是一种生产关系。"货币不是东西,而是一种社会关系。"②但是,蒲鲁东却把货币从现在的生产方式的总体中分离出去,即使其脱离现有的生产关系、社会关系,视金银为一切商品中价值已经达到构成的第一种商品,换句话说,金银最早成为货币。蒲鲁东把这一经济学家早已拥有的认识当作在他以前没有人发现过的真理。事实是,"并不是商品在金银这种形式中达到'构成价值'的状态,相反地,而是蒲鲁东先生的'构成价值'在金银这种形式中达到货币的状态"③。在蒲鲁东看来,由于某些经济原因,如"力求占据统治地位的明显趋向"、"在宗法时期"已经取得的"显著的优势"等等,金银达到构成价值的状态,因此比一切其他产品更具有成为货币的优越性。马克思对于这些经济原因作了进一步的分析,指出,实际上,"君主们在任何时候都不得不服从经济条件,并且从来不能向经济条件发号施令。无论是政治的立法或市民的立法,都只是表明和记载经济关系的要求而已"④。在蒲鲁东看来,"任何商品,即使不是在事实

---

① 《马克思恩格斯全集》第4卷,人民出版社1958年版,第118页。
② 《马克思恩格斯全集》第4卷,人民出版社1958年版,第119页。
③ 《马克思恩格斯全集》第4卷,人民出版社1958年版,第121页。
④ 《马克思恩格斯全集》第4卷,人民出版社1958年版,第121—122页。

上,至少在法律上具有交换能力"。但是,在马克思看来,得出这样的结论是不了解金银的作用。"金银之所以在法律上具有交换能力,只是由于它们具有事实上的交换能力,而它们之所以具有事实上的交换能力,那是因为当前的生产组织需要普遍的交换手段。法律只是事实的公认。"①蒲鲁东颠倒了事实与观念的关系。他之所以选择货币作为达到构成状态的价值的实际应用的例子,"只是为了偷运他那一套关于交换可能性的理论,即为了证明每个按生产费用来估价的商品都必须成为货币"②。实际上李嘉图早已解决了这个问题,李嘉图把价值取决于劳动时间作为他的整个体系的基础,并且指出"金银象一切其他商品一样,它们所具有的价值,只是与生产它们并把它们投入市场所必要的劳动量相适应",同时强调,"确定**货币**价值的不是实物所包含的劳动时间,而只是供求规律"③。尽管如此,在蒲鲁东那里,还幻想着坚持认为,"金银之所以永远能够交换,是由于它们具有作为普遍交换手段的特殊职能,而决不是由于它们在数量上和财富总额成比例;或者更明确地说,金银之所以经常保持均衡,是由于在一切商品中只有它们作为货币,作为普遍的交换手段,不管它们的数量和财富总额的比例关系如何"。并认为李嘉图的"政治经济学真是一团糟"④。

在"乙、劳动的剩余"这部分,马克思首先指出,蒲鲁东认为由于以往的经济学家们不会应用"比例规律"和"构成价值"陷入了谬误。事实上,蒲鲁东犯有同样的错误。蒲鲁东指出经济学家们公认"任何劳动必然留下某些剩余",而这个原理对于蒲鲁东来说却"是普遍的和绝对的真理",因为"这是可以当做全部经济科学总结的比例规律的必然结果"。蒲鲁东"为了证明任何劳动必然留下某些剩余",他的做法是"把社会人格化",即"他使社会变成**作为人**

---

① 《马克思恩格斯全集》第4卷,人民出版社1958年版,第124页。
② 《马克思恩格斯全集》第4卷,人民出版社1958年版,第125页。
③ 《马克思恩格斯全集》第4卷,人民出版社1958年版,第125页。
④ 《马克思恩格斯全集》第4卷,人民出版社1958年版,第126页。

的社会",而这种社会又"决不是由人所组成的社会,因为它有自己的特殊规律,这些规律与组成社会的人毫无关系",这种社会有"自己的理性",而这种理性却"不是普通的人的理性,而是丧失理智的理性"①。于是,劳动剩余在这样作为人的社会中得到了说明。蒲鲁东还通过铁路运输的事例进一步加以说明。马克思分析了蒲鲁东的铁路运输事例,并引用李嘉图和罗德戴尔的话加以证明。因为"李嘉图是用劳动时间确定价值的学派领袖;罗德戴尔则是供求确定价值的一个最热烈的拥护者"②。而且他们两人都阐明了同一个论点,即资本总是会涌向利润高于其他部门的新生产部门。马克思还分析了蒲鲁东关于普罗米修斯的例子来说明"劳动的剩余"。马克思认为,普罗米修斯的例子恰好说明了社会是建立在阶级对抗上的社会关系。"这不是个人和个人的关系,而是工人和资本家、农民和地主的关系。"③若抹杀了这些社会关系,就是消灭了整个社会,劳动的剩余也就无从谈起。总之,马克思说:"如果有什么东西应当受到谴责的话,毫无疑问,那就是蒲鲁东先生的体系",因为"它不管财富的增长却要把工人的工资降到最低限度。只有把工人的工资降到最低限度,蒲鲁东先生才能应用价值的正确比例性的原则,即劳动时间'构成的价值'的原则"。也就是说,为了运用其构成价值理论来说明劳动的剩余,蒲鲁东认为这正是以往经济学家的理论中所缺少的。马克思指出,"正是由于竞争使工资时高时低于维持工人生活所必要的生活资料的价格,工人才有可能在某种程度内(即使微不足道)分享社会财富的增长;但正因为如此,他们也可能死于贫困。这就是在这方面没有任何幻想的经济学家们的全部理论"④。

综上分析,马克思认为,蒲鲁东的价值理论不是什么"科学的发现",实质是对李嘉图理论的歪曲说明或者说是一种"乌托邦的解释"⑤。

---

① 《马克思恩格斯全集》第4卷,人民出版社1958年版,第128页。
② 《马克思恩格斯全集》第4卷,人民出版社1958年版,第132页。
③ 《马克思恩格斯全集》第4卷,人民出版社1958年版,第135页。
④ 《马克思恩格斯全集》第4卷,人民出版社1958年版,第137页。
⑤ 《马克思恩格斯全集》第4卷,人民出版社1958年版,第93页。

三、剖析蒲鲁东庸俗经济学的具体主张，阐述科学的劳动价值论

基于对蒲鲁东政治经济学方法以及构成价值理论的分析批判,马克思用唯物史观分析批判了蒲鲁东庸俗经济学的具体主张如分工、财产关系、所有权以及竞争和垄断等经济学范畴,阐述了其劳动价值论。

关于分工,马克思指出,"在蒲鲁东先生看来,分工是一种永恒的规律,是一种单纯而抽象的范畴"①。因此,用抽象的观念、范畴就可以说明各个不同历史时期的分工。然而,马克思分析了历史由于分工导致的社会改变以及个体之间由于分工导致的实质差异。马克思指出,真实的历史不像蒲鲁东把事物归结为范畴那么简单,马克思以德国为例,指出,"德国为了实现城乡分离这第一次大分工,整整用了三个世纪。城乡关系一改变,整个社会也跟着改变"②。人所属的社会组织的不同,源自于不同的分工形式。"在宗法制度、种姓制度、封建制度和行会制度下,整个社会的分工都是按照一定的规则进行的。"这些规则"最初来自物质生产条件,只是过了很久以后才上升为法律。分工的这些不同形式正是这样才成为同样多的社会组织的基础"③。而各个人之间的差异,正如斯密所看到的,"与其说是分工的**原因**,不如说是分工的**结果**"。在马克思看来,"从根本上说,搬运夫和哲学家之间的差别要比家犬和猎犬之间的差别小得多,他们之间的鸿沟是分工掘成的"④。总之,社会历史的发展是由于分工的推动,个体之间的差异是由于分工造成,而对于分工产生极大影响的是物质性的机器。"只要任何物品的生产中有可能用机械制造它的某一部分,这种物品的生产就立即分成两个彼此独立的部门。"⑤"机器的

---

① 《马克思恩格斯文集》第1卷,人民出版社2009年版,第618页。
② 《马克思恩格斯文集》第1卷,人民出版社2009年版,第618页。
③ 《马克思恩格斯文集》第1卷,人民出版社2009年版,第624页。
④ 《马克思恩格斯文集》第1卷,人民出版社2009年版,第619页。
⑤ 《马克思恩格斯文集》第1卷,人民出版社2009年版,第627页。

采用加剧了社会内部的分工,简化了作坊内部工人的职能,集结了资本,使人进一步被分割。"①因此,是物质性的原因而非范畴影响历史、决定历史的发展走向。蒲鲁东离开实际的历史进程,抽象地谈论分工和机器范畴,"总括起来说,蒲鲁东先生没有超出小资产者的理想。为了实现这个理想,他除了让我们回到中世纪的帮工或者至多中世纪的手工业者师傅的地位以外,没有想出更好的办法"②。

关于竞争和垄断,在蒲鲁东看来,也都只是经济范畴。"竞争是工业竞赛,是自由的时髦方式,是劳动中的责任,是价值的构成,是平等到来的条件,是社会经济的原理,是命运的法规,是人类灵魂的必然要求,是永恒公平的启示,是划分中的自由,是自由中的划分,是一个经济范畴。"③而"垄断是一件好事,因为它是一个经济范畴,是'无人身的人类理性'的启示。竞争也是一件好事,因为它也是一个经济范畴"④。马克思则针锋相对地指出,竞争"是以社会为前提,即以共同的目标、共同的需要、共同的生产资料等等为前提的"⑤。"现代的垄断就是由竞争本身产生的。"⑥"在实际生活中,我们不仅可以找到竞争、垄断和它们的对抗,而且可以找到它们的合题,这个合题并不是公式,而是运动。垄断产生着竞争,竞争产生着垄断。垄断者彼此竞争着,竞争者变成了垄断者。……合题就是:垄断只有不断投入竞争的斗争才能维持自己。"⑦

关于所有权,马克思认为,蒲鲁东把所有权当作他的经济矛盾体系中的一个单独的范畴,说明他不懂得资本主义生产是处于各种形式结合起来的联系

① 《马克思恩格斯文集》第1卷,人民出版社2009年版,第628页。
② 《马克思恩格斯全集》第4卷,人民出版社1958年版,第172页。
③ 《马克思恩格斯文集》第1卷,人民出版社2009年版,第633页。
④ 《马克思恩格斯文集》第1卷,人民出版社2009年版,第636页。
⑤ 《马克思恩格斯文集》第1卷,人民出版社2009年版,第634页。
⑥ 《马克思恩格斯文集》第1卷,人民出版社2009年版,第635页。
⑦ 《马克思恩格斯文集》第1卷,人民出版社2009年版,第636—637页。

之中,不懂得一定时代的生产具有历史的、暂时的性质。马克思指出,"要想把所有权作为一种独立的关系、一种特殊的范畴、一种抽象的和永恒的观念来下定义,这只能是形而上学或法学的幻想"①。因此,蒲鲁东在《贫困的哲学》中与他在《什么是财产?》中一样都没有能够解决其提出的问题,因为离开对生产关系的总体、系统的研究,财产或所有权就是一句空话;离开具体的社会关系,所谓的所有制就不过是一种形而上学的抽象物;政治经济学应该是把财产关系的现实形态即作为生产关系包括进来。② 在马克思看来,"在每个历史时代中所有权是以各种不同的方式、在完全不同的社会关系下面发展起来的。因此,给资产阶级的所有权下定义不外是把资产阶级生产的全部社会关系描述一番"③。蒲鲁东还断言,"所有权的起源包含有某种**神秘的**和**玄妙的**因素"。据此,马克思指出,"硬使所有权的起源神秘化也就是使生产本身和生产工具的分配之间的关系神秘化",这样就是"放弃对经济科学的一切要求"④,即违背了经济学原理。

除《哲学的贫困》外,马克思在其 1857—1858 年撰写的《政治经济学批判大纲》中对于蒲鲁东的理论也进行了相应分析。在其中的"货币"章和"资本"章中,马克思又用了一些篇幅运用自己的价值理论进一步分析批判了蒲鲁东的理论。⑤ 1859 年 2 月 1 日马克思在写给魏德迈的信中说,"在这两章里从根本上打击了目前在法国流行的蒲鲁东社会主义"⑥。在 1869 年 11 月 26 日的信中,马克思写道,"在我还完全接受李嘉图的地租论时所写的反对蒲鲁东的

---

① 《马克思恩格斯文集》第 1 卷,人民出版社 2009 年版,第 638 页。
② 参见李庆钧:《唯物史观:科学政治经济学研究的前提——读马克思的〈哲学的贫困〉》,《扬州大学学报(人文社会科学版)》1998 年第 2 期。
③ 《马克思恩格斯文集》第 1 卷,人民出版社 2009 年版,第 638 页。
④ 《马克思恩格斯文集》第 1 卷,人民出版社 2009 年版,第 639 页。
⑤ 参见姜海波:《马克思〈哲学的贫困〉研究读本》,中央编译出版社 2013 年版,第 134 页。
⑥ 《马克思恩格斯全集》第 29 卷,人民出版社 1972 年版,第 554 页。

著作中,我就已经分析了其中即使从他的(李嘉图的)观点看来也是错误的东西"①。

第二节　分析批判杜林,捍卫马克思的剩余价值学说

如上篇第四章所述,恩格斯为维护党的统一和团结,为马克思的学说正名,使德国工人运动沿着正确的轨迹发展,应德国社会主义工人党领导人李卜克内西等人的要求,写了集中分析批判杜林错误观点的《反杜林论》这部论战性的著作。在其中的"政治经济学编"中,恩格斯运用马克思主义历史唯物主义的世界观和方法论,批判了杜林的庸俗经济学观点。

"政治经济学编"共十章,第一章主要阐述政治经济学的对象和方法;第二章到第四章分析批判了杜林先验主义的"暴力论",阐明政治经济学的历史性和阶级性;第五章到第九章分析批判了杜林对于马克思主义关于价值、剩余价值以及资本学说、地租理论等歪曲的庸俗政治经济学,同时正面论述马克思主义政治经济学的主要范畴和基本原理,包括劳动价值论、剩余价值论、地租理论和经济规律等;第十章是政治经济学说史的梳理,重点批判了杜林对待政治经济学说史上经济学家思想和地位的历史虚无主义。恩格斯在"政治经济学"编中对于杜林观点的分析批判,主要从以下几个方面展开:阐释政治经济学的对象和方法;分析批判杜林的抽象暴力论;分析批判杜林在"价值论"上的谬说,捍卫马克思的劳动价值论;分析批判杜林在剩余价值上对马克思的曲解,捍卫马克思的剩余价值学说;分析批判杜林在资本学说、地租理论上的谬论;分析批判杜林《批判史》中对于经济学思想史的虚无主义;等等。

---

① 《马克思恩格斯文集》第10卷,人民出版社2009年版,第309页。

一、正面阐释政治经济学的研究对象和方法

恩格斯在本编一开始就写道,"政治经济学,从最广的意义上说,是研究人类社会中支配物质生活资料的生产和交换的规律的科学"①。这是恩格斯界定的广义政治经济学的含义,这也是他对政治经济学所做的第一个界定。恩格斯对政治经济学做的第二个界定,"政治经济学作为一门研究人类各种社会进行生产和交换并相应地进行产品分配的条件和形式的科学"。在此意义上,恩格斯认为还有进一步探索的空间,"尚待创造"②。基于上述认识,恩格斯在分析批判杜林的基础上,系统论述了政治经济学关于生产、交换、分配的关系与过程。

恩格斯指出,政治经济学的研究对象是生产、分配、交换的有机统一。但是,杜林却"首先把生产和交换合而为一,统称为生产,然后使分配同生产并列,把它当做同第一个过程毫不相干的、完全外在的第二个过程"③。杜林把生产和流通两个虽然互相制约但本质上却不同的过程混为一谈,这是非常错误的。事实却是,任何分配都是由社会的生产关系和交换关系决定的。

恩格斯批判了杜林的庸俗分配决定论。"杜林先生把生产和流通这两个虽然互相制约但是本质上不同的过程混为一谈"④。杜林将交换、流通纳入生产概念中,没有看到交换、流通作为独立过程的作用;同时又割裂生产和分配之间的关系,把分配说成是由道德因素决定的,由此把经济学的分配理论从经济学领域转移到了抽象的道德和法的领域。恩格斯指出,"分配就其决定性的特点而言,总是某一个社会的生产关系和交换关系以及这个社会的历史前提的必然结果"⑤。当然,分配方式不是消极的,它对生产方式和交换方式也

---

① 《马克思恩格斯文集》第 9 卷,人民出版社 2009 年版,第 153 页。
② 《马克思恩格斯文集》第 9 卷,人民出版社 2009 年版,第 156 页。
③ 《马克思恩格斯文集》第 9 卷,人民出版社 2009 年版,第 160 页。
④ 《马克思恩格斯文集》第 9 卷,人民出版社 2009 年版,第 160 页。
⑤ 《马克思恩格斯文集》第 9 卷,人民出版社 2009 年版,第 160 页。

起反作用。"分配并不仅仅是生产和交换的消极的产物;它反过来也影响生产和交换"①。

同时,恩格斯还指出,政治经济学"首先研究生产和交换的每个个别发展阶段的特殊规律,而且只有在完成这种研究以后,它才能确立为数不多的、适用于生产一般和交换一般的、完全普遍的规律"②。恩格斯在此强调的是,政治经济学研究要基于现实的、历史的生产方式和交换方式,在此基础上进一步归纳、概括、总结规律。

二、批驳杜林政治决定经济的抽象暴力论

杜林反对"最新的社会主义体系"即马克思主义所主张的经济的基础性地位的理论体系,提出政治是"历史上基础性的东西",经济"总是次等的事实","本原的东西必须从直接的政治暴力中去寻找,而不是从间接的经济力量中去寻找"。"政治状态是经济状况的决定性的原因,相反的关系只是次等的相反结果……"③在杜林看来,"一切经济现象都应该由政治原因来解释,即由暴力来解释"④。

恩格斯批驳了杜林的抽象暴力论,批判了杜林宣扬的政治决定经济的错误观点,科学论述了经济的决定性作用原理。恩格斯指出,私有制是随着生产的提高和交换的发展而产生的,是经济发展的结果,暴力没有起任何根本性作用,暴力不能创造出私有财产本身。"私有财产在历史上的出现,决不是掠夺和暴力的结果。相反,在一切文明民族的古代自然形成的公社中,私有财产已经存在了"⑤。恩格斯由此分析了资本主义生产方式的生产、资本主义的历史发展进程以及资本主义社会的阶级对立、贫富分化等一系列问题。"私有财

---

① 《马克思恩格斯文集》第 9 卷,人民出版社 2009 年版,第 155 页。
② 《马克思恩格斯文集》第 9 卷,人民出版社 2009 年版,第 154 页。
③ 《马克思恩格斯文集》第 9 卷,人民出版社 2009 年版,第 165 页。
④ 《马克思恩格斯文集》第 9 卷,人民出版社 2009 年版,第 166 页。
⑤ 《马克思恩格斯文集》第 9 卷,人民出版社 2009 年版,第 169 页。

产的形成，到处都是由于生产关系和交换关系发生变化，都是为了提高生产和促进交换——因而都是由于经济的原因。在这里，暴力没有起任何作用。"①同时，"在掠夺者能够占有他人的财物以前，私有财产的制度必须是已经存在了；因此，暴力虽然可以改变占有状况，但是不能创造私有财产本身"②。基于上述分析，最终，恩格斯得出结论说："全部过程都由纯经济的原因来说明，而根本不需要用掠夺、暴力、国家或任何政治干预来说明。"实际上，"基于所有制的暴力"，"原来也不过是用来掩饰对真实的事物进程毫不了解的一句大话"③。

恩格斯进一步指出，暴力不可能是单纯的意志行为，因为要"具备各种实现暴力的非常现实的前提，特别是**工具**"，而工具则"必然是生产出来的"，或者可以说，"暴力的胜利是以武器的生产为基础的，而武器的生产又是以整个生产为基础的"，也就是说，是"以'经济力量'，以'经济状况'，以可供暴力支配的**物质**手段为基础的"④。总之，"暴力还是由经济状况来决定的，经济状况给暴力提供配备和保持暴力工具的手段"⑤。恩格斯在此分析了暴力对于经济的依赖关系，论证了经济是暴力的基础，最终得出结论："在任何地方和任何时候，都是经济条件和经济上的权力手段帮助'暴力'取得胜利，没有它们，暴力就不成其为暴力。"⑥于是，恩格斯让人们清楚地认识到，"暴力本身的'本原的东西'是什么呢？是经济力量，是支配大工业这一权力手段"，而绝不是杜林所说的"本原的东西必须从直接的政治暴力中去寻找，而不是从间接的经济力量中去寻找"⑦。

---

① 《马克思恩格斯文集》第9卷，人民出版社2009年版，第169页。
② 《马克思恩格斯文集》第9卷，人民出版社2009年版，第169—170页。
③ 《马克思恩格斯文集》第9卷，人民出版社2009年版，第171页。
④ 《马克思恩格斯文集》第9卷，人民出版社2009年版，第173—174页。
⑤ 《马克思恩格斯文集》第9卷，人民出版社2009年版，第174页。
⑥ 《马克思恩格斯文集》第9卷，人民出版社2009年版，第179页。
⑦ 《马克思恩格斯文集》第9卷，人民出版社2009年版，第181页。

恩格斯不仅批驳了杜林认为暴力在私有制和阶级起源中起决定作用的错误观点,而且进一步批判了杜林断言的"人对人的统治是人对自然界的统治的前提"①的谬说,较为系统地考察了阶级和阶级压迫形成的历史过程,论述了阶级和私有制的起源问题,阐释了统治关系和奴役关系产生的两种途径,指出"不是暴力支配经济状况,而是相反,暴力被迫为经济状况服务"。在此意义上,奴隶制的产生则不是杜林所解释的是暴力的结果,相反,在恩格斯看来,"只有奴隶制才使农业和工业之间的更大规模的分工成为可能,从而使古代世界的繁荣,使希腊文化成为可能。没有奴隶制,就没有希腊国家,就没有希腊的艺术和科学;没有奴隶制,就没有罗马帝国。没有希腊文化和罗马帝国所奠定的基础,也就没有现代的欧洲。我们永远不应该忘记,我们的全部经济、政治和智力的发展,是以奴隶制既成为必要,又得到公认这种状况为前提的。在这个意义上,我们有理由说:没有古希腊罗马的奴隶制,就没有现代的社会主义"②。恩格斯在这里再次批判了杜林颠倒政治与经济关系的观点,阐明了经济关系是社会制度、政治压迫产生的基础,剥削制度的产生和存在,是生产力发展的结果,政治暴力是为一定的阶级经济利益服务的。"剥削阶级和被剥削阶级、统治阶级和被压迫阶级之间的到现在为止的一切历史对立,都可以从人的劳动的这种相对不发展的生产率中得到说明。"③

恩格斯不仅分析批判了杜林颠倒暴力和经济关系的错误,同时,对于暴力对经济的发展、在历史上所起的作用也予以了充分的肯定,并由此分析批判了杜林认为"暴力是绝对的坏事"④的错误,杜林"不顾每一次革命的胜利带来的道德上和精神上的巨大跃进",却认为"暴力的任何使用都会使暴力使用者道德堕落"⑤。相反,恩格斯指出,"暴力在历史中还起着另一种作用,革命的

① 《马克思恩格斯文集》第9卷,人民出版社2009年版,第185页。
② 《马克思恩格斯文集》第9卷,人民出版社2009年版,第188页。
③ 《马克思恩格斯文集》第9卷,人民出版社2009年版,第189页。
④ 《马克思恩格斯文集》第9卷,人民出版社2009年版,第191页。
⑤ 《马克思恩格斯文集》第9卷,人民出版社2009年版,第192页。

作用"。对于暴力在历史中发挥的革命的作用，恩格斯给予了高度评价："它是社会运动借以为自己开辟道路并摧毁僵化的垂死的政治形式的工具"，"用马克思的话说"，暴力"是每一个孕育着新社会的旧社会的助产婆"①，总之，暴力在一定意义上说也是一种经济力，因为通过暴力革命打碎资产阶级国家机器，是以革命暴力对付反革命暴力，无产阶级最终夺取政权，建立了崭新的社会制度，这正是革命暴力在人类社会历史上发挥的积极作用。

三、揭示杜林在价值认识上的谬说

在价值概念上，杜林认为"价值是经济物品和经济服务在交往中所具有的意义"②，即从对人的用处来考察和界定价值，由此混淆了经济学意义上的价值概念和哲学意义上的价值概念，从而必然导致其把价值与价格相等同。杜林主张价值即价格，"价值就是价格"，"二者没有什么区别，只是表现形式不同"，"一个是以货币来表现，另一个不是以货币来表现"，除此之外"再没有其他任何区别了"。③ 恩格斯对此批评道："一个劳动产品的价值是由制造这个产品所必需的劳动时间来决定的"，关于这一点，人们"老早就知道了"④。杜林的错误在于，"他不是简单地叙述事实，而偏要神谕式地歪曲这个事实。说一个人在任何物品里所投入的力量的多少，是价值和价值量的直接的决定性原因，这完全是错误的"⑤。

杜林还认为物品的价值由两部分组成："第一，它本身所包含的劳动，第二，'手持利剑'逼出来的附加税。"⑥恩格斯对此批判道："利润是资本家利用

---

① 《马克思恩格斯文集》第9卷，人民出版社2009年版，第191—192页。
② 《马克思恩格斯文集》第9卷，人民出版社2009年版，第194页。
③ 《马克思恩格斯文集》第9卷，人民出版社2009年版，第195页。
④ 《马克思恩格斯文集》第9卷，人民出版社2009年版，第195页。
⑤ 《马克思恩格斯文集》第9卷，人民出版社2009年版，第195—196页。
⑥ 《马克思恩格斯文集》第9卷，人民出版社2009年版，第197页。

自己的垄断、利用自己手中的利剑逼出来的赋税或加价,是分配价值。"①这实际上就是马克思所说的"剩余价值"。于是,恩格斯"回到了马克思的**剩余价值理论**"②,指出,商品价值量的大小,取决于生产商品时所耗费的社会必要劳动量的大小;而价格是以价值为基础的,商品价格是价值的货币表现。

杜林否定了马克思关于简单劳动和复杂劳动的认识,认为任何劳动时间都是等价的,混淆了劳动时间决定价值和劳动时间具有价值。杜林说:"事情并不像马克思先生模模糊糊地想象的那样:某个人的劳动时间本身比另一个人的劳动时间更有价值。"③恩格斯反驳道:"其实正是马克思第一次阐明了劳动**不能有任何价值**,以及为什么不能有任何价值。"④劳动决定价值,但劳动本身没有价值,它只是价值的尺度;劳动还有简单劳动和复杂劳动之分。杜林的症结在于,他"没有能力把价值由劳动来决定和价值由工资来决定这两种情况加以区别"⑤。

四、剖析杜林对马克思剩余价值学说的曲解

恩格斯指出,杜林在其著作中说马克思认为资本是由货币产生的,这是对马克思思想的曲解。恩格斯对此曲解进行了批判,指出:"在马克思关于商品流通过程赖以进行的各种经济形式的分析中,货币是作为最后的形式而产生的。"⑥但由此也并不能说明马克思认为资本是由货币产生的。恩格斯论述了货币作为资本的流通形式,以及货币作为商品一般等价物的流通形式,二者具有不同的流通目的和结果,在此分析基础上,指出剩余价值的产生不是在于流通过程本身,剩余价值"既不能来自买者以低于商品的价值购买商品",也不

---

① 《马克思恩格斯文集》第 9 卷,人民出版社 2009 年版,第 200—201 页。
② 《马克思恩格斯文集》第 9 卷,人民出版社 2009 年版,第 197 页。
③ 《马克思恩格斯文集》第 9 卷,人民出版社 2009 年版,第 205 页。
④ 《马克思恩格斯文集》第 9 卷,人民出版社 2009 年版,第 208 页。
⑤ 《马克思恩格斯文集》第 9 卷,人民出版社 2009 年版,第 209 页。
⑥ 《马克思恩格斯文集》第 9 卷,人民出版社 2009 年版,第 210 页。

能来自卖者以高于商品的价值出卖商品。因为在流通过程中,"在这两种情况下,每个人的所得和所失由于每个人都轮流地成为买者和卖者而互相抵消了"。剩余价值的产生也不是暴力和欺骗行为的结果。"因为欺骗固然能牺牲一个人而使另一个人发财致富,但是不能增加两人所拥有的总数,因而也不能增加流通的价值的总额"①。

那么,剩余价值从何而来呢? 恩格斯重述了马克思剩余价值学说中关于在资本主义社会,劳动力转化为商品和货币转化为资本与剩余价值的产生之间的关系问题,论述了马克思关于资本和剩余价值的学说。马克思认为,在资本主义社会,劳动力成为商品由此"就获得一种价值",这种价值"是由工人为制造维持自己能劳动的状态和延续后代所需要的生活资料而必须耗费的劳动时间决定的"②。据此,马克思说明了剩余价值的产生。由此,也"就揭露了现代资本主义生产方式以及以它为基础的占有方式的机制",实际上,是"揭示了整个现代社会制度得以确立起来的核心"③,即资本主义剥削制度的实质。

关于资本,杜林说马克思"不是使用流行的经济学概念,即资本是已经生产出来的生产资料","马克思关于资本概念的表述,只能在严谨的国民经济学中引起混乱……"并污蔑马克思"企图创造一种更专门的、辩证的、历史的观念,这种观念无异于玩弄概念和历史的变态术"④。针对杜林对于马克思的污蔑,恩格斯揭露道:"杜林先生不仅自己犯了他谴责马克思所犯的那种罪过,即不是使用资本的流行的经济学概念,而且还对马克思进行笨拙的剽窃,这种剽窃是用浮夸的词句'拙劣地掩盖起来的'。"⑤事实上,杜林的资本概念与马克思的资本概念完全不同。杜林才"使用完全相反的概念",把"造成任何形

---

① 《马克思恩格斯文集》第 9 卷,人民出版社 2009 年版,第 211 页。
② 《马克思恩格斯文集》第 9 卷,人民出版社 2009 年版,第 213 页。
③ 《马克思恩格斯文集》第 9 卷,人民出版社 2009 年版,第 214 页。
④ 《马克思恩格斯文集》第 9 卷,人民出版社 2009 年版,第 210 页。
⑤ 《马克思恩格斯文集》第 9 卷,人民出版社 2009 年版,第 215 页。

式的剩余劳动的**任何数量的生产资料都解释为资本**"①。或者可以说,他"剽窃了马克思发现的剩余劳动",以此取代马克思发现的剩余价值,杜林的资本"甚至包含非生产出来的生产资料,即土地和自然资源"②。因此,恩格斯指出,"恰好在杜林对资本概念的解释中,国民经济分析的一切尖锐性丧失了,识别力连同一切诚实的概念运用全都消失了;而荒谬的观念、混乱、冒充深刻的逻辑真理的轻率见解和基础的薄弱,在杜林先生那里却似繁花怒放"③。与之相反,在马克思那里,资本是一个历史的范畴,资本产生的"先决条件"是"货币占有者要把货币转化为资本,就必须在商品市场上找到自由的工人"④。也就是说,货币转化为资本的前提条件是劳动力转化为商品;资本体现的是资本家对工人的雇佣剥削关系。正是马克思"第一个彻底分析了现代资本所特有的占有方式","他使资本的概念同这个概念最后从中抽象出来并且赖以存在的历史事实协调一致",并且"使这个经济学概念摆脱了在资产阶级古典经济学中和在以前的社会主义者那里还无法摆脱的含混不清和摇摆不定的观念"。有资本才能获得剩余价值,"这个问题的解决是马克思著作的划时代的功绩。这个问题的解决使明亮的阳光照进了经济学的各个领域,而在这些领域中,从前社会主义者也曾像资产阶级经济学家一样在深沉的黑暗中摸索。科学社会主义就是以这个问题的解决为起点,并以此为中心的"⑤。马克思处理问题的态度体现出"终极的最严格的科学性",杜林虽然在口头上也经常讲科学性,但是"在他的著作中却找不到"⑥。

最终,杜林把全部的经济学、政治学和法学,或者说,以往全部的历史都归结为暴力和劳动起到了轴心的作用。至此,"杜林先生的全部经济学的智慧

---

① 《马克思恩格斯文集》第9卷,人民出版社2009年版,第217页。
② 《马克思恩格斯文集》第9卷,人民出版社2009年版,第217—218页。
③ 《马克思恩格斯文集》第9卷,人民出版社2009年版,第219页。
④ 《马克思恩格斯文集》第9卷,人民出版社2009年版,第214页。
⑤ 《马克思恩格斯文集》第9卷,人民出版社2009年版,第212页。
⑥ 《马克思恩格斯文集》第9卷,人民出版社2009年版,第218页。

也就到此为止"①。

五、解析杜林在资本学说、地租理论上的谬论

　　恩格斯还批驳了杜林混淆了剩余价值、地租、资本和资本的赢利即利润的错误观点。恩格斯指出,杜林和所有的资产阶级经济学家持有同样的看法,即认为"资本和利润,或资本和利息"彼此不分离,"即认为在正常条件下用于生产或交换的任何价值额都自然而然地具有产生利润或利息的特性"②。杜林还认为,"马克思所说的剩余价值无非就是人们通常所说的资本赢利或利润的东西"③。但是,由于杜林无法说明利润的形成,于是就简单地"说资本赢利是**暴力**的产物"④。对于这些错误的认识,恩格斯引用了马克思在《资本论》中的相关表述来反驳杜林,澄清杜林对于马克思思想的歪曲。恩格斯指出,"马克思一有机会就提醒读者注意,决不要把他所说的剩余价值同利润或资本赢利相混淆",在马克思看来,利润或资本赢利只是剩余价值的一种派生形式,"甚至常常只是剩余价值的一小部分"⑤。利润、利息、商业赢利、地租等等,都是剩余价值的派生形式。杜林认为马克思所说的剩余价值就是人们通常所说的资本赢利,这只能表明,"或者是杜林对此一点也不懂",一无所知却加以诋毁,"这就要极端厚颜无耻才行","或者是他都懂,如果是这样,他就是故意捏造"。⑥

　　关于地租的含义、地租和利润或资本赢利的关系,杜林认为,地租是"土地所有者本身从土地上得到的收入"⑦。在杜林看来,"土地是借助某种形式

---

① 《马克思恩格斯文集》第 9 卷,人民出版社 2009 年版,第 219 页。
② 《马克思恩格斯文集》第 9 卷,人民出版社 2009 年版,第 218 页。
③ 《马克思恩格斯文集》第 9 卷,人民出版社 2009 年版,第 220 页。
④ 《马克思恩格斯文集》第 9 卷,人民出版社 2009 年版,第 225 页。
⑤ 《马克思恩格斯文集》第 9 卷,人民出版社 2009 年版,第 221 页。
⑥ 《马克思恩格斯文集》第 9 卷,人民出版社 2009 年版,第 221 页。
⑦ 《马克思恩格斯文集》第 9 卷,人民出版社 2009 年版,第 233 页。

的奴役劳动来耕种",因此,就会产生剩余,这种剩余就是地租;这就像工业劳动中劳动产品超出了工资的剩余一样,超出工资的剩余部分就是资本赢利。"地租和资本赢利的区别,只在于前者产生于农业,而后者产生于工业或商业。"①杜林试图让人们相信,"不是租地农场主把地租付给土地占有者,而是土地占有者把地租付给租地农场主"②。对于杜林的上述认识,恩格斯评价道:"杜林先生也'不是使用流行的概念'。"③而且,"杜林先生把他本来应当加以解释的地租这个经济学概念不假思索地翻译成法律词汇"④。恩格斯对此进行了具体的阐释说明,指出关于地租的理论带有英国的特色,因为当时只有在英国才存在这样一种生产方式,即地租是和利润、利息分开的。然而,杜林却把这个具有英国特色的地租挪用到了当时的普鲁士德国,普鲁士德国的土地占有者——容克老爷们把地租理解为他们自己那块土地上的收入。总之,杜林关于地租和利润的概念是混乱的,他还企图以此蒙混过关。

总之,杜林不可能建立一种他所谓的"新的、不仅满足时代需要而且对时代具有决定意义的体系"⑤。他只能"从最无聊的陈词滥调中抽出两三个有时甚至措辞不当的不言而喻的语句",以此构成其"经济学的不需要证明的公理、基本原理、自然规律"⑥。

六、批判杜林《批判史》中对于经济学思想史的虚无主义

第十章《批判史》是由马克思来撰写的。正如恩格斯在"第三版序言"中所说:"这一章所有重要的部分都是马克思写的。"⑦在这一章,马克思主要是

---

① 《马克思恩格斯文集》第9卷,人民出版社2009年版,第235页。
② 《马克思恩格斯文集》第9卷,人民出版社2009年版,第236页。
③ 《马克思恩格斯文集》第9卷,人民出版社2009年版,第235页。
④ 《马克思恩格斯文集》第9卷,人民出版社2009年版,第233页。
⑤ 《马克思恩格斯文集》第9卷,人民出版社2009年版,第230页。
⑥ 《马克思恩格斯文集》第9卷,人民出版社2009年版,第232页。
⑦ 《马克思恩格斯文集》第9卷,人民出版社2009年版,第17页。

全面地批判了杜林的《国民经济学批判史》,分析批判了杜林无视经济学发展史上所取得的一些重要成就,甚至表现出藐视和虚无主义的傲慢态度。

马克思梳理了从古代时期的亚里士多德到近代古典政治经济学的创始人配第,一直到布阿吉尔贝尔、诺思、魁奈等现代经济学人的经济思想,肯定了他们思想的科学成分在经济思想史上的重要作用,尤其对于魁奈的《经济表》给予了高度的评价,认为《经济表》从生产出发研究流通,对于社会总资本的再生产分析做了初步的尝试。同时,马克思也指出了这些经济学家的阶级局限性和历史局限性。并从价值和价格、生产和流通过程,以及剩余价值等方面的内容,全面阐释了马克思主义政治经济学的基本原理。恩格斯在第三版序言中对于马克思所撰写的内容出于发表的需要做的保留和删节曾做了这样的解释:"自己有责任把马克思说明配第、诺思、洛克、休谟等人在古典经济学产生过程中所应占的地位的那些部分,尽可能完全地并逐字逐句地发表出来;而他对魁奈的《经济表》所作的解释就更是如此了,这个表对整个现代经济学来说,仍然是不可解的斯芬克斯之谜。"①由此讽刺了杜林号称自己的体系"完全没有先驱者"的夸大其词。

本章首先引述马克思在《资本论》和《政治经济学批判》中关于经济学产生的时间及其代表人物的相关表述:"政治经济学作为一门独立的科学,是在工场手工业时期才产生的"。而"古典政治经济学在英国从威廉·配第开始,到李嘉图结束,在法国从布阿吉尔贝尔开始,到西斯蒙第结束"②。也就是说,真正现代意义上的经济学是伴随着工业的发展而逐步产生的,"历史地出现的政治经济学,事实上不外是对资本主义生产时期的经济的科学理解"。而若说古代时期就有与经济学"有关的原则和定理",实际上是古代社会也出现了和资本主义社会共有的、一定的经济现象,如商品生产、贸易、货币、生息资

---

① 《马克思恩格斯文集》第 9 卷,人民出版社 2009 年版,第 17 页。
② 《马克思恩格斯文集》第 9 卷,人民出版社 2009 年版,第 239 页。

本等。在此意义上说,古希腊人的见解"历史地成为现代科学的理论的出发点"①。但是,在杜林看来,古代的经济理论,"表达得很迂腐,学究气十足"②,而且同现代的见解还截然相反。而对于重商主义的代表人物托马斯·曼的"划时代的著作",在杜林那里则"是根本不存在的"③。

　　而关于古典的资产阶级政治经济学家们,在杜林那里不是遭遇曲解就是遭到无视。对于古典资产阶级政治经济学的创始人配第,杜林认为,他具有"相当轻率的思维方法",对于"概念的内部的和更精细的区别缺乏理解","对国民经济的论述还非常粗陋"④。于是,对于配第的重要的著作《货币略论》,杜林"甚至连书名都不提一下",对于配第所用的方法——统计也是同样的态度;对于"配第的最有意义的观念",在杜林看来,"只不过是零碎的想法、偶然的思想和即兴的意见",因此,在杜林的所谓的"**真正的**政治经济学史上不占有任何地位"。⑤ 然而,事实却是,马克思指出,"配第已经意识到他的发现的重要性及其在具体应用上的困难"⑥,并且尝试走不同的途径试图解决遇到的问题,配第"在政治经济学的几乎一切领域中"都做了"最初的勇敢尝试"。⑦关于布阿吉尔贝尔,马克思指出,杜林认为其转变"包藏着重商主义的新的形态"⑧;关于诺思,杜林则用"一句评语"即"'按自由贸易的精神'写的"把其《贸易论》"打发过去"。但是,在马克思看来,"诺思的著作——抛开它的其他功绩不谈——是关于自由贸易(国内的和国外的贸易往来)学说的古典的、始终一贯的论述"⑨。关于另一位古典政治经济学的代表人物休谟,杜林说"有

① 《马克思恩格斯文集》第9卷,人民出版社2009年版,第240页。
② 《马克思恩格斯文集》第9卷,人民出版社2009年版,第240页。
③ 《马克思恩格斯文集》第9卷,人民出版社2009年版,第244页。
④ 《马克思恩格斯文集》第9卷,人民出版社2009年版,第244页。
⑤ 《马克思恩格斯文集》第9卷,人民出版社2009年版,第247页。
⑥ 《马克思恩格斯文集》第9卷,人民出版社2009年版,第245页。
⑦ 《马克思恩格斯文集》第9卷,人民出版社2009年版,第250页。
⑧ 《马克思恩格斯文集》第9卷,人民出版社2009年版,第247页。
⑨ 《马克思恩格斯文集》第9卷,人民出版社2009年版,第250页。

人误解了休谟的货币论"①,特别提到马克思对于休谟的误解。关于这一点,马克思解释道,在休谟的货币论看来,"货币只是价值符号",因此,"在其他条件不变时,商品的价格按流通中的货币量的增加的比例而提高,按流通中的货币量的减少的比例而降低"②。然而,马克思指出,这实际上只是杜林重复了休谟的错误见解,休谟自己对此后来都提出了异议,休谟描写了贵金属作为价值尺度发生的革命即它们贬值造成的影响。休谟正确地发现,在商品价格逐渐平衡的情况下,这种贬值只在最后才"提高劳动价格",即工资。但是,休谟却"没有提出真正科学的问题",即"贵金属的供给的增加,在其价值不变的情况下,是否影响和怎样影响商品的价格"③,这正是马克思在《政治经济学批判》中解决的问题。马克思认为,休谟的错误在于"把贵金属的任何增加,同引起它们贬值、引起它们自身的价值发生革命,即商品的价值尺度发生革命的那种增加,混为一谈",而对于休谟来说,这种混淆却是不可避免的,"因为他完全不了解贵金属作为**价值尺度**的职能",而且,他不可能了解这种职能,"因为他丝毫不懂得价值本身"④,因此,在这个问题上休谟不如配第,甚至不如他同时代的英国学者,"他不能被认为是有创见的研究者,更不是什么划时代的人物"⑤。休谟的经济学论丛在当时之所以产生了较大的影响,一方面在于其表达方法,另一方面更在于其对于英国资本主义工商业、资本主义社会的乐观赞扬合乎人心。

马克思对于重农学派的代表人物魁奈及其《经济表》做了较详细的分析,给予了高度的评价。但是,在杜林那里,《经济表》只是偶然地被"嗅到","但接着就消失在各种各样的'反思'中"⑥。因为,"尽管这些线很简单",杜林

---

① 《马克思恩格斯文集》第9卷,人民出版社2009年版,第252页。
② 《马克思恩格斯文集》第9卷,人民出版社2009年版,第252页。
③ 《马克思恩格斯文集》第9卷,人民出版社2009年版,第253页。
④ 《马克思恩格斯文集》第9卷,人民出版社2009年版,第255页。
⑤ 《马克思恩格斯文集》第9卷,人民出版社2009年版,第255页。
⑥ 《马克思恩格斯文集》第9卷,人民出版社2009年版,第259页。

"还是不懂",所以,他"不得不以他惯用的手法去**怀疑**它们"①。"他丝毫也不了解《经济表》以及其中的纯产品所起的'作用'"②。马克思对于魁奈的《经济表》进行了较详细的说明,陈述了重农学派对于社会三个阶级的划分,即生产阶级、占有剩余的阶级、从事工商业的(不结果实的)阶级,指出,魁奈的《经济表》就是要通过图表说明一个国家每年的总产品是怎样在上述三个阶级之间流通,并如何为再生产服务的。马克思还论述了《经济表》的前提和出发点,由此可以知道经济表所描述的经济运动中三个阶级的经济状况。总之,马克思对于魁奈的《经济表》给予了高度评价:"经济表这种对于以流通为中介的年度再生产过程所作的简单的、在当时说来是天才的说明,非常准确地回答了这种纯产品在国民经济的循环中究竟成了什么这一问题。"然而,杜林却认为,魁奈的《经济表》"仅仅运用货币价值(而且这是不真实的)是多么令人可疑"③,因此,杜林对于重农学派研究得出的结论是"最可怀疑的方面"以及"神秘主义""混乱和任性"。④ 而杜林对于"重农学派的历史影响的认识,是和他对于他们的理论的认识完全一样的"⑤。

综上分析,马克思最后以嘲讽的口吻说,根据杜林的《批判史》,"以前一切经济学家之所以具有价值,只是由于他们可以充当杜林先生的'具有决定意义的'、奠定更深刻基础的工作的'萌芽',或者由于他们的不中用,可以更好地衬托杜林先生的奠基工作"⑥。对于其他一些不仅为杜林"奠定更深刻基础"工作的萌芽,而且还提供了"定理"的经济学家,如李斯特、凯里等,杜林只是直接加以"组合"⑦就成了。

---

① 《马克思恩格斯文集》第 9 卷,人民出版社 2009 年版,第 261 页。
② 《马克思恩格斯文集》第 9 卷,人民出版社 2009 年版,第 262 页。
③ 《马克思恩格斯文集》第 9 卷,人民出版社 2009 年版,第 269 页。
④ 《马克思恩格斯文集》第 9 卷,人民出版社 2009 年版,第 268 页。
⑤ 《马克思恩格斯文集》第 9 卷,人民出版社 2009 年版,第 269 页。
⑥ 《马克思恩格斯文集》第 9 卷,人民出版社 2009 年版,第 269—270 页。
⑦ 《马克思恩格斯文集》第 9 卷,人民出版社 2009 年版,第 270 页。

那么,通过上述对于"杜林的政治经济学的'自造的体系'"的分析,最终会得到什么样的结果呢? 马克思指出,"只有这样一个事实:在一切豪言壮语和更加伟大的诺言之后,我们也像在'哲学'上一样受了骗"。因为,在价值论上,由于杜林"把价值理解为五种完全不同的、彼此直接矛盾的东西,所以最多也只是他自己不知道自己想要的是什么"。而所谓"一切经济的自然规律",却是"众所周知的老生常谈"①。杜林反复论证的结果,就是把暴力"当做一切经济现象的终极原因和最后说明"。同时,杜林还能够做到"把两个完全矛盾的观点巧妙地调和起来",这主要表现在,在哲学上,他一边骂着黑格尔,一边却"又不断剽窃黑格尔的思想并把它庸俗化";在经济学上,"在《教程》中关于资本和劳动的一切稍微合理的东西,同样是对马克思的庸俗化了的剽窃"。总之,"一句话:最初为自我吹嘘、大吹大擂、许下一个胜似一个的诺言付出了巨大的'耗费',而后来的'成果'却等于零"②。这就是"杜林的政治经济学的'自造的体系'"的症结和实质所在。

综上,恩格斯在《反杜林论》的"政治经济学编"中,运用马克思主义历史唯物主义的世界观和方法论,批判了杜林的庸俗经济学观点,阐述了政治经济学的研究对象和方法;分析批判了杜林对于马克思主义关于价值、剩余价值以及资本学说、地租理论等的歪曲和谬论,同时还澄清了杜林对于政治经济学发展史上一些著名的经济学家、经济学流派思想的误读。在分析批判的基础上,恩格斯简明地阐述了马克思在《资本论》中的主要观点,对于马克思主义经济学说的传播起到了正本清源的推动作用。恩格斯对于杜林庸俗政治经济学观点的批判和清算,弘扬了马克思主义政治经济学思想,对于人们正确认识资本主义的本质有着重要的理论意义,为社会主义市场经济的进一步完善提供了科学的方法论,有着重要的现实价值。列宁曾指出,《反杜林论》"是一部内容

---

① 《马克思恩格斯文集》第 9 卷,人民出版社 2009 年版,第 270 页。
② 《马克思恩格斯文集》第 9 卷,人民出版社 2009 年版,第 271 页。

十分丰富、十分有益的书"①,它和《共产党宣言》一样,"是每个觉悟工人必读的书籍"②。在当时,使得"一切富有生命力的社会主义者(当然是以倍倍尔为首)很快就认识到这些'新'理论的十足的腐朽性,并与这些理论和一切无政府主义的意图一刀两断"③。正如恩格斯在第三版序言中所说的,该书"所主张的观点已经深入科学界和工人阶级的公众意识,而且是在世界上一切文明国家里"④。

参考文献

[1]马克思:《哲学的贫困:答蒲鲁东先生的〈贫困的哲学〉》,人民出版社1949年版。

[2]马克思:《哲学的贫困》,载《马克思恩格斯全集》第4卷,人民出版社1997年版。

[3]马克思:《哲学的贫困》(节选),载《马克思恩格斯文集》第1卷,人民出版社2009年版。

[4]马克思:《关于〈哲学的贫困〉》,载《马克思恩格斯全集》第25卷,人民出版社2001年版。

[5]马克思:《致皮埃尔·约瑟夫·蒲鲁东》,载《马克思恩格斯文集》第10卷,人民出版社2009年版。

[6]马克思:《致帕维尔·瓦西里耶维奇·安年科夫》,载《马克思恩格斯文集》第10卷,人民出版社2009年版。

[7]马克思:《致约瑟夫·魏德迈》,载《马克思恩格斯文集》第10卷,人民出版社2009年版。

[8]马克思:《致恩格斯》,载《马克思恩格斯文集》第10卷,人民出版社2009年版。

[9]马克思:《论蒲鲁东》(给约·巴·施韦泽的信),载《马克思恩格斯文集》第3

---

① 《列宁选集》第1卷,人民出版社2012年版,第94页。
② 《列宁选集》第2卷,人民出版社2012年版,第310页。
③ 《列宁全集》第23卷,人民出版社1990年版,第386页。
④ 《马克思恩格斯文集》第9卷,人民出版社2009年版,第18页。

卷,人民出版社 2009 年版。

[10]恩格斯:《论住宅问题》,载《马克思恩格斯文集》第 3 卷,人民出版社 2009 年版。

[11]恩格斯:《蒲鲁东》,载《马克思恩格斯全集》第 6 卷,人民出版社 1961 年版。

[12]恩格斯:《致布鲁塞尔共产主义通讯委员会》,载《马克思恩格斯文集》第 10 卷,人民出版社 2009 年版。

[13]恩格斯:《致马克思》,载《马克思恩格斯全集》第 47 卷,人民出版社 2004 年版。

[14]恩格斯:《反杜林论》,载《马克思恩格斯文集》第 9 卷,人民出版社 2009 年版。

[15]《恩格斯给马克思的信》(1876 年 5 月 28 日),载《马克思恩格斯文集》第 10 卷,人民出版社 2009 年版。

[16]《恩格斯致威廉·李卜克内西的信》(1874 年 6 月到 7 月),载《马克思恩格斯全集》第 33 卷,人民出版社 2004 年版。

[17]马克思、恩格斯:《国际工人协会成立宣言》,载《马克思恩格斯选集》第 2 卷,人民出版社 2012 年版。

[18]马克思、恩格斯:《临时中央委员会就若干问题给代表的指示》,载《马克思恩格斯全集》第 16 卷,人民出版社 2007 年版。

[19]列宁:《唯物主义和经验批判主义》,载《列宁选集》第 2 卷,人民出版社 2012 年版。

[20][德]欧根·杜林:《哲学教程——严格科学的世界观和生命形成》,郭官义、李黎译,商务印书馆 1991 年版。

[21][法]蒲鲁东:《什么是所有权》,孙署冰译,商务印书馆 1963 年、2009 年版。

[22][法]蒲鲁东:《贫困的哲学》,余叔通、王雪华译,商务印书馆 1998 年版。

[23][法]蒲鲁东:《贫困的哲学》上、下卷,余叔通、王雪华译,商务印书馆 2000 年版。

[24][法]魁奈:《魁奈经济著作选集》,吴斐丹、张草纫选译,商务印书馆 1997 年版。

[25][法]布阿吉尔贝尔:《布阿吉尔贝尔选集》,伍纯武、梁守锵译,商务印书馆 1997 年版。

[26][英]亚当·斯密:《国民财富的性质和原因的研究》(上、下卷),郭大力、王亚南译,商务印书馆 1988 年版。

[27][英]大卫·李嘉图:《政治经济学及赋税原理》,郭大力、王亚南译,商务印书馆1962年版。

[28][法]萨伊:《政治经济学概论》,陈福生、陈振骅译,商务印书馆1982年版。

[29][法]西斯蒙第:《政治经济学新原理》,商务印书馆1997年版。

[30][德]梅林:《马克思传》,樊集译,人民出版社1972年版。

[31][日]田中菊次:《〈哲学的贫困〉马克思批注影印本出版和马克思研究的发展》,《国外社会科学》1983年第1期。

[32][苏]阿·伊·马雷什:《马克思主义政治经济学的形成》,刘品大、马健行等译,四川人民出版社1983年版。

[33][苏]彼·费多谢耶夫:《卡尔·马克思》,周亮勋、张仲朴等译,生活·读书·新知三联书店1980年版。

[34][苏]维戈茨基:《〈资本论〉创作史》,周成启等译,福建人民出版社1983年版。

[35][英]戴维·麦克莱伦:《恩格斯传》,臧峰宇译,中国人民大学出版社2017年版。

[36][英]戴维·麦克莱伦:《马克思传》,王珍译,中国人民大学出版社2008年版。

[37][英]戴维·麦克莱伦:《青年黑格尔派与马克思》,夏威仪、陈启伟、金海民译,商务印书馆1982年版。

[38][德]奥古斯特·科尔纽:《马克思恩格斯传》,刘丕坤、王以铸等译,生活·读书·新知三联书店1964年、1980年版。

[39][美]特雷尔·卡弗:《马克思与恩格斯:学术思想关系》,姜海波、王贵贤译,中国人民大学出版社2008年版。

[40]黄楠森、庄福龄:《马克思主义哲学史》第1卷,北京出版社1990年版。

[41]顾海良、张雷声:《马克思劳动价值论的历史与现实》,人民出版社2002年版。

[42]《当代马克思主义经济学研究报告(2010~2013)》,社会科学文献出版社2014年版。

[43]陈岱孙:《从古典经济学派到马克思》,北京大学出版社1996年版。

[44]陈先达、靳辉明:《马克思早期思想研究》,中国人民大学出版社2016年版。

[45]吴易风:《马克思主义经济理论的形成与发展》,中国人民大学出版社1998年版。

[46]余源培、付畅一:《新世界观的第一次公开问世——对〈哲学的贫困〉当代解

读》,复旦大学出版社 2012 年版。

[47]孙伯鍨:《探索者道路的探索——青年马克思恩格斯哲学思想研究》,北京师范大学出版社 2017 年版。

[48]唐正东:《斯密到马克思——经济哲学方法的历史性诠释》,南京大学出版社 2002 年版。

[49]逄锦聚等:《马克思劳动价值论的继承与发展》,经济科学出版社 2005 年版。

[50]陈汉楚:《蒲鲁东和蒲鲁东主义》,江苏人民出版社 1981 年版。

[51]朱进东:《马克思与蒲鲁东》,江苏人民出版社 2000 年版。

[52]杨金海、李慧斌:《恩格斯〈反杜林论〉研究读本》,中央编译出版社 2014 年版。

[53]杨洪源:《政治经济学的形而上学——〈哲学的贫困〉与〈贫困的哲学〉比较研究》,中国人民大学出版社 2015 年版。

[54]中国人民大学马列主义发展史研究所:《马克思恩格斯思想史》,上海人民出版社 1982 年版。

[55]中共中央编译局马克思恩格斯列宁斯大林国际共运史研究室编:《研究〈反杜林论〉参考史料》,生活·读书·新知三联书店 1980 年版。

[56]姜海波:《马克思〈哲学的贫困〉研究读本》,中央编译出版社 2013 年版。

[57]姚颖:《恩格斯〈反杜林论〉研究读本》,中央编译出版社 2014 年版。

[58]崔伟奇、翟俊刚:《〈反杜林论〉导读》,中国民主法治出版社 2012 年版。

[59]吴亮平:《〈反杜林论〉吴亮平译本考》,生活·读书·新知三联书店 1951 年版。

[60]萧灼基:《恩格斯传》,中国社会科学出版社 2008 年版。

[61][英]杰克逊:《马克思、蒲鲁东和欧洲社会主义》,《马克思主义研究参考资料》1985 年第 2 期。

[62]张一兵:《回到马克思——经济学语境中的哲学话语》,江苏人民出版社 1999 年版。

[63]《学习〈反杜林论〉参考资料》,安徽人民出版社 1973 年版。

[64]全国《反杜林论》研究会:《〈反杜林论〉研究文集》,黑龙江人民出版社 1984 年版。

[65]罗郁聪、苏振富:《〈反杜林论〉研究》,山东人民出版社 1990 年版。

[66]山东大学《〈反杜林论〉释注》编写组:《〈反杜林论〉释注》,山东人民出版社 1982 年版。

[67]胡大平:《回到恩格斯:文本、理论和解读政治学》,江苏人民出版社 2010年版。

[68]付畅一:《〈哲学的贫困〉与〈贫困的哲学〉——马克思与蒲鲁东思想比较研究》,复旦大学博士学位论文,2006 年。

[69]李鹏:《马克思超越蒲鲁东的思想进程》,河南大学博士学位论文,2014 年。

[70]何法宣:《论马克思对蒲鲁东的批判及现代意义》,黑龙江大学硕士学位论文,2009 年。

[71]陆珊珊:《〈哲学的贫困〉与马克思主义的创立》,长安大学硕士学位论文,2015 年。

[72]申学敏:《〈反杜林论〉中恩格斯平等观阐释》,河南大学硕士学位论文,2010 年。

[73]王艳丽:《论〈反杜林论〉对形而上学思维方式的批判》,东北师范大学硕士学位论文,2017 年。

[74]张芹凤:《〈反杜林论〉的公平正义观及其当代价值》,江苏师范大学硕士学位论文,2013 年。

[75]朱进东:《论马克思对蒲鲁东无息信贷理论的批判》,《南京社会科学》1999 年第 3 期。

[76]朱进东:《蒲鲁东对马克思〈哲学的贫困〉的反应》,《南京社会科学》2002 年第 12 期。

[77]朱进东:《论马克思对蒲鲁东政治经济学批判》,《江苏社会科学》1999 年第 1 期。

[78]朱进东:《解读马克思对蒲鲁东的批判——从〈哲学的贫困〉到〈1857—1858年经济学手稿〉》,《南京航空航天大学学报(社会科学版)》2008 年第 4 期。

[79]孙伯鍨:《马克思的〈哲学的贫困〉与邓小平的改革理论——纪念〈哲学的贫困〉发表 150 周年》,《南京社会科学》1997 年第 10 期。

[80]杨洪源:《同时代思想图景中的〈哲学的贫困〉》,《哲学动态》2016 年第 11 期。

[81]杨洪源:《重新研究〈哲学的贫困〉:意旨、思路与结构》,《哲学动态》2015 年第 11 期。

[82]杨洪源:《破解所有权之谜的不同方式——马克思对蒲鲁东"自在所有权"理论的批判》,《学习与探索》2016 年第 6 期。

[83]余源培、付畅一:《新世界观的第一次公开问世——对〈哲学的贫困〉的解读》,《江苏社会科学》2010 年第 6 期。

[84]余源培、付畅一:《马克思与蒲鲁东关系之历史演变》,《毛泽东与邓小平理论研究》2010 年第 7 期。

[85]刘惠林:《〈哲学的贫困〉与〈贫困的哲学〉》,《哲学研究》1978 年第 1 期。

[86]于建星:《应辩证地看待公平——读恩格斯的〈反杜林论〉有感》,《求实》2010年第 9 期。

[87]冯景源:《重读马克思关于〈哲学的贫困〉——三论马克思主义不是"三个组成部分"》,《马克思主义与现实》2010 年第 5 期。

[88]杨耕:《〈哲学的贫困〉对历史唯物主义的科学表述——兼论〈哲学的贫困〉在历史唯物主义形成中的地位》,《马克思主义研究》1985 年第 4 期。

[89]袁隆生:《〈哲学的贫困〉是马克思一部重要的经济学著作》,《马克思主义研究》1985 年第 2 期。

[90]张迪:《批判与建构:论马克思〈哲学的贫困〉中的政治经济学理论》,《当代世界与社会主义》2014 年第 5 期。

[91]丰晓海:《纪念〈哲学的贫困〉发表 150 周年学术讨论会综述》,《南京社会科学》1997 年第 10 期。

[92]刘秀萍:《重温〈神圣家族〉对〈蒲鲁东〉的分析和评判》,《现代哲学》2016 年第 1 期。

[93]陈延斌:《论〈哲学的贫困〉在马克思主义发展史上的地位》,《南京师大学报(社会科学版)》1998 年第 1 期。

[94]许全林:《〈哲学的贫困〉文献综述》,《教育教学论坛》2014 年第 15 期。

[95]许全林:《马克思对蒲鲁东抽象人性论历史观的批判》,《人民论坛》2014 年 5月(中)。

[96]陆健杰:《把握马恩哲学见解中"有决定意义的论点"——纪念〈哲学的贫困〉发表 150 周年》,《学海》1997 年第 5 期。

[97]李泽中:《政治经济学在马克思主义体系中的地位》,《社会科学辑刊》1991 年第 1 期。

[98]朱颖、杨化:《回归"现代"的真实时刻——马克思〈哲学的贫困〉之现代性启示》,《经济研究导刊》2010 年第 8 期。

[99]廖显华:《马克思政治经济学批判的科学起点:〈哲学的贫困〉》,《社科纵横》2012 年第 4 期。

[100]陈胜云:《〈哲学的贫困〉中的社会批判方法》,《南京社会科学》1997 年第10 期。

[101]杨建平:《〈哲学的贫困〉中的雇佣劳动概念》,《南京社会科学》1997年第10期。

[102]文析东:《〈哲学的贫困〉中蕴含着的内在理论张力》,《南京社会科学》1997年第10期。

[103]承中:《法国的蒲鲁东研究概况》,《当代世界与社会主义》1984年第2期。

[104]董必荣:《马克思如何理解经济学的哲学贫困:以〈哲学的贫困〉为例》,《哲学动态》2011年第5期。

[105]李景禹:《〈哲学的贫困〉是第一部成熟的马克思主义著作》,《东北师大学报(哲学社会科学版)》1993年第1期。

[106]顾海良:《马克思恩格斯经典著作与中国特色社会主义理论体系的形成》,《教学与研究》2011年第6期。

[107]姚颖:《〈反杜林论〉研究的欧美视角:评述与重释》,《学习与探索》2014年第11期。

[108]姚颖:《〈哲学的贫困〉文本价值与当代启示》,《云南社会科学》2010年第2期。

[109]姚颖:《〈哲学的贫困〉在马克思与恩格斯逝世前后及苏联时期出版史述要》,《新东方》2009年第12期。

[110]唐正东:《对蒲鲁东的批判给马克思带来了什么?——〈哲学的贫困〉的思想史地位辨析》,《江苏社会科学》2010年第2期。

[111]金羽:《纪念〈反杜林论〉一百周年》,《社会科学战线》1978年第4期。

[112]李可:《〈反杜林论〉中的政治经济学》,《河北师范大学学报》1986年第4期。

[113]李向荣:《积极的批判　科学的阐述——学习〈反杜林论〉"政治经济学部分"札记》,《安徽广播电视大学学报》2002年第1期。

[114]刘惠林:《〈反杜林论〉与杜林的经济论战》,《经济研究》1979年第9期。

[115]卫兴华、侯为民:《弘扬马克思主义经济思想的重要文献——〈反杜林论(政治经济学编)〉的主要内容和历史贡献》,《高校理论战线》2007年第5期。

[116]杨华夏、左玲:《〈反杜林论〉的现实激励意义与前瞻性印证》,《郑州航空工业管理学院学报》2011年第1期。

[117]陈岱孙:《〈反杜林论〉中的政治经济学序》,《经济学家》1989年第6期。

[118]曹鹏:《〈反杜林论〉与马克思主义世界观》,《江淮论坛》1984年第5期。

[119]汤在新:《〈哲学的贫困〉是〈资本论〉理论形成的起点》,《江汉论坛》1984年第2期。

[120]杨耕:《〈哲学的贫困〉与历史唯物主义的形成》,《云南社会科学》1986年第1期。

[121]张一兵:《历史唯物主义与政治经济学的最初接合——普鲁东与马克思的〈哲学的贫困〉》,《中共福建省委党校学报》1999年第1期。

[122]冯景源:《〈哲学的贫困〉在〈资本论〉哲学思想发展中的地位及其意义》,《青海社会科学》1985年第6期。

[123]赵家祥:《〈哲学的贫困〉在马克思主义发展史上的地位》,《中国延安干部学院学报》2016年第5期。

[124]郭红军:《〈哲学的贫困〉之逻辑与历史相统一的思想方法及其启示》,《前沿》2010年第15期。

[125]李建平:《关于马克思〈哲学的贫困〉的几个问题——兼评董必荣〈马克思如何理解经济学的哲学贫困——以〈哲学的贫困〉为例〉》,《东南学术》2012年第3期。

[126]李晶晶:《〈贫困的哲学〉与〈哲学的贫困〉——从哲学视角看蒲鲁东与马克思的分裂》,《喀什师范学院学报》2013年第5期。

[127]佟明燕:《论〈哲学的贫困〉的文本价值》,《黑河学刊》2013第10期。

[128]欧光南:《论〈哲学的贫困〉对唯物史观创立的贡献》,《西南农业大学学报(社会科学版)》2011第12期。

[129]李庆钧:《唯物史观:科学政治经济学研究的前提——读马克思的〈哲学的贫困〉》,《扬州大学学报(人文社会科学版)》1998年第2期。

[130]彭飞、杨文斌:《马克思经济哲学思想的公开阐述——对蒲鲁东经济学、哲学思想的批判》,《铜陵学院学报》2012年第3期。

[131]陈错:《西方主流经济学基本研究方法评析——重温〈哲学的贫困〉的思考》,《桂海论丛》2012年第2期。

[132]王少萍:《〈哲学的贫困〉中社会有机体理论新解》,《中共福建省委党校学报》2012年第4期。

[133]汪水波:《一部从理论上铲除蒲鲁东主义的光辉文献——〈政治经济学批判(1857—1858年)草稿〉初探》,《社会科学战线》1984年第1期。

[134]商大恒:《马克思政治经济学批判的科学起点:〈哲学的贫困〉》,《铜仁学院学报》2012年第1期。

[135]王虎学:《马克思的分工思想与历史唯物主义》,《华北电力大学学报(社会科学版)》2009年第3期。

[136]且大有:《简述马克思的辩证逻辑思想》,《内蒙古社会科学》1983年第3期。

［137］王瑞超:《马克思对蒲鲁东政治哲学思想的批判》,《学理论》2014 年第 34 期。

［138］潘丽丽:《略论〈哲学的贫困〉在马克思主义发展史的地位》,《法制与社会》2008 年 6 月(中)。

［139］曲秀丽:《恩格斯〈反杜林论(政治经济学编)〉思想研究——基于文本结构的理论性、系统性概括》,《晋城职业技术学院学报》2013 年第 4 期。

第三章 创立马克思主义政治经济学研究方法与理论体系

第一节 马克思政治经济学研究方法的确立——1859 年《〈政治经济学批判〉序言》

正如马克思本人所语:"1842—1843 年间,我作为《莱茵报》的编辑,第一次遇到要对所谓物质利益发表意见的难事。……是促使我去研究经济问题的最初动因。"①由此开启了马克思进入全面研究政治经济学的阶段,这段研究的最初成果就是《1844 年经济学哲学手稿》,并且打算写一本政治经济学巨著——《政治经济学批判》,包括《资本》《土地所有制》《雇佣劳动》《国家》《对外贸易》和《世界市场》等六个分册。但是,由于马克思自己的身体状况以及当时的社会现实等原因,在马克思生前只出版了《政治经济学批判》的第一分册。马克思在 1858 年 11 月 12 日给拉萨尔的信中说:"这部著作第一次科学地表述了关于社会关系的重要观点"②。1867 年《资本论》第一卷出版时,马克思在"序言"中指出:"这部著作是我 1859 年发表的《政治经济学批判》的

---

① 《马克思恩格斯文集》第 2 卷,人民出版社 2009 年版,第 588 页。
② 《马克思恩格斯文集》第 10 卷,人民出版社 2009 年版,第 167 页。

续篇"①。1859 年,马克思计划中的《政治经济学批判》第一分册出版,马克思为该书写了序,就是《〈政治经济学批判〉序言》(以下简称《序言》)。《序言》篇幅虽短,却非常受欢迎,多次再版,主要在于其清楚地说明了马克思研究政治经济学的基本方法、动因、经过等,并凝练表述了历史唯物主义基本原理。

一、马克思研究政治经济学的基本方法

马克思在《序言》开篇就指出:"我考察资产阶级经济制度是按照以下的顺序:**资本、土地所有制、雇佣劳动;国家、对外贸易、世界市场**。"②这是马克思研究资本主义社会制度的逻辑前提与整体思路。马克思进一步指出:"在前三项下,我研究现代资产阶级社会分成的三大阶级的经济生活条件;其他三项的相互联系是一目了然的。"③也就是说,马克思考察资本主义社会制度是立足于资产阶级社会三大阶级现实的经济生活条件,这也正是马克思研究政治经济学的方法论前提条件。

马克思还进一步阐明了:"读者如果真想跟着我走,就要下定决心,从个别上升到一般。"④即从研究资本主义社会制度出发,最终得出关于人类社会发展的一般规律,这是马克思研究政治经济学的逻辑思路即一般方法论。

马克思在《序言》中通过谈他"自己研究政治经济学的经过"⑤说明其着手研究经济问题的原因,并通过写作《〈黑格尔法哲学批判〉导言》解决使他"苦恼的疑问",经过研究得出的结果是:"法的关系正像国家的形式一样,既不能从它们本身来理解,也不能从所谓人类精神的一般发展来理解,相反,它们根源于物质的生活关系,这种物质的生活关系的总和……为'市民社会',

---

① 《马克思恩格斯文集》第 5 卷,人民出版社 2009 年版,第 7 页。
② 《马克思恩格斯文集》第 2 卷,人民出版社 2009 年版,第 588 页。
③ 《马克思恩格斯文集》第 2 卷,人民出版社 2009 年版,第 588 页。
④ 《马克思恩格斯文集》第 2 卷,人民出版社 2009 年版,第 588 页。
⑤ 《马克思恩格斯文集》第 2 卷,人民出版社 2009 年版,第 588 页。

而对市民社会的解剖应该到政治经济学中去寻求。"①于是,马克思开始研究政治经济学,从巴黎到布鲁塞尔,从《1844 年经济学哲学手稿》的独立写作到与恩格斯合作撰写《德意志意识形态》,马克思研究政治经济学的基本方法得以构建,即用于指导其研究工作的"总的结果"②唯物史观的一般世界观和方法论的形成。

在唯物史观一般世界观和方法论的指导之下,马克思继续深入研究资本主义社会制度、研究政治经济学。其间虽然由于"1848 年和 1849 年《新莱茵报》的出版以及随后发生的一些事变",打断了马克思的经济学研究工作,但是,从 1850 年马克思一家移居英国伦敦后,不仅大英图书馆有着政治经济学方面的大量资料,而且作为工业革命发源地,早期资本主义制度最发达的地区,伦敦是考察资产阶级社会的有利地点,马克思经济学的研究工作得以重新进行。与此同时,"随着加利福尼亚和澳大利亚金矿的发现,资产阶级社会看来进入了新的发展阶段",这一切新变化使得马克思决定"再从头开始,批判地仔细钻研新的材料"③。即政治经济学学科本身的研究,加上现实资本主义社会制度发展的实际材料,二者有机结合,相辅相成,由此造就了马克思日后的鸿篇巨制《资本论》的流芳百世。

二、历史唯物主义基本原理的凝练表述

正确理解马克思恩格斯对于人类社会发展阶段的科学认识,首要的是把握其运用的是历史唯物主义的基本原理和方法论。因为在对待社会历史的问题上,历来存在着两种根本对立的观点:一种是唯物史观,另一种是唯心史观。在马克思主义产生之前,唯心史观一直占据统治地位。马克思恩格斯认为,唯心史观的主要缺陷是:至多考察了人们活动的思想动机,而没有进一步考究思

---

① 《马克思恩格斯文集》第 2 卷,人民出版社 2009 年版,第 591 页。
② 《马克思恩格斯文集》第 2 卷,人民出版社 2009 年版,第 591 页。
③ 《马克思恩格斯文集》第 2 卷,人民出版社 2009 年版,第 593 页。

想动机背后的物质动因和经济根源,因而从社会意识决定社会存在的前提出发,把社会历史看成是精神发展史,根本否认社会历史的客观规律,根本否认人民群众在社会历史发展中的决定作用。而正如恩格斯对于马克思的评价:正如达尔文发现了有机界的规律一样,马克思发现了人类社会发展的客观规律,科学地解决了社会存在与社会意识的关系问题,创立了唯物史观;唯物史观的精髓与核心观点正是马克思在《序言》中明确并精辟地表述出来的。马克思指出:"人们在自己生活的社会生产中发生一定的、必然的、不以他们的意志为转移的关系,即同他们的物质生产力的一定发展阶段相适合的生产关系。这些生产关系的总和构成社会的经济结构,即有法律的和政治的上层建筑竖立其上并有一定的社会意识形式与之相适应的现实基础。物质生活的生产方式制约着整个社会生活、政治生活和精神生活的过程。不是人们的意识决定人们的存在,相反,是人们的社会存在决定人们的意识。社会的物质生产力发展到一定阶段,便同它们一直在其中运动的现存生产关系或财产关系(这只是生产关系的法律用语)发生矛盾。于是这些关系便由生产力的发展形式变成生产力的桎梏。那时社会革命的时代就到来了。随着经济基础的变更,全部庞大的上层建筑也或慢或快地发生变革。"[①]这段表述通常被称为是理解马克思主义唯物史观的精髓与核心,它深刻地概述了唯物史观的基本思想,是考察人类社会历史及其发展规律的基本理论依据。

马克思上述论断深刻地概述了唯物史观的基本思想,主要包括:社会存在和社会意识辩证关系原理;社会基本结构理论;社会形态和社会基本矛盾运动规律;等等。

社会存在与社会意识的辩证关系原理揭示了:社会存在和社会意识是辩证统一的。社会存在决定社会意识,社会意识是社会存在的反映,并反作用于社会存在。一方面,社会存在决定社会意识。社会存在是社会意识内容的客

---

① 《马克思恩格斯文集》第 2 卷,人民出版社 2009 年版,第 591—592 页。

观来源,社会意识是社会物质生活过程及其条件的主观反映;社会意识是人们进行社会物质交往的产物;随着社会存在的发展,社会意识也相应地或早或迟地发生变化和发展。社会存在决定社会意识,社会意识以理论、观念、心理等形式反映社会存在。这是社会意识对社会存在的依赖性。另一方面,社会意识的相对独立性是指,社会意识在从根本上受到社会存在决定的同时,还具有自己特有的发展形式和规律。主要表现在:社会意识与社会存在发展的不完全同步性和不平衡性;社会意识内部各种形式之间的相互影响及各自具有的历史继承性;社会意识对社会存在能动的反作用。这是社会意识相对独立性的突出表现。

社会基本结构理论。社会结构是指社会要素之间相互关联的方式,其内容就是人与人之间的社会关系的总和,包括经济结构、政治结构、观念结构、其他结构等。广义经济结构就是指生产方式,即生产力与生产关系的辩证统一。狭义经济结构即经济关系或经济制度。生产力是人类社会生活和全部历史的基础。生产力是人类在生产实践中形成的改造和影响自然以使其适合社会需要的物质力量。[①] 构成生产力的基本要素是劳动资料(劳动手段)、劳动对象、劳动者;科学技术是构成生产力的智能性要素(渗透性要素)。生产关系是人们在物质生产过程中形成的不以人的意志为转移的经济关系。[②] 构成生产关系的基本要素是生产资料所有制关系、生产中人与人的关系、产品分配关系。社会的政治结构是指,建立在经济结构之上的政治上层建筑,即政治法律制度和设施。以经济结构为基础,反映一定社会经济和政治的社会意识形态,即观念上层建筑。包括政治法律思想、道德、艺术、宗教、哲学等思想观点。

社会基本矛盾运动规律即生产力与生产关系、经济基础与上层建筑之间的矛盾是社会的基本矛盾。社会基本矛盾是社会发展的根本动力。生产力和生产关系是社会生产不可分割的两个方面。生产力与生产关系的相互关系

---

① 参见《马克思主义基本原理概论》,高等教育出版社 2018 年版,第 116 页。

② 参见《马克思主义基本原理概论》,高等教育出版社 2018 年版,第 117 页。

是:生产力决定生产关系,而生产关系又反作用于生产力。生产力决定生产关系:生产力状况决定生产关系的性质,正如马克思所说:"手推磨产生的是封建主的社会,蒸汽磨产生的是工业资本家的社会"①;生产力的发展决定生产关系的变化。生产关系对生产力具有能动的反作用:当生产关系适合生产力发展的客观要求时,对生产力的发展起推动作用;当生产关系不适合生产力发展的客观要求时,就会阻碍生产力的发展。生产力与生产关系的矛盾运动就是生产关系一定要适合生产力状况的规律;生产关系一定要适合生产力状况的规律是社会形态发展的普遍规律。② 经济基础与上层建筑是辩证统一的。经济基础决定上层建筑,上层建筑反作用于经济基础,二者相互影响、相互作用。一方面,经济基础决定上层建筑:经济基础的性质决定上层建筑的性质,经济基础的变更必然引起上层建筑的变革。另一方面,上层建筑对经济基础具有反作用:上层建筑为自己的经济基础的形成和巩固服务,确立或维护其在社会中的统治地位。经济基础和上层建筑之间的内在联系构成了上层建筑一定要适合经济基础状况的规律。③

三、社会形态更替的历史必然性和必要条件

马克思恩格斯揭示的生产力与生产关系矛盾运动的规律和经济基础与上层建筑矛盾运动的规律,是人类社会发展的一般规律。这些规律决定了社会形态的更替和历史发展的基本趋势。而"两个必然"和"两个决不会"的表述是对资本主义灭亡和共产主义胜利必然性以及这种必然性实现时间和条件的全面论述。

著名的《共产党宣言》揭示道:"资产阶级的灭亡和无产阶级的胜利是同

---

① 《马克思恩格斯文集》第1卷,人民出版社2009年版,第602页。
② 参见《马克思主义基本原理概论》,高等教育出版社2018年版,第119—120页。
③ 参见《马克思主义基本原理概论》,高等教育出版社2018年版,第124—125页。

样不可避免的。"①即"两个必然"（"两个不可避免"）揭示了资本主义灭亡和共产主义胜利的客观必然性；"两个决不会"即马克思在《序言》中所论述的"无论哪一个社会形态，在它所能容纳的全部生产力发挥出来以前，是决不会灭亡的；而新的更高的生产关系，在它的物质存在条件在旧社会的胎胞里成熟以前，是决不会出现的"。② 这揭示了必然性实现的时间和条件。

按照现在全国高校通用教科书"马克思主义理论研究和建设工程重点教材"《马克思主义基本原理概论》中对于社会形态概念的表述，"社会形态是关于社会运动的具体形式、发展阶段和不同质态的范畴，是同生产力发展一定阶段相适应的经济基础与上层建筑的统一体"③。马克思主义经典著作关于社会运动的具体形式、发展阶段和不同质态的理论认识集中表现在如下一些篇目中：《1844 年经济学哲学手稿》《德意志意识形态》《雇佣劳动与资本》《1857—1858 年经济学手稿》《〈政治经济学批判〉序言》、马克思的《给查苏利奇的信》、恩格斯的《社会主义从空想到科学的发展》《反杜林论》《家庭、私有制和国家的起源》，以及列宁的《论国家》、斯大林的《论辩证唯物主义与历史唯物主义》，等等。通过这些篇目主要内容的阐述分析可以看出，马克思主义经典作家关于社会形态问题的探索集中于社会形态的划分类型与划分依据，而针对马克思主义经典作家关于社会形态的划分类型与划分依据，理论界的研究主要集中在对于"五形态说"的质疑、"五形态说"和"三形态说"的关系、以及马克思主义社会形态理论与社会主义社会发展阶段的历史定位问题。④

人类社会的发展首先是一个自然历史过程，社会形态依次更替的过程和规律是客观的，其发展的基本趋势是确定不移的。社会形态更替的客观必然性，主要是指社会形态更替归根结底是社会基本矛盾运动的结果。其中，生产

---

① 《马克思恩格斯文集》第 2 卷，人民出版社 2009 年版，第 43 页。
② 《马克思恩格斯文集》第 2 卷，人民出版社 2009 年版，第 592 页。
③ 《马克思主义基本原理概论》，高等教育出版社 2018 年版，第 126 页。
④ 参见李晓光：《马克思主义经典文献专题研究》，光明日报出版社 2018 年版，第 1—2 页。

力的发展具有最终的决定意义。所以,列宁提出了"两个归结"的思想,即只要把全部社会关系归结于生产关系,把生产关系归结于生产力的高度,就有可靠的根据把社会形态的发展看作自然历史过程,就能够发现"各国社会现象中的重复性和常规性"①即规律性。就是说,生产力与生产关系矛盾运动的规律性,从根本上规定了社会形态更替的客观必然性。

关于社会形态更替的历史必然性的共识是,社会形态的更替是统一性与多样性、必然性与人们的历史选择性、前进性与曲折性的统一。在《序言》中的表述就是:"大体说来,亚细亚的、古希腊罗马的、封建的和现代资产阶级的生产方式可以看做是经济的社会形态演进的几个时代。资产阶级的生产关系是社会生产过程的最后一个对抗形式,这里所说的对抗,不是指个人的对抗,而是指从个人的社会生活条件中生长出来的对抗;但是,在资产阶级社会的胎胞里发展的生产力,同时又创造着解决这种对抗的物质条件。因此,人类社会的史前时期就以这种社会形态而告终。"②

所谓"社会形态更替的统一性",是指不同的国家和民族的发展历史中存在着某种重复性、规则性和规律性;而"社会形态更替的多样性",从横向看,表现为同一社会形态的不同国家的社会关系和社会生活各有其自身的特点;从纵向看,不同的民族往往通过不同的形式和道路并且以不同的速度实现社会形态更替的过程,甚至出现跳跃式向前发展。

社会形态更替的必然性不仅指社会形态依次更替的过程和规律是客观的,而且意味着社会形态依次更替的基本趋势是确定不移的、社会形态更替归根到底是社会基本矛盾运动的结果。而人是社会实践的主体,社会形态的更替还取决于"人们的历史选择性"。一方面,人们的历史选择活动总要受到自己目的的驱使和制约;另一方面,历史选择活动又必须遵循社会发展的客观规律。人们的历史选择性归根到底是人民群众的选择性。正如恩格斯所揭示

---

① 《列宁选集》第1卷,人民出版社2012年版,第8页。
② 《马克思恩格斯文集》第2卷,人民出版社2009年版,第592页。

的:"历史是这样创造的:最终的结果总是从许多单个的意志的相互冲突中产生出来的,而其中每一个意志,又是由于许多特殊的生活条件,才成为它所成为的那样。这样就有无数互相交错的力量,有无数个力的平行四边形,由此就产生出一个合力,即历史结果,而这个结果又可以看做一个作为整体的、**不自觉地**和不自主地起着作用的力量的产物。因为任何一个人的愿望都会受到任何另一个人的妨碍,而最后出现的结果就是谁都没有希望过的事物。所以到目前为止的历史总是像一种自然过程一样地进行,而且实质上也是服从于同一运动规律的。但是,各个人的意志——其中的每一个都希望得到他的体质和外部的、归根到底是经济的情况(或是他个人的,或是一般社会性的)使他向往的东西——虽然都达不到自己的愿望,而是融合为一个总的平均数,一个总的合力,然而从这一事实中决不应作出结论说,这些意志等于零。相反,每个意志都对合力有所贡献,因而是包括在这个合力里面的。"①

社会形态的更替还是前进性与曲折性的统一。社会形态更替的前进性主要是指社会形态依次从低级向高级演进的基本趋势,其历史过程是个"扬弃"的过程。但是,社会形态的更替还表现为某种历史发展的曲折性和跨越性。如资本主义制度并非在封建制度高度发展完善的中国等东方国家首先取得胜利,而是发生在欧洲,社会主义却首先又是在俄国、中国等经济文化较落后的国家,而并非在欧美较发达的资本主义国家获得成功等例证,则是社会形态更替的前进性与曲折性、跨越性统一的体现。

但是,依据俄国社会变革的实践经验,列宁曾深刻指出:"世界历史发展的一般规律,不仅丝毫不排斥个别发展阶段在发展的形式或顺序上表现出特殊性,反而是以此为前提的。"②这是对社会形态更替统一性与多样性辩证关系的符合历史实际的概括。每一个具体的民族国家实现的具体道路需要根据具体历史条件认识和把握。纵观人类社会历史,就某一国家或民族的社会发

---

① 《马克思恩格斯文集》第 10 卷,人民出版社 2009 年版,第 592—593 页。
② 《列宁选集》第 4 卷,人民出版社 2012 年版,第 776 页。

展的历程而言,有的国家在发展中经历了几种社会形态依次更替的典型过程,也有的国家在发展中超越了一个甚至几个社会形态而跨越式地向前发展;有些国家在一定时期由较为落后的社会形态快速跃迁为先进的社会形态,而有些国家的社会形态则长期陷于停滞状况甚至由先进转为长期落后;即使是同一种社会形态,在不同国家也会显现出不同特点等。所有这些体现了社会形态更替形式的多样性。社会形态更替形式的多样性是人们对于某种社会形态的历史选择,人们的历史选择性,归根结底是人民群众的选择性。人们对于社会形态的历史选择,最终取决于人民群众的根本利益、根本意愿以及对社会发展规律的把握和顺应程度。人民群众对于社会形态的历史选择,正是在遵循社会发展客观规律的基础上,通过参与社会变革实现的。列宁指出:"人民群众在任何时候都不能像在革命时期这样以新社会制度的积极创造者的身份出现。在这样的时期,人民能够作出从市侩的渐进主义的狭小尺度看来是不可思议的奇迹。"①历史的发展、社会形态更替的规律,归根结底会通过人民的意志和人民的选择表现出来。历史是人民群众创造的,人民群众是社会形态变革的决定力量。

因此,要认识到,马克思恩格斯认识人类社会发展阶段是从逻辑和历史相统一的视角。马克思恩格斯认为,他们所做的只是历史和逻辑的预测,有严格的历史和逻辑的前提,不是具体的模式,不是不考虑社会历史条件而随时照搬的教条。他们特别强调,当要认识某个或某些具体国家向未来共产主义转变的具体发展道路时,必须从具体历史条件出发。历史都是具体的。马克思恩格斯从历史的视角具体考察和研究某一国家发展的具体道路时,则是从现实的客观条件来认识问题的。即使这个国家属于西方发达资本主义国家,他们也是给予了具体的把握和分析。晚年马克思致力于东方社会发展道路的研究,从社会发展的统一性与多样性的辩证关系思想出发,结合东方社会发展的

① 《列宁选集》第1卷,人民出版社2012年版,第616页。

具体历史条件,提出了在一定的社会历史条件下社会主义特殊的发展道路的设想。

第二节　马克思主义政治经济学研究对象和方法的阐述——《〈政治经济学批判〉导言》

　　《〈政治经济学批判〉导言》(以下简称《导言》)写于 1857 年 8 月下旬,是《1857—1858 年经济学手稿》的开头部分,实际上是马克思为他计划中的经济学巨著《政治经济学批判》写的"总的导言"。这是一篇未完成的手稿,马克思在世时并没有发表。马克思在《序言》中提到这篇《导言》时说:"我把已经起草的一篇总的导言压下了,因为仔细想来,我觉得预先说出正要证明的结论总是有妨害的,读者如果真想跟着我走,就要下定决心,从个别上升到一般。"[①] 1902 年,人们在马克思的遗稿中发现了《导言》。于是,《新时代》杂志于 1903 年首次发表了《导言》,《导言》才得以面世。

　　在《导言》手稿的封面上,马克思把《导言》分作四节,这四节标题依次为:"生产一般""生产、分配、交换和消费之间的一般关系""政治经济学的方法""生产资料(力)和生产关系;生产关系和交往关系等等"。马克思在《导言》中详细地论述了政治经济学的对象和方法。他指出,资产阶级经济学家把生产、分配、交换、消费并列起来,割裂它们之间的内在联系,把分配提到首位,当作政治经济学的首要研究对象,认为只是分配方式发生变化。同资产阶级经济学家相反,马克思把一定社会发展阶段上的生产、一定生产关系下的生产,当作自己的研究对象,指出他研究的是现代资本主义生产,生产是具有一定社会性质的生产,是由特定的社会历史条件决定的,不是某种抽象的永恒不变的东西。马克思阐明了生产、分配、交换、消费的辩证关系,指出它们是一个总体

---

① 《马克思恩格斯文集》第 2 卷,人民出版社 2009 年版,第 588 页。

的各个环节,生产是出发点和决定因素,分配形式不过是生产形式的另一种表现。马克思还仔细地考察了经济学史上经济学家们建立理论体系的方法,批判地吸收了他们的积极成果,对黑格尔辩证法进行了唯物主义改造,创立了自己构建经济学体系的逻辑方法——从抽象上升到具体。这种方法以现实为依据,从简单的抽象规定开始,逐步上升到越来越具体的规定,从而在理论上使客观事物的发展过程和内部联系得到科学的说明和再现。马克思说,只有这种方法是科学上正确的方法,从简单到复杂的逻辑发展进程总的说来是同现实的历史过程相一致的。①

一、明确指出政治经济学的研究对象

马克思在《导言》开篇就明确指出政治经济学的研究对象问题。"在面前的对象,首先是**物质生产**。"②这样的物质生产是具有"一定社会性质的生产",因而"当然是出发点"。马克思进一步解析了从事具有一定社会性质的物质生产的个人之间的社会关系,对这一关系的社会性质作了历史的考察与分析。

首先,马克思指出,在社会中进行生产的个人是处于一定社会关系中生产中的个人,而不是资产阶级经济学家的抽象的、孤立的个人。"被斯密和李嘉图当做出发点的单个的孤立的猎人和渔夫,属于 18 世纪的缺乏想象力的虚构。"③据此,马克思分析了人类社会不同发展阶段处于生产中的个人之间非孤立的关系。"我们越往前追溯历史,个人,从而也是进行生产的个人,就越表现为不独立,从属于一个较大的整体:最初还是十分自然地在家庭和扩大成为氏族的家庭中;后来是在由氏族间的冲突和融合而产生的各种形式的公社

---

① 参见《〈政治经济学批判〉导言》注释 1 及《马克思恩格斯文集》"第八卷说明",见《马克思恩格斯文集》第 8 卷,人民出版社 2009 年版,第 1—2、593 页。
② 《马克思恩格斯文集》第 8 卷,人民出版社 2009 年版,第 5 页。
③ 《马克思恩格斯文集》第 8 卷,人民出版社 2009 年版,第 5 页。

中。只有到 18 世纪,在'市民社会'中,社会联系的各种形式,对个人说来,才表现为只是达到他私人目的的手段,才表现为外在的必然性。"①从人类早期个人从属于家庭和氏族中的社会关系,到后来从属于各种形式的公社中的社会关系,再到在市民社会中的出于各种社会联系形式中的个人,在人类社会发展的不同阶段,处于生产中的个人之间都不是单个的、孤立的关系。"孤立的一个人在社会之外进行生产——这是罕见的事",无论如何,"人是最名副其实的政治动物,不仅是一种合群的动物,而且是只有在社会中才能独立的动物"②。

其次,马克思从生产一般和一般的生产两个层次分析了个人生产的社会性质。所谓"**生产一般**是一个抽象,但是只要它真正把共同点提出来,定下来,免得我们重复,它就是一个合理的抽象。不过,这个**一般**,或者说,经过比较而抽出来的共同点,本身就是有许多组成部分的、分为不同规定的东西。其中有些属于一切时代,另一些是几个时代共有的"③。也就是说,生产一般是在经过其许多组成部分、各具规定的东西比较之后而合理抽象出来共同点,进而提炼、形成的一个抽象,那些组成部分、各具规定的东西有些属于一切时代,有些属于几个时代共有。所谓"一般的生产"就是一个个生产部门。"生产总是一个个**特殊**的生产部门——如农业、畜牧业、制造业等,或者生产是总体。"④生产一般和一般的生产构成生产的总体。"生产也不只是特殊的生产,而始终是一定的社会体即社会的主体在或广或窄的由各生产部门组成的总体中活动着。"⑤

最后,马克思重点阐释了作为一切生产的一般条件的内容。马克思认为,构成一切生产的基本要素就是进行生产所必不可缺少的条件;而促进生产的

---

① 《马克思恩格斯文集》第 8 卷,人民出版社 2009 年版,第 6 页。
② 《马克思恩格斯文集》第 8 卷,人民出版社 2009 年版,第 6 页。
③ 《马克思恩格斯文集》第 8 卷,人民出版社 2009 年版,第 7 页。
④ 《马克思恩格斯文集》第 8 卷,人民出版社 2009 年版,第 9 页。
⑤ 《马克思恩格斯文集》第 8 卷,人民出版社 2009 年版,第 10 页。

条件包括种族素质、气候、自然环境等种种主客观因素。"照一般的提法,答案总是这样一个一般的说法:一个工业民族,当它一般地达到了它的历史高峰的时候,也就达到它的生产高峰。实际上,一个民族的工业高峰是在这个民族的主要任务还不是维护利润,而是谋取利润的时候达到的。"①通常说一个民族发展了,实则是指其达到了它的生产高峰,达到了它的生产高峰,也就达到它的历史高峰。这种状态的实现是种种主客观因素共同作用的结果,并非仅仅是构成生产的基本要素即进行生产所必不可缺少的条件单纯作用的结果。因此,"所谓一切生产的**一般条件**,不过是这些抽象要素,用这些要素不可能理解任何一个现实的历史的生产阶段"②。作为一切生产的一般条件的内容看起来是一些抽象的要素,但是实际上都是具体的;用抽象的要素不可能理解一个现实的、历史的生产阶段,只有放置于各个具体的主客观因素之中,才能理解作为一切生产的一般条件的实际内容,才能理解一个现实的、历史的生产阶段,理解一个民族何以达到其历史高峰。

二、科学厘清政治经济学的研究方法

关于政治经济学的研究方法问题,马克思在《导言》"政治经济学方法"一节首先比较了两种不同的方法。

马克思认为,第一种方法"是经济学在它产生时期在历史上走过的道路"。它"从实在和具体开始,从现实的前提开始,因而,例如在经济学上从作为全部社会生产行为的基础和主体的人口开始,似乎是正确的"。于是,那时产生的经济学"总是从生动的整体,从人口、民族、国家、若干国家等等开始;但是他们最后总是从分析中找出一些有决定意义的抽象的一般的关系,如分工、货币、价值等等。这些个别要素一旦多少确定下来和抽象出来,从劳动、分工、需要、交换价值等等这些简单的东西上升到国家、国际交换和世界市场的

① 《马克思恩格斯文集》第 8 卷,人民出版社 2009 年版,第 10 页。
② 《马克思恩格斯文集》第 8 卷,人民出版社 2009 年版,第 12 页。

各种经济学体系就开始出现了"。也就是说,第一种方法以 17 世纪的经济学为代表,采取的是从具体上升到抽象的研究方法,在研究一个个具体、实在的现实生产基础之上,从中分析出一些有决定意义的、抽象的一般的要素关系,再从这些简单的要素关系上升到各种经济学体系。但是,在马克思看来,这种方法"是错误的"。马克思解析道:"如果我,例如,抛开构成人口的阶级,人口就是一个抽象。如果我不知道这些阶级所依据的因素,如雇佣劳动、资本等等,阶级又是一句空话。而这些因素是以交换、分工、价格等等为前提的。比如资本,如果没有雇佣劳动、价值、货币、价格等等,它就什么也不是。"[1]换句话说,第一种方法虽然基于现实问题的经验分析得出一些简单的抽象概念如分工、货币、价值等,但是,若离开了抽象思维力的运用,仅仅从现实社会生活的具体问题出发则是不彻底的。

　　第二种方法不同于第一种方法,马克思这样描述其路径:"如果我从人口着手,那么,这就是关于整体的一个混沌的表象,并且通过更切近的规定我就会在分析中达到越来越简单的概念;从表象中的具体达到越来越稀薄的抽象,直到我达到一些最简单的规定。于是行程又得从那里回过头来,直到我最后又回到人口,但是这回人口已不是关于整体的一个混沌的表象,而是一个具有许多规定和关系的丰富的总体了。"[2]第二种方法即从抽象到具体的方法。先从抽象的观念出发,在分析中达到越来越简单的具体概念,达到一些最简单的、针对具体存在的规定,然后再回到最初抽象概念的出发点,而这个回归是经过具体之后的回归,此时的抽象概念已不再是原初的混沌抽象,而是一个具有许多规定和关系的丰富的总体抽象。马克思认为,这种方法"显然是科学上正确的方法"。因为"具体之所以具体,因为它是许多规定的综合,因而是多样性的统一。因此它在思维中表现为综合的过程,表现为结果,而不是表现为起点,虽然它是现实的起点,因而也是直观和表象的起

---

① 《马克思恩格斯文集》第 8 卷,人民出版社 2009 年版,第 24 页。
② 《马克思恩格斯文集》第 8 卷,人民出版社 2009 年版,第 24 页。

点"。总之,两种方法有本质的不同:"在第一条道路上,完整的表象蒸发为抽象的规定;在第二条道路上,抽象的规定在思维行程中导致具体的再现。"①

马克思进一步明确指出,从抽象上升到具体的方法并非和黑格尔的思辨辩证法完全一样,二者有着本质差别。马克思指出,"黑格尔陷入幻觉,把实在理解为自我综合、自我深化和自我运动的思维的结果,其实,从抽象上升到具体的方法,只是思维用来掌握具体、把它当做一个精神上的具体再现出来的方式。但决不是具体本身的产生过程"。② 黑格尔的"实在"是思维的结果,其"思维"具有"自我综合、自我深化和自我运动"的特征;而马克思的从抽象到具体的方法却只是思维的一种运动形式,但不是全部运动形式。马克思指出,"具体总体作为思想总体、作为思想具体,事实上是思维的、理解的产物;但是,决不是处于直观和表象之外或驾于其上而思维着的、自我产生着的概念的产物,而是把直观和表象加工成概念这一过程的产物"。而抽象即"整体,当它在头脑中作为思想整体而出现时,是思维着的头脑的产物,这个头脑用它所专有的方式掌握世界,而这种方式是不同于对于世界的艺术精神的,宗教精神的,实践精神的掌握的"③。思维中的具体是抽象的产物,但并非是与现实具体无关的自我生成的概念,而是基于现实具体即把直观和表象加工成概念过程的结果。而作为思想整体的抽象是把握世界的方式,是人用头脑掌握世界的体现。

在上述分析的基础上,马克思通过对范畴的解析阐释了逻辑与历史相统一的研究方法。就简单范畴和具体范畴关系而言,一方面,简单的范畴也体现了现实的关系,这些关系是在历史上已经存在的现实关系的反映,从简单的范畴上升到复杂的范畴的抽象思维进程是与现实的历史过程一致的。"比较简

---

① 《马克思恩格斯文集》第 8 卷,人民出版社 2009 年版,第 25 页。
② 《马克思恩格斯文集》第 8 卷,人民出版社 2009 年版,第 25 页。
③ 《马克思恩格斯文集》第 8 卷,人民出版社 2009 年版,第 25 页。

单的范畴可以表现一个比较不发展的整体的处于支配地位的关系或者一个比较发展的整体的从属关系,这些关系在整体向着以一个比较具体的范畴表现出来的方面发展之前,在历史上已经存在。在这个限度内,从最简单上升到复杂这个抽象思维的进程符合现实的历史过程。"①另一方面,"比较简单的范畴,虽然在历史上可以在比较具体的范畴之前存在,但是,它在深度和广度上的充分发展恰恰只能属于一个复杂的社会形式,而比较具体的范畴在一个比较不发展的社会形式中有过比较充分的发展"②。简单范畴是高度抽象的结果,无论是在不发展的社会形式中还是在复杂的社会形式中,它都能够得以存在,并且能够在深度和广度上充分发展;而具体范畴只能在比较不发展的社会形式中有发展,却不能属于一个复杂的社会形式。马克思以"劳动"这个"似乎是一个十分简单的范畴"为例,指出,"在经济学上从这种简单性上来把握的'劳动',和产生这个简单抽象的那些关系一样,是现代的范畴"③。"劳动这个例子令人信服地表明,哪怕是最抽象的范畴,虽然正是由于它们的抽象而适用于一切时代,但是就这个抽象的规定性本身来说,同样是历史条件的产物,而且只有对于这些条件并在这些条件之内才具有充分的适用性。"④像"劳动"这个范畴一样,需要在不同的社会关系中去把握看似简单的范畴,或者说,范畴就是社会历史条件的产物,范畴只有在这些条件具备时才成立,它也只适用于这些条件下的社会历史。因此,"在研究经济范畴的发展时,正如在研究任何历史科学、社会科学时一样,应当时刻把握住:无论在现实中或在头脑中,主体——这里是现代资产阶级社会——都是既定的;因而范畴表现这个一定社会即这个主体的存在形式、存在规定、常常只是个别的侧面;因此,这个一定社会**在科学上**也决不是在把它**当做这样一个社会来谈**

---

① 《马克思恩格斯文集》第 8 卷,人民出版社 2009 年版,第 26 页。
② 《马克思恩格斯文集》第 8 卷,人民出版社 2009 年版,第 27 页。
③ 《马克思恩格斯文集》第 8 卷,人民出版社 2009 年版,第 27 页。
④ 《马克思恩格斯文集》第 8 卷,人民出版社 2009 年版,第 29 页。

论的时候才开始存在的"①。不论研究经济学,还是任何历史科学、社会科学,所形成的范畴都是一定社会主体的现实存在形式、存在规定的抽象表现,并且是个别、侧面的抽象表现,现实不是出现在范畴和具体科学之后,现实社会早已存在,即先有现实社会,才有基于现实社会基础之上的范畴抽象,才有具体科学体系。

还要看到的是,产生于较高级社会形态中的范畴可以为较低级社会形态提供一定的解释。"人体解剖对于猴体解剖是一把钥匙……资产阶级经济为古代经济等等提供了钥匙。"②但是,"如果说资产阶级经济的范畴适用于一切其他社会形式这种说法是对的,那么,这也只能在一定意义上来理解。这些范畴可以在发展了的、萎缩了的、漫画式的种种形式上,总是在有本质区别的形式上,包含着这些社会形式"③。要注意的是,产生于较高级社会形态中的范畴为较低级社会形态提供一定的解释,这也只在一定意义上来理解,即以各种形式表现的这些范畴,在揭示事物的本质上是有区别的,因为其产生于不同的社会关系中,包含的社会形式本质不同。

总之,基于对从抽象上升到具体的方法的分析、逻辑与历史相统一的研究方法的阐释,马克思最终指出,经济学研究要厘清研究对象的内在结构与历史顺序的发生、经济范畴之间的逻辑关系。"把经济范畴按它们在历史上起决定作用的先后次序来排列是不行的,错误的。它们的次序倒是由它们在现代资产阶级社会中的相互关系决定的,这种关系同表现出来的它们的自然次序或者符合历史发展的次序恰好相反。问题不在于各种经济关系在不同社会形式的相继更替的序列中在历史上占有什么地位。更不在于它们在'观念上'的顺序。而在于它们在现代资产阶级社会内部的结构。"④马克思又以**股份公**

---

① 《马克思恩格斯文集》第 8 卷,人民出版社 2009 年版,第 30 页。
② 《马克思恩格斯文集》第 8 卷,人民出版社 2009 年版,第 29 页。
③ 《马克思恩格斯文集》第 8 卷,人民出版社 2009 年版,第 30 页。
④ 《马克思恩格斯文集》第 8 卷,人民出版社 2009 年版,第 32 页。

司和国民财富的概念为例,"说明同一些范畴在不同的社会阶段有不同的地位"①,由此构建了自己研究经济学的逻辑体系:首先进行"一般的抽象的规定",然后,"形成资产阶级社会内部结构并且成为基本阶级的依据的范畴",如"资本、雇佣劳动、土地所有制""三大社会阶级",探讨它们之间的关系,城市和乡村的交换、流通等;进而就"资产阶级社会在国家形式上的概括""本身来考察",再推广到"生产的国际关系",包括"国际分工""国际交换"等,最后,揭示"世界市场和危机",从而揭示资本主义社会不可避免的矛盾和斗争,这正是马克思主义政治经济学要完成的任务。

三、解析生产与分配、交换、消费的一般关系

资产阶级经济学的分配理论认为,地租是土地的产物,工资是劳动的产物,利润和利息是资本的产物,由此,把土地、劳动和资本不仅看作是生产要素,而且看作是收入的源泉。古典政治经济学的代表人物亚当·斯密对此曾阐释道:"年产物的全部价格,自然分解为土地地租,劳动工资和资本利润三部分。这三部分,构成三个阶级人民的收入……劳动的全部生产物,未必都属于劳动者,大都须与雇用他的资本所有者共分。一般用于取得或生产任何一种商品的劳动量,也不能单独决定这种商品一般所应交换、支配或购买的劳动量。很明显,还须在一定程度上由另一个因素决定,那就是对那劳动垫付工资并提供材料的资本的利润。"②这种分配理论成为资产阶级政治经济学所有分配理论的基础。

在资产阶级经济学家看来,分配先于生产并决定生产。亚当·斯密认为:"一国年产物的普通或平均价值是逐年增加,是逐年减少,还是不增不减,要取决于这一国家的年产物每年是按照什么比例分配给这两个阶

---

① 《马克思恩格斯文集》第 8 卷,人民出版社 2009 年版,第 32 页。

② 〔英〕亚当·斯密:《国民财富的性质和原因的研究》上卷,郭大力、王亚南译,商务印书馆 1979 年版,第 240 页。

级的人民。"①大卫·李嘉图进一步发挥了斯密的观点:"确定支配这种分配的法则,乃是政治经济学的重要问题。"②对于亚当·斯密和大卫·李嘉图的观点,马克思揭示道,其实质是"专门把分配规定为经济学的对象,因为他们直觉地把分配形式看成是一定社会中的生产各要素借以得到确定的最确切的表现"③。

马克思认为这种理论掩盖了资本主义剥削的实质。马克思指出:"分配关系和分配方式只是表现为生产要素的背面。个人以雇佣劳动的形式参与生产,就以工资形式参与产品、生产成果的分配。分配的结构完全决定于生产的结构。分配本身是生产的产物,不仅就对象说是如此,而且就形式说也是如此。就对象说,能分配的只是生产的成果,就形式说,参与生产的一定方式决定分配的特殊形式,决定参与分配的形式。"④通过对分配决定论的批判,马克思论证了生产和分配之间的关系实质:分配是生产的产物。因为分配的对象是生产的成果,分配的方式取决于生产方式,并进一步论证了生产、分配、交换、消费之间的关系。

首先,关于生产和消费的关系,马克思从两个方面进行了分析。第一,生产直接是消费,消费直接是生产。一方面,"生产直接也是消费。双重的消费,主体的和客体的"⑤。就主体而言,在生产过程中发展自己能力即生产的同时,也在生产过程中消耗即消费这种能力。就客体来说,"生产行为本身就它的一切要素来说也是消费行为",在生产过程中,使用、消耗生产资料就是生产资料的消费。关于这一点,古典经济学家们也承认,他们把这种关系"直

---

① [英]亚当·斯密:《国民财富的性质和原因的研究》上卷,郭大力、王亚南译,商务印书馆1979年版,第49页。
② [英]李嘉图:《政治经济学及赋税原理》,郭大力、王亚南译,商务印书馆1962年版,第3页。
③ 《马克思恩格斯文集》第8卷,人民出版社2009年版,第19页。
④ 《马克思恩格斯文集》第8卷,人民出版社2009年版,第19页。
⑤ 《马克思恩格斯文集》第8卷,人民出版社2009年版,第14页。

接与生产合一的消费,称做**生产的消费**"①。另一方面,"消费直接也是生产"。比如"自然界中元素和化学物质的消费是植物的生产"②,比如吃喝的消费是人生产自己的身体,等等。总之,"生产直接是消费,消费直接是生产。每一方直接是它的对方"③。第二,消费与生产之间的相互作用关系。这表现在消费与生产"之间存在着一种中介运动。生产中介着消费,它创造出消费的材料,没有生产,消费就没有对象。但是消费也中介着生产,因为正是消费替产品创造了主体,产品对这个主体才是产品。产品在消费中才得到最后完成"。消费与生产相互依存、互为条件。一方面,消费材料是生产出来的产品,消费的对象是生产的成果。另一方面,在消费中主体得以存在和发展,生产出的产品对于消费的主体而言才具有产品的意义,产品正是在主体的消费中实现其价值。同时,"消费创造出**新的**生产的需要,也就是创造出生产的观念上的内在动机,后者是生产的前提",在主体消费过程中产生新的需要,作为观念的需要只有在生产中才能变为现实,需要是生产的动力。并且,"消费**在观念上提出**生产的对象,把它作为内心的图像、作为需要、作为动力和目的提出来。消费创造出还是在主观形式上的生产对象"。消费为生产创造出观念上的新对象,消费的新对象成为再生产的动力和目的。于是,"没有需要,就没有生产。而消费则把需要再生产出来"。因此,"没有生产,就没有消费;但是,没有消费,也就没有生产,因为如果没有消费,生产就没有目的"④。"因此,生产生产着消费:(1)是由于生产为消费创造材料;(2)是由于生产决定消费的方式;(3)是由于生产通过它起初当做对象生产出来的产品在消费者身上引起需要。因而,它生产出消费的对象,消费的方式,消费的动力。同样,消

---

① 《马克思恩格斯文集》第8卷,人民出版社2009年版,第14页。
② 《马克思恩格斯文集》第8卷,人民出版社2009年版,第14页。
③ 《马克思恩格斯文集》第8卷,人民出版社2009年版,第15页。
④ 《马克思恩格斯文集》第8卷,人民出版社2009年版,第15页。

费生产出生产者的素质,因为它在生产者身上引起追求一定目的的需要。"①

综上,马克思认为,消费与生产之间具有同一性。马克思指出,"消费和生产之间的同一性表现在三方面:(1)**直接的同一性**:生产是消费;消费是生产。消费的生产。生产的消费"②。"(2)每一方表现为对方的手段;以对方为中介;这表现为它们的相互依存;这是一个运动,它们通过这个运动彼此发生关系,表现为互不可缺,但又各自处于对方之外。……没有生产就没有消费;没有消费就没有生产。"③"(3)……每一方都为对方提供对象,生产为消费提供外在的对象,消费为生产提供想象的对象;两者的每一方不仅直接就是对方,不仅中介着对方,而且,两者的每一方由于自己的实现才创造对方;每一方是把自己当做对方创造出来。"④简而言之,消费和生产之间的同一性主要是:生产就是消费,消费就是生产;消费和生产相互依存、相互作用,处于同一运动中;消费和生产相互创造、实现彼此。

其次,关于生产和分配的关系,马克思分析了生产中的分配和产品的分配。马克思认为,"分配关系和分配方式只是表现为生产要素的背面。个人以雇佣劳动的形式参与生产,就以工资形式参与产品、生产成果的分配。分配的结构完全决定于生产的结构。分配本身是生产的产物,不仅就对象说是如此,而且就形式说也是如此。就对象说,能分配的只是生产的成果,就形式说,参与生产的一定方式决定分配的特殊形式,决定参与分配的形式"⑤。这段话包含这样几层意思:第一,个人参与生产,就是参与分配。只是参与的形式不同。参与生产是以劳动的形式,参与分配是以工资的形式;而参与分配的是生产的成果即产品。第二,就分配对象和分配形式而言,分配本身就是生产的产

---

① 《马克思恩格斯文集》第8卷,人民出版社2009年版,第16页。
② 《马克思恩格斯文集》第8卷,人民出版社2009年版,第16页。
③ 《马克思恩格斯文集》第8卷,人民出版社2009年版,第17页。
④ 《马克思恩格斯文集》第8卷,人民出版社2009年版,第17页。
⑤ 《马克思恩格斯文集》第8卷,人民出版社2009年版,第19页。

物。因为分配的对象是生产的成果,分配的形式由参与生产的方式决定。之所以造成"离开生产很远,似乎对生产是独立的"理解,主要在于把分配仅仅理解为产品的分配。在马克思看来,"在分配是产品的分配之前,它是(1)生产工具的分配,(2)社会成员在各类生产之间的分配(个人从属于一定的生产关系)——这是同一关系的进一步规定。这种分配包含在生产过程本身中并且决定生产的结构,产品的分配显然只是这种分配的结果"。由此解释了"分配"的含义,更宽泛地理解的分配是包含在生产过程中的,并且决定了生产的结构。就此意义而言,分配包含在生产中。所谓"产品的分配"只是包含在生产过程中并且决定了生产的结构分配的结果。因此,"如果在考察生产时把包含在其中的这种分配撇开,生产显然是一个空洞的抽象;相反,有了这种本来构成生产的一个要素的分配,产品的分配自然也就确定了"[1]。若离开分配谈生产,生产就变成空无一物的、抽象的生产;只有把分配作为构成生产的一个要素来理解,才能真正地理解产品的分配。反之,则"显出了那些把生产当做永恒真理来论述而把历史限制在分配范围之内的经济学家是多么荒诞无稽"[2]。总之,"这种决定生产本身的分配究竟和生产处于怎样的关系,这显然是属于生产本身内部的问题"[3]。换句话说,关于生产和分配的关系,要在生产中去获得正确认识。

再次,关于生产与交换、流通的关系。马克思认为分工决定交换、生产决定交换、生产的发展和结构决定交换。"流通本身只是交换的一定要素,或者也是从交换总体上看的交换。既然交换只是生产和由生产决定的分配一方同消费一方之间的中介要素,而消费本身又表现为生产的一个要素,交换显然也就作为生产的要素包含在生产之内。"[4]总之,生产决定了交换和流通,交换和

---

① 《马克思恩格斯文集》第 8 卷,人民出版社 2009 年版,第 20 页。
② 《马克思恩格斯文集》第 8 卷,人民出版社 2009 年版,第 20 页。
③ 《马克思恩格斯文集》第 8 卷,人民出版社 2009 年版,第 20—21 页。
④ 《马克思恩格斯文集》第 8 卷,人民出版社 2009 年版,第 22 页。

流通作为生产的要素实则包含在生产之内。马克思从以下几个方面做了具体阐释:第一,在生产中发生的种种活动和能力的交换,"直接属于生产,并且从本质上组成生产"①。第二,产品交换本身也是包含在生产之中的行为。因为交换产品就是交换消费的成品,这样的交换就是生产的手段。第三,"所谓实业家之间的交换,不仅从它的组织方面看完全决定于生产,而且本身也是生产活动"②。人与人、企业与企业之间的交换,交换的是他们有组织生产的产品,交换本身也是再生产产品的活动。马克思进一步指出,没有分工,就没有交换;交换以生产为前提;"交换的深度、广度和方式都是由生产的发展和结构决定的"。总之,"交换就其一切要素来说,或者是直接包含在生产之中,或者是由生产决定"。③ 生产决定交换,分工决定交换,生产的结构决定交换。

最后,马克思强调指出:"我们得到的结论并不是说,生产、分配、交换、消费是同一的东西,而是说,它们构成一个总体的各个环节,一个统一体内部的差别。"④生产、分配、交换和消费是构成一个统一的有机整体的各个环节,它们不是完全同一的东西,彼此是有区别的。在这个统一的有机整体中,一定的生产决定一定的消费、分配、交换和这些不同要素相互间的一定关系。其中,生产处于决定性地位,生产支配着其他要素,分配、交换和消费不起支配作用。马克思尤其强调,"作为生产要素的分配,它本身就是生产的一个要素"。总的过程总是从生产开始,"一定的生产决定一定的消费、分配、交换和**这些不同要素相互间的一定关系**"。"不同要素之间存在着相互作用。每一个有机整体都是这样。"⑤

总而言之,马克思在《导言》中全面地分析批判了资产阶级经济学的分配理论和分配决定论,科学地阐述了生产与分配、交换、消费的一般关系。

---

① 《马克思恩格斯文集》第 8 卷,人民出版社 2009 年版,第 23 页。
② 《马克思恩格斯文集》第 8 卷,人民出版社 2009 年版,第 23 页。
③ 《马克思恩格斯文集》第 8 卷,人民出版社 2009 年版,第 23 页。
④ 《马克思恩格斯文集》第 8 卷,人民出版社 2009 年版,第 23 页。
⑤ 《马克思恩格斯文集》第 8 卷,人民出版社 2009 年版,第 23 页。

第三节 马克思主义政治经济学体系的
构建——《资本论》研究

列宁曾指出:"研究这个历史上一定的社会的生产关系的发生、发展和衰落,就是马克思的经济学说的内容。"①马克思基于对古典政治经济学的扬弃、对庸俗政治经济学的批判,把唯物史观运用于分析资本主义社会制度,由此创立了马克思主义政治经济学体系,马克思主义政治经济学体系的创立以《资本论》为代表。正如马克思在《资本论》的序言中曾明确指出:"我要在本书研究的,是资本主义生产方式以及和它相适应的生产关系和交换关系。"②"最终目的就是揭示现代社会的经济运动规律"③。

马克思发现了现代资本主义生产方式和它所产生的资产阶级社会的特殊的运动规律,提出了剩余价值学说,构成了马克思主义政治经济学体系的基石和核心内容。对于剩余价值的发现,恩格斯在马克思墓前的讲话中如此评价:"马克思还发现了现代资本主义生产方式和它所产生的资产阶级社会的特殊的运动规律。由于剩余价值的发现,这里就豁然开朗了,而先前无论资产阶级经济学家或者社会主义批评家所做的一切研究都只是在黑暗中摸索。"④总之,"这两个伟大的发现——唯物主义历史观和通过剩余价值揭开资本主义生产的秘密,都应当归功于马克思。由于这两个发现,社会主义变成了科学"⑤。

《资本论》一共有 4 卷,其中 1—3 卷为理论部分,由 17 篇 98 章组成;第 4 卷是剩余价值学说史,分 3 个分册,共 24 章和 1 个附录。《资本论》从大量资

---

① 《列宁选集》第 2 卷,人民出版社 2012 年版,第 428 页。
② 《马克思恩格斯文集》第 5 卷,人民出版社 2009 年版,第 8 页。
③ 《马克思恩格斯文集》第 5 卷,人民出版社 2009 年版,第 10 页。
④ 《马克思恩格斯文集》第 3 卷,人民出版社 2009 年版,第 601 页
⑤ 《马克思恩格斯文集》第 3 卷,人民出版社 2009 年版,第 545—546 页。

本主义社会事实材料出发,通过对资本主义发生、发展历程的考察,论证了资本主义经济的内在联系及其展规律,阐明资本主义制度终将消亡的历史必然性。以《资本论》为重要标志的马克思主义经济学研究始终是和对资本主义社会制度的批判联系在一起的,《资本论》不仅对资产阶级经济学和资本主义社会制度进行了深刻的分析批判,并且通过分析批判,立足无产阶级立场,创立了马克思主义政治经济学,为工人阶级实现自身解放提供了强大的思想理论武器。

一、着手商品分析——马克思主义政治经济学体系的逻辑起点

列宁曾指出,马克思对于资本主义社会剥削制度的分析是"从分析商品入手"[①]。马克思在《资本论》第一篇的三章内容中集中阐述了其商品理论。马克思为什么要从对商品的分析开始?他自己对此的解释是:"资本主义生产方式占统治地位的社会的财富,表现为'庞大的商品堆积',单个的商品表现为这种财富的元素形式。因此,我们的研究就从分析商品开始。"[②]

就马克思的这一论述,我们可以从两个方面进行解读:一方面,在资本主义社会中,一切社会财富都以商品的形式存在着,商品普遍化,社会经济变成了完全意义上的商品经济,商品由此成为资本的载体,承载着资本关系,因此,《资本论》这部论述资本的著作,必然要从体现资本关系的最基本范畴开始。另一方面,这样的分析是逻辑与历史相统一的思维方法的体现。就实际的历史进程而言,是先有商品、货币,然后才有资本。因此,从商品开始分析资本主义生产方式,体现了从前资本主义经济到资本主义经济发展的历史进程。

(一)商品是使用价值与价值的统一体

马克思认为,商品是用来交换的有用的劳动产品,是使用价值和价值的统

① 《列宁选集》第2卷,人民出版社2012年版,第428页。
② 《马克思恩格斯文集》第5卷,人民出版社2009年版,第47页。

一体;使用价值和价值是构成商品的两个因素。但"要成为商品,产品必须通过交换,转到把它当做使用价值使用的人的手里"①。因此,"交换价值首先表现为一种使用价值同另一种使用价值相交换的量的关系或比例"②。

作为使用价值与价值统一体的商品,包含这样几层意思:第一,一种商品具有使用价值,但可以没有价值。即这种商品不是人类劳动的产品,只是作为一种自然存在物。第二,一种商品有使用价值,而且是人类劳动的产物,但如果只用于生产者个人消费,也不能是商品。第三,一种商品既有使用价值,又是人类劳动的产物,同时用于非生产者的个人消费,也不一定是商品。比如中世纪时农民为神父生产什一税的粮食。第四,商品有使用价值才能拥有价值,价值是以使用价值为前提的。"没有一个物可以是价值而不是使用物品。如果物没有用,那么其中包含的劳动也就没有用,不能算做劳动,因此不形成价值。"③"商品价值体现的是人类劳动本身,是一般人类劳动的耗费。"④

(二)生产商品的劳动二重性决定商品二因素

生产商品的劳动具有二重性,即劳动是具体劳动和抽象劳动的统一。由使用价值和价值构成的商品二因素,是由生产商品的劳动二重性决定的。

劳动二重性与商品二因素的关系包括两个方面的内容。其一,劳动二重性是同一劳动的两个方面、两重属性,而非两次劳动。马克思指出:"一切劳动,一方面是人类劳动力在生理学意义上的耗费",是"相同的或抽象的人类劳动",即抽象劳动,就是凝结在商品上的无差别的一般人类劳动。"另一方面是人类劳动力在特殊的有一定目的的形式上的耗费"⑤,即具体劳动,劳动都是具体的、有用的劳动。其二,劳动二重性与商品二因素的关系。马克思把

① 《马克思恩格斯文集》第5卷,人民出版社2009年版,第54页。
② 《马克思恩格斯文集》第5卷,人民出版社2009年版,第49页。
③ 《马克思恩格斯文集》第5卷,人民出版社2009年版,第54页。
④ 《马克思恩格斯文集》第5卷,人民出版社2009年版,第57页。
⑤ 《马克思恩格斯文集》第5卷,人民出版社2009年版,第60页。

劳动的具体形式同商品的使用价值、劳动的抽象形式与商品的价值对照起来，指出抽象劳动"它形成商品价值"，具体劳动"它生产使用价值"。①

劳动二重性理论是马克思在1859年出版的《政治经济学批判》（第一分册）中首次提出，在《资本论》中，他进一步指出，这一理论"是理解政治经济学的枢纽"②。所谓"枢纽"的地位，其意义有三。第一，使劳动价值论获得了科学的理论基础。劳动价值论最早的提出者是以威廉·配第为代表的重农学派。但是，马克思以前的经济学家却并没有真正解决究竟是什么劳动创造价值的问题。直到马克思提出了劳动二重性理论，才为劳动价值论奠定了科学的基础。第二，为剩余价值学说奠定了科学基础。考察剩余价值的来源要从考察价值如何形成入手，剩余价值就是雇佣劳动者在剩余劳动时间内创造的、被资本家无偿占有的超过劳动力价值的那部分新价值。因此，劳动二重性理论为劳动价值论奠定了科学基础，同理，它也为剩余价值学说奠定了科学基础。第三，劳动二重性理论还为政治经济学领域中一系列理论问题的解决提供了理解的钥匙，如资本划分为不变资本与可变资本的问题、剩余价值率的确定问题，等等。

二、揭示货币本质——马克思主义政治经济学体系的逻辑中介

马克思的货币与商品交换理论既包含在《资本论》第1卷第一章的第3节里，也包含在该卷的第二、三章中。商品交换是以货币为媒介的；货币是在长期的商品交换过程中形成的、固定地充当一般等价物的特殊商品。商品转换成货币是理解货币转化为资本，从而理解资本主义剥削实质的中间环节。

（一）商品向货币转化

马克思在《资本论》第一卷第二章"交换过程"中对商品向货币的转化做

---

① 《马克思恩格斯文集》第5卷，人民出版社2009年版，第60页。
② 《马克思恩格斯文集》第5卷，人民出版社2009年版，第55页。

了历史的分析,指出,随着价值形式与商品形式的同步发展,一种特殊商品就逐渐被置于一般等价物或货币的位置上。由此,从对商品交换的历史考察,转向了对货币产生过程的论述,揭示出商品交换不是商品买卖双方可以随意进行的活动,而是取决于商品的内在矛盾。

一方面,商品的所有权关系是由商品中所包含的经济关系决定的。商品所有者在市场上遇到其他所有者,必须承认彼此对自己商品的所有权。"这种具有契约形式的(不管这种契约是不是用法律固定下来的)法的关系,是一种反映着经济关系的意志关系。这种法的关系或意志关系的内容是由这种经济关系本身决定的。"①也就是说,经济关系决定法律关系而不是相反。要探讨社会生活中的法律关系,就必须首先弄清楚这种关系中所包含的经济关系。另一方面,商品的内在矛盾要求进行商品交换。商品中所包含的使用价值与价值的对立,是商品的内在矛盾。商品的内在矛盾表现为:"一切商品对它们的占有者是非使用价值,对它们的非占有者是使用价值。因此,商品必须全面转手。这种转手就形成商品交换,而商品交换使商品彼此作为价值发生关系并作为价值来实现";而"商品在能够作为使用价值实现以前,必须先作为价值来实现"②。这种关系反映的是商品所有者与购买者之间的对立关系,解决这种对立关系的途径就是商品交换,也就是商品的全面转手:商品所有者把商品转手到把该商品当作使用价值来对待的购买者手中,而购买者则在得到该商品的使用价值的同时,向商品所有者支付该商品的价值。其结果就是:对于商品所有者来说,让渡了商品的使用价值;而对于商品的购买者来说,付出商品的价值,获得商品的使用价值,商品所有者和商品购买者相互印证。由此证明了生产商品的"劳动对别人是否有用,它的产品是否能够满足别人的需要,只有在商品交换中才能得到证明"③。

---

①　《马克思恩格斯文集》第5卷,人民出版社2009年版,第103页。
②　《马克思恩格斯文集》第5卷,人民出版社2009年版,第104页。
③　《马克思恩格斯文集》第5卷,人民出版社2009年版,第105页。

(二)货币的本质

商品的交换最终是以货币为媒介的。货币是在商品经济的发展中随着商品交换的发展而产生的,是在长期交换过程中形成的、固定地充当一般等价物的特殊商品。货币是商品价值最成熟的表现形式,货币具有五种职能,即价值尺度、流通手段、贮藏手段、支付手段和世界货币。但是,货币体现着商品生产者之间的生产关系。列宁曾揭示道:"凡是资产阶级经济学家看到物与物之间的关系(商品交换商品)的地方,马克思都揭示了人与人之间的关系。"①于是,在资本主义社会,产生了商品拜物教和货币拜物教。由于货币是一种特殊的商品,商品拜物教高一级的形式就是货币拜物教。

随着货币的产生,整个商品世界就分化为两极:一极是各种各样的具体商品,它们分别代表不同的使用价值;一极是货币,它只代表商品的价值。货币的出现,有利于解决商品交换的困难,促进了商品经济的发展。但是,由于没有解决资本主义社会的基本矛盾——私人劳动和社会劳动的矛盾,反而使得矛盾加深。因此,马克思把商品转换成货币称为"商品的惊险的跳跃"。"这个跳跃如果不成功,摔坏的不是商品,但一定是商品占有者"②。

关于商品拜物教和货币拜物教,马克思在《资本论》第1卷《商品的拜物教性质及其秘密》中这样论述:"在那里(注:指宗教世界),人脑的产物表现为赋有生命的、彼此发生关系并同人发生关系的独立存在的东西。在商品世界里,人手的产物也是这样。我把这叫做拜物教。劳动产品一旦作为商品来生产,就带上拜物教性质,因此拜物教是同商品生产分不开的。商品世界的这种拜物教性质,是来源于生产商品的劳动所特有的社会性质。"③在马克思这里,拜物教指的是"人们自己的一定的社会关系"采取了物与物的关系的形式。

---

① 《列宁选集》第2卷,人民出版社2012年版,第312页。
② 《马克思恩格斯文集》第5卷,人民出版社2009年版,第127页。
③ 《马克思恩格斯文集》第5卷,人民出版社2009年版,第90页。

人们"把社会关系作为物的内在规定归之于物,从而使物神秘化"①。金银以自然物的形式存在,却具有社会的属性,作为货币代表了一种社会关系,即生产者同劳动的社会关系被反映成存在于生产者之外的物与物之间的社会关系。

三、进行资本批判——马克思主义政治经济学体系的逻辑归宿

资本与剩余价值理论是马克思《资本论》第1卷的核心内容,包括三个方面的主要内容:货币转化为资本,主要叙述马克思的劳动力商品理论;生产剩余价值的方法,即绝对剩余价值的生产和相对剩余价值的生产;综合分析两种剩余价值生产方法之间的关系,揭示剩余价值产生的秘密。贯穿在其中的明确主题就是资本和剩余价值的本质。

(一)劳动力成为商品是货币转化为资本的前提条件

资本家进行生产和再生产是为了获得增殖的资本,而资本的增殖需要有一种特殊商品,这种商品就是劳动力。劳动力成为商品是货币转化为资本的前提条件。

劳动力是"一个人的身体即活的人体中存在的、每当他生产某种使用价值时就运用的体力和智力的总和"②。但是,在此意义上所规定的劳动力,在任何社会中都是客观存在的;只有到了资本主义社会,劳动力才成了商品。

劳动力成为商品,需要具备两个条件:一是劳动者是自由人,有人身自由,能够自由地把自己所拥有的劳动能力当作商品来出卖、支配。"劳动力占有者要把劳动力当做商品出卖,他就必须能够支配它,从而必须是自己的劳动能力、自己人身的自由所有者。"③二是"劳动力占有者没有可能出卖有自己的劳

---

① 《马克思恩格斯全集》第31卷,人民出版社1998年版,第85页。
② 《马克思恩格斯文集》第5卷,人民出版社2009年版,第195页。
③ 《马克思恩格斯文集》第5卷,人民出版社2009年版,第195页。

动对象化在其中的商品,而不得不把只存在于他的活的身体中的劳动力本身当做商品"①。换句话说,就是劳动力的占有者除了自己的劳动能力之外,没有可以独立存在的其他任何商品可以出卖。

劳动力作为商品,同样是价值和使用价值二因素的统一。就劳动力商品的价值而言,这种特殊商品的价值决定,也要遵循一般商品的价值决定规律,"同任何其他商品的价值一样,劳动力的价值也是由生产从而再生产这种独特物品所必要的劳动时间决定的"②。而"生产劳动力所必要的劳动时间,可以归结为生产这些生活资料所必要的劳动时间,或者说,劳动力的价值,就是维持劳动力占有者所必要的生活资料的价值"③。既然把劳动力商品的价值确定为维持劳动者生存所必需的生活资料的价值,那么,劳动力商品的价值构成,也就必须包括劳动者所必需的各部分生活资料的价值,通常包括三部分:维持劳动者本人生存所必需的生活资料的价值;维持劳动者家属生存所必需的生活资料的价值;劳动者接受教育和训练所支出的费用。

就劳动力商品的使用价值而言,它有一个显著的特点,就是其使用价值是其价值的源泉,可以在消费过程中创造新的价值,而且这个新的价值是比劳动力本身价值更大的价值;或者说,劳动力商品使用价值的消费过程就是剩余价值的生产过程。正是由于劳动力商品使用价值的这一特点,劳动力的购买者购买到劳动力以后,在生产领域进行劳动力消费过程中,不仅收回了他在购买劳动力商品时支付的价值,而且得到了大于他支付给劳动力所有者工资的部分,即获得了增殖的价值,这一部分增殖的价值,就是工人无偿为资本家创造的剩余价值。而一旦劳动力的购买者用货币购买的劳动力为其带来了剩余价值,货币也就变成了资本。

---

① 《马克思恩格斯文集》第 5 卷,人民出版社 2009 年版,第 196 页。
② 《马克思恩格斯文集》第 5 卷,人民出版社 2009 年版,第 198 页。
③ 《马克思恩格斯文集》第 5 卷,人民出版社 2009 年版,第 199 页。

(二)剩余价值转换为资本——资本的实质

资本是能够带来剩余价值的价值,是增殖价值的价值。为了获得增殖的价值,在资本原始积累时期,资本家采取的是暴力的掠夺和剥削。因此,马克思说:"资本来到世间,从头到脚,每个毛孔都滴着血和肮脏的东西。"①

对于资本的剥削性质,马克思在《资本论》有这样的表述:"资本主义生产——实质上就是剩余价值的生产,就是剩余劳动的吮吸——通过延长工作日,不仅使人的劳动力由于被夺去了道德上和身体上正常的发展和活动的条件而处于萎缩状态,而且使劳动力本身未老先衰和过早死亡。它靠缩短工人的寿命,在一定期限内延长工人的生产时间。"②资本主义生产过程无论是延长工人的劳动时间,还是通过提高劳动效率压榨工人,其实质就是剩余价值的生产过程,就是对于工人剩余劳动的剥削。马克思指出:"作为劳动过程和价值形成过程的统一,生产过程是商品生产过程;作为劳动过程和价值增殖过程的统一,生产过程是资本主义生产过程,是商品生产的资本主义形式。"③雇佣工人的劳动在价值增殖过程中分为两部分:一部分是用于再生产劳动力价值的必要劳动;另一部分是无偿为资本家生产剩余价值的剩余劳动。所以,剩余价值就是由雇佣工人创造、却被资本家无偿占有的超过劳动力自身价值的那部分价值,其实质是资本家对雇佣工人的剥削与被剥削的关系。在资本主义生产过程中,雇佣工人不仅生产出自己劳动力的价值,而且还为资本家无偿创造了剩余价值。于是,在生产过程中,资本家和雇佣工人的关系表现为:"原来的货币占有者作为资本家,昂首前行;劳动力占有者作为他的工人,尾随于后。一个笑容满面,雄心勃勃;一个战战兢兢,畏缩不前,像在市场上出卖了自

---

① 《马克思恩格斯文集》第 5 卷,人民出版社 2009 年版,第 871 页。
② 《马克思恩格斯文集》第 5 卷,人民出版社 2009 年版,第 307 页。
③ 《马克思恩格斯文集》第 5 卷,人民出版社 2009 年版,第 229—230 页。

己的皮一样,只有一个前途——让人家来鞣"①。

总之,马克思指出:"生产剩余价值或赚钱,是这个生产方式的绝对规律。"②"这是资产阶级的生产关系,是资产阶级社会的生产关系。"③在资本主义社会,资本是增殖价值的价值,它反映了资本家和雇佣工人之间剥削和被剥削的关系。马克思通过对劳动力商品的特点和资本总公式矛盾的分析,揭示了资本家用货币购买的是雇佣工人的劳动力这种特殊的商品。劳动力商品的使用价值具有成为劳动力商品的价值源泉的特殊属性,其实际使用过程就是劳动的物化从而创造了剩余价值的过程,货币由此转化为资本。成为特殊商品的是劳动力,不是劳动;劳动本身并不是商品,劳动力商品的使用价值是劳动。马克思的分析揭示了剩余价值的真正来源,阐明了资本的实质。

但是,资本家剥削工人创造的剩余价值却具有极大的隐蔽性。因为表面上看起来,资本家购买工人劳动力是按照等价交换的原则进行的,工人进入生产过程,资本家付给工人以工资;而且,在整个生产过程、流通过程中,资本采取的是生产资料、商品等物质形态在运动,于是,人们在观念上便产生一种错觉,似乎这些物质形态本身就是资本,它们本身就具有一种能使价值增殖的能力,这就是所谓的资本拜物教,马克思揭示的正是资本拜物教产生的秘密,从而在理论上科学地剖析了资本主义经济制度的本质。"资本不是物,而是一定的、社会的、属于一定历史社会形态的生产关系,后者体现在一个物上,并赋予这个物以独特的社会性质"④。

然而,占统治地位的资本主义生产方式越是发展,"社会化生产和资本主义占有的不相容性,也必然越加鲜明地表现出来"⑤。这正是资本主义基本矛

① 《马克思恩格斯文集》第5卷,人民出版社2009年版,第205页。
② 《马克思恩格斯文集》第5卷,人民出版社2009年版,第714页。
③ 《马克思恩格斯文集》第1卷,人民出版社2009年版,第724页。
④ 《马克思恩格斯文集》第7卷,人民出版社2009年版,第922页。
⑤ 《马克思恩格斯文集》第3卷,人民出版社2009年版,第551页。

盾难以解决的体现。资本主义基本矛盾表现在生产上,是个别企业生产的有组织性和整个社会生产的无政府状态之间的对立,这个基本矛盾发展的结果就是不断爆发的资本主义经济危机。马克思恩格斯指出,经济危机至少证明了这两点:"一方面,资本主义生产方式暴露出它没有能力继续驾驭这种生产力。另一方面,这种生产力本身以日益增长的威力要求消除这种矛盾,要求摆脱它作为资本的那种属性,要求在事实上承认它作为社会生产力的那种性质。"①也就是说,要想根本解决资本主义生产方式的基本矛盾,只有用更具社会性质的、能够容纳生产力发展的社会主义生产方式取代之。"发展社会劳动的生产力,是资本的历史任务和存在理由。资本正是以此不自觉地创造着一种更高级的生产形式的物质条件。"②正如列宁所指出的:"资本主义社会必然要转变为社会主义社会这个结论,马克思完全是从现代社会的经济的运动规律得出的。"③习近平同志进一步指出:"事实一再告诉我们,马克思、恩格斯关于资本主义社会基本矛盾的分析没有过时,关于资本主义必然消亡、社会主义必然胜利的历史唯物主义观点也没有过时。这是社会历史发展不可逆转的总趋势,但道路是曲折的。资本主义最终消亡、社会主义最终胜利,必然是一个很长的历史过程。"④

　　进一步要认识到的是,在人类已经进入 21 世纪的今天,我们继续学习和研究《资本论》仍然具有重要的理论意义与现实价值。首先,《资本论》对于资本主义社会资本家对工人剥削实质的深刻剖析,对我们分析和研究当代资本主义仍然具有重要指导意义。其次,《资本论》还包含着对于一般经济理论的大量论述与卓见,尤其是其对社会主义经济的若干科学预见,对于中国特色社会主义初级阶段的经济建设具有一定的指导意义和借鉴价值。最后,《资本

---

①　《马克思恩格斯文集》第 3 卷,人民出版社 2009 年版,第 557 页。
②　《马克思恩格斯文集》第 7 卷,人民出版社 2009 年版,第 288 页。
③　《列宁选集》第 2 卷,人民出版社 2012 年版,第 439 页。
④　《十八大以来重要文献选编》上,中央文献出版社 2014 年版,第 117 页。

论》对资本主义社会商品经济的分析,对我国社会主义初级阶段市场经济的完善与发展具有极大的指导意义。同时,"马克思的经济学对资产阶级经济学的超越,很大程度上来源于研究方法的重大变革。资产阶级经济学只是停留于现象的描述上和所谓的'对'分析上,马克思则力图通过现象的分析,揭露其本质及其内在矛盾的根源,并依据矛盾的分析,揭示资本主义经济运动的规律以及发展趋势。这种研究方法是我们研究经济和社会必须高度重视的。此外,马克思在《资本论》中所阐述和运用的'合理的辩证法'、制度分析的方法、历史分析的方法、比较研究的方法、宏观与微观相结合的方法等,都是研究中不可或缺的重要方法"①。

参考文献

[1]马克思:《资本论》第1、2、3卷,人民出版社2004年版。

[2]《马克思恩格斯文集》第5、6、7卷,人民出版社2009年版。

[3]《马克思恩格斯〈资本论〉书信集》,人民出版社1976年版。

[4]《〈政治经济学批判〉序言》,载《马克思恩格斯文集》第2卷,人民出版社2009年版。

[5]《〈政治经济学批判〉导言》,载《马克思恩格斯文集》第8卷,人民出版社2009年版。

[6][英]亚当·斯密:《国民财富的性质和原因的研究》上卷,郭大力、王亚南译,商务印书馆1979年版。

[7][英]李嘉图:《政治经济学及赋税原理》,郭大力、王亚南译,商务印书馆1962年版。

[8][美]弗雷德里克·詹姆逊:《重读〈资本论〉》(增订本),胡治国、陈清贵译,中国人民大学出版社2015年版。

[9][英]弗朗西斯·惠恩:《马克思〈资本论〉传》,陈越译,中央编译出版社2009年版。

---

① 李晓光、孙文营、杨彦强:《马克思恩格斯经典著作选读》,光明日报出版社2014年版,第222—223页。

[10][法]路易斯·阿尔都塞、艾蒂安·巴里巴尔:《读〈资本论〉》,李其庆、冯文光译,中央编译出版社 2008 年版。

[11][法]托马斯·皮凯蒂:《21 世纪资本论》,巴曙松等译,中信出版社 2014 年版。

[12][美]保罗·斯威齐:《资本主义发展论——马克思主义政治经济学原理》,陈观列、秦亚男译,商务印书馆 2009 年版。

[13][美]恩斯特·温特曼:《〈资本论〉普及简读本》,吕博译,金城出版社 2011 年版。

[14][德]曼弗雷德·缪勒:《通往〈资本论〉的道路》,钱学敏、靳易生、陈征天译,山东人民出版社 1992 年版。

[15][日]广松涉:《资本论的哲学》,冯晓哲、李泓敏、还星译,南京大学出版社 2013 年版。

[16]聂锦芳、彭宏伟:《马克思〈资本论〉研究读本》,中央编译出版社 2013 年版。

[17]聂锦芳:《〈资本论〉及其手稿再研究:文献、思想与当代性》,经济科学出版社 2013 年版。

[18]《马克思主义经济学说史》编写组:《马克思主义经济学说史》,高等教育出版社 2012 年版。

[19]《〈资本论〉导读》编写组编:《〈资本论〉导读》,高等教育出版社 2012 年版。

[20]《马克思主义经济学说史》,高等教育出版社、人民出版社 2012 年版。

[21]苑洁:《马克思主义研究资料》第 10 卷,中央编译出版社 2013 年版。

[22]杨金海:《〈资本论〉结构与形成研究》,载《马克思主义研究资料》第 9 卷,中央编译出版社 2014 年版。

[23]杨金海:《〈资本论〉基本理论问题研究》,载《马克思主义研究资料》第 10 卷,中央编译出版社 2014 年版。

[24]孙承叔:《真正的马克思——〈资本论〉三大手稿的当代意义》,人民出版社 2009 年版。

[25]孙承叔:《资本与历史唯物主义——〈资本论〉及其手稿当代解读》,复旦大学出版社 2013 年版。

[26]白刚:《瓦解资本的逻辑:马克思辩证法的批判本质》,中国社会科学出版社 2009 年版。

[27]白刚:《回到〈资本论〉:21 世纪的"政治经济学批判"》,人民出版社 2018 年版。

［28］李怀涛:《马克思拜物教批判理论研究》,江苏人民出版社 2020 年版。

［29］李春火:《马克思资本批判及其当代意义研究》,中国社会科学出版社 2018 年版。

［30］杨洪源:《政治经济学批判的逻辑建构——"1857—1858 年手稿"再研究》,中国人民大学出版社 2018 年版。

［31］《马克思主义研究资料——〈1857—1858 年经济学手稿〉研究》第 5 卷,中央编译出版社 2014 年版。

［32］《马克思主义研究资料——〈1861—1863 年经济学手稿〉研究》第 6 卷,中央编译出版社 2014 年版。

［33］李建平:《〈资本论〉第一卷辩证法探索》,社会科学文献出版社 2006 年版。

［34］陈政、李建平等:《〈资本论〉与当代中国经济》,社会科学文献出版社 2008 年版。

［35］仰海峰:《〈资本论〉的哲学》,北京师范大学出版社 2017 年版。

［36］郭镇方:《〈资本论〉第一卷导读》,华中师范大学出版社 2009 年版。

［37］顾海良:《马克思经济思想史论》,经济科学出版社 2015 年版。

［38］顾海良:《马克思经济思想的当代视界》,经济科学出版社 2005 年版。

［39］肖灼基主编:《马克思恩格斯经济学论著概说》,经济科学出版社 1987 年版。

［40］陈征:《〈资本论〉解说》,福建人民出版社 1977 年版。

［41］姚挺:《〈资本论〉第一卷逻辑体系与社会主义市场经济》,中国经济出版社 1999 年版。

［42］何干强:《〈资本论〉基本思想和理论逻辑》,中国经济出版社 2001 年版。

［43］陈信等:《〈资本论〉学习与研究》,东北财经大学出版社 2004 年版。

［44］章士嵘:《〈资本论〉的逻辑》,湖南人民出版社 1983 年版。

［45］张一兵:《回到马克思——经济学语境中的哲学话语》,江苏人民出版社 2005 年版。

［46］王珏:《马克思的经济学手稿〈导言〉解说》,湖南人民出版社 1983 年版。

［47］唐正东:《从斯密到马克思》,江苏人民出版社 2009 年版。

［48］唐正东:《马克思政治经济学批判的逻辑层次》,《中国社会科学》2016 年第 10 期。

［49］唐正东:《马克思拜物教批判理论的辩证特性及其当代启示》,《哲学研究》2010 年第 7 期。

［50］吴瑞敏:《财富与时间——〈1857—1858 年经济学手稿〉研究》,上海社科院博

士学位论文,2013 年。

[51]王明亮:《论马克思的剩余价值学说及其当代意义》,复旦大学博士学位论文,2012 年。

[52]刘严宁:《马克思的资本逻辑批判理论及其当代回响》,上海师大博士学位论文,2016 年。

[53]徐洋:《〈资本论〉第二册形成史研究》,武汉大学博士学位论文,2013 年。

[54]付文军:《马克思政治经济学批判思想及其当代价值研究》,兰州大学博士学位论文,2016 年。

[55]陈道武:《马克思政治经济学批判内在向度研究——资本逻辑的批判与生活逻辑的建构》,华东师大博士学位论文,2016 年。

[56]彭飞:《马克思对资本的批判及其现实意义》,苏州大学博士学位论文,2010 年。

[57]孔扬:《〈资本论〉研究方法的世界观基础》,吉林大学博士学位论文,2011 年。

[58]王一妍:《〈资本论〉方法论研究》,吉林大学博士学位论文,2009 年。

[59]李云峰:《〈资本论〉的理论逻辑》,武汉大学博士学位论文,2014 年。

[60]刘建卓:《历史的内涵逻辑——〈资本论〉的辩证法》,吉林大学博士学位论文,2016 年。

[61]王荣:《从拜物教批判看〈资本论〉的存在论》,吉林大学博士学位论文,2017 年。

[62]路红芳:《从“政治经济学”到“政治经济学批判”——〈资本论〉的哲学革命》,吉林大学博士学位论文,2017 年。

[63]孙友才:《政治经济学批判的哲学方法论与〈资本论〉逻辑的再思考》,中共中央党校硕士学位论文,2018 年。

[64]牛琼:《〈政治经济学批判〉导言研究》,南开大学硕士学位论文,2017 年。

[65]王云卉:《马克思异化劳动理论及其在〈资本论〉中的发展》,东北林业大学硕士学位论文,2018 年。

[66]张琳:《马克思〈资本论〉中的分工理论及其当代价值》,湖南师范大学硕士学位论文,2015 年。

[67]杨静:《马克思〈资本论〉劳动观研究》,河北大学硕士学位论文,2015 年。

[68]郑伟:《论〈资本论〉核心概念的辩证转化》,河北大学硕士学位论文,2009 年。

[69]沈洁:《论〈资本论〉第一卷中的拜物教批判》,云南大学硕士学位论文,2014 年。

[70]要云:《〈资本论〉中资本概念的哲学研究》,河北大学硕士学位论文,2017年。

[71]胡天纬:《〈资本论〉哲学基础探究——从对古典政治经济学抽象性的具体批判谈起》,昆明理工大学硕士学位论文,2018年。

[72]周呈呈:《〈资本论〉的哲学语境研究》,海南师范大学硕士学位论文,2013年。

[73]庹北麟:《〈资本论〉的开端研究》,兰州大学硕士学位论文,2018年。

[74]王春晓:《马克思主义资本理论发展历程研究——兼与西方资本理论的比较》,河南大学硕士学位论文,2005年。

[75]张迪:《从现实的人到人的解放:马克思资本批判理论研究》,东北师大硕士学位论文,2017年。

[76]陈雯:《基于〈政治经济学批判·导言〉的经济新常态研究》,扬州大学硕士学位论文,2017年。

[77]习近平:《论〈政治经济学批判〉序言的时代意义》,《福建论坛(经济社会版)》1997年第1期。

[78]丰子义:《政治经济学批判功能的当代价值》,《中国社会科学》2016年第10期。

[79]顾海良:《马克思经济思想史研究的两种形式及其意义》,《马克思主义研究》2015年第12期。

[80]顾海良:《马克思政治经济学对象的科学探索及当代意义——马克思〈政治经济学批判·导言〉读解(上)》,《马克思主义理论学科研究》2015年第1期。

[81]顾海良:《马克思政治经济学对象的科学探索及当代意义——马克思〈政治经济学批判·导言〉读解(下)》,《马克思主义理论学科研究》2016年第1期。

[82]顾海良:《通向〈资本论〉的思想驿站——读〈政治经济学批判(1857—1858年手稿)〉》,《高校理论战线》2012年第3期。

[83]顾海良:《商品范畴作为〈资本论〉始基范畴的整体阐释及其意义——马克思〈第六章直接生产过程的结果〉手稿研究》,《经济学家》2017年第10期。

[84]郗戈:《资本逻辑的当代批判与反思——〈资本论〉哲学研究的关键课题》,《南京社会科学》2013年第6期。

[85]郗戈、荣鑫:《重新理解"逻辑与历史相统一"——以〈政治经济学批判·导言〉为中心的分析》,《马克思主义研究》2015年第1期。

[86]郗戈:《〈资本论〉中经济学与哲学关系问题的思想史考察》,《哲学研究》2017年第3期。

[87]郗戈:《〈资本论〉逻辑:资本逻辑还是"物象化"?》,《教学与研究》2016年第

9 期。

　　[88]郗戈:《〈资本论〉的哲学主线:资本逻辑及其扬弃》,《华中科技大学学报》2017 年第 3 期。

　　[89]沈连元:《澄清〈导言〉的两个问题》,《马克思主义研究》1985 年第 12 期。

　　[90]张文杰、宋增山、卢希悦:《要重视社会主义消费关系的研究——读马克思〈政治经济学批判·导言〉的体会》,《文史哲》1983 年第 2 期。

　　[91]田心铭:《马克思对唯物主义历史观要点"扼要的阐述"——读马克思〈政治经济学批判·序言〉》,《红旗文稿》2015 年第 5 期。

　　[92]田心铭:《历史唯物主义基本原理的经典表述——马克思〈政治经济学批判·序言〉研读》,《思想理论教育导刊》2011 年第 2 期。

　　[93]郭艳君:《"经典表述"的再阐释——重读马克思的〈政治经济学批判〉序言、导言》,《哲学研究》2005 年第 11 期。

　　[94]鲁克俭:《再论马克思〈政治经济学批判·序言〉中的溯因解释》,《河北学刊》2013 年第 6 期。

　　[95]张伟:《"两个决不会"思想与落后国家的社会主义——读马克思〈政治经济学批判·序言〉》,《思想政治教育研究》2015 年第 5 期。

　　[96]阮方确:《进行社会主义改革的强大思想武器——重读马克思的〈政治经济学批判·序言〉》,《求实》1998 年第 6 期。

　　[97]庄忠正:《马克思政治经济学批判的逻辑进路》,《理论探索》2015 年第 1 期。

　　[98]庄忠正:《重思马克思的"政治经济学批判"——基于历史唯物主义的双重维度的考察》,《马克思主义理论学科研究》2017 年第 1 期。

　　[99]颜邦英:《生产就其片面形式来说也决定于消费——学习〈政治经济学批判·导言〉的体会》,《理论探索》1985 年第 1 期。

　　[100]白刚、吕鹏:《超越资本逻辑的四条道路——兼论马克思历史唯物主义的当代价值》,《南京社会科学》2013 年第 12 期。

　　[101]白刚:《〈资本论〉"政治经济学批判"的逻辑转换》,《学术月刊》2017 年第 12 期。

　　[102]孙乐强:《〈资本论〉形象的百年变迁及其当代反思》,《马克思主义与现实》2013 年第 2 期。

　　[103]孙乐强:《劳动与自由的辩证法:马克思历史观的哲学革命——兼论〈资本论〉对〈政治经济学批判大纲〉的超越与发展》,《哲学研究》2016 年第 9 期。

　　[104]孙乐强:《物象化、物化与拜物教——论〈资本论〉对〈大纲〉的超越与发展》,

《学术月刊》2013 年第 7 期。

[105]孙乐强:《今天为什么要回到政治经济学批判?——纪念〈资本论〉第一卷公开出版 150 周年》,《南京政治学院学报》2017 年第 2 期。

[106]孙乐强:《〈资本论〉如何走向当代:21 世纪政治经济学批判大纲——重塑资本逻辑与阶级斗争的辩证法》,《华中科技大学学报(社会科学版)》2017 年第 3 期。

[107]陈学明:《回归政治经济学批判》,《哲学动态》2014 年第 9 期。

[108]胡岳岷、付文军:《西方学者解构〈资本论〉的学术视角》,《国外理论动态》2017 年第 2 期。

[109]周嘉昕:《〈资本论〉与马克思主义哲学关系的四个基本问题》,《社会科学辑刊》2015 年第 5 期。

[110]卜祥记:《〈资本论〉的理论空间与哲学性质》,《中国社会科学》2013 年第 10 期。

[111]卜祥记:《国外左派经济学家对皮凯蒂的回应与质疑》,《哲学研究》2016 年第 7 期。

[112]崔唯航:《劳动形而上学与政治经济学批判比较》,《现代哲学》2012 年第 2 期。

[113]仰海峰:《政治经济学批判中的历史唯物主义》,《中国社会科学》2010 年第 1 期。

[114]仰海峰:《马克思资本逻辑场域中的主体问题》,《中国社会科学》2016 年第 3 期。

[115]仰海峰:《〈资本论〉与〈政治经济学批判大纲〉的逻辑差异》,《哲学研究》2016 年第 8 期。

[116]仰海峰:《劳动力成为商品意味着什么——关于〈资本论〉的经济学—哲学研究》,《中国高校社会科学》2015 年第 2 期。

[117]王峰明:《〈资本论〉与历史唯物主义微观基础——以马克思的生产力理论为例》,《马克思主义研究》2011 年第 11 期。

[118]王峰明、牛变秀:《货币的本质规定与拜物教批判》,《天津社会科学》2012 年第 1 期。

[119]孙承叔:《〈资本论〉的再一次胜利——试述〈21 世纪资本论〉的当代意义》,《马克思主义与现实》2014 年第 5 期。

[120]刘召峰:《〈资本论〉中的“二重性”学说探论》,《教学与研究》2012 年第 1 期。

［121］魏小萍:《马克思的劳动价值论及其同古典经济学的四个决裂——德国柏林工业与经济学院海里希教授访谈》,《马克思主义研究》2012 年第 7 期。

［122］刘明远:《马克思政治经济学批判的价值与贡献》,《人民论坛》2017 年第 4 期。

［123］姜佑福:《政治经济学批判与马克思哲学革命的究竟关联》,《马克思主义与现实》2018 年第 6 期。

［124］孙伯鍨:《当代视域中的马克思政治经济学——〈1857—1858 年经济学手稿〉研究》,《学术月刊》1999 年第 9 期。

［125］毛振阳、乔瑞金:《试论马克思的政治经济学批判思想是"新的科学的世界观"》,《社会科学辑刊》2019 年第 4 期。

［126］袁恩桢:《从异化到商品拜物教——重读马克思的商品拜物教理论》,《毛泽东邓小平理论研究》2007 年第 6 期。

［127］张义修:《重建马克思的政治经济学批判之路——MEGA2 第二部分对德国马克思研究的理论促进》,《现代哲学》2018 年第 3 期。

［128］张义修:《重读〈资本论〉:当代德国马克思研究的焦点及其启示》,《山东社会科学》2017 年第 5 期。

［129］卜祥记:《马克思〈资本论〉研究的理论前史探源》,《学习与探索》2014 年第 1 期。

［130］户晓坤:《马克思"政治经济学批判"的方法论原则及其贯彻——中国特色社会主义政治经济学的理论基础与学术自觉》,《马克思主义研究》2017 年第 5 期。

［131］张雄:《构建当代中国马克思主义政治经济学的哲学思考》,《马克思主义与现实》2016 年第 3 期。

［132］陈道武:《马克思政治经济学批判的现实意义》,《人民论坛》2017 年第 5 期。

［133］陈道武、汪勇:《马克思政治经济学批判的中国实践》,《理论导刊》2017 年第 4 期。

［134］卜祥记:《唯物史观是判别〈资本论〉当代效用的根本准则》,《学习与探索》2016 年第 7 期。

［135］卜祥记、徐文越:《马克思古典政治经济学批判的价值形式视角》,《吉林大学社会科学学报》2019 年第 2 期。

［136］周嘉昕:《从〈大纲〉到〈资本论〉——基于马克思创作过程的当代理论分析》,《吉林大学社会科学学报》2017 年第 6 期。

［137］周嘉昕:《马克思对政治经济学范畴的批判——兼论历史唯物主义与政治经

济学批判的关系问题》,《新视野》2018 年第 3 期。

　　[138]周嘉昕:《马克思和政治经济学批判》,《江苏社会科学》2013 年第 6 期。

　　[139]聂锦芳:《〈资本论〉哲学思想研究的学术史清理》,《学习与探索》2013 年第 1 期。

　　[140]韩步江:《马克思创建政治经济学的三个维度述论》,《上海经济研究》2017 年第 6 期。

　　[141]何萍:《20 世纪以来马克思政治经济学研究的多维度开展——马克思〈1844 年经济学哲学手稿〉、〈资本论〉新解》,《天津社会科学》2017 年第 1 期。

　　[142]王海锋:《历史唯物主义和辩证法的统一——重估〈资本论〉的价值》,《江海学刊》2011 年第 1 期。

　　[143]工海锋:《政治经济学批判:马克思意识形态批判的新维度》,《天津社会科学》2017 年第 1 期。

　　[144]罗郁聪、陈俊明:《广义政治经济学探源——马克思经济学理论体系经典引证之"广义篇"》,《厦门大学学报(哲学社会科学版)》2013 年第 4 期。

　　[145]卢江:《从合理继承到创新发展:马克思政治经济学批判的历史进阶》,《经济纵横》2018 年第 5 期。

　　[146]杨玲:《政治经济学手稿与资本逻辑批判——探源马克思解构资本逻辑的基本思路》,《湖北社会科学》2018 年第 8 期。

　　[147]罗克全、刘秀:《扬弃以资本为逻辑的私有财产——马克思政治经济学批判的转向》,《晋阳学刊》2018 年第 6 期。

　　[148]付文军:《从〈巴黎手稿〉到〈资本论〉:异化劳动理论的三维向度与"人类之谜"的三重解答》,《当代经济研究》2015 年第 2 期。

　　[149]付文军:《马克思是一个人在战斗吗——对恩格斯和〈资本论〉关系的一个全面考察》,《贵州师范大学学报(社会科学版)》2015 年第 3 期。

　　[150]付文军、刘凤立:《〈21 世纪资本论〉:"超越"〈资本论〉的"资本论"》,《社会科学论坛》2015 年第 10 期。

　　[151]付文军、刘凤立:《论马克思政治经济学批判的基本精神与问题域》,《湖北民族学院学报(哲学社会科学版)》2015 年第 5 期。

　　[152]付文军:《资本、资本逻辑与资本拜物教——兼论〈资本论〉研究的逻辑主线》,《当代经济研究》2016 年第 2 期。

　　[153]白刚:《〈资本论〉的世界历史意义》,《山东社会科学》2015 年第 1 期。

　　[154]白刚、曾俊:《马克思政治经济学批判的现代性维度》,《黑龙江社会科学》

2015 年第 4 期。

[155]白刚:《资本、革命与自由——从〈共产党宣言〉到〈资本论〉》,《学术研究》2016 年第 5 期。

[156]白刚:《〈资本论〉仍然是 21 世纪的"政治经济学批判"》,《学术界》2016 年第 8 期。

[157]白刚:《政治经济学批判与资本现象学——〈资本论〉的哲学革命》,《学习与探索》2013 年第 2 期。

[158]白刚、张荣艳:《"异化逻辑"还是"资本逻辑"——从〈1844 年经济学哲学手稿〉到〈资本论〉》,《福建论坛(人文社会科学版)》2016 年第 9 期。

[159]房良钧:《生产和消费同一性表现的第二项能用"相互依存"来概括吗?——读〈政治经济学批判·导言〉》,《江汉论坛》1984 年第 3 期。

[160]蔡畅元:《"消费既是终点又是起点"新论——学习马克思〈政治经济学批判·导言〉札记》,《求索》1984 年第 6 期。

[161]梅世平:《生产与消费的辩证统一——重温〈政治经济学批判·导言〉的体会》,《中南财经大学学报》1987 年第 4 期。

[162]樊季刚:《不要因为一般而忘却本质差别——读〈政治经济学批判·导言〉》,《经济问题》1990 年第 8 期。

[163]张雷声:《〈资本论〉关于资本和劳动雇佣关系分析的整体意蕴》,《求索》2017 年第 9 期。

[164]张雷声:《唯物史观与〈资本论〉的创作过程》,《学术界》2012 年第 3 期。

[165]周嘉昕:《马克思和政治经济学批判》,《江苏社会科学》2013 年第 6 期。

[166]田鹏颖、姜耀东:《论马克思政治经济学批判逻辑的整体性》,《理论视野》2019 年第 2 期。

[167]逄锦聚:《马克思生产、分配、交换和消费关系的原理及其在经济新常态下的现实意义》,《经济学家》2016 年第 2 期。

[168]魏晔玲:《〈导言〉和〈序言〉的区别》,《前线》2014 年第 5 期。

[169]吴锦华:《政治经济学方法探析——重温〈政治经济学批判〉导言》,《当代经济研究》2010 年第 6 期。

[170]许光伟:《〈政治经济学批判·导言〉逻辑解析》,《当代经济研究》2015 年第 7 期。

[171]陈玉和、韩鹏:《〈政治经济学批判·导言〉内容解析及现实意义》,《新西部》2013 年第 30 期。

[172]张凌杰:《〈政治经济学批判〉导言中"生产、消费、分配、交换"的关系》,《学理论》2011年第19期。

[173]刘鹏:《从〈导言〉看马克思政治经济学的形成》,《经济研究导刊》2011年第14期。

[174]张开:《对〈政治经济学批判·导言〉若干问题的理解》,《理论视野》2014年第2期。

[175]张开:《对马克思商品拜物教理论的阐释》,《黑龙江社会科学》2011年第3期。

[176]刘炳瑛:《马克思〈政治经济学批判·导言〉学习纲要》(上)、(中),《中共福建省委党校学报》1985年第8期、第9期。

[177]刘炳瑛:《马克思〈政治经济学批判·导言〉学习纲要》(下),《学习月刊》1985年第10期。

[178]李志远:《马克思在政治经济学研究对象和方法上所完成的革命——学习〈政治经济学批判〉序言和导言的体会》,《经济研究》1961年第10期。

[179]王天义:《政治经济学研究的一个光辉典范——纪念马克思〈政治经济学批判〉出版150周年》,《当代经济研究》2009年第10期。

[180]王一程:《马克思解析抽象概念"生产一般"的方法论启示——读〈政治经济学批判·导言〉的体会》,《党建研究》2011年第9期。

[181]安洪:《〈政治经济学批判·导言〉导读》,《中共太原市委党校学报》2016年第1期。

[182]李梦雅:《马克思对古典政治经济学批判和研究方法探寻——读〈1857—1858年经济学手稿·导言〉》,《东北农业大学学报(社会科学版)》2014年第1期。

[183]王锁明:《马克思生产关系四环节学说新探——再读〈政治经济学批判·导言〉》,《桂海论丛》1992年第2期。

[184]陈典棋:《浅谈生产和消费的统一性——学习〈政治经济学批判·导言〉的一点体会》,《经济问题》1979年第3期。

[185]施正一:《由具体到抽象再由抽象到具体是理论思维的科学方法——读马克思的〈政治经济学批判·导言〉第三节"政治经济学的方法"》,《中央财政金融学院学报》1983年第3期。

[186]田光:《论从抽象上升到具体——马克思〈政治经济学批判·导言〉研究》,《中国经济问题》1983年第1期。

[187]杨炳昆:《关于社会主义基本经济规律的一个理论问题——〈政治经济学批

判·导言〉的读后感》,《厦门大学学报(哲学社会科学版)》1983 年第 3 期。

[188]郭艳辉:《浅谈生产与消费的关系——读〈政治经济学批判·导言〉》,《邯郸大学学报》1999 年第 4 期。

[189]陈文通:《准确理解马克思的〈政治经济学批判·导言〉》,《中国延安干部学院学报》2018 年第 5 期。

[190]刘文霞:《〈政治经济学批判·序言〉的当代解读——兼对中国"中等收入阶段"发展的再认识》,《中共杭州市委党校学报》2017 年第 2 期。

[191]张旭:《〈政治经济学批判·序言〉的当代审视——以全面深化改革中的政策与问题为例》,《福建师大福清分校学报》2015 年第 6 期。

[192]陈红:《〈政治经济学批判·序言〉的时代价值探析——以全面深化改革为切入点》,《改革与开放》2018 年第 11 期。

[193]刘文杰:《〈政治经济学批判·序言〉再解读》,《河北工程大学学报(社会科学版)》2018 年第 4 期。

[194]童小琴:《〈政治经济学批判·序言〉中唯物史观的现实意义》,《山西高等学校社会科学学报》2009 年第 10 期。

[195]许斗斗:《〈政治经济学批判·序言〉中社会理论的当代解读——兼对马克思社会生产力发展之决定作用的认识》,《福州大学学报(哲学社会科学版)》2007 年第 1 期。

[196]杨焱稀:《〈政治经济学批判·序言〉中唯物史观及其现实意义》,《学理论》2014 年第 31 期。

[197]何海燕:《从社会结构和历史分期理解马克思主义唯物史观的核心思想——以 1859 年〈政治经济学批判·序言〉为关节点》,《中共南京市委党校学报》2015 年第 2 期。

[198]焦佩锋:《揭示人类社会发展规律的经典之作——〈政治经济学批判·序言〉的思想探析》,《中国党政干部论坛》2013 年第 1 期。

[199]胡宇:《经典著作对中国特色社会主义建设的启示——以〈政治经济学批判·序言〉为例》,《学理论》2018 年第 8 期。

[200]黄希贤:《历史唯物主义的光辉文献——读〈政治经济学批判·序言〉》,《贵州大学学报》1987 年第 12 期。

[201]郑欣桐:《论〈政治经济学批判·序言〉及其当代价值》,《中国集体经济》2016 年第 16 期。

[202]王维平、王海龙:《马克思〈政治经济学批判·序言〉与全面深化改革》,《理

论学刊》2017 年第 3 期。

　　[203]陈培永:《马克思〈政治经济学批判·序言〉中的社会分析方法论》,《理论研究》2014 年第 2 期。

　　[204]陈培永:《政治经济学批判视阈中的马克思政治哲学方法论》,《学习与探索》2011 年第 6 期。

　　[205]王雅林:《马克思历史唯物主义社会理论的当代审视——对〈政治经济学批判·序言〉经典话语的一种诠释》,《哈尔滨工业大学学报(社会科学版)》2014 年第 4 期。

　　[206]王艳:《人类社会发展规律的揭示——读马克思〈政治经济学批判·序言〉》,《求知》2019 年第 1 期。

　　[207]鲍金:《马克思的政治经济学批判研究——重新理解〈资本论〉政治经济学批判的真实意蕴》,《改革与战略》2015 年第 6 期。

　　[208]何莹、张春美:《政治经济学批判与形而上学批判的三次统一——马克思政治经济学理论的内在逻辑》,《上海行政学院学报》2018 年第 2 期。

　　[209]韩蒙:《社会主义理解史中的马克思政治经济学批判》,《山东社会科学》2019 年第 7 期。

　　[210]李洋、徐家林:《马克思政治经济学批判的时间尺度》,《上海师范大学学报(哲学社会科学版)》2019 年第 4 期。

　　[211]王巍:《马克思哲学视域下的资本逻辑及其批判》,《理论视野》2004 年第 1 期。

　　[212]陈俊明:《政治经济学批判是〈资本论〉的重要理论——纪念〈资本论〉第一卷出版 150 周年》,《经济学家》2017 年第 4 期。

　　[213]李世黎:《资本与形而上学批判:政治经济学批判的支点》,《四川大学学报(哲学社会科学版)》2019 年第 1 期。

　　[214]许瑞涛:《马克思对政治经济学形而上学的批判及其当代启示》,《河北学刊》2017 年第 5 期。

　　[215]许瑞涛:《马克思政治经济学方法的批判性》,《南京师大学报(社会科学版)》2018 年第 1 期。

　　[216]丁霞、颜鹏飞:《马克思政治经济学方法论再研究——兼论当代中国马克思主义政治经济学体系》,《学术研究》2016 年第 6 期。

　　[217]户晓坤:《马克思政治经济学批判的方法论基础及其当代意义》,《当代经济研究》2013 年第 5 期。

［218］户晓坤：《"资本"范畴的抽象与具体：马克思政治经济学批判的方法论分析》，《学术交流》2017 年第 4 期。

［219］任平、张东平：《论当代中国马克思主义政治经济学出场的理论旨趣》，《苏州大学学报（哲学社会科学版）》2016 年第 3 期。

［220］薛俊强：《马克思政治经济学批判的历史在场与中国道路》，《云南社会科学》2016 年第 1 期。

［221］刘严宁：《资本逻辑批判与当代中国马克思主义政治经济学的构建》，《经济研究导刊》2017 年第 24 期。

［222］吴海波：《习近平对马克思主义政治经济学的新贡献》，《理论导报》2016 年第 7 期。

［223］黄华、程承坪：《试论中国特色社会主义政治经济学的理论创新方向——基于马克思政治经济学批判的分析》，《经济学家》2017 年第 6 期。

［224］许光伟：《生产力研究维度和马克思主义经济学的创新——兼析"客体批判"的研究性质》，《当代经济研究》2017 年第 2 期。

［225］许光伟：《政治经济学批判的多重规定与研究意蕴——纪念马克思诞辰 200 周年》，《当代经济研究》2018 年第 11 期。

［226］桑朝阳：《政治经济学批判：〈21 世纪资本论〉的逻辑谬误和反思》，《广东社会科学》2018 年第 3 期。

［227］马拥军：《对〈资本论〉的九个根本性误读》，《天津社会科学》2015 年第 2 期。

［228］马拥军：《新政治经济学批判的时代性特征——兼议十九大报告的"新时代"意涵》，《江海学刊》2018 年第 3 期。

［229］叶险明：《当代中国政治经济学批判的缺失与马克思主义哲学研究的困境》，《学术界》2019 年第 2 期。

［230］陆云：《〈资本论〉与马克思新哲学的构建》，《吉林大学社会科学学报》2017 年第 6 期。

［231］屈炳祥：《论〈资本论〉的科学批判精神与中国特色社会主义政治经济学建设》，《当代经济研究》2018 年第 6 期。

［232］魏旭：《马克思的政治经济学方法及其理论体系的逻辑起点》，《经济纵横》2018 年第 2 期。

［233］邓春芝：《马克思拜物教判的理论逻辑及现实意义》，《理论月刊》2012 年第 12 期。

［234］石晶莹：《〈资本论〉是以劳动价值论为基础的逻辑严密的理论体系》，《当代

经济研究》2004 年第 8 期。

　　[235]王庆丰:《马克思的〈资本论〉与古典政治经济学》,《学术研究》2013 年第 8 期。

　　[236]胡磊、赵学清:《马克思主义政治经济学的根本方法和具体方法——纪念马克思诞辰 200 周年》,《经济学家》2018 年第 9 期。

　　[237]黎昔柒:《马克思政治经济学的价值立场及其启示》,《长沙理工大学学报(社会科学版)》2018 年第 5 期。

下篇　彻底的意识形态批判——顽强斗争性的坚定

马克思恩格斯对错误社会思潮的分析批判始终与实际的政治、社会斗争直接结合，从而展开彻底的意识形态批判，体现出坚定的顽强斗争性。正是在对各种错误社会思潮的分析批判中，马克思主义逐步取得并巩固其在工人运动中的指导地位。

19 世纪40—70 年代，能够反映马克思恩格斯全面、彻底的社会政治、意识形态批判的主要经典文本有：《1844 年经济学哲学手稿》《德意志意识形态》《哲学的贫困》《共产党宣言》《反杜林论》《政治冷淡主义》《巴枯宁〈国家制度和无政府状态〉一书摘要》《论权威》《行动中的巴枯宁主义者》《所谓国际内部的分裂》《社会主义者同盟和国际工人协会》《哥达纲领批判》《社会主义从空想到科学的发展》，等等。

在马克思主义一系列经典文本中，对于什么是社会主义、共产主义，以及社会主义、共产主义的本质特征是什么，如何划分社会主义、共产主义的发展阶段等问题都提出了原则性的规定，做出了科学的、客观的回答。在回答这些问题的同时，马克思主义经典作家们又在不断地分析、批判不同社会历史条件下各式各样的社会主义与共产主义，从某种意义上说，马克思主义、科学社会主义产生、发展的历程也是不断地对各式各样的社会主义与共产主义进行分析、批判，最终确立其立场、观点与科学理论体系的过程。

在《1844年经济学哲学手稿》中，马克思分析批判了粗陋的共产主义；在《德意志意识形态》中，马克思恩格斯分析批判了19世纪40年代独特的德国意识形态——"真正的社会主义"，分析批判其理论支柱，揭示其德国哲学前提，同时剖析其小资产阶级的阶级实质，进而指出其症结及本质所在。马克思恩格斯分析批判"真正的社会主义"的理论进路对于当今国内外关于什么是真正的社会主义、如何建设社会主义的相关讨论有着重要的启示与现实价值：坚持马克思主义是建设社会主义的理论基础和指导思想；坚持人民群众是进行社会主义实践的阶级基础；坚持理论与实践相结合多维度地思考并建设社会主义。在《共产党宣言》中，马克思恩格斯分析批判了当时流行的三类假社会主义，包括反动的社会主义、保守的或资产阶级的社会主义、批判的空想的社会主义和共产主义。分析批判了其产生的社会基础、主要表现、阶级实质和症结所在。其分析批判的当代价值主要可以概括为：科学社会主义的产生基于对大工业资本主义社会的准确定位以及人类社会发展规律的科学认识；科学社会主义的阶级实质是为无产阶级和人民群众谋利益的学说；科学社会主义理论要结合各国社会主义实践进一步丰富和发展。而对于以蒲鲁东为代表的资产阶级的社会主义思想的分析批判，在他们思想发展早期占据着重要的地位。以马克思的《哲学的贫困》《论蒲鲁东》（给约·巴·施韦泽的信）和恩格斯的《论住宅问题》等文本为主要代表。马克思恩格斯剖析了蒲鲁东资产阶级的社会主义的主要表现及其症结所在，包括"保障资产阶级社会的生存"的反动性、用"永恒公平"解决现实具体问题的抽象性、认为住房短缺问题是工人被剥削的直接后果等。这些分析批判对于在当代厘清科学社会主义与形形色色"社会主义"的界限，从而在科学社会主义理论的指导下进一步建设中国特色社会主义有着重要的理论与现实意义。

从某种意义上可以说，在第一国际存在的十多年时间里，马克思恩格斯分析批判的主要错误社会思潮就是拉萨尔主义和巴枯宁无政府主义。针对拉萨尔的错误以及拉萨尔死后拉萨尔主义在德国工人运动中的危害,马克思恩格斯通过《哥达纲领批判》等经典文本以及一系列通信,给予了拉萨尔主义严厉、坚决且全面、具体的批驳。马克思恩格斯分析批判了拉萨尔主义庸俗的社会主义分配理论、"铁的工资规律"以及关于"自由国家"的谬说;提出共产主义社会发展阶段学说,揭示国家的阶级本质,阐明过渡时期理论。今天重温马克思恩格斯经典文本对于拉萨尔主义的分析批判,对于我们正确理解社会主义社会的分配原则、深刻把握社会主义社会发展的长期性等都具有重要的启示。马克思恩格斯对于巴枯宁无政府主义进行分析批判,主要分析批判其主张消除一切国家、宣扬放弃一切政治斗争、否定一切权威等观点。今天重温马克思恩格斯对于巴枯宁无政府主义的分析批判,对于准确理解马克思主义相关论断、在中国特色社会主义初级阶段坚持人民民主专政以及坚决维护以习近平同志为核心的党中央权威都具有重要的启示意义。

恩格斯在《社会主义从空想到科学的发展》中,集中分析批判了空想社会主义的局限,指出,以圣西门、傅立叶、欧文为代表的第三代空想社会主义者"有一个共同点:他们都不是作为当时已经历史地产生的无产阶级的利益的代表出现的。他们和启蒙学者一样,并不是想首先解放某一个阶级,而是想立即解放全人类"①。之所以造成这样的局限,主要在于:"不成熟的理论,是同不成熟的资本主义生产状况、不成熟的阶级状况相适应的。"②总之,在恩格斯看来,19世纪以及在当时存在的各种社会主义的共同弊病在于:"对所有这些人来说,社会主义是绝对真理、理性和正义的表现"③,"由此只能得出一种折中的不伦不类的社会主义,这种社会主义实际上直到今天还统治着法国和英国大多数社会主义工人的头脑,它是由各学派创始人的比较温和的批判性言

---

① 《马克思恩格斯文集》第3卷,人民出版社2009年版,第525—526页。
② 《马克思恩格斯文集》第3卷,人民出版社2009年版,第528页。
③ 《马克思恩格斯文集》第3卷,人民出版社2009年版,第536页。

论、经济学原理和关于未来社会的观念组成的色调极为复杂的混合物……"①恩格斯在《社会主义从空想到科学的发展》中阐述空想社会主义产生的历史背景和历史条件、三大空想社会主义者的学说,概括了社会主义从空想到科学的发展历程;并且运用唯物史观的基本原理,系统考察了资本主义基本矛盾的历史发展,论述了资本主义社会的基本矛盾在于生产的社会化和生产资料的资本主义私人占有之间的矛盾,阐明了资本主义垄断组织的形成与社会主义革命的关系,论证了社会主义代替资本主义的历史必然性;提出科学社会主义是资本主义矛盾和冲突在工人阶级头脑中的反映,资本主义的矛盾和冲突是科学社会主义产生的物质经济根源;分析了社会主义革命的根本途径和依靠力量,描绘了从必然王国进入自由王国的未来社会的基本特征,确立了作为一门独立学科的科学社会主义的历史任务。这正是马克思恩格斯进行全面的社会、政治批判的最终落脚点,也是马克思主义理论、科学社会主义学说的核心所在。

---

① 《马克思恩格斯文集》第3卷,人民出版社2009年版,第537页。

第一章　独特的德国意识形态批判——分析批判"真正的社会主义"①

　　"真正的社会主义"是 19 世纪 40 年代在德国出现的一种社会思潮。虽然在马克思恩格斯看来,"真正的社会主义""不过是无产阶级的共产主义和英国法国那些或多或少同它相近的党派在德国精神天国以及我们将要看到的德国情感天国中的变容而已"②。"他们把法国人的思想翻译成德意志意识形态家的语言,任意捏造共产主义和德意志意识形态之间的联系,这样就形成了所谓'真正的社会主义'"③。但是,在当时,"'真正的'社会主义像瘟疫一样流行起来了"④。

　　与"真正的社会主义"在 19 世纪 40 年代的社会表现及其影响相类似,当代形形色色的社会主义也称自己才是真正的社会主义,它们在社会生活中也产生了一定的影响。那么,什么才是真正的社会主义? 如何辨析当代各式各

---

①　本章以题目为《马克思恩格斯对"真正的社会主义"的分析批判及其当代启示》全文刊载于《当代世界与社会主义》2017 年第 6 期。全文被中国人民大学报刊复印资料《马克思列宁主义研究》2018 年第 3 期全文转载;中央党校主管《党政干部参考》2018 年 1 月(下)全文转载。原文注释所用体例现修改为本专著所用体例;个别标题文字表述有所修改。

②　《马克思恩格斯文集》第 1 卷,人民出版社 2009 年版,第 589—590 页。

③　《马克思恩格斯文集》第 1 卷,人民出版社 2009 年版,第 589 页。

④　《马克思恩格斯文集》第 2 卷,人民出版社 2009 年版,第 59 页。

样的社会主义思潮及其实质？回溯马克思恩格斯在 19 世纪 40 年代分析批判
"真正的社会主义"思潮的理论进路,对于今天在意识形态领域进行关于什么
是真正的社会主义、如何进行社会主义建设的科学探究,有着重要的理论启示
与现实价值。

第一节 "真正的社会主义"是 19 世纪
40 年代独特的德国意识形态

马克思恩格斯认为,作为在 19 世纪 40 年代"流行起来"的一种社会思
潮,"真正的社会主义"是由德国的一些知识分子即"德国的哲学家、半哲学家
和美文学家"搞起来的。[①] 其影响表现在多个领域,"给一批青年德意志的美
文学家、江湖医生和其他著作家打开了利用社会运动的大门。⋯⋯'真正的
社会主义'就是最完备的社会文学运动"[②]。这场"运动"的主要代表人物有:
莫泽斯·赫斯(Moses Hess)、卡尔·格律恩(Karl Grain)、海尔曼·泽米希
(Hermann Zemich)、鲁道夫·马特伊(Rudolf Matei)、卡尔·倍克(Karl
Baker)、海·克利盖(Hay Kriege)等。这些"真正的社会主义"者批判资本主
义,宣扬其"社会主义"思想,反对无产阶级革命运动。其中,青年黑格尔派的
主要代表人物莫泽斯·赫斯是"真正的社会主义"理论的主要提出者,其相关
思想主要集中于《社会主义和共产主义》《人类的神圣历史》等著作之中,由其
主编的《社会明鉴》是宣传"真正的社会主义"的重要阵地。[③]

总体而言,"真正的社会主义"可以说是不顾 19 世纪 40 年代德国经济社
会现实基础而"披上一件用思辨的蛛丝织成的、绣满华丽辞藻的花朵和浸透

---

① 《马克思恩格斯文集》第 2 卷,人民出版社 2009 年版,第 57 页。
② 《马克思恩格斯文集》第 1 卷,人民出版社 2009 年版,第 590 页。
③ 参见聂锦芳:《〈德意志意识形态〉对"真正的社会主义"思潮的批判》,《马克思主义研
究》2007 年第 3 期。

甜情蜜意的甘露的外衣"①的德国意识形态。

一、德国落后的社会经济制度是"真正的社会主义"产生的现实基础

对于"真正的社会主义"产生的社会经济基础,马克思曾在《〈黑格尔法哲学批判〉导言》中这样描述道:"在法国和英国行将完结的事物,在德国现在才刚刚开始。这些国家在理论上激烈反对的、然而却又像戴着锁链一样不得不忍受的陈旧腐朽的制度,在德国却被当做美好未来的初升朝霞而受到欢迎,这个美好的未来好不容易才敢于从**狡猾的**理论向最无情的实践过渡。⋯⋯那里,正涉及解决问题;这里,才涉及冲突。"②这也就是说,德国的社会经济制度较之同时期的英法要落后很多,在法国和英国意欲摆脱的社会制度,在德国却正准备张开双臂拥抱它;在法国和英国理论上正在反对的东西,在德国却打算把其运用于实践中。又仿佛慢了几个节拍,在德国刚开始流行的事物,在法国和英国却即将走向结束;在法国和英国正致力于解决社会矛盾和阶级冲突,在德国社会矛盾和阶级冲突却才初露端倪。因此,德国的社会生活中也就没有暴露出如法国和英国明显的阶级矛盾,存在着的是大量的中间人群。由此,试图代表大量中间人群意志的社会思潮则应运而生。

马克思恩格斯在《德意志意识形态》中进一步揭示道:"由于德国实际存在的各种关系,不可避免地形成了这个中间派别,不可避免地产生了想把共产主义和流行观念调和起来的企图。同样不可避免的是:许多曾以哲学为出发点的德国共产主义者,正是经过这样的过渡而走向了并且继续走向共产主义,而其他那些不能摆脱意识形态羁绊的人则宣传这种'真正的社会主义',直到寿终正寝。"③由"中间派别"制造的思想势必企图调和、折中各种流行观念和

---

① 《马克思恩格斯文集》第2卷,人民出版社2009年版,第60页。
② 《马克思恩格斯文集》第1卷,人民出版社2009年版,第8页。
③ 《马克思恩格斯文集》第1卷,人民出版社2009年版,第590页。

说法,以迎合德国社会生活中大量的中间人群,这正是"真正的社会主义"得以产生并流行起来的德国社会现实基础。

二、德国的"哲学"是"真正的社会主义"借以表征其思想的外壳

具有调和、折中色彩的"真正的社会主义"的产生有了可立足的德国社会现实基础,然而,作为中间派别思想和意志的代言人,可以通过什么样的、易于为德国人所接受的形式来表征舶来的法国思想呢? 这就是让德国人引以为傲的德国思想体系,即德国的"哲学"。一如马克思恩格斯犀利地指出的,"德国著作家的唯一工作,就是把新的法国的思想同他们的旧的哲学信仰调和起来,或者毋宁说,就是从他们的哲学观点出发去掌握法国的思想。""这种在法国人的论述下面塞进自己哲学词句的做法,他们称之为'行动的哲学'、'真正的社会主义'、'德国的社会主义的科学'、'社会主义的哲学论证',等等。"①

就这样,由于 19 世纪 40 年代的德国缺乏英法的社会经济基础,德国的"真正的社会主义"的产生就以德国的思想体系为根基,即借用德国的"哲学"作为其表征的外壳,从而简单而拙劣地复制了法国的思想。虽然"法国的社会主义和共产主义的文献是在居于统治地位的资产阶级的压迫下产生的,并且是同这种统治作斗争的文字表现,这种文献被搬到德国的时候,那里的资产阶级才刚刚开始进行反对封建专制制度的斗争"②。但是,正如马克思和恩格斯在《共产党宣言》中所揭示的,"真正的社会主义"者采用这样的做法:"他们在法国的原著下面写上自己的哲学胡说。例如,他们在法国人对货币关系的批判下面写上'人的本质的外化',在法国人对资产阶级国家的批判下面写上所谓'抽象普遍物的统治的扬弃',等等。"于是,"法国的社会主义和共产主义

① 《马克思恩格斯文集》第 2 卷,人民出版社 2009 年版,第 58 页。
② 《马克思恩格斯文集》第 2 卷,人民出版社 2009 年版,第 57 页。

的文献就这样被完全阉割了"①。因为"在这种著作从法国搬到德国的时候，法国的生活条件却没有同时搬过去"，最终的结果则是，"在德国的条件下，法国的文献完全失去了直接实践的意义，而只具有纯粹文献的形式。它必然表现为关于真正的社会、关于实现人的本质的无谓思辨"②。"真正的社会主义"一如其他的德国思想体系一样，在纯粹精神的、思辨的文献中进行关于人的问题的阐述。由于其探讨抛开现实的社会根基，其结果只能是徒具无谓形式的无意义的空论，而毫无实际的应用价值。因此，"声称以'科学'为基础的'真正的社会主义'，本身首先就是一种秘传的科学；它的理论著作只供那些熟知'思维着的精神'的奥秘的人阅读"③。

总之，作为19世纪40年代独特的德国意识形态，"真正的社会主义"就是一方面不顾当时德国经济社会现实基础，另一方面以德国的思想体系为根基，即德国的"哲学"成为其借以表征的外壳，从而对法国的思想进行了简单而拙劣复制的社会思潮。

第二节　分析批判的主要内容：
理论支柱与阶级基础

马克思恩格斯在他们的很多文本中都对"真正的社会主义"进行了分析批判。1845年恩格斯写了《"傅立叶论商业的片断"的前言和结束语》，可以说是第一次公开批评了"真正的社会主义"。④ 往前追溯，对于"真正的社会主义"进行附带性分析批判的文本有《共产主义和奥格斯堡"总汇报"》

---

① 《马克思恩格斯文集》第2卷，人民出版社2009年版，第58页。
② 《马克思恩格斯文集》第2卷，人民出版社2009年版，第57—58页。
③ 《马克思恩格斯文集》第1卷，人民出版社2009年版，第590页。
④ 参见许永璋：《马克思、恩格斯反对"真正的社会主义"的斗争——学习〈共产党宣言〉笔记之一》，《郑州大学学报（哲学社会科学版）》1975年第3期。

(1842)、《1844 年经济学哲学手稿》等。而从 1845 年起,马克思恩格斯对于
"真正的社会主义"分析批判的理论著作主要有:1845—1846 年马克思恩格斯
合写的《德意志意识形态》,1846 年底到 1847 年初恩格斯写的《诗歌和散文中
的德国社会主义》《"真正的社会主义者"》,1847 年马克思的《驳卡尔·格律
恩》、恩格斯的《德国的制宪问题》《共产主义原理》等。1847 年底到 1848 年
初,马克思恩格斯合写的《共产党宣言》,算是对"真正的社会主义"进行了总
结性的清算。之后,恩格斯在 1886 年写的《路德维希·费尔巴哈和德国古典
哲学的终结》一书中,再一次地批判了"真正的社会主义"。在对"真正的社会
主义"进行分析批判的过程中,马克思恩格斯还针对"真正的社会主义"的主
要代表人物及其代表作进行了分析批判,如对海尔曼·泽米希及其《共产主
义、社会主义与人道主义》,对卡尔·格律恩及其《德国公民手册》等进行了批
判。此外,恩格斯还在其评论文章《诗歌和散文中的德国社会主义》中,对带
有"真正的社会主义"思潮特征的文学诗歌进行了批判,比如对卡尔·倍克及
其诗集《穷人之歌》、卡尔·格律恩及其著作《从人的观点论歌德》等进行了批
判和清算。①

　　总体上看,马克思恩格斯分析批判"真正的社会主义"的理论进路,仍然
沿用他们一贯的做法,即选择分析批判对象的有关著作或文章展开辨析,抽丝
剥茧、有的放矢地进行批判,再进一步正面阐发他们自己的看法和观点。他们
不仅分析批判"真正的社会主义"的理论支柱,揭示其德国哲学前提,同时剖
析其小资产阶级的阶级实质,进而指出其症结及本质所在。

一、错误的理论支柱

　　正如有学者指出的,"真正的社会主义"的主要理论支柱之一是强调人的
生物性,即把人的本质同自然界事物等同起来,并以对于人的本质的如此认识

---

　　① 参见杨希:《"真正的社会主义"批判及其当代启示——基于〈德意志意识形态〉文本的
研究》,《皖西学院学报》2015 年第 3 期。

作为其实现社会变革的出发点。在此基础上,"真正的社会主义"的主要理论支柱之二则是从生物性的人的本质出发,"宣扬普遍的人类之爱"①,"爱"成为"真正的社会主义"者批判资本主义,解决社会弊病的出发点。通过建立所谓"爱的宗教",从而恢复人性,进而改造社会。② 在"真正的社会主义"看来,人的本质同自然界存在的事物一样在于人的自然本质,即人的本质在于人的生物性。但是,这样的本质在资本主义社会发生了异化。因为在资本主义社会,"利己主义到处蔓延流行,象毒药一样阻止了自由精神和纯粹人性的发扬"③。在这样的社会中,人违背其自然本质,成为追求金钱的奴隶,变得利己、自私。因此,为使人从利己走向利他,扬弃异化了的人的本质,恢复人的真正本质,需要让人接受"爱"的教育和训练。

基于上述理论支柱,"真正的社会主义"反对用暴力推翻旧的社会制度,建立一种新的社会制度。"真正的社会主义"认为,主张用暴力推翻旧的社会制度的观点,这是"粗陋的"共产主义的表现。在"真正的社会主义"者那里,社会主义成为一种可接受的模式,在于其恢复了人的自然本性,是实现了"爱"即人类和谐的社会。

不同于"真正的社会主义"产生的错误理论支柱,马克思早在1845年的《关于费尔巴哈的提纲》中就已经旗帜鲜明地提出"人的本质不是单个人所固有的抽象物,在其现实性上,它是一切社会关系的总和"④。马克思反对人具有抽象的人性的观点,认为人的本质是"社会关系的总和",即人是客观的、具体的、历史的存在,人的本质是在社会历史过程中不断发展变化的。在《德意志意识形态》中,马克思恩格斯更是阐明其关于现实的人的历史唯物主义的

---

①　《马克思恩格斯文集》第 1 卷,人民出版社 2009 年版,第 590 页。

②　参见吴根梁:《共产主义是"消灭现存状况的现实的运动"——马克思对德国"真正的社会主义"的批判》,《复旦学报(社会科学版)》1983 年第 2 期。

③　转引自[法]奥古斯特·科尔纽:《马克思恩格斯传》第 3 卷,刘丕坤、王以铸等译,生活·读书·新知三联书店 1980 年版,第 32 页。

④　《马克思恩格斯文集》第 1 卷,人民出版社 2009 年版,第 505 页。

基本观点。"全部人类历史的第一个前提无疑是有生命的个人的存在。"①
"我们的出发点是从事实际活动的人","不是处在某种虚幻的离群索居和固
定不变状态中的人,而是处在现实的、可以通过经验观察到的,在一定条件下
进行的发展过程中的人"②。在马克思恩格斯看来,人不是抽象的人,是现实
的、处在一定社会关系中的人。在关于人的社会本质如此认识的基础之上,马
克思恩格斯进一步阐述了通过共产主义运动,消灭资本主义私有制,进入共产
主义社会,从而实现人的真正本质的观点。"无产者,为了实现自己的个性,
就应当消灭他们迄今面临的生存条件,消灭这个同时也是整个迄今为止的社
会的生存条件,即消灭劳动。"③无产者只有通过反对现存社会制度的共产主
义运动,才能获得自身解放的条件,实现其自由而全面的发展。而"共产主义
和所有过去的运动不同的地方在于:它推翻一切旧的生产关系和交往关系的
基础,并且第一次自觉地把一切自发形成的前提看做是前人的创造,消除这些
前提的自发性,使这些前提受联合起来的个人的支配"④。"共产主义对我们
来说不是应当确立的**状况**,不是现实应当与之相适应的**理想**。我们所称为共
产主义的是那种消灭现存状况的**现实的**运动。"⑤马克思恩格斯指出只有通过
消灭"现存状况的"现实的共产主义运动,才能建立一种新的社会制度,一种
无产者在其中获得自由、实现其本质的社会。这和"真正的社会主义"者反对
用暴力推翻旧的社会制度,企图通过"爱"来改造社会,实现抽象的"爱"的社
会的论调截然相反。

二、混杂的德国哲学前提

马克思和恩格斯在《德意志意识形态》中对"真正的社会主义"的哲学前

---

① 《马克思恩格斯文集》第 1 卷,人民出版社 2009 年版,第 519 页。
② 《马克思恩格斯文集》第 1 卷,人民出版社 2009 年版,第 525 页。
③ 《马克思恩格斯文集》第 1 卷,人民出版社 2009 年版,第 573 页。
④ 《马克思恩格斯文集》第 1 卷,人民出版社 2009 年版,第 574 页。
⑤ 《马克思恩格斯文集》第 1 卷,人民出版社 2009 年版,第 539 页。

提做出了意识形态意义上的分析批判。马克思和恩格斯将"真正的社会主义"定性为德意志意识形态或者说德国哲学与空想社会主义学说拼凑而成的、打上了小资产阶级烙印的社会学说。马克思恩格斯认为,"真正的社会主义"的主要哲学前提是黑格尔的思辨哲学和费尔巴哈的人道主义哲学。

首先,马克思恩格斯揭示了"真正的社会主义"对于黑格尔哲学具有明显的依赖关系。马克思恩格斯指出,"这些'社会主义者',或者像他们自称的所谓'真正的社会主义者',认为外国的共产主义文献并不是现实运动的表现和产物,而是纯理论的著作,这些著作像他们想象中的德国哲学体系一样,完全是从'纯粹的思想'中产生的"①。因此,他们要赋予自己这样的"使命":"揭示共产主义和社会主义的**真理**,揭示绝对的社会主义、'**真正的**社会主义'。"②"真正的社会主义"是从思想出发,是逻辑思辨的产物,而不是立足于经济社会发展的基础。因为"他们并没有考虑到,这些著作即使在宣传某些体系,也是以实际的需要为基础的,是以一定国家的一定阶级的整个生活条件为基础的"。"这些'真正的社会主义者'禁锢于德意志意识形态,因而不可能去考察现实的关系。"③而任何思想体系的产生,都是以现实的社会生活条件为基础,为满足实际的社会生活需要而提出;"真正的社会主义"却无视现实的社会关系,仅仅停留于思辨的思想体系当中,这正是黑格尔哲学的典型特征。

同时,马克思恩格斯还揭示了"真正的社会主义"对于费尔巴哈人道主义哲学的依赖。正如恩格斯所指出的,"真正的社会主义"的出发点正是费尔巴哈哲学的两个缺陷。"我们不应当忘记,从1844年起在德国的'有教养的'人们中间像瘟疫一样传播开来的'真正的社会主义',正是同费尔巴哈的这两个弱点紧密相连的。它以美文学的词句代替了科学的认识,主张靠'爱'来实现

---

① 《马克思恩格斯文集》第1卷,人民出版社2009年版,第588页。
② 《马克思恩格斯文集》第1卷,人民出版社2009年版,第589页。
③ 《马克思恩格斯文集》第1卷,人民出版社2009年版,第588页。

人类的解放,而不主张用经济上改革生产的办法来实现无产阶级的解放,一句话,它沉溺在令人厌恶的美文学和泛爱的空谈中了。"①在恩格斯看来,"真正的社会主义"与费尔巴哈一样,一方面以华丽的辞藻装饰其思想,而不是阐释客观、理性的科学认识;一方面奢谈普遍之爱的人类解放。因此,结果就是走进了费尔巴哈的窠臼,即更多地以抽象的人为出发点,而非观照现实中具体、真实的人。"他们把这些一定的个人关于他们自身关系的思想解释成好像这些思想是关于'人'的思想。这样一来,他们就从现实的历史基础回到意识形态的基础上去,而且,由于他们没有认识到现实的联系,因而就很容易用'绝对的'或者别的意识形态的方法来虚构幻想的联系。"②这样,在社会历史领域,"真正的社会主义"也就与费尔巴哈一样,抛开现实的社会关系,走向抽象的思想关系中认识人类社会历史,陷入了历史唯心主义。

总之,由于"真正的社会主义"明显依赖于黑格尔思辨哲学以及费尔巴哈人道主义哲学体系,导致其脱离现实的社会关系、社会经济基础,宣扬所谓"社会主义",诉诸所谓德国人的"情感",实际上是把社会主义、共产主义人道主义化,从而把自身降低为一般的道德说教,而不能成为一种科学的理论学说。正如马克思恩格斯深刻批判的:"他们企图用德国的特别是黑格尔和费尔巴哈的意识形态,来阐明社会主义和共产主义文献的思想,而这些思想对他们来说却是完全无法解释的,一方面是由于他们对这些思想的纯粹文献上的联系甚至一无所知,另一方面是由于上面已经提到过的他们对这类文献的错误了解。他们把这些共产主义的体系、评论和论战性著作同现实运动割裂开来,其实这些体系、评论和著作不过是现实运动的表现;然后,他们又任意把这些体系、评论和著作同德国哲学联系起来。他们把一定的、受历史条件制约的生活领域的意识同这些生活领域割裂开来,并且用真正的、绝对的意识即德国

---

① 《马克思恩格斯文集》第4卷,人民出版社2009年版,第275—276页。
② 《马克思恩格斯文集》第1卷,人民出版社2009年版,第589页。

哲学的意识来衡量这个意识。"①这正是"真正的社会主义"的症结所在。

三、小资产阶级阶级基础

"真正的社会主义"之所以能够"像瘟疫一样流行起来",重要的原因在于其成为了德国小资产阶级的代言人。"在德国,16 世纪遗留下来的、从那时起经常以不同形式重新出现的小资产阶级,是现存制度的真实的社会基础。保存这个小资产阶级,就是保存德国的现存制度。"②德国的小市民、小资产阶级是"真正的社会主义"的阶级基础。小资产阶级出于自身利益的考量,一方面渴望社会变革,以使其经济政治诉求在社会生活中获得更多发声的机会;另一方面却又害怕社会革命,担心革命会推翻资产阶级政权,从而触及其经济利益。正如马克思恩格斯一针见血地指出的:"这个阶级胆战心惊地从资产阶级的工业统治和政治统治那里等候着无可幸免的灭亡,这一方面是由于资本的积聚,另一方面是由于革命无产阶级的兴起。在它看来,'真正的'社会主义能起一箭双雕的作用。"③他们既担心大工业革命及其带来的社会变化会导致其既得利益的丧失,又惧怕革命的无产阶级的崛起会危及其已获得的物质利益。

这样,"真正的社会主义"一方面从维护小私有制出发,批评资本主义,宣扬其所谓"社会主义"思想;一方面作为德国小资产阶级的思想理论,没有勇气号召推翻旧的社会制度,从而彻底改造社会,而只能沉溺于思辨领域,诉诸"德国情感",以挽救日趋灭亡的德国小资产阶级经济社会关系。马克思恩格斯揭示道:"它不再诉诸德国'思维着的精神',而是诉诸德国'情感'。而这样做对于'真正的社会主义'说来是再容易不过的,因为它所关心的既然已经不是现实的人而是'人',所以它就丧失了一切革命热情,它就不是宣扬革命热

---

① 《马克思恩格斯文集》第 1 卷,人民出版社 2009 年版,第 589 页。
② 《马克思恩格斯文集》第 2 卷,人民出版社 2009 年版,第 59 页。
③ 《马克思恩格斯文集》第 2 卷,人民出版社 2009 年版,第 59 页。

情,而是宣扬普遍的人类之爱了。因此,它不是求助于无产者,而是求助于德国人数最多的两类人,求助于小资产者及其博爱的幻想以及这些小资产者的意识形态家,即哲学家和哲学学徒;总之,它求助于德国现在流行的'平常的'和不平常的意识。"①"真正的社会主义"惧怕资本主义的发展,反对无产阶级的革命运动;他们不是立足于无产阶级的立场和根本利益,而是企图通过社会各阶层的所谓合作,使小生产者摆脱大资产阶级的剥削和压迫,进而实现其"真正的社会主义"。

因此,最终的结果便是:"这种社会主义成了德意志各帮专制政府及其随从——僧侣、教员、容克和官僚求之不得的、吓唬来势汹汹的资产阶级的稻草人。这种社会主义是这些政府用来镇压德国工人阶级起义的毒辣的皮鞭和枪弹的甜蜜的补充。"这样,"真正的社会主义"所立足的阶级基础、代表的阶级性质则暴露无遗。"既然'真正的'社会主义就这样成了这些政府对付德国资产阶级的武器,那么它也就直接代表了一种反动的利益,即德国小市民的利益。"②马克思恩格斯鞭辟入里地道出了"真正的社会主义"的小资产阶级阶级基础,指出了其代表的是小资产阶级的利益。

第三节　分析批判的当代启示:社会主义建设的理论指导与实践相统一

由上文分析可知,马克思恩格斯正是在对"真正的社会主义"进行分析批判的过程中实现了对于德意志意识形态错误思想的清算,从而完成了他们唯物史观的思想建构。梳理马克思恩格斯分析批判"真正的社会主义"的理论进路,对于辨析当代各式各样社会主义,在意识形态领域进行关于什么是社会主义、如何建设社会主义的探索有重要的理论启示与现实价值。

---

① 《马克思恩格斯文集》第1卷,人民出版社2009年版,第590页。
② 《马克思恩格斯文集》第2卷,人民出版社2009年版,第59页。

习近平总书记在回顾科学社会主义发展历程时曾经明确指出："科学社会主义基本原则不能丢，丢了就不是社会主义。"[1]这里实际上提出了一个判断社会主义的标准问题，即坚持科学社会主义基本原则才是社会主义；反之，反对甚至否定科学社会主义基本原则，则不是社会主义。早在 1979 年 3 月 30 日，邓小平同志代表中共中央在北京召开的理论工作务虚会上作了题为《坚持四项基本原则》的讲话，邓小平同志指出，四项基本原则是一个完整的体系，缺一不可。"如果动摇了这四项基本原则中的任何一项，那就动摇了整个社会主义事业"[2]。维护四项基本原则，就是坚持了社会主义；抛弃四项基本原则，就是否定了社会主义。1987 年 10 月，党的十三大把"四项基本原则"作为重要内容写进了党在社会主义初级阶段的基本路线中。坚持"四项基本原则"就是要坚持社会主义道路，坚持人民民主专政，坚持共产党的领导，坚持马列主义、毛泽东思想。因此，在回答什么是社会主义、如何建设社会主义等问题上，既要坚持马克思主义是建设社会主义的理论基础和指导思想，又要坚持人民群众是进行社会主义实践的阶级基础，同时要坚持理论与实践相结合多维度地思考并建设社会主义。

一、坚持马克思主义是建设社会主义的理论基础和指导思想

科学社会主义在实践中始终坚持以马克思主义为唯一的指导思想，马克思主义是社会主义实践的理论支柱、理论基础，反对指导思想多元化。而一如 19 世纪德国的"真正的社会主义"的理论基础和主导思想是生物性的人、德国思想体系，当代一些所谓社会主义否认马克思主义是唯一科学的社会主义理论，主张指导思想的多元性，其最主要的特征就是放弃马克思主义作为社会主义国家的理论基础地位，抛弃马克思主义在意识形态领域的指导地位，奉行多元化的世界观作为理论基础和指导思想，这显然与科学社会主义的基本原则

---

① 《习近平谈治国理政》第一卷，外文出版社 2018 年版，第 22 页。
② 《邓小平文选》第 2 卷，人民出版社 1994 年版，第 173 页。

相背离。

中国共产党是无产阶级的政党,中国共产党正在带领中国各族人民进行中国特色社会主义的实践,在中国特色社会主义的实践中继续朝着实现中华民族伟大复兴的宏伟目标奋勇前进。正如党的十九大报告所指出的:"我们党坚持以马克思列宁主义、毛泽东思想、邓小平理论、'三个代表'重要思想、科学发展观为指导,坚持解放思想、实事求是、与时俱进、求真务实,坚持辩证唯物主义和历史唯物主义"。十九大报告提出了新时代中国特色社会主义思想,这一思想"是对马克思列宁主义、毛泽东思想、邓小平理论、'三个代表'重要思想、科学发展观的继承和发展,是马克思主义中国化最新成果,是党和人民实践经验和集体智慧的结晶,是中国特色社会主义理论体系的重要组成部分,是全党全国人民为实现中华民族伟大复兴而奋斗的行动指南,必须长期坚持并不断发展。"而在报告第二部分"二、新时代中国共产党的历史使命"中尤其强调"我们党要始终成为时代先锋、民族脊梁,始终成为马克思主义执政党,自身必须始终过硬"①。因此,马克思主义自始至终是中国特色社会主义实践的理论支柱和理论基础,是中国特色社会主义实践的领导者——中国共产党的指导思想。

二、坚持人民群众是进行社会主义实践的阶级基础

不同于"真正的社会主义"立足于小资产阶级阶级基础、代表的是小资产阶级的利益,科学社会主义坚持人民群众是社会历史的创造者,坚持人民群众是社会主义实践和共产主义运动的阶级基础。

在马克思主义产生之前,在人类社会认识史上占主导地位是唯心史观,其主要缺陷之一就是根本否认人民群众在历史发展中的决定作用。马克思发现了人类社会发展的客观规律,创立了唯物史观,第一次科学地回答了谁是历史

---

① 习近平:《决胜全面建成小康社会　夺取新时代中国特色社会主义伟大胜利——在中国共产党第十九次全国代表大会上的报告》,《人民日报》2017 年 10 月 28 日。

的创造者、怎样看待人民群众和个人的历史作用等人类社会认识史上长期困扰人们的难题。以马克思主义为理论基础和指导思想的中国共产党提出了群众观点和群众路线,坚持在社会主义实践中把人民群众作为其进行社会主义建设的阶级基础,这是马克思主义基本原理有效运用的极好体现。

习近平总书记上任伊始在中央政治局常委中外记者见面会上的讲话中就指出:"人民是历史的创造者,群众是真正的英雄。人民群众是我们力量的源泉。""我们一定要始终与人民心心相印、与人民同甘共苦、与人民团结奋斗,夙夜在公,勤勉工作,努力向历史、向人民交出一份合格的答卷。"①而在党的十九大报告开始部分更是特别强调:"中国共产党人的初心和使命,就是为中国人民谋幸福,为中华民族谋复兴。这个初心和使命是激励中国共产党人不断前进的根本动力。全党同志一定要永远与人民同呼吸、共命运、心连心,永远把人民对美好生活的向往作为奋斗目标。"②

据统计,党的十九大报告使用"人民"二字的频次超过 200 次,在一定意义上可以体现出中国共产党为人民谋幸福的初心。如在报告第三部分提出的新时代坚持和发展中国特色社会主义的 14 条基本方略中,第二条特别指出:"坚持以人民为中心。人民是历史的创造者,是决定党和国家前途命运的根本力量。必须坚持人民主体地位,坚持立党为公、执政为民,践行全心全意为人民服务的根本宗旨,把党的群众路线贯彻到治国理政全部活动之中,把人民对美好生活的向往作为奋斗目标,依靠人民创造历史伟业。"其他几条方略则处处体现出中国共产党新时代坚持和发展中国特色社会主义的出发点和落脚点是为人民谋福祉。如:"坚持人民当家作主";"为人民提供精神指引";"保证全体人民在共建共享发展中有更多获得感,不断促进人的全面发展、全体人民共同富裕";"为人民创造良好生产生活环境";"以人民安全为宗旨";"始

---

① 《习近平谈治国理政》第一卷,外文出版社 2018 年版,第 5 页。

② 习近平:《决胜全面建成小康社会 夺取新时代中国特色社会主义伟大胜利——在中国共产党第十九次全国代表大会上的报告》,《人民日报》2017 年 10 月 28 日。

终保持党同人民群众的血肉联系";等等。报告的第八部分则指出"为什么人的问题,是检验一个政党、一个政权性质的试金石"。因此,"带领人民创造美好生活,是我们党始终不渝的奋斗目标。必须始终把人民利益摆在至高无上的地位,让改革发展成果更多更公平惠及全体人民,朝着实现全体人民共同富裕不断迈进"。"党的一切工作必须以最广大人民根本利益为最高标准。我们要坚持把人民群众的小事当作自己的大事,从人民群众关心的事情做起,从让人民群众满意的事情做起,带领人民不断创造美好生活!"①

三、坚持理论与实践相结合多维度地思考并建设社会主义

与什么是社会主义密切相关的问题是关于如何走社会主义道路、怎样建设社会主义的探索。在这个问题上,马克思恩格斯在世时提出了一般原则性的主张,但并未给出具体的实施方案。因为正如恩格斯所指出的:"所谓'社会主义社会'不是一种一成不变的东西,而应当和任何其他社会制度一样,把它看成是经常变化和改革的社会。它同现存制度的具有决定意义的差别当然在于,在实行全部生产资料公有制(先是国家的)基础上组织生产。"②这一观点深刻揭示了社会主义社会发展的特点,是我们正确认识和建设社会主义的重要指南和理论依据,即一方面由于社会主义实践是在不断发展变化的,在社会主义实践中不能把马克思恩格斯在世时提出的关于社会主义的一般原则性主张当作教条套用社会主义现实;一方面也不能抛开马克思主义关于社会主义社会发展规律的认识任意、随意地篡改理论,并在篡改后的错误理论指导下进行社会建设。

中国共产党以马克思主义为理论基础和指导思想,在建设中国特色社会主义的实践中不断实现马克思主义理论与中国社会实际问题的有机结合,从

---

① 习近平:《决胜全面建成小康社会 夺取新时代中国特色社会主义伟大胜利——在中国共产党第十九次全国代表大会上的报告》,《人民日报》2017年10月28日。
② 《马克思恩格斯文集》第10卷,人民出版社2009年版,第588页。

而在理论上不断发展马克思主义,在实践中不断深入中国特色社会主义伟大工程。正如党的十九大报告所指出的:"时代是思想之母,实践是理论之源。""十八大以来,国内外形势变化和我国各项事业发展都给我们提出了一个重大时代课题,这就是必须从理论和实践结合上系统回答新时代坚持和发展什么样的中国特色社会主义、怎样坚持和发展中国特色社会主义"。①

党的十九大报告的一个重要思想是关于当代中国特色社会主义发展阶段的定位,即中国特色社会主义进入了新时代,由此得出的重大判断是社会主要矛盾出现的新变化。"中国特色社会主义进入新时代,我国社会主要矛盾已经转化为人民日益增长的美好生活需要和不平衡不充分的发展之间的矛盾。"然而,报告同时还强调,"必须认识到,我国社会主要矛盾的变化,没有改变我们对我国社会主义所处历史阶段的判断,我国仍处于并将长期处于社会主义初级阶段的基本国情没有变,我国是世界最大发展中国家的国际地位没有变"②。这是中国共产党作为马克思主义的、无产阶级人民群众的政党坚持实践第一、一切从实际出发的基本态度。正是在这样的定位和判断的基础上,报告提出了新时代中国特色社会主义思想并全面阐述了新时代坚持和发展中国特色社会主义的十四条基本方略,这正是中国共产党根据新的实践对中国新时代经济、政治、法治、科技、文化、教育、民生、民族、宗教、社会、生态文明、国家安全、国防和军队、"一国两制"和祖国统一、统一战线、外交、党的建设等各方面作出的理论分析和政策指导,从而有利于更好坚持和发展中国特色社会主义。

总之,在建设社会主义的过程中,首要的是在马克思主义、科学社会主义理论的指导之下,立足于社会主义国家的建设实践,着眼于人民群众的利益,

---

① 习近平:《决胜全面建成小康社会 夺取新时代中国特色社会主义伟大胜利——在中国共产党第十九次全国代表大会上的报告》,《人民日报》2017 年 10 月 28 日。

② 习近平:《决胜全面建成小康社会 夺取新时代中国特色社会主义伟大胜利——在中国共产党第十九次全国代表大会上的报告》,《人民日报》2017 年 10 月 28 日。

以人的自由全面发展为宗旨,理论与实践相结合、多维度地思考社会主义理论,在正确理论的指导之下建设社会主义。

综上所述,"真正的社会主义"是19世纪40年代德国经济社会现实基础与法国思想舶来品结合的独特样式,是当时德国意识形态的一种具体表征。"真正的社会主义"的主要理论支柱一是强调人的生物性,把人的本质同自然界事物等同起来,一是从生物性的人的本质出发,"宣扬普遍的人类之爱"。其主要哲学前提是黑格尔的思辨哲学和费尔巴哈的人道主义哲学;德国的小市民、小资产阶级是"真正的社会主义"的阶级基础。马克思和恩格斯正是在对"真正的社会主义"进行分析批判的过程中实现了对于德意志意识形态错误思想的清算,从而完成了他们唯物史观的思想建构。马克思恩格斯分析批判"真正的社会主义"的理论进路对于当今国内外关于什么是真正的社会主义、如何建设社会主义的相关讨论有着重要的启示与现实价值:坚持马克思主义是建设社会主义的理论基础和指导思想,坚持人民群众是进行社会主义实践的阶级基础,坚持理论与实践相结合多维度地思考并建设社会主义。

参考文献

[1]马克思:《共产主义和奥格斯堡"总汇报"》,载《马克思恩格斯全集》第1卷,人民出版社2002年版。

[2]马克思:《1844年经济学哲学手稿》,载《马克思恩格斯全集》第42卷,人民出版社1979年版。

[3]马克思、恩格斯:《德意志意识形态》,载《马克思恩格斯文集》第1卷,人民出版社2009年版。

[4]马克思、恩格斯:《共产党宣言》,载《马克思恩格斯文集》第2卷,人民出版社2009年版。

[5]《马克思恩格斯文集》第4卷,人民出版社2009年版。

[6]《邓小平文选》第2卷,人民出版社1994年版。

[7][法]奥古斯特·科尔纽:《马克思恩格斯传》第3卷,管士滨译,生活·读书·

新知三联书店 1980 年版。

[8]顾锦屏:《马克思恩格斯反对"真正的社会主义"的斗争——学习〈德意志意识形态〉的笔记》,《哲学研究》1964 年第 1 期。

[9]林京耀:《马克思恩格斯对"真正的社会主义"的批判及其理论意义》,《哲学研究》1964 年第 1 期。

[10]习近平:《决胜全面建成小康社会　夺取新时代中国特色社会主义伟大胜利——在中国共产党第十九次全国代表大会上的报告》,《人民日报》2017 年 10 月 28 日。

[11]卜红双:《马克思恩格斯对"真正的社会主义"的批判》,《科学社会主义》2008 年第 2 期。

[12]郭文亮、杨菲蓉:《关于正确认识中国特色社会主义的若干问题辨析》,《思想理论教育》2008 年第 21 期。

[13]吴根梁:《共产主义是"消灭现存状况的现实的运动"——马克思对德国"真正的社会主义"的批判》,《复旦学报(社会科学版)》1983 年第 2 期。

[14]许永璋:《马克思、恩格斯反对"真正的社会主义"的斗争——学习〈共产党宣言〉笔记之一》,《郑州大学学报》1975 年第 3 期。

[15]聂锦芳:《〈德意志意识形态〉研究中的"赫斯问题"》,《学习与探索》2006 年第 5 期。

[16]聂锦芳:《社会主义为什么不能建立在"哲学论证"的基础上——重温马克思、恩格斯对"真正的社会主义"哲学的批判》,《武汉大学学报(人文科学版)》2010 年第 5 期。

[17]聂锦芳:《是什么影响着思想家分析问题的深刻性——以马克思、恩格斯对格律恩的批判为例》,《学术研究》2011 年第 2 期。

[18]杨希:《"真正的社会主义"批判及其当代启示——基于〈德意志意识形态〉文本的研究》,《皖西学院学报》2015 年第 3 期。

[19]朱进东:《论马克思恩格斯对"真正的社会主义"哲学基础批判》,《江苏教育学院学报(社会科学版)》1997 年第 4 期。

[20]隋秀英:《试论马克思恩格斯对"真正的社会主义"的批判》,《绥化学院学报》2005 年第 5 期。

第二章　维护资本主义社会制度实质的揭示——分析批判蒲鲁东资产阶级的社会主义

从某种意义上说,科学社会主义产生、发展的进程也是马克思恩格斯不断地对各类"社会主义"思潮进行分析批判,最终确立其理论体系的过程,也是科学社会主义逐步成为工人运动指导思想的历程。在对形形色色"社会主义"思潮的分析批判中,其中对以蒲鲁东为代表的资产阶级的社会主义的分析批判在马克思恩格斯思想发展早期占据着重要地位。

总体而言,马克思恩格斯对蒲鲁东和蒲鲁东主义进行分析批判的经典文本主要有马克思恩格斯合著的《神圣家族,或对批判的批判所做的批判。驳布鲁诺·鲍威尔及其伙伴》(简称《神圣家族》)、《共产党宣言》(简称《宣言》)以及马克思的《哲学的贫困。答蒲鲁东先生的〈贫困的哲学〉》(简称《哲学的贫困》)、《1857—1858 年经济学手稿》、恩格斯的《论住宅问题》等。在1846—1847 年马克思恩格斯之间以及同其他工人运动活动家的一些通信中也涉及对蒲鲁东错误观点的看法,比较集中的论述如《恩格斯致布鲁塞尔共产主义通讯委员会》(1846 年 9 月 16 日)、《恩格斯致马克思》(1846 年 9 月 18 日)、《恩格斯致布鲁塞尔共产主义通讯委员会》(1846 年 10 月 23 日)、《马克思致帕维尔·瓦西里耶维奇·安年科夫》(1846 年 12 月 28 日)、《恩格斯致马克思》(1847 年 1 月 15 日)等,还有马克思的《论蒲鲁东》(给约·巴·施韦泽的信)(1865 年 1 月 24 日)、《马克思致约翰·巴蒂斯特·施韦泽》(1868 年 10 月 13 日)等通信,以及第一国际时期的《国际工人协会成立宣言》《国际工人协会共同章程》和《临时中央委员会就若干问题给代表的指示》等文章。

虽然恩格斯在 1887 年《论住宅问题》再版"序言"中曾指出,蒲鲁东主义在工人运动中的影响已经由 20 多年前作为欧洲国家工人阶级的"精神食粮",到如今"蒲鲁东的著作已经被遗忘而由《资本论》、《共产主义宣言》以及马克思学派的其他许多著作代替了"①,然而,对于蒲鲁东主义仍然有批判的必要,因为"蒲鲁东在欧洲工人运动史上曾经起过很大的作用,以致不能立即就被忘掉。……他仍然保持着他的历史意义"②。也就是说,研究现代社会主义,蒲鲁东是绕不过去的。因此,以马克思恩格斯一系列经典著作及通信为研究的文本基础,着重探究马克思恩格斯对蒲鲁东资产阶级的社会主义分析批判的立场、观点和方法,在当代仍然有着重要的理论意义与现实价值。

第一节　蒲鲁东资产阶级的社会主义的主要表现

马克思恩格斯在他们的一系列经典文本中鲜明地揭示了蒲鲁东资产阶级的社会主义的主要表现:一是为资产阶级代言的社会主义;一是把其说辞制作成有着演说辞令色彩的体系。

一、为资产阶级代言的社会主义

马克思恩格斯在《宣言》中揭示了资产阶级的社会主义的主要表现之一是:在社会生活的各个领域,都打着"资产者之为资产者,是为了工人阶级的

---

① 《马克思恩格斯文集》第 3 卷,人民出版社 2009 年版,第 241 页。
② 《马克思恩格斯文集》第 3 卷,人民出版社 2009 年版,第 242 页。

利益"①的旗号,实则是为资产阶级代言的社会主义,是迷惑工人的幌子。

在资产阶级的社会主义者看来,资产阶级的"自由贸易""保护关税",甚至是"单人牢房"②等做法都是出于工人阶级利益的考虑,而正是由于这些措施在改变着工人阶级的物质生活条件;同时也让工人感觉到资产阶级所采取的一切都是为了工人,并不断在改变着工人的物质生活条件。因此,只要资产阶级不断做出类似的具体行政改良,工人阶级的物质生活条件就会得到不断的改善,工人阶级也就无须进行政治变革。而且,政治变革也不会像物质生活条件的改变一样能够给工人阶级带来好处。于是,对于资产阶级来说,正是这种"不够系统、但是比较实际的形式",减少了其"统治费用",简化了其"财政管理",但是"丝毫不会改变资本和雇佣劳动的关系",然而,却"使工人阶级厌弃一切革命运动"③,不再愿意通过革命的途径、采取革命的方式,去废除资本主义生产关系。

恩格斯在《论住宅问题》中进一步分析批判了当时实际上的蒲鲁东主义者——米尔柏格关于资产者与工人利益一致的看法。《论住宅问题》是1872年5月到1873年1月恩格斯写的三篇文章的合集,在其中的"第三篇 再论蒲鲁东和住宅问题"中,恩格斯着重批判了米尔柏格在住宅问题上对蒲鲁东错误的延续,是实际上的"蒲鲁东主义"。在米尔柏格看来,"住宅问题并不是仅仅有关无产阶级的问题,**相反**,它同**真正的中间等级**,即小手工业者、小资产阶级、全体官僚有**极大**的利害关系……",并得出"**无产阶级的利益**和社会中**真正中间阶级的利益有绝对的内在同一性**。"④不难看出,这一观点和蒲鲁东的"资产者之为资产者,是为了工人阶级的利益"的口号如出一辙。正如恩格斯所做的分析:"既然小资产者的利益与工人的利益是内在地同一的,那么工

---

① 《马克思恩格斯文集》第2卷,人民出版社2009年版,第61页。
② 《马克思恩格斯文集》第2卷,人民出版社2009年版,第61页。
③ 《马克思恩格斯文集》第2卷,人民出版社2009年版,第61页。
④ 《马克思恩格斯文集》第3卷,人民出版社2009年版,第312页。

人的利益也就与小资产者的利益是内在地同一的了。"①这正是资产阶级的社会主义之所以号称为社会主义,但却是为资产阶级代言的社会主义的合理称谓。

二、把其说辞制作成有着演说辞令色彩的体系

马克思恩格斯在《宣言》中还揭示了资产阶级的社会主义的另一个主要表现是把一些看起来"安慰人心的观念制成半套或整套的体系","变成纯粹的演说辞令"。②

这些资产阶级的社会主义者包括当时一些所谓的"经济学家、博爱主义者、人道主义者、劳动阶级状况改善派、慈善事业组织者、动物保护协会会员、戒酒协会发起人以及形形色色的小改良家",为了更好地使他们的思想具有权威性,从而更容易迷惑工人,他们的思想"甚至被制成一些完整的体系"③,像耶路撒冷对于教徒是圣城需要去朝拜一样,他们"要求无产阶级"抛弃"关于这个社会的可恶的观念",帮助其"实现它的体系",实际上,是"要求无产阶级停留在现今的社会里"④,不做任何改变现状的努力,成为现成资本主义社会制度的维护者。

第二节　揭露蒲鲁东资产阶级的社会主义的症结和实质

虽然以蒲鲁东为代表的资产阶级的社会主义有着种种迷惑人的表现,但是,这些都掩盖不了其维护资产阶级统治的资本主义社会制度的反动性和阶

---

① 《马克思恩格斯文集》第3卷,人民出版社2009年版,第313页。
② 《马克思恩格斯文集》第2卷,人民出版社2009年版,第61页。
③ 《马克思恩格斯文集》第2卷,人民出版社2009年版,第60页。
④ 《马克思恩格斯文集》第2卷,人民出版社2009年版,第61页。

级实质,马克思恩格斯对此予以了深刻揭露。

一、剖析维护资本主义社会制度的反动性,坚持无产阶级立场

马克思恩格斯站在无产阶级立场上剖析了资产阶级的社会主义的实质在于维护资产阶级统治的资本主义社会,其阶级性和反动性显而易见。

马克思恩格斯在《宣言》中指出,资产阶级的社会主义虽然也口口声声要消除社会弊病,但是他们想要消除的是大工业资本家所主宰的现代资本主义社会的弊病,由此保证资产阶级的社会主义者所维护的小资产阶级的社会生存条件,也就是说,资产阶级的社会主义想保住由资产阶级统治的社会制度。"资产阶级中的一部分人想要消除社会的弊病,以便保障资产阶级社会的生存。"①他们尤其不希望看到通过社会革命的方式推翻现存的资本主义社会。这些"社会主义的资产者愿意要现代社会的生存条件,但是不要由这些条件必然产生的斗争和危险。他们愿意要现存的社会,但是不要那些使这个社会革命化和瓦解的因素"。因为"在资产阶级看来,它所统治的世界自然是最美好的世界"。因此,他们希望这个"最美好的世界"永远存在下去,而不被无产阶级或是其他的革命阶级推翻。于是,"他们愿意要资产阶级,但是不要无产阶级"②。也就是说,他们实际上是与无产阶级根本对立的,他们不希望并企图阻止无产阶级通过社会革命的方式推翻现存的资本主义社会,由此使得资本主义生产关系继续存在,从而更有利于其进一步稳定生存,其阶级属性由此昭然若揭。

恩格斯在《论住宅问题》中对蒲鲁东资产阶级的社会主义的实质进一步进行了无情的揭露,认为蒲鲁东对于问题的解决"在实质上是资产阶级的"③。在《论住宅问题》"第一篇 蒲鲁东怎样解决住宅问题"中,恩格斯揭示道:"整

① 《马克思恩格斯文集》第 2 卷,人民出版社 2009 年版,第 60 页。
② 《马克思恩格斯文集》第 2 卷,人民出版社 2009 年版,第 61 页。
③ 《马克思恩格斯文集》第 3 卷,人民出版社 2009 年版,第 330 页。

个蒲鲁东主义都渗透着一种反动的特性:厌恶工业革命,时而公开时而隐蔽地表示希望把全部现代工业、蒸汽机、纺纱机以及其他一切坏东西统统抛弃,而返回到旧日的规规矩矩的手工劳动。"①因为在蒲鲁东看来,工业革命带来的大机器生产,"是一种极其可恶的事情,一种本来不应当发生的事情"②。总之,"越是深入地考察蒲鲁东主义,就越能看出它的反动性"③。其反动性不仅在于反对的是大工业社会,而且更在于要从根本上维护资本主义社会制度。"至于真正同工人有关的重大问题,即资本家与雇佣工人的关系问题,资本家怎样靠自己的工人的劳动来发财的问题,我们的蒲鲁东主义者却只字不提。"④《恩格斯致布鲁塞尔共产主义通讯委员会》的信中也明确表示,所谓"真正的社会主义"实质上"是反无产阶级的",是"小资产阶级的"⑤。马克思更是一针见血地指出:"蒲鲁东先生彻头彻尾是个小资产阶级的哲学家和经济学家。"⑥

与之相反,早在1847年马克思针对蒲鲁东的著作《经济矛盾体系,或贫困的哲学》撰写的《哲学的贫困》,就基于对蒲鲁东资产阶级的社会主义的分析批判,梳理了资产阶级发展的历史,得出资产阶级和无产阶级对抗的结果最终是一切阶级的消灭等科学社会主义的基本结论。"劳动阶级解放的条件就是要消灭一切阶级","在这以前,无产阶级和资产阶级之间的对抗仍然是阶级反对阶级的斗争,这个斗争的最高表现就是全面革命"⑦。恩格斯在《论住宅问题》中也曾强调:"德国科学社会主义的精神,即无产阶级必须采取政治行动,必须把实行无产阶级专政作为达到废除阶级并和阶级一起废除国家的过

---

① 《马克思恩格斯文集》第3卷,人民出版社2009年版,第259页。
② 《马克思恩格斯文集》第3卷,人民出版社2009年版,第258页。
③ 《马克思恩格斯文集》第3卷,人民出版社2009年版,第267页。
④ 《马克思恩格斯文集》第3卷,人民出版社2009年版,第270页。
⑤ 《马克思恩格斯文集》第10卷,人民出版社2009年版,第39页。
⑥ 《马克思恩格斯文集》第10卷,人民出版社2009年版,第52页。
⑦ 《马克思恩格斯文集》第1卷,人民出版社2009年版,第655页。

渡。"①总之,马克思恩格斯指明工人阶级要获得自身解放,必须走社会革命的道路,坚持无产阶级专政。

二、批驳用观念阐释并解决现实具体问题的抽象性,阐述唯物史观基本原理

蒲鲁东资产阶级的社会主义的症结还在于其试图用"永恒公平""法"等抽象的观念阐释并解决现实的具体问题,恩格斯在《论住宅问题》中予以了批判。恩格斯指出,蒲鲁东从他的法学观点出发,"不是用社会生产的条件,而是用这些条件借以获得普遍表现的国家法律来解释利率以及一切经济事实"②。即不是立足于社会现实经济关系、社会生产方式去分析诸如住宅问题等资本主义社会的现实具体问题,不是用事实去论证,而是"要求现代社会不是依照本身经济发展的规律,而是依照公平的规范('**法的观念**'不是他的而是米尔柏格的东西)来改造自己"③。实则是"在进行**说教**和哀诉"④,从而流于空谈。

与资产阶级的社会主义相反,马克思恩格斯运用唯物史观基本原理,批驳了其用"永恒公平"等观念解决现实具体问题的抽象性。在恩格斯看来,唯物史观"是想通过描写现代大工业所造成的社会状态来给当时正在产生的、一味在空话中盲目兜圈子的德国社会主义提供一个事实的基础"⑤。唯物史观是科学社会主义得以建立的重要理论基础之一,而科学社会主义是对于资本主义生产方式运行的正确认识。"实际的社会主义则是对资本主义生产方式各个方面的一种正确的认识。"⑥所谓"实际的社会主义"正是马克思恩格斯

① 《马克思恩格斯文集》第 3 卷,人民出版社 2009 年版,第 310 页。
② 《马克思恩格斯文集》第 3 卷,人民出版社 2009 年版,第 266 页。
③ 《马克思恩格斯文集》第 3 卷,人民出版社 2009 年版,第 318 页。
④ 《马克思恩格斯文集》第 3 卷,人民出版社 2009 年版,第 318 页。
⑤ 《马克思恩格斯文集》第 3 卷,人民出版社 2009 年版,第 331 页。
⑥ 《马克思恩格斯文集》第 3 卷,人民出版社 2009 年版,第 333 页。

创立的科学社会主义。因此,现实情况则是:法律是伴随着人们的物质生活条件的改变与发展而产生的,现实的事物状况决定法的关系。总之,科学社会主义与蒲鲁东主义的区别在于:"德国的唯物史观是以一定历史时期的物质经济生活条件来说明一切历史事件和观念,一切政治、哲学和宗教的。而蒲鲁东的书竟是这样缺少唯物主义",以至于他"不得不求助于**造物主**"①来解释,由此陷入唯心史观。

恩格斯在《论住宅问题》中揭示了资本主义社会现实的具体住宅问题产生的原因和实质,运用唯物史观基本原理科学地分析了资本主义生产方式的实质。

恩格斯指出,现代大城市中工人阶级和小资产阶级都面临租房难,即所谓住房短缺的问题,正是由于"工人阶级和其他阶级特别是和小资产阶级共同遭受的这种痛苦,是蒲鲁东也归属的那个小资产阶级社会主义尤其爱研究的问题"。但是,蒲鲁东主义者却"把住宅问题说成是一个十足的仅仅有关工人的问题"②。对此,恩格斯反驳道:"**这种**住房短缺并不是现代特有的现象;……相反,这是一切时代的一切被压迫阶级几乎同等地遭受过的一种痛苦。"③也就是说,所谓"住房短缺"是存在于一切时代的一切被压迫阶级由来已久的问题。那么,住房短缺的实质究竟是什么呢? 恩格斯指出,"今天所说的住房短缺,是指工人的恶劣住房条件因人口突然涌进大城市而特别恶化;房租大幅度提高,每所住房更加拥挤,有些人根本找不到栖身之处。"④而造成住房短缺问题的根本原因则在于资本主义生产方式。

恩格斯进一步科学地分析了资本主义生产方式的实质,这也正是马克思在《资本论》中所着力揭示的资本家对工人剥削的实质所在——资本家购买

---

①　《马克思恩格斯文集》第3卷,人民出版社2009年版,第320—321页。
②　《马克思恩格斯文集》第3卷,人民出版社2009年版,第252页。
③　《马克思恩格斯文集》第3卷,人民出版社2009年版,第250页。
④　《马克思恩格斯文集》第3卷,人民出版社2009年版,第250页。

工人的劳动力,工人的劳动力不仅生产了本身的价值,更为资本家创造了剩余价值,而剩余价值则以地租、利润、利息等多种形式表现出来。基于对资本主义生产方式实质的分析,恩格斯提出了解决住宅问题的原则和途径:"要消除**这种**住房短缺,只有一个方法:消灭统治阶级对劳动阶级的一切剥削和压迫。"①即通过社会革命的方式,"社会革命要通过消灭资本主义生产方式来加以消灭的根本祸害"②正是资本家对于工人的剥削。而只有推翻资产阶级统治,"无产阶级取得了政权,这种具有公共福利形式的措施就会像现代国家剥夺其他东西和征用民宅那样容易实现了"。当然,至于具体的途径和方式是什么? 恩格斯认为这要留待未来的社会去解决,现在讨论这个问题不仅只能是"臆造种种空想方案",而且是"完全多余的"③,因为唯物史观所做的是对社会发展规律的一般概括和总结,像住宅问题这类社会生活中的具体问题的解决只能随着社会生活的发展变化相应地采取具体的举措。

三、分析批判历史唯心主义的贫困哲学方法,坚持历史唯物主义方法论

以蒲鲁东为代表的资产阶级的社会主义之所以有着维护资本主义社会制度的反动性和资产阶级实质,以及解决现实具体问题的抽象性,根源在于其坚持历史唯心主义的贫困哲学方法。

蒲鲁东认为自亚当·斯密以来的经济学家存在政治经济学方法的贫困,于是他意欲在哲学方法上对政治经济学实行所谓的变革。然而,马克思认为,蒲鲁东的哲学方法实际上是"贫困"的,这不仅在于蒲鲁东严重脱离现实经济生活陷入了唯心主义,而且,其哲学是形而上学的二元论,即割裂了观念、范畴和观念、范畴的来源——社会实践生活之间的关系。"他自始就保持着生活

---

① 《马克思恩格斯文集》第 3 卷,人民出版社 2009 年版,第 250 页。
② 《马克思恩格斯文集》第 3 卷,人民出版社 2009 年版,第 251 页。
③ 《马克思恩格斯文集》第 3 卷,人民出版社 2009 年版,第 264 页。

和观念之间、灵魂和肉体之间的**二元论**——以许多形式重复表现出来的二元论。"①马克思指出："蒲鲁东先生之所以给我们提供了对政治经济学的谬误批判，并不是因为他有一种可笑的哲学；而他之所以给我们提供了一种可笑的哲学，却是因为他不了解处于现代社会制度联结"②。因此，马克思坚持历史唯物主义立足于现实物质经济关系的一般方法论，分析批判了蒲鲁东历史唯心主义的贫困哲学方法。正如恩格斯在为《反杜林论》所写的三版序言中所说："马克思和我所主张的辩证方法和共产主义世界观……首先在马克思的《哲学的贫困》和《共产主义宣言》中问世。"③

马克思在《哲学的贫困》中指出："经济范畴只不过是生产的社会关系的理论表现，即其抽象。真正的哲学家蒲鲁东先生把事物颠倒了，他认为现实关系只是一些原理和范畴的化身。"④实际情况却是："人们按照自己的物质生产率建立相应的社会关系，正是这些人又按照自己的社会关系创造了相应的原理、观念和范畴。所以，这些观念、范畴也同它们所表现的关系一样，不是永恒的。它们是**历史的、暂时的产物**。"⑤以上表述阐明了马克思主义唯物史观中"具有决定意义的论点"⑥，而这正是蒲鲁东没能理解更没有证明的。在蒲鲁东那里，"不是历史创造原理，而是原理创造历史"⑦。总之，在分析批判蒲鲁东的过程中，马克思坚持历史唯物主义方法论，用唯物辩证法说明人类社会历史，论述了经济范畴不过是生产方面社会关系的理论表现，需要在现实的社会关系中理解经济范畴；社会是客观存在的有机整体，生产力是全部社会历史的基础。"随着新生产力的获得，人们改变自己的生产方式，随着生产方式即谋

---

①　《马克思恩格斯文集》第 10 卷，人民出版社 2009 年版，第 52 页。

②　《马克思恩格斯文集》第 10 卷，人民出版社 2009 年版，第 42 页。

③　《马克思恩格斯文集》第 9 卷，人民出版社 2009 年版，第 11 页。

④　《马克思恩格斯文集》第 1 卷，人民出版社 2009 年版，第 602 页。

⑤　《马克思恩格斯文集》第 1 卷，人民出版社 2009 年版，第 603 页。

⑥　《马克思恩格斯文集》第 2 卷，人民出版社 2009 年版，第 593 页。

⑦　《马克思恩格斯文集》第 1 卷，人民出版社 2009 年版，第 607 页。

生的方式的改变,人们也就会改变自己的一切社会关系。"①生产力决定生产关系,生产关系决定社会关系;社会正是在前一代的生产力和生产关系发展的基础上不断地、辩证地发展的。因为"人们不能自由选择**自己的生产力——**这是他们的全部历史的基础"。但在蒲鲁东那里,却是"混淆了思想和事物"②,因此,他"**必然是一个空论家**"③。

第三节　分析批判蒲鲁东资产阶级的
社会主义的当代启示

马克思恩格斯在其经典文本中对以蒲鲁东为代表的资产阶级的社会主义进行了深刻的剖析,这些分析批判对于在当代厘清科学社会主义与形形色色社会主义的界限,坚持历史唯物主义的立场和阶级分析方法,从而在科学社会主义理论的指导下进一步建设中国特色社会主义有着重要的启示。

一、坚持历史唯物主义的科学世界观和方法论,抵制资产阶级社会主义思想方法

马克思在《〈政治经济学批判〉导言》中曾明确指出:"我们见解中有决定意义的论点,在我的 1847 年出版的为反对蒲鲁东而写的著作《哲学的贫困》中第一次作了科学的、虽然只是论战性的概述。"④列宁也指出,《哲学的贫困》的巨大意义在于:"对蒲鲁东所提出的各种各样历史问题的解决办法的批评是从唯物主义原则出发的",其"特点是经过严格考验的历史唯物主义"⑤。

---

① 《马克思恩格斯文集》第 1 卷,人民出版社 2009 年版,第 602 页。
② 《马克思恩格斯文集》第 10 卷,人民出版社 2009 年版,第 43 页。
③ 《马克思恩格斯文集》第 10 卷,人民出版社 2009 年版,第 50 页。
④ 《马克思恩格斯文集》第 2 卷,人民出版社 2009 年版,第 593 页。
⑤ 《列宁全集》第 3 卷,人民出版社 1986 年版,第 122—123 页。

国外马克思主义学者梅林在其《马克思传》中同样评价道:"在这部著作中,历史唯物主义世界观的最重要之点第一次得到了科学的阐发。……正是在反驳蒲鲁东的这部著作中,他以一种无往不胜的论战所特有的令人信服的明确性发挥了这些原理"①,从而奠定了历史唯物主义的基础。

历史唯物主义是马克思主义的科学世界观和方法论,是提供给我们的有效思想方法,只有坚持历史唯物主义的立场和阶级分析方法,才能有力抵制资产阶级社会主义思想方法的侵蚀。马克思主义是批判的、革命的理论,批判性是马克思主义的本质特征之一。马克思曾说:"辩证法不崇拜任何东西,按其本质来说,它是批判的和革命的。"②立足马克思恩格斯经典文本,梳理马克思恩格斯分析批判以蒲鲁东为代表的资产阶级的社会主义错误社会思潮,可以看到,正是在批判的过程中,马克思主义实现了"物质武器"和"精神武器"的有机统一,即"批判的武器当然不能代替武器的批判,物质力量只能用物质力量来摧毁;但是理论一经掌握群众,也会变成物质力量"③。今天,我们同样需要像马克思恩格斯一样,坚持历史唯物主义的一般方法论,运用马克思主义的思想武器,抵制资产阶级社会主义的思想方法,厘清、划定各种错误社会思潮的界限,清除其负面影响。

马克思主义在当代要获得进一步的发展,就要理性应对各类社会思潮的挑战,这就需要始终坚持用分析批判的科学态度来对待各类社会思潮,真正能够做到求真求实。不仅要取其精华、去其糟粕,为我所用,更要坚持用马克思主义的坚定立场、基本观点和科学方法去思考各类社会思潮的实质,只有客观、辩证、理性地对待多样化的社会思潮,尊重差异、包容多样,在比较中鉴别,在鉴别中发展,才能有效整合和引领社会思潮所代表的多样化的社会思想观念和价值取向,最大限度地形成社会思想共识,才能更清楚地认识到马克思主

---

① ［德］弗·梅林:《马克思传》,樊集译,人民出版社 1965 年版,第 159 页。
② 《马克思恩格斯文集》第 5 卷,人民出版社 2009 年版,第 22 页。
③ 《马克思恩格斯文集》第 1 卷,人民出版社 2009 年版,第 11 页。

义的科学性,更坚定地维护马克思主义作为我国主导意识形态的地位,让马克思主义在社会生活中发挥引领作用。

二、把握科学社会主义的基本原则和主要观点,厘清科学社会主义与形形色色社会主义的界限

借鉴马克思恩格斯对蒲鲁东资产阶级的社会主义的迷惑表现、阶级实质以及具体问题上错误观点的分析批判,其关键是要把握科学社会主义的基本原则和主要观点,从而厘清科学社会主义与形形色色社会主义的界限。

一方面,正确把握科学社会主义的立足点和基本原则。科学社会主义是马克思恩格斯在剖析资本主义社会基本矛盾的基础上,以马克思主义唯物史观为方法论,基于人类社会发展规律的认识,逐步概括总结出的一般科学原理。因此,其根本的立足点是资本主义生产方式的基本矛盾,即生产社会化和生产资料资本主义私人占有之间的矛盾,是资本主义社会现实的生产力水平和现实的社会生产关系,而非如蒲鲁东资产阶级的社会主义的抽象观念,如法、平等与公平等,以及形形色色社会主义思潮的抽象人性观。由此,科学社会主义的基本原则之一就是要坚持社会基本矛盾是人类社会发展根本动力的观点。科学社会主义的基本原则之二是要坚持无产阶级人民群众是社会主义革命和建设过程中的可依靠力量。同时,坚持社会主义事业必须由无产阶级政党领导,无产阶级获得解放的条件就是要消灭一切阶级,通过阶级斗争的最高表现——社会革命的方式,从而成为社会主义社会的建设者。

另一方面,全面理解科学社会主义的主要观点。其一,"两个必然"或说是"两个不可避免"。马克思恩格斯在《宣言》中明确提出:"资产阶级的灭亡和无产阶级的胜利是同样不可避免的。"①即后人进一步概括的"两个必然"——资本主义必然灭亡、社会主义必然胜利。其二,"两个决不会"。马克

---

① 《马克思恩格斯文集》第 2 卷,人民出版社 2009 年版,第 43 页。

思在 1859 年发表的《〈政治经济学批判〉序言》中提出："无论哪一个社会形态，在它所能容纳的全部生产力发挥出来以前，是决不会灭亡的；而新的更高的生产关系，在它的物质存在条件在旧社会的胎胞里成熟以前，是决不会出现的。"①如果说"两个必然"是对资本主义社会发展规律的简要概括，那么，"两个决不会"则是从规律的意义上概要阐释了资本主义被社会主义社会取代的时间和条件。其三，无产阶级革命与无产阶级专政。无产阶级革命是无产阶级进行斗争的主要形式，无产阶级革命的目的是要建立无产阶级专政的国家。无产阶级专政的国家是人类历史上最后的国家形态，最终阶级将会消灭、国家会消亡，人类社会走向"这样一个联合体，在那里，每个人的自由发展是一切人的自由发展的条件"②。

三、坚持无产阶级人民立场，着力解决中国特色社会主义的民生问题

恩格斯在《论住宅问题》中对以蒲鲁东为代表的资产阶级的社会主义在住宅问题上错误认识的分析批判，对于中国特色社会主义要着力解决人民群众的民生问题具有启示意义。

马克思主义是中国共产党、中国社会的指导思想。马克思主义的基本立场是人民的立场，中国共产党是无产阶级政党，无产阶级政党始终是代表人民利益的政党。在无产阶级政党的第一个纲领性文献《宣言》中就已明确指出："共产党人始终代表整个运动的利益。""他们没有任何同整个无产阶级的利益不同的利益。"③这一观点的提出是基于马克思主义唯物史观关于人民群众在社会历史发展过程中的重要作用原理而得出的。唯物史观认为人民群众是历史的创造者，要求无产阶级政党在实际工作中要坚持马克思主义群众观点，

---

① 《马克思恩格斯文集》第 2 卷，人民出版社 2009 年版，第 592 页。
② 《马克思恩格斯文集》第 2 卷，人民出版社 2009 年版，第 53 页。
③ 《马克思恩格斯文集》第 2 卷，人民出版社 2009 年版，第 44 页。

贯彻党的群众路线。习近平总书记在多处讲话中重申这个唯物史观基本原理,并不断强调人民群众的民生问题是中国共产党作为无产阶级政党应该予以首要关注并且予以解决的。党的十九大报告在阐释新时代中国特色社会主义思想和基本方略时进一步强调指出:"人民是历史的创造者,是决定党和国家前途命运的根本力量。"尤其强调,"中国共产党人的初心和使命,就是为中国人民谋幸福,为中华民族谋复兴"。报告还集中论述了提高保障和改善民生水平的问题,尤其指出检验一个政党、一个政权性质的试金石就是为什么人的问题。"保障和改善民生要抓住人民最关心最直接最现实的利益问题",如公共服务体系的完善、群众基本生活的保障等,才能不断满足人民群众日益增长的美好生活需要,使人民群众更有获得感、幸福感和安全感。① 2019 年通过的《中共中央关于坚持和完善中国特色社会主义制度 推进国家治理体系和治理能力现代化若干重大问题的决定》再次重申:"增进人民福祉、促进人的全面发展是我们党立党为公、执政为民的本质要求。"因此,"必须健全幼有所育、学有所教、劳有所得、病有所医、老有所养、住有所居、弱有所扶等方面国家基本公共服务制度体系",注重加强民生建设,满足人民群众多样化、多层次的需求,使改革发展成果更多更公平地惠及全体人民。②

"三农"问题是关系中国百姓民生的根本性问题,中国共产党着力解决人民群众民生问题的突出表现,就是明确提出到 2020 年我国现行标准下农村贫困人口实现脱贫、贫困县全部摘帽、解决区域性整体贫困的目标任务。2015 年以来,习近平总书记就打赢脱贫攻坚战召开过多个专题会议;2020 年 1 月 2 日《中共中央、国务院关于抓好"三农"领域重点工作确保如期实现全面小康的意见》部署了脱贫攻坚战最后一年的工作;2020 年 3 月 6 日,习近平总书记

---

① 习近平:《决胜全面建成小康社会 夺取新时代中国特色社会主义伟大胜利——在中国共产党第十九次全国代表大会上的报告》,《人民日报》2017 年 10 月 28 日。
② 《中共中央关于坚持和完善中国特色社会主义制度 推进国家治理体系和治理能力现代化若干重大问题的决定》,人民出版社 2019 年版,第 25—26 页。

出席决战决胜脱贫攻坚座谈会并发表重要讲话,讲话指出,党的十八大以来,中国共产党坚持以人民为中心的发展理念,从 2013 年至 2019 年,我国贫困群众"两不愁"质量水平已明显提升,"三保障"突出问题已总体解决。① 党中央向全国人民作出郑重承诺:到 2020 年现行标准下的农村贫困人口全部脱贫,这无疑是中国特色社会主义制度优越性的集中体现。

参考文献

[1]马克思:《哲学的贫困》(节选),载《马克思恩格斯文集》第 1 卷,人民出版社 2009 年版。

[2]马克思:《1857—1858 年经济学手稿》,载《马克思恩格斯文集》第 5 卷,人民出版社 2009 年版。

[3]马克思:《论蒲鲁东》(给约·巴·施韦泽的信),载《马克思恩格斯文集》第 3 卷,人民出版社 2009 年版。

[4]《马克思致帕维尔·瓦西里耶维奇·安年科夫》(1846 年 12 月 28 日),载《马克思恩格斯文集》第 10 卷,人民出版社 2009 年版。

[5]《马克思致约翰·巴蒂斯特·施韦泽》(1868 年 10 月 13 日),载《马克思恩格斯文集》第 10 卷,人民出版社 2009 年版。

[6]恩格斯:《论住宅问题》,载《马克思恩格斯文集》第 3 卷,人民出版社 2009 年版。

[7]《恩格斯致布鲁塞尔共产主义通讯委员会》,载《马克思恩格斯文集》第 10 卷,人民出版社 2009 年版。

[8]《恩格斯致马克思》(1846 年 9 月 18 日),载《马克思恩格斯文集》第 10 卷,人民出版社 2009 年版。

[9]《恩格斯致马克思》(1847 年 1 月 15 日),载《马克思恩格斯全集》第 27 卷,人民出版社 1972 年版。

[10]马克思、恩格斯:《国际工人协会成立宣言》,载《马克思恩格斯选集》第 2 卷,人民出版社 2012 年版。

[11]马克思、恩格斯:《国际工人协会共同章程》,载《马克思恩格斯选集》第 2 卷,

---

① 习近平:《在决战决胜脱贫攻坚座谈会上的讲话》,《人民日报》2020 年 3 月 7 日。

人民出版社 2012 年版。

[12]马克思、恩格斯:《临时中央委员会就若干问题给代表的指示》,载《马克思恩格斯全集》第 16 卷,人民出版社 2007 年版。

[13]马克思、恩格斯:《神圣家族》,载《马克思恩格斯文集》第 1 卷,人民出版社 2009 年版。

[14]马克思、恩格斯:《共产党宣言》,载《马克思恩格斯文集》第 2 卷,人民出版社 2009 年版。

[15]习近平:《中共中央关于坚持和完善中国特色社会主义制度　推进国家治理体系和治理能力现代化若干重大问题的决定》,人民出版社 2019 年版。

[16]习近平:《在十八届中央政治局常委同中外记者见面会上的讲话》,《人民日报》2012 年 11 月 16 日。

[17]习近平:《决胜全面建成小康社会　夺取新时代中国特色社会主义伟大胜利——在中国共产党第十九次全国代表大会上的报告》,《人民日报》2017 年 10 月 28 日。

[18]习近平:《在决战决胜脱贫攻坚座谈会上的讲话》,《人民日报》2020 年 3 月 7 日。

第三章　错误的国家观批判和社会发展阶段阐释——分析批判拉萨尔主义①

马克思主义发展的历史从一定意义上说也是马克思恩格斯不断同各种错误社会思潮作斗争、对错误社会思潮分析批判的历史。马克思恩格斯对错误社会思潮的分析批判始终与实际的政治、社会斗争直接结合,正如马克思所说:"什么也阻碍不了我们把政治的批判,把明确的政治立场,因而把**实际**斗争作为我们的批判的出发点,并把批判和实际斗争看作同一件事情。"②正是在对各种错误社会思潮的分析批判中,马克思主义逐步取得并巩固其在工人运动中的指导地位。19世纪60—70年代马克思恩格斯同拉萨尔主义的斗争可以说是反映这一历程的比较典型的代表。

从1865年到1891年期间,尤其是1875年《哥达纲领批判》③撰写的时间段,除了马克思所写《德国工人党纲领批注》(以下简称《批注》)和1875年

---

① 本文以题目为《马克思恩格斯对拉萨尔主义的分析批判及其当代启示》全文刊载于《马克思主义理论学科研究》2020年第6期。原文注释体例修改为本专著所用体例;个别表述有所修改。

② 《马克思恩格斯全集》第47卷,人民出版社2004年版,第66页。

③ 《哥达纲领批判》包括恩格斯写的1891年版序言、马克思于1875年5月5日写的《给威廉·白拉克的信》以及《德国工人党纲领批注》。

5 月 5 日《给威廉·白拉克的信》,以及恩格斯为发表马克思的《批注》写的1891 年版"序言"外,马克思和恩格斯之间,以及他们二人同德国社会主义工人党的领导人之间还写有大量的通信,信中对拉萨尔主义的思想实质也进行了分析和批判。代表性的如 1865 年 2 月 23 日《马克思致路德维希·库格曼》的信,以及 1868 年 10 月 13 日《马克思致约翰·巴蒂斯特·施韦泽》的信,1873 年 6 月 20 日、1875 年 3 月 18—28 日、1875 年 10 月 11 日、1875 年 10 月 12 日、1875 年 10 月 15 日、1891 年 5 月 1—2 日《恩格斯致奥古斯特·倍倍尔》的信,1891 年 2 月 3 日、1891 年 2 月 11 日、1891 年 2 月 23 日《恩格斯致卡尔·考茨基》的信,1891 年 2 月 11 日、1891 年 3 月 4 日《恩格斯致弗里德里希·阿道夫·佐尔格》等系列信。与此同时,马克思恩格斯还通过各种途径在德国工人中间大力传播科学社会主义理论,试图帮助工人提高思想认识水平,力争摆脱拉萨尔的消极负面影响。其时,马克思恩格斯的《共产党宣言》等论著也已出版并广泛流传,马克思的《资本论》第1 卷亦于 1867 年问世。于是,最终的结果则是,《资本论》中所阐述的观点越来越得到德国社会主义者的认同,拉萨尔的神话消除了,拉萨尔主义也开始衰落了。今天重温马克思恩格斯对于拉萨尔主义的分析批判,仍然能够从中获得有益的启示。

第一节　分析批判的缘起:揭示错误
实质,消除负面影响

一、揭示拉萨尔及拉萨尔主义的错误实质

拉萨尔主义的代表人物拉萨尔(Ferdinand Lassalle,1825—1864)是德国早期工人运动活动家,德国工人联合会创始人。恩格斯曾说,"拉萨尔的联合会""是在一个反动时期成立的。在德国工人运动沉寂了 15 年之后,拉萨尔

又唤醒了这个运动,这是他的不朽的功绩。但是,他犯了很大的错误"①。因为"拉萨尔的组织是一个纯粹的宗派组织",而"这种组织是和国际所追求的**真正**工人运动的组织相敌对的"②。在欧洲 1848 年革命期间,拉萨尔投身于革命运动,并曾被捕入狱。19 世纪 60 年代初,德国工人运动经过十多年的低潮后重新高涨起来,拉萨尔开始在工人群众中宣传其观点。虽然他看起来似乎话语犀利地批判资产阶级,实际上只是为了迷惑工人,并非真正反对资产阶级,更不打算消灭资本主义制度。正如恩格斯所揭露的:"1862 年前,他实际上还是一个具有强烈的波拿巴主义倾向的、典型普鲁士式的庸俗民主主义者",后来出于其个人的政治目的,开始对工人进行宣传鼓动工作。但是,他"一定会在实际上背叛运动"③。因为他和俾斯麦暗地勾结,"同俾斯麦订立了一个正式的契约",最终开始要求工人与王权统治一道去反对资产阶级。因此,"拉萨尔的全部社会主义在于辱骂资本家,而向落后的普鲁士容克献媚"④。至此,"**拉萨尔**事实上已经**背叛了党**"⑤。拉萨尔之所以走上了错误的道路,因为他是"**现实政治家**"⑥,也就是投机的、机会主义的政治家。所谓机会主义就是"为了眼前暂时的利益而忘记根本大计,只图一时的成就而不顾后果,为了运动的现在而牺牲运动的未来"。无论其出于怎样"'真诚的'动机",仍然是机会主义,更何况这种"'真诚的'机会主义也许比其他一切机会主义更危险"⑦。因此,在恩格斯看来,拉萨尔"天生就是为了在一切场合扮演政治角色"⑧。他在运动中的历史作用具有两重性,"同社会主义者拉萨尔形

---

① 《马克思恩格斯文集》第 10 卷,人民出版社 2009 年版,第 292 页。
② 《马克思恩格斯文集》第 10 卷,人民出版社 2009 年版,第 368 页。
③ 《马克思恩格斯文集》第 10 卷,人民出版社 2009 年版,第 604 页。
④ 《马克思恩格斯全集》第 16 卷,人民出版社 1964 年版,第 255—256 页。
⑤ 《马克思恩格斯文集》第 10 卷,人民出版社 2009 年版,第 220 页。
⑥ 《马克思恩格斯文集》第 10 卷,人民出版社 2009 年版,第 220 页。
⑦ 《马克思恩格斯文集》第 4 卷,人民出版社 2009 年版,第 414 页。
⑧ 中央编译局:《马克思恩格斯论拉萨尔和拉萨尔主义》,人民出版社 1979 年版,第 183 页。

影不离的是蛊惑家拉萨尔"①。

拉萨尔主义的主要观点集中体现在《工人纲领》、《给筹备莱比锡全德工人代表大会的中央委员会的公开答复》(以下简称《公开答复》)、《告柏林工人书》、《资本和劳动》等文章中。尤其在 1862 年和 1863 年发表的《工人纲领》《公开答复》等小册子中提出了一整套机会主义理论作为其政纲的基础。但是,在马克思看来,《工人纲领》"无非是把《宣言》和其他我们时常宣传的、在某种程度上已成为口头禅的东西,卑劣地加以庸俗化而已"②。恩格斯也指出:"在拉萨尔的鼓动著作中,从马克思那里抄来的正确的东西同他自己的通常是错误的论述混在一起,二者几乎不可能区分开来。"③总之,"拉萨尔的思想","不是建立在一种清晰连贯的经济学理论之上,它是与封建主义的一种妥协"。④

二、消除拉萨尔主义的负面影响

针对拉萨尔的错误,马克思首先同拉萨尔划清界限,并先后两次同拉萨尔就德国工人运动的路线问题进行面对面的交锋,以至于最终断绝了二人的关系。而拉萨尔主义在国际工人运动中产生的消极、负面影响则集中体现在浸透了拉萨尔主义的《〈德国社会主义工人党纲领〉草案》(即《哥达纲领》)中。1875 年,马克思抱病针对《哥达纲领》撰写《批注》,给予了拉萨尔主义严厉、坚决且全面、具体的批驳。

1871 年德国实现了统一之后,资本主义迅速发展起来,工人阶级队伍也随之扩大。为了进一步扩大工人阶级组织,爱森纳赫派作为当时德国工人阶级组织的代表,数次向拉萨尔派提出双方合并的动议,但拉萨尔派都予以拒

① 《马克思恩格斯文集》第 10 卷,人民出版社 2009 年版,第 603—604 页。
② 《马克思恩格斯全集》第 30 卷,人民出版社 1975 年版,第 320 页。
③ 《马克思恩格斯文集》第 10 卷,人民出版社 2009 年版,第 604 页。
④ [英]戴维·麦克莱伦:《马克思传》,王珍译,中国人民大学出版社 2005 年版,第 298 页。

绝。然而,随着爱森纳赫派力量的不断壮大,1874年,拉萨尔派却主动提出同爱森纳赫派合并的要求。马克思恩格斯始终认为,在两派合并的问题上决不能作无原则的让步,恩格斯强调,"合并的第一个条件是,他们不再做宗派主义者,不再做拉萨尔派"①。马克思也指出,"决不拿原则做交易"②。但是,在马克思恩格斯不知情的情况下,一些爱森纳赫派的领导人却与拉萨尔派为合并后成立的德国社会主义工人党起草了《哥达纲领》。马克思恩格斯认为,整个纲领草案充斥着拉萨尔主义的影响,实在是"极其糟糕的、会使党精神堕落的纲领"③。为了进一步表明对两派合并的立场和态度,尤其是消除拉萨尔派在国际工人运动中产生的不良影响,马克思写下了《批注》。然而,出于策略上的考虑,马克思的文章当时没有公开发表,因此只有很少人看到。直到十几年之后的1890—1891年,恩格斯坚持在《新时代》杂志上将其予以发表。恩格斯坚持发表马克思《批注》的直接原因在于:为反击国际工人运动中,特别是德国工人党内的机会主义思潮,并对德国工人党即将讨论通过的新纲领施加影响,"使未来的纲领免除任何不彻底性和空洞的言词","大多数人都会感谢我发表这篇东西"④。

1890年10月,合并后的德国工人党召开代表大会,决定讨论修改先前起草的《哥达纲领》。而从马克思写作《批注》到德国工人党对《哥达纲领》重新讨论并即将通过新纲领这十几年的时间里,一方面是德国工人党的队伍扩大、德国工人运动有所发展;一方面则是德国历史上著名的"反社会党人非常法"(通常简称"非常法")时期,德国工人党由合法组织转入地下活动,后又伴随着"非常法"的取消开始公开活动,并在议会选举中取得了一些新的胜利,由此又出现了一些机会主义思潮。在上述情况下,恩格斯认为,如果他还不发表

---

① 《马克思恩格斯文集》第3卷,人民出版社2009年版,第411页。
② 《马克思恩格斯文集》第3卷,人民出版社2009年版,第426页。
③ 《马克思恩格斯文集》第3卷,人民出版社2009年版,第426页。
④ 《马克思恩格斯全集》第38卷,人民出版社1972年版,第22、23页。

马克思所写的《批注》,"就要犯藏匿罪了"①。而且,马克思未发表的手稿还有着更为重要的意义,即"第一次明确而有力地表明了马克思对拉萨尔开始从事鼓动工作以来所采取的方针的态度",同时,"既涉及拉萨尔的经济学原则,也涉及他的策略"②。1891年2月23日恩格斯致考茨基的信中亦明确表示,他作为马克思著作的"遗嘱执行人","是有义务的"③。恩格斯还强调指出,新纲领无论如何不能再倒退了,因为"一个**新的**纲领毕竟总是一面公开树立起来的旗帜,而外界就根据它来判断这个党"④。马克思也有同样表态,纲领的原则性表征,"就是在全世界面前树立起可供人们用来衡量党的运动水平的里程碑"⑤。总之,只有让工人党的纲领在正确原则指导之下拟定,并让工人阶级知晓,才能消除拉萨尔主义的负面影响。

第二节　分析批判的主要内容:"劳动所得" "铁的工资规律""自由国家"

梳理并解读马克思恩格斯对于拉萨尔主义进行分析批判的主要著作及相关通信等经典文本,其主要观点可以概括为如下几个方面:

一、剖析拉萨尔主义离开生产关系空谈"劳动"和"公平分配"的错误观点

马克思在《批注》中首先批判了《哥达纲领》关于"劳动是一切财富和一切文化的源泉"的错误观点。马克思反驳道:"'劳动只有作为社会的劳动',或

---

① 《马克思恩格斯文集》第3卷,人民出版社2009年版,第423页。
② 《马克思恩格斯文集》第3卷,人民出版社2009年版,第423页。
③ 《马克思恩格斯文集》第10卷,人民出版社2009年版,第603页。
④ 《马克思恩格斯文集》第3卷,人民出版社2009年版,第415页。
⑤ 《马克思恩格斯文集》第3卷,人民出版社2009年版,第426页。

者换个说法,'只有在社会中和通过社会','才能成为财富和文化的源泉'。"因为"不应当泛泛地谈论'劳动'和'社会'"①,也就是说,只有在生产关系、社会关系中的"劳动"才是实实在在的、真正能够创造财富的"劳动"。因此,"劳动所得"就"是拉萨尔为了代替明确的经济学概念而提出的一个模糊观念"②。

在此基础上,马克思进一步指出,拉萨尔所谓"公平分配"不能够存在。因为首先必须从**"社会总产品"**即"不折不扣的劳动所得"中扣除掉需要投入生产资料的部分、用于追加扩大再生产的部分,以及用来应对难以预测的天灾人祸等储备基金或保险基金等,然后还得再扣除用于一般社会生产管理的费用、用来满足全社会共同需要的部分,以及给丧失劳动能力的人设立的准备基金等,由此,"'不折不扣的劳动所得'已经不知不觉地变成'有折有扣'的了"③,只有"在共产主义社会高级阶段",才有"公平分配",即"各尽所能,按需分配!"④因为到那时,生产力极大增长,旧式分工消失,劳动已经不仅仅是谋生的手段,个人获得了全面发展。这在于"权利决不能超出社会的经济结构以及由经济结构制约的社会的文化发展"⑤。

由此,马克思提出了过渡时期理论和共产主义社会发展阶段学说。马克思明确指出,"在资本主义社会和共产主义社会之间,有一个从前者变为后者的革命转变时期。同这个时期相适应的也有一个政治上的过渡时期,这个时期的国家只能是**无产阶级的革命专政**"⑥。这一思想马克思早在《法兰西内战》中就已阐明,即更高形式的社会发展阶段"必须经过一系列将把环境和人

---

① 《马克思恩格斯文集》第 3 卷,人民出版社 2009 年版,第 430 页。
② 《马克思恩格斯文集》第 3 卷,人民出版社 2009 年版,第 432 页。
③ 《马克思恩格斯文集》第 3 卷,人民出版社 2009 年版,第 432—433 页。
④ 《马克思恩格斯文集》第 3 卷,人民出版社 2009 年版,第 435—436 页。
⑤ 《马克思恩格斯文集》第 3 卷,人民出版社 2009 年版,第 435 页。
⑥ 《马克思恩格斯文集》第 3 卷,人民出版社 2009 年版,第 445 页。

都加以改造的历史过程"①。而经过过渡时期进入到的共产主义社会,实际指的是共产主义社会第一阶段即低级阶段,由于这一阶段刚刚从资本主义社会中脱离出来,因此很多方面都还留有资本主义社会的弊病和痕迹。这些弊病和痕迹,在共产主义社会第一阶段,是不可避免的。总之,这一过渡时期要经过较长的历史过程,在这一时期,无产阶级专政要彻底消灭资本主义私有制,消灭阶级,还要大力发展社会经济生产,创造合理的社会环境。

二、批驳拉萨尔主义所谓"铁的工资规律"的谬论

针对拉萨尔主义所谓"铁的工资规律"的荒谬观点,马克思恩格斯进行了旗帜鲜明的分析批判,指出应当废除的是资本主义雇佣劳动制度。

在拉萨尔的代表作《公开答复》中,拉萨尔阐释了其所谓"铁的工资规律":"在现今的关系下,在劳动的供求的支配下,决定着工资的铁的经济规律是这样的:平均工资始终停留在一国人民为维持生存和繁衍后代按照习惯所要求的必要的生活水平上。这是这样的一个中心点,实际的日工资总是在它周围摆动,既不能长久地高于它,也不能长久地低于它。……这是在现今条件下支配着工资的严酷的铁的规律。"②其要点可以概括为:在资本主义社会制度下,根据"铁的工资规律",工人的平均工资应该是自始至终停留在一国百姓能够维持其本人生存及其后代的延续,并且按照一般生存状况要求的生活水准上。实际上就是说,"铁的工资规律"造成了工人阶级的贫困,因此,要想改变工人的生活状况是不可能的。由此可见,拉萨尔理论的实质就是为了维护资本主义私有制,掩盖工人阶级所遭受的在资本主义社会制度下雇佣劳动制度对他们的剥削。

然而,正如马克思指出的,拉萨尔"铁的"一词是从歌德《神性》一首诗中

---

① 《马克思恩格斯文集》第3卷,人民出版社2009年版,第159页。

② 中央编译局:《马克思恩格斯论拉萨尔和拉萨尔主义》,人民出版社1979年版,第328—329页。

抄来的,而"铁的工资规律"的论据实则是承袭了马尔萨斯的人口论。恩格斯也指出,"铁的工资规律"的"基础是一种陈腐不堪的经济学观点","拉萨尔从马尔萨斯和李嘉图(歪曲了后者)那里抄袭来的这一规律"。① 总之,马克思恩格斯认为,所谓"铁的工资规律"是拉萨尔歪曲了李嘉图的工资理论,并结合马尔萨斯的人口论而杜撰出来的经济学谬说。

对此,恩格斯指出,"马克思在《资本论》里已经详细地证明,调节工资的各种规律非常复杂",各种不同的规律适用于现实中存在的各种不同具体情况,"所以它们绝对不是铁的,反而是很有弹性的"②。马克思也批判道:"拉萨尔并**不懂得**什么是工资,而是跟着资产阶级经济学家把事物的外表当做事物的本质。"马克思进一步强调了工资的实质,"**工资**不是它**表面上呈现**的那种东西,不是**劳动的价值或价格**,而只是**劳动力的价值或价格**的隐蔽形式"。③ 因此,要想改变工人的贫困生活状况,应当废除的是资本主义"雇佣劳动制度",因为雇佣劳动制度才是资本家剥削工人阶级的社会经济基础。

三、批判拉萨尔主义所谓"自由国家"的谬说

马克思恩格斯还分析批判了拉萨尔主义所谓"自由国家"的观点,强调了国家的阶级性,发展了马克思主义的国家学说。

拉萨尔对无产阶级专政向来持否定态度。他认为,国家应该是超阶级的,应该服务于所有阶级,是一个所谓的"自由国家"机构。但是,正如恩格斯所指出的,拉萨尔主义把"自由的人民国家变成了自由国家"。这样,所谓"自由国家"表面上则成为本国公民能够自由地被看待的国家。恩格斯明确指出,事实上,这些都是关于国家的废话,因为"一到有可能谈自由的

---

① 《马克思恩格斯文集》第 3 卷,人民出版社 2009 年版,第 412 页。
② 《马克思恩格斯文集》第 3 卷,人民出版社 2009 年版,第 412 页。
③ 《马克思恩格斯文集》第 3 卷,人民出版社 2009 年版,第 441 页。

时候,国家本身就不再存在了"①。任何阶级需要国家都是为了镇压自己的
敌人,而不是为了所谓自由。马克思也曾指出,所谓"自由国家"的观点是
一种超阶级的国家观,实际上是认为国家具有自己的精神基础,国家似乎是
永恒不变的,本质上是否定了社会经济关系对于国家的决定作用,颠倒了经
济基础和上层建筑的关系,在理论上陷入了唯心史观。马克思论述道:"不
同的文明国度中的不同的国家,不管它们的形式如何纷繁,却有一个共同
点:它们都建立在现代资产阶级社会的基础上,只是这种社会的资本主义发
展程度不同罢了。所以,它们具有某些根本的共同特征。"即"'现代社会'
就是存在于一切文明国度中的资本主义社会","'现代国家'却随国境而
异"。"'现代国家'是一种虚构。"②马克思在此阐明的观点即马克思主义
国家观所区分的国体与政体。"现代社会"即国体,指国家的阶级性质;"现
代国家"即政体,指政权的组织形式。"现代社会"就其阶级性质而言,都是
资本主义社会;就其政权组织形式来说,却根据各国国情有所不同。然而,
拉萨尔主义"不把现存社会(对任何未来社会也是一样)当做现存**国家的**
(对未来社会来说是未来国家的)**基础**,反而把国家当做一种具有自己的
'精神的、道德的、自由的基础'的独立存在物"③。因此,就其实质,正如著
名的马克思主义理论家梅林所做的评价,拉萨尔"从没有摆脱唯心主义的思
想形式",没有摆脱古典哲学的那种"国家崇拜"。④ 当代英国著名的马克思
主义理论研究者麦克莱伦也指出,拉萨尔"在很多方面是一个带有黑格尔旧
国家观的黑格尔派"⑤。

---

① 《马克思恩格斯文集》第 3 卷,人民出版社 2009 年版,第 414 页。
② 《马克思恩格斯文集》第 3 卷,人民出版社 2009 年版,第 444 页。
③ 《马克思恩格斯文集》第 3 卷,人民出版社 2009 年版,第 444 页。
④ [德]梅林:《德国社会民主党史》第 2 卷,青载繁译,生活·读书·新知三联书店 1964
年版,第 245 页。
⑤ [英]戴维·麦克莱伦:《马克思传》,王珍译,中国人民大学出版社 2005 年版,第 298 页。

第三节　分析批判的当代启示:理解和把握社会主义社会的分配原则和发展阶段

今天重温马克思恩格斯对于拉萨尔主义的分析批判,对于我们正确理解社会主义社会的分配原则、深刻把握社会主义社会的发展阶段及其长期性都具有重要的启示意义。

一、正确理解社会主义社会的分配原则

马克思恩格斯对于拉萨尔主义离开生产关系空谈"劳动"和"公平分配"的错误观点的分析批判,有助于我们今天正确理解社会主义社会的分配原则。

2019 年通过的《中共中央关于坚持和完善中国特色社会主义制度　推进国家治理体系和治理能力现代化若干重大问题的决定》强调指出,在中国特色社会主义社会发展的现阶段,"公有制为主体、多种所有制经济共同发展,按劳分配为主体、多种分配方式并存"①,这是同我国社会主义初级阶段社会生产力发展水平相适应的社会主义基本经济制度。在我国社会主义社会初级阶段,由于生产力发展水平较低,在一个相当长的时期内,难以实行单一的公有制,于是确立了以公有制为主体、多种所有制经济共同发展的,与社会主义初级阶段相适应的基本经济制度,这是从我国生产力发展的具体实际出发,即根据中国处于社会主义初级阶段的国情出发。而探索提出的社会主义社会初级阶段基本分配制度,即按劳分配为主体、多种分配方式并存,则是生产资料的所有制形式决定分配关系的马克思主义基本原理的体现,是社会主义公有制在社会主义社会初级阶段的具体体现;是对马克思主义关于社会主义分配制度思想在新的社会时代条件下的进一步丰富和发展;也是权利没有超出现

---

① 《中共中央关于坚持和完善中国特色社会主义制度　推进国家治理体系和治理能力现代化若干重大问题的决定》,人民出版社 2019 年版,第 18 页。

今的社会经济结构,并由现今的社会经济结构所制约的社会文化发展的具体体现。社会主义社会初级阶段的分配原则是"各尽所能,按劳分配",经过社会生产力的极大发展,再逐步过渡到共产主义社会高级阶段,从而进一步实现与高级阶段相适应的"各尽所能,按需分配"的分配原则。

中国共产党在领导中国人民探索建设中国特色社会主义的发展道路过程中,确立了社会主义初级阶段的分配制度是以按劳分配为主体、多种分配方式并存,这正如列宁在领导俄国革命的实践中多次强调的,马克思主义所提供的只是一般的指导原则,这些原则和原理的实际运用,只有坚持从本国实际出发,才能做出正确的选择。

二、深刻把握社会主义社会的发展阶段

《哥达纲领批判》的理论贡献之一就是提出了过渡时期理论和共产主义社会发展阶段学说。在马克思恩格斯之后,列宁、毛泽东等无产阶级领袖进一步探讨了社会主义、共产主义发展阶段问题。

1916 年 7 月,列宁在《关于自决问题的争论总结》一文中,引用了马克思在《哥达纲领批判》中关于过渡时期的相关论述。1917 年 4 月,在《无产阶级在我国革命中的任务》这篇文章中,列宁再次指出,"人类从资本主义只能直接过渡到社会主义,即过渡到生产资料公有和按每个人的劳动量分配产品"。而且,"社会主义必然会逐渐成长为共产主义",共产主义的分配原则是"各尽所能,按需分配"。[①] 在 1917 年 8—9 月间撰写的经典文献《国家与革命》中,列宁从国际社会主义运动和俄国的具体情况出发,进一步论证了过渡时期理论以及共产主义社会两个阶段等一系列重大问题,丰富、发展了马克思主义国家观。在引证马克思在《哥达纲领批判》中的相关表述时,列宁明确讲道:"这个刚刚从资本主义脱胎出来的在各方面还带着旧社会痕迹的共产主义社会,

---

① 《列宁选集》第 3 卷,人民出版社 2012 年版,第 64 页。

马克思称之为共产主义社会的'第一'阶段或低级阶段","通常叫做社会主义"。①并指出,"在历史上必然会有一个从资本主义向共产主义**过渡**的特殊时期或特殊阶段"②。过渡时期的国家只能是无产阶级专政国家。列宁认为,这正是马克思基于人类社会发展规律的探索总结,以及关于阶级利益的对立,尤其是无产阶级和资产阶级之间对抗性矛盾的研究推断出的认识成果。列宁尤其指出社会主义即共产主义社会第一阶段或低级阶段,是从资本主义中发展出来的,经济上还不完全成熟,还没有完全摆脱资本主义的痕迹,因此,这个阶段会保留资产阶级的部分权利。在十月革命胜利以后的著作中,关于社会主义社会的发展阶段问题,列宁曾经使用过"充分发展了的社会主义""完备形式的社会主义""发达的社会主义社会"③等表述。

毛泽东在《读苏联〈政治经济学教科书〉的谈话》这篇文献中进一步论述道:"社会主义这个阶段,又可能分为两个阶段,第一个阶段是不发达的社会主义,第二个阶段是比较发达的社会主义。"而且认为,比较发达的社会主义第二阶段或许比不发达的社会主义第一阶段要经过更长的时期;只有经过比较发达的第二阶段,"到了物质产品、精神财富都极为丰富和人们的共产主义觉悟极大提高的时候",④才能够迈入共产主义社会。由此可理解党的十九大报告对于我国现在所处的历史阶段的科学定位:"我国仍处于并将长期处于社会主义初级阶段的基本国情没有变"⑤,我们必须予以深刻把握当下中国这个基本国情和最大实际,一切工作都要从这个基本国情和最大实际出发,从而稳步走向更高级、更发达的社会发展阶段。

---

①　《列宁选集》第 3 卷,人民出版社 2012 年版,第 194 页。

②　《列宁选集》第 3 卷,人民出版社 2012 年版,第 188 页。

③　《列宁全集》第 34 卷,人民出版社 1985 年版,第 60、129 页。

④　《毛泽东文集》第 8 卷,人民出版社 1999 年版,第 116 页。

⑤　习近平:《决胜全面建成小康社会　夺取新时代中国特色社会主义伟大胜利——在中国共产党第十九次全国代表大会上的报告》,《人民日报》2017 年 10 月 28 日。

综上所述,马克思恩格斯分析批判了拉萨尔主义庸俗的社会主义分配理论、所谓"铁的工资规律"以及"自由国家"的谬论;提出了共产主义社会发展阶段学说,揭示了国家的阶级本质,阐明无产阶级专政的过渡时期理论。正如马克思在 1868 年 10 月 13 日写给施韦泽的信中对于拉萨尔以及拉萨尔主义症结的揭示,他们"不是从阶级运动的实际因素中去寻找自己的鼓动的现实基础,而是想根据某种教条式的处方来规定这一运动的进程"①。最终必然会在历史洪流的冲刷中销声匿迹。今天重温马克思恩格斯对于拉萨尔主义的分析批判,仍然具有重要的现实价值。

参考文献

[1]《马克思恩格斯文集》第 3 卷,人民出版社 2009 年版。

[2]《马克思恩格斯文集》第 10 卷,人民出版社 2009 年版。

[3]马克思:《德国工人党纲领批注》,载《马克思恩格斯全集》第 34 卷,人民出版社 2008 年版。

[4]马克思:《给威廉·白拉克的信》(1875 年 5 月 5 日),载《马克思恩格斯全集》第 34 卷,人民出版社 2008 年版。

[5]恩格斯:《给奥·倍倍尔的信》(1875 年 3 月 18 日—28 日),载《马克思恩格斯全集》第 34 卷,人民出版社 2008 年版。

[6][德]爱德华·伯恩施坦:《斐迪南·拉萨尔及其对工人阶级的意义》,郑异凡等译,生活·读书·新知三联书店 1964 年版。

[7][德]费迪南德·拉萨尔:《公开答复 工人纲领》,商务印书馆 1974 年版。

[8][德]弗·梅林:《德国社会民主党史》第 2 卷,青载繁译,生活·读书·新知三联书店 1964 年版。

[9]中央编译局世界所:《拉萨尔言论》,生活·读书·新知三联书店 1976 年版。

[10]中央编译局编:《伯恩施坦言论》,生活·读书·新知三联书店 1966 年版。

[11]《机会主义、修正主义资料选编》编译组:《拉萨尔言论》,生活·读书·新知三联书店 1979 年版。

---

① 《马克思恩格斯文集》第 10 卷,人民出版社 2009 年版,第 293 页。

[12]张世鹏:《德国社会民主党纲领汇编》,北京大学出版社 2005 年版。

[13]中共中央马克思恩格斯列宁斯大林著作编译局资料室:《研究〈哥达纲领批判〉参考史料》,生活·读书·新知三联书店 1978 年版。

[14]北京特殊钢厂工人理论组:《拉萨尔反动言论选批》,商务印书馆 1976 年版。

[15]张文焕:《拉萨尔和俾斯麦》,生活·读书·新知三联书店 1981 年版。

[16]张文焕:《拉萨尔评传》,人民出版社 1983 年版。

[17]丁建弘:《拉萨尔》,商务印书馆 1972 年版。

[18]殷叙彝:《社会民主主义国家理论溯源——从拉萨尔到伯恩施坦》,《马克思主义与现实》2010 年第 3 期。

[19]郑群:《马克思主义同拉萨尔主义的斗争——国际共运两条路线斗争历史资料之三》,《北京大学学报(哲学社会科学版)》1975 年第 3 期。

[20]徐胜希:《〈哥达纲领批判〉介绍》,《历史教学》1983 年第 6 期。

[21]经济系七二年级学员:《〈哥达纲领批判〉解说》,《辽宁大学学报(哲学社会科学版)》1974 年第 4 期。

[22]张扬:《建设社会主义的伟大指针——学习马克思〈哥达纲领批判〉》,《青海师范学院学报(哲学社会科学版)》1983 年第 1 期。

第四章　消除一切国家和权威的无政府主义批判——分析批判巴枯宁主义[①]

在马克思主义的发展历程中,马克思恩格斯为引导工人阶级自觉走上解放自己的道路,从而成为推翻资本主义社会的革命承担力量,积极与工人阶级保持接触与联系,使自己的理论逐步与工人运动相结合,力图消除一些错误社会思潮在工人阶级中的消极和负面影响。

从某种意义上可以说,在第一国际存在的十多年时间里,马克思恩格斯分析批判的主要错误社会思潮就是巴枯宁无政府主义。正是在对巴枯宁无政府主义错误社会思潮的分析批判中逐步清除了其在工人阶级中的消极影响,同时进一步发展了马克思主义唯物史观。因为巴枯宁无政府主义不仅在理论上宣扬无政府主义,而且在实践中分裂、破坏第一国际的工人阶级革命活动,给第一国际及无产阶级革命造成了较大的危害。虽然巴枯宁无政府主义最终在理论上被马克思恩格斯全面批驳,并且在实践中日渐失去其影响力,但是,正如恩格斯在批判蒲鲁东及其无政府主义时所指出的:"虽然他在理论上已经

---

① 本章以题目为《马克思恩格斯对巴枯宁无政府主义的分析批判及其当代启示》全文刊载于《当代世界与社会主义》2020年第3期。原文注释所用体例现修改为本专著所用体例;个别标题文字表述有所修改。

426

被扫除,在实践中已经被排斥在一边,但是他仍然保持着他的历史意义。谁要去多少详细地研究现代社会主义,谁就应当去熟悉运动中的那些'已被克服的观点'。"①因此,今天再研读马克思恩格斯经典文本对巴枯宁无政府主义的分析批判,仍然能够从中获得有益的启示。

第一节　企图分裂第一国际的巴枯宁无政府主义

一、巴枯宁无政府主义的派别分裂活动

米哈伊尔·亚历山大罗维奇·巴枯宁,1814 年出生于俄国一个贵族家庭,自 1840 年起在欧洲的德国、瑞士、法国等国家留学并侨居,卒于 1876 年。在欧洲生活期间,巴枯宁结识了无政府主义之父——蒲鲁东,深受蒲鲁东主义的影响。巴枯宁认为蒲鲁东是自己"伟大的和真正的导师"②,并曾自称为"纯粹的蒲鲁东主义者"。

1864 年,国际工人协会创立(史称"第一国际")。1868 年,巴枯宁参加国际。然而,正如马克思所指出的,巴枯宁参加国际的"目的是要在国际内部建立一个以他为首领的叫做'社会主义民主同盟'的第二个国际。他这个没有任何理论知识的人妄图以这个特殊团体来代表国际进行科学的宣传,并把这种宣传变成**国际**内部的这个第二个国际的专职"③。在此期间,巴枯宁还建立了一个叫作国际革命协会的无政府组织,并为该组织拟定了纲领性文件——《国际革命协会的原则和组织》《国际革命协会的纲领》等。显然,巴枯宁在国际工人协会之外创立所谓国际组织的实质则是要分裂甚至瓦解协会。一如马克思于 1869 年 7 月 27 日致恩格斯的信中说到的,巴枯宁"想当欧洲工人运动

---

① 《马克思恩格斯文集》第 3 卷,人民出版社 2009 年版,第 242 页。
② 〔英〕爱德华·卡尔:《巴枯宁传》,宋献春、王兴斌、卢荣基译,中国人民大学出版社 1985 年版,第 152 页。
③ 《马克思恩格斯文集》第 10 卷,人民出版社 2009 年版,第 368 页。

的独裁者"①,巴枯宁无政府主义者想把第一国际变成实现他们分裂路线的工具。恩格斯曾阐明:"协会设立的目的,是要成为追求共同目标即工人阶级得到保护、发展和彻底解放的各国工人团体进行联络和合作的中心","假如协会成了宗派,那它就会灭亡"。② 马克思也曾指出,协会最初的章程和《成立宣言》都已表明:"成立**国际**是为了用工人阶级的真正的战斗组织来代替那些社会主义的或半社会主义的宗派。"③因此,马克思恩格斯在《国际工人协会和社会主义民主同盟》中指出:"既在**国际工人协会**之内,又在该协会之外进行活动的第二个国际性组织的存在,必将使协会陷于瓦解。"④在《所谓国际内部的分裂》一文中,他们又重申了这个观点。

正是由于巴枯宁在第一国际内进行派别活动,1872 年国际海牙大会时他被开除。巴枯宁被开除出第一国际后,巴枯宁主义者又在瑞士的圣伊米耶召开了"反权威主义"的代表大会,这次大会不仅否决了国际海牙大会的决议,而且宣布建立一个新的"反权威主义国际"。这正如马克思一针见血指出的:"对巴枯宁先生来说……如果说他在理论上一窍不通,那么他在干阴谋勾当方面却是颇为能干的。""学说……过去和现在都是次要的东西——仅仅是抬高他个人的手段。"⑤

二、巴枯宁无政府主义的基本观点

巴枯宁受蒲鲁东主义的影响宣扬无政府主义,在其参加第一国际期间创立了无政府主义思想体系。19 世纪 60—70 年代,巴枯宁写了一系列著作阐述其思想,如《国际革命协会的原则和组织》《国际兄弟同盟的章程和纲领》和

---

① 《马克思恩格斯全集》第 32 卷,人民出版社 1974 年版,第 331 页。
② 《马克思恩格斯文集》第 10 卷,人民出版社 2009 年版,第 361—362 页。
③ 《马克思恩格斯文集》第 10 卷,人民出版社 2009 年版,第 367 页。
④ 《马克思恩格斯全集》第 16 卷,人民出版社 1964 年版,第 383 页。
⑤ 《马克思恩格斯文集》第 10 卷,人民出版社 2009 年版,第 368 页。

《上帝与国家》《巴黎公社和关于国家的概念》《国家制度和无政府状态》等。其中,《国家制度和无政府状态》一书,是巴枯宁无政府主义观点的代表作。然而,正如恩格斯所评价的,"巴枯宁有一种独特的理论——蒲鲁东主义和共产主义的混合物"①。巴枯宁"从蒲鲁东那里借用了关于无政府主义是'社会最终状态'的词句",其理论实质是"共产主义和蒲鲁东主义的某种混合物",显示出"他对政治经济学完全无知"。②

在巴枯宁看来,国家是主要祸害,因此,他反对一切国家,认为只有废除、消灭国家,才能进行所谓的社会清算,最终实现社会平等。"我们要与'国家'为敌的原因"在于"如果有国家就必然有统治,因而也就有'奴役'"。也就是说,国家的统治就是对人的奴役,没有奴役,就谈不上国家的统治。因为国家若"离开公开的或隐蔽的奴役,统治是不可想象的"③,而且,不管国家的性质和形式,"任何'国家',人民国家也不例外",在巴枯宁眼里,"都是一种羁绊",任何国家都是"一方面产生专制,另一方面产生奴役"。④ 但是,巴枯宁又认为,废除、消灭国家,只能靠"煽动"和"密谋"。他反对经济斗争和政治运动,尤其反对建立无产阶级政党,反对无产阶级政党领导下的无产阶级革命和无产阶级专政。由此,他主张依靠农民和流氓无产者自发暴动,在 24 小时内就能废除一切国家,从而建立一个每个人绝对自由的社会,即无政府社会。正如他所说的:"我是自由的崇拜者……但我所崇拜的自由,绝不象我们的自由——有限的、形式上的、严格地为国家所规定出来的自由","我所理解的正是这种推翻所有天堂人间偶像的自由,最终它组织和团结人类建立新的社会",一个无政府的社会。⑤

---

① 《马克思恩格斯文集》第 10 卷,人民出版社 2009 年版,第 376 页。
② 《马克思恩格斯文集》第 10 卷,人民出版社 2009 年版,第 361 页。
③ 《马克思恩格斯文集》第 3 卷,人民出版社 2009 年版,第 405 页。
④ 《马克思恩格斯文集》第 3 卷,人民出版社 2009 年版,第 409 页。
⑤ 中共中央马恩列斯著作编译局资料室编:《巴枯宁言论》,生活·读书·新知三联书店 1978 年版,第 43 页。

巴枯宁还反对任何权威。在他看来,"任何权威必然是对自由的约束,是对个人绝对自由的侵犯"①。因此,即使偶然发生社会革命,也不应该建立任何形式的临时政权,而应该建立一个人人享有平等自由权利的、无须任何权威存在的社会,即无政府社会。因为任何形式的临时政权也都是对自由约束的权威统治机构。而偶然发生的社会革命的中心任务也就是要废除、消灭一切国家。"社会革命成功的全部秘密"正在于其能够"立即破坏一切国家",就此而言,"要不要立即废除一切国家,这是衡量革命和反革命的唯一标尺"。② 总之,巴枯宁无政府主义眼里的"真正的社会革命"就是要立即废除一切国家,废除对自由约束的国家权威。

第二节　分析批判的主要内容:消除一切国家和权威的无政府主义

面对巴枯宁无政府主义的主要错误观点及其分裂活动,马克思恩格斯进行了坚决反击。1872 年初,马克思恩格斯发表《所谓国际内部的分裂》,揭露了巴枯宁无政府主义者分裂的真面目。在 1872—1873 年间,马克思和恩格斯又连续写了一系列著作,对巴枯宁无政府主义进行分析批判并力图清算、消解其产生的负面影响。这些著作主要有:马克思的《政治冷淡主义》《巴枯宁〈国家制度和无政府状态〉一书摘要》,恩格斯的《论权威》《行动中的巴枯宁主义者》,以及马克思和恩格斯合著的《所谓国际内部的分裂》《社会主义者同盟和国际工人协会》等。除著作外,马克思恩格斯还在 1871 年到 1872 年的一些通信中较为集中地分析批判了巴枯宁无政府主义的错误所在,如《马克思致弗

---

① 中共中央马恩列斯著作编译局资料室编:《巴枯宁言论》,生活·读书·新知三联书店1978 年版,第 85 页。

② 中共中央马恩列斯著作编译局资料室编:《巴枯宁言论》,生活·读书·新知三联书店1978 年版,第 103、99 页。

里德里希·波尔特》《恩格斯致卡洛·卡菲埃罗》《恩格斯致保尔·拉法格》《恩格斯致卡洛·特尔察吉》《恩格斯致泰奥多尔·库诺》等。这些主要著作和通信对巴枯宁无政府主义进行的分析批判,主要包括以下内容。

一、批判消除一切国家的极端主张

马克思恩格斯首先分析批判了巴枯宁无政府主义主张消除一切国家的观点,阐释了国家消亡的必要条件。

在巴枯宁看来,国家是人世间一切苦难和罪恶的根源,甚至资本也是国家创造出来的。因此,无产阶级应当废除的应该是国家而不是资本,从而才能实现一种"自由和无政府状态",各个阶级的人才能在经济、政治、社会等方面实现平等。巴枯宁曾说:"应当进行宣传,咒骂国家,组织起来,而当**一切**工人即大多数人都站到自己这方面来的时候,就撤销一切政权机关,废除国家,而代之以国际的组织。千年王国由以开始的这一伟大行动,就叫做社会清算。"① 就此,恩格斯一针见血地指出,巴枯宁的独特理论中"最主要的东西就是:他认为应当消除的主要祸害不是资本,就是说,不是由于社会发展而产生的资本家和雇佣工人的阶级对立,而是国家",巴枯宁"硬说**国家**创造了资本,资本家只是**由于国家的恩赐**才拥有自己的资本。因此,既然国家是主要祸害,那就必须首先废除国家,那时资本就会自行完蛋"。② 但是,在恩格斯看来,废除资本才是前提,只有废除资本,也就是废除了生产资料私人资本占用制,资本主义国家才能够被废除。"我们的说法恰好相反:废除了资本,即废除了少数人对全部生产资料的占有,国家就会自行垮台",因为"差别是本质性的:要废除国家而不预先实行社会变革,这是荒谬的;废除资本**正是**社会变革,其中包括对整个生产方式的改造"。③ 恩格斯揭示了废除国家与废除资本先后关系的本

---

① 《马克思恩格斯文集》第 10 卷,人民出版社 2009 年版,第 377 页。
② 《马克思恩格斯文集》第 10 卷,人民出版社 2009 年版,第 376—377、377 页。
③ 《马克思恩格斯文集》第 10 卷,人民出版社 2009 年版,第 377 页。

质区别,并指出,事实上,国家是阶级统治的工具。"广大的社会民主党工人群众都和我们抱有同样的观点,认为国家权力不过是统治阶级——地主和资本家——为维护其社会特权而为自己建立的组织"①。总之,恩格斯揭穿了巴枯宁无政府主义在国家问题上的唯心主义实质,指出了国家消亡的必要条件是:废除资本、实行社会变革,建立无产阶级专政的国家。废除国家的前提是实现社会变革,而要实现社会变革,就得进行生产方式的改造,从而废除资本,即废除容许资本存在的社会制度,只有建立无产阶级专政国家才能达到此目的。

然而,巴枯宁却认为,无产阶级专政的国家是世界上最反动的社会管理制度,因为无产阶级专政国家的最终目的要实现的共产主义是否认自由。巴枯宁曾说:"我敌视共产主义,因为它否定自由,而我不能设想任何人类的事业可以离开自由。"②为此,在《巴枯宁〈国家制度和无政府状态〉一书摘要》一文中,马克思严厉驳斥了巴枯宁对无产阶级专政国家的诋毁,明确指出了无产阶级专政存在的必要性。"只要其他阶级特别是资本家阶级还存在,只要无产阶级还在同它们进行斗争(因为在无产阶级掌握政权后无产阶级的敌人和旧的社会组织还没有消失),无产阶级就必须采用暴力措施,也就是政府的措施;如果无产阶级本身还是一个阶级,如果作为阶级斗争和阶级存在的基础的经济条件还没有消失,那么就必须用暴力来消灭或改造这种经济条件,并且必须用暴力来加速这一改造的过程。"③马克思在此明确表达的要旨是,只要有阶级存在,尤其是资本家阶级还存在,无产阶级同资本家阶级之间的斗争就会存在;而只要引发二者之间斗争的经济基础条件依然没能改变,无产阶级在为摧毁这个旧社会的斗争中采取的活动形式就只能是暴力革命。只有当无产阶

---

① 《马克思恩格斯文集》第10卷,人民出版社2009年版,第377页。
② 中共中央马恩列斯著作编译局资料室编:《巴枯宁言论》,生活·读书·新知三联书店1978年版,第169页。
③ 《马克思恩格斯文集》第3卷,人民出版社2009年版,第403页。

级通过暴力革命改造了旧社会、获得了自身解放以后,无产阶级的斗争才会停止,只有到那时候,无产阶级专政的国家才会消亡。即"工人对反抗他们的旧世界的各个阶层实行的**阶级统治**只能持续到阶级存在的经济基础被消灭的时候为止"①。

二、剖析放弃一切政治斗争的错误实质

马克思恩格斯还剖析了巴枯宁无政府主义宣扬放弃一切政治斗争的观点,揭示了其"政治冷淡主义"的实质。

恩格斯指出,巴枯宁无政府主义主张放弃政治活动,他们认为,若"进行政治活动,尤其是参加选举,那是对原则的背叛",因为在他们看来,"国家是祸害",既然国家是祸害,"就不应当做出任何事情来维持国家的生命",这一认识对"任何一种国家——不管是共和国,君主国等等"都一样。因此,"就应当完全放弃一切政治"。② 马克思在《政治冷淡主义》中也指出:"这些人是如此愚蠢,或者说,如此幼稚,竟然禁止工人阶级使用一切现实的斗争手段"③。在马克思看来,政治斗争和社会革命是同经济发展的一定历史条件相联系的。"彻底的社会革命是同经济发展的一定历史条件联系着的;这些条件是社会革命的前提。"④只有一定的经济和历史等前提条件具备了,社会革命才有可能发生。"因此,只有在工业无产阶级随着资本主义生产的发展,在人民群众中至少占有重要地位的地方,社会革命才有可能。"⑤无产阶级社会革命只有随着资本主义工业的发展,在无产阶级日益壮大到一定程度时才有可能发生。巴枯宁无政府主义者之所以禁止工人阶级使用一切现实的斗争手段,"因为这种斗争手段必须从现代社会中索取,因为这个斗争的不可避免的条件可惜

---

① 《马克思恩格斯文集》第3卷,人民出版社2009年版,第408页。
② 《马克思恩格斯文集》第10卷,人民出版社2009年版,第377页。
③ 《马克思恩格斯文集》第3卷,人民出版社2009年版,第340—341页。
④ 《马克思恩格斯文集》第3卷,人民出版社2009年版,第404页。
⑤ 《马克思恩格斯文集》第3卷,人民出版社2009年版,第404页。

并不符合这些社会科学博士们在自由、自治、无政府状态的名义下加以神化的唯心主义幻想"①。换句话说,巴枯宁无政府主义者崇尚的是幻想中的、不受任何限制和约束的、有可能随意发生的偶然革命,而不是基于现实的社会生产条件和历史条件发生的真正的社会革命。究其症结在于,巴枯宁无政府主义者"根本不懂得什么是社会革命,只知道这方面的政治词句;在他看来,社会革命的经济条件是不存在的"②。

因此,对于巴枯宁无政府主义宣扬放弃一切政治斗争的观点,马克思揭示了其实质所在:"老师宣扬经济冷淡主义,目的是要捍卫自由,或者资产阶级的竞争——我们的唯一保障。学生们宣扬政治冷淡主义,目的是要捍卫资产阶级的自由——他们的唯一保障。"③"老师们"即指无政府主义之父——蒲鲁东及蒲鲁东主义者,他们为维护资产阶级的统治,向工人阶级宣扬放弃政治斗争;巴枯宁无政府主义打着维护所谓"自由"的幌子向工人阶级宣扬放弃政治斗争,其实质如出一辙,最终甚至会把工人阶级推到政治斗争的对立面。正如恩格斯明确指出的:"向工人宣传在任何情况下都应当放弃政治,这就等于把他们推到传教士或资产阶级共和主义者的怀抱里去。"④而实际情况是,没有所谓纯粹的经济运动、经济斗争,因为"任何运动,只要工人阶级在其中作为**一个阶级**与统治阶级相对抗,并试图通过外部压力对统治阶级实行强制,就都是政治运动"⑤。马克思对此特别举例说明道:"在某个工厂中,甚至在某个行业中试图用罢工等等来迫使个别资本家限制工时,这是纯粹的经济运动;而强迫颁布八小时工作日等等**法律的**运动则是**政治**运动。这样,到处都从工人的零散的经济运动中产生出政治运动,即目的在于用一种普遍的形式,一种具

---

① 《马克思恩格斯文集》第 3 卷,人民出版社 2009 年版,第 341 页。
② 《马克思恩格斯文集》第 3 卷,人民出版社 2009 年版,第 404 页。
③ 《马克思恩格斯文集》第 3 卷,人民出版社 2009 年版,第 344 页。
④ 《马克思恩格斯文集》第 10 卷,人民出版社 2009 年版,第 377 页。
⑤ 《马克思恩格斯文集》第 10 卷,人民出版社 2009 年版,第 369 页。

有普遍的社会强制力量的形式来实现本阶级利益的**阶级**运动。"①在现实中，经济运动和政治运动不可能截然分开，在经济运动中生发政治运动，政治运动产生于经济运动的基础上，无论是经济运动还是政治运动，其目的都是为了实现本阶级的利益，都是阶级运动。

三、批驳否定一切权威的荒谬观点

否定一切权威，这是巴枯宁无政府主义的又一个重要论点。他们提出"必须排斥一切权威原则，而把自治原则作为革命组织和社会组织的绝对原则"②。在他们看来，最坏的原则就是权威，而最好的原则则是自治。这样的认识在当时的工人阶级中造成了消极影响，即使得工人厌倦无产阶级政治。巴黎公社已经把建立无产阶级国家和无产阶级专政、实现无产阶级政治提上了日程，巴枯宁无政府主义的谬论起到了适得其反的负面作用。因此，恩格斯在《论权威》中首先明确指出："这里所说的权威，是指把别人的意志强加于我们；另一方面，权威又是以服从为前提的。"③也就是说，权威包括两个方面的含义：一方面是被迫接受别人的带有强制性的意志；另一方面是不得不听命与遵从这种带有强制性的意志。但是，巴枯宁无政府主义认为，虽然在不同的情况下，这种强制和服从的关系会有不同的表现形式，然而，随着社会的发展，无论什么形式的强制和服从的关系都会变得不再适用并终将会消失，权威原则将被取代，人们都将获得绝对的自由。然而，恩格斯指出，人类从事生产的"联合活动就是组织起来，而没有权威能够组织起来吗？"④恩格斯还举了铁路、航船、纺纱厂等例子，浅显易懂地说明了必须遵守统一规定的劳动时间、服

---

① 《马克思恩格斯文集》第 10 卷，人民出版社 2009 年版，第 369 页。
② 中共中央马恩列斯著作编译局资料室编：《巴枯宁言论》，生活·读书·新知三联书店 1978 年版，第 103 页。
③ 《马克思恩格斯文集》第 3 卷，人民出版社 2009 年版，第 335 页。
④ 《马克思恩格斯文集》第 3 卷，人民出版社 2009 年版，第 335 页。

从统一的调度、听从指挥等，即用以说明只有服从权威，才能进行正常的生产，防止事故的发生，因为这些正是大工业社会的要求，如果背离了这些要求，就是"想消灭大工业中的权威"，而消灭大工业中的权威，"就等于想消灭工业本身，即想消灭蒸汽纺纱机而恢复手纺车"①，从而导向历史的倒退。现代工业生产就是组织起来的联合活动，而组织起来就需要权威，需要权威的指挥。为此，恩格斯揭示道："如果他们哪怕是稍微研究一下经济问题和现代工业的条件，他们就会知道，不强迫某些人接受别人的意志，也就是说没有权威，就不可能有任何的一致行动。"②在现代大工业社会，要利用现代工业的条件，解决面临的经济问题，就不能没有权威，即现代工业条件和经济问题需要统一的指挥和行动。总之，无政府主义者"把权威原则说成是绝对坏的东西，而把自治原则说成是绝对好的东西，这是荒谬的。权威与自治是相对的东西，它们的应用范围是随着社会发展阶段的不同而改变的"③。权威与自治是辩证统一的关系，二者相互依存，不存在所谓"绝对坏的权威"，也不存在所谓"绝对好的自治"；权威与自治都会随着社会的发展而发生相应改变。

大工业社会中，不仅经济活动需要权威、社会需要权威，政治权威也是绝对必要的，革命活动也一样需要权威。恩格斯指出："革命无疑是天下最权威的东西"，因为"革命就是一部分人用枪杆、刺刀、大炮，即用非常权威的手段强迫另一部分人接受自己的意志"。若在此意义上评价巴黎公社，"难道我们没有理由责备公社把这个权威用得太少了吗？"④巴黎公社失败的原因之一正在于公社对群众的统一指挥、统一领导发挥得不够。恩格斯在1872年写给卡洛·特尔察吉的信中再一次强调了上述观点："我不知道什么东西能比革命更有权威了，如果用炸弹和枪弹把自己的意志强加于别人，就像在一切革命中

---

① 《马克思恩格斯文集》第3卷，人民出版社2009年版，第336页。
② 《马克思恩格斯文集》第10卷，人民出版社2009年版，第372页。
③ 《马克思恩格斯文集》第3卷，人民出版社2009年版，第337页。
④ 《马克思恩格斯文集》第3卷，人民出版社2009年版，第338页。

所做的那样,那么,我认为,这就是在行使权威。"①革命权威的表现就是能够用炸弹和枪弹等武器把自己的意志强加到被革命的一方身上。因此,"如果有人对我说,权威和集中是两种在任何情况下都应当加以诅咒的东西,那么我就认为,说这种话的人,要么不知道什么叫革命,要么只不过是口头革命派"②。真正的革命离不开权威,真正的革命派都是在实际斗争中强调权威、运用权威的。

综上,恩格斯从社会经济发展的客观需要出发,运用唯物史观基本原理和方法,论证了权威在现代资本主义社会经济活动、生产活动以及革命活动中的必要性,驳斥了巴枯宁无政府主义否定一切权威的观点,认为其不符合社会生产和革命发展的需要,不仅在理论上陷入谬误,而且在实践中尤其有害,会阻挠社会历史发展。正如恩格斯在1872年致泰奥多尔·库诺的信中所批判的:"根据巴枯宁的意见,既然国际的建立并不是为了进行政治斗争,而是为了在进行社会清算时能够立即代替旧的国家组织,所以国际应当尽可能地接近巴枯宁的未来社会的理想。在这个社会中,首先是不存在任何权威,因为权威=国家=绝对的祸害。"③巴枯宁主义者理想的未来社会就是一个不存在任何国家权威的社会。然而,实际上,"一个哪怕只由两个人组成的社会,如果每个人都不放弃一些自治权,又怎么可能存在,——关于这一点巴枯宁又闭口不谈"④。只要能够称之为"社会"的,必然不存在所谓绝对的自由,因为每个人要与他人和谐相处,都会不得不放弃自身的一些利益和要求而互相适应,即或是这个人在此时服从于那个人,那个人那时是权威;或是那个人在彼时服从于这个人,这个人此时则是权威。否则,就无所谓社会。

---

① 《马克思恩格斯文集》第10卷,人民出版社2009年版,第375页。
② 《马克思恩格斯文集》第10卷,人民出版社2009年版,第375—376页。
③ 《马克思恩格斯文集》第10卷,人民出版社2009年版,第377—378页。
④ 《马克思恩格斯文集》第10卷,人民出版社2009年版,第378页。

第三节　分析批判的当代启示：
建设人民民主专政国家

由上观之，马克思恩格斯在其一系列经典文本中通过分析批判巴枯宁无政府主义消灭一切国家、企图用密谋的手段进行欧洲革命的主张，揭示了国家的阶级实质，阐明了社会革命和国家消亡的经济基础，发展了马克思主义的国家学说；剖析了"政治冷淡主义"，阐明了政治运动和阶级运动的关系；批驳无政府主义者否定一切权威的观点，阐明人类社会需要权威，指出应该辩证地认识权威和自治的关系，对唯物史观的有关原理作出了重大发展。

巴枯宁无政府主义虽然在理论上已被马克思恩格斯批驳得几近体无完肤，在实践中也已失去其进一步泛滥的市场，但是，在历史脚步进入 21 世纪的今天，重温马克思恩格斯在其经典文本中对巴枯宁无政府主义的分析批判，对于准确理解马克思主义一些论断、在中国特色社会主义初级阶段坚持人民民主专政以及坚决维护以习近平同志为核心的党中央权威都具有重要的启示意义。

一、为消除人们对于马克思主义单纯诉诸暴力革命方式的误解提供了澄清依据

正如南斯拉夫著名哲学家普雷德拉格·弗兰尼茨基在其《马克思主义史》中指出的："马克思和巴枯宁之间的分歧，对于社会主义力量的斗争具有原则性的理论意义和深远的实践后果。"[1]弗兰尼茨基在这里所作的评价主要涉及的问题是工人阶级斗争应该采取何种合适的方式及其对于当代国际工人运动的重要意义。

---

[1]　[南斯拉夫]普雷德拉格·弗兰尼茨基：《马克思主义史》第 1 卷，胡文建、李嘉恩、杨达洲译，黑龙江大学出版社 2015 年版，第 206 页。

　　暴力革命还是和平进化是社会主义革命取得胜利的方式,这个问题是马克思恩格斯一直探讨并由列宁在其《国家与革命》中作出进一步研究的马克思主义发展史上的重要理论问题,也是国际共产主义运动中的实践问题。关于工人阶级斗争应该采取何种合适的方式,弗兰尼茨基认为:"马克思把重点放在工人阶级有组织的群众性的政治与经济斗争上,放在哲学斗争引起的社会革命上,以及放在建立保卫革命成果和实现社会主义所必需的政治武器——新型国家上";与马克思相反,"巴枯宁却坚持秘密小集团的立场,主张暴动,并在这类革命之后打碎任何国家"。① 马克思和巴枯宁之间的分歧的关键点在于立场的根本不同,马克思的"立场是要吸引劳动群众参加革命运动,使他们积极行动起来,培养他们为今后的伟大行动做好准备";而巴枯宁的"立场则是使群众消极被动,从而正好对最困难的一部分工作毫无准备",因此,他们之间的分歧是"决定性的理论问题和实际政治问题"。②

　　而工人阶级斗争应该采取何种合适的方式问题的理论意义则在于究竟应该用暴力革命还是进化的方式夺取社会主义胜利,对该问题的这种探讨对于当代国际工人运动具有重大价值。弗兰尼茨基引用了马克思《关于海牙代表大会》一文中的重要论述作为引证,马克思曾指出:"必须考虑到各国的制度、风俗和传统",虽然"有些国家,像美国、英国……工人可能用和平手段达到自己的目的",但是,"在大陆上的大多数国家中,暴力应当是我们革命的杠杆",因为"为了最终地建立劳动的统治,总有一天正是必须采取暴力"。③ 弗兰尼茨基在此基础上进一步进行了论证:"在今天的国际工人运动中,理论上是多么地不成熟,以致仍然常常看不到这两种解决办法不是互相排斥的对立面;对于某一个国家,根据它的发展水平,它的内部力量和矛盾、传统和思想觉悟等,

---

　　① 〔南斯拉夫〕普雷德拉格·弗兰尼茨基:《马克思主义史》第 1 卷,胡文建、李嘉恩、杨达洲译,黑龙江大学出版社 2015 年版,第 206 页。
　　② 〔南斯拉夫〕普雷德拉格·弗兰尼茨基:《马克思主义史》第 1 卷,胡文建、李嘉恩、杨达洲译,黑龙江大学出版社 2015 年版,第 206 页。
　　③ 《马克思恩格斯全集》第 18 卷,人民出版社 1964 年版,第 179 页。

其中的一个解决办法可能比较合适,但是对这同一个国家,在特殊的历史情况的凑合下,另一个解决办法也可能是决定性的! 社会主义运动不能把这两种解决办法中的一种从自己的改革社会关系和实现社会主义的政治斗争中绝对地排除掉。因此,在某个国家里,仅仅为武装革命培养革命力量,如同仅仅为改良、进化和民主道路而片面地机会主义地培养革命力量一样,会给革命运动带来同样致命的后果。迄今为止的历史,特别是 20 世纪的历史,已经不止一次地清楚地说明了这一点。"①弗兰尼茨基基于对马克思和巴枯宁之间分歧的理论分析,为消除人们认为马克思主义只是单纯地诉诸暴力革命方式的误解进一步提供了澄清依据。

二、对于在中国特色社会主义初级阶段坚持人民民主专政具有重要指导意义

马克思在《巴枯宁〈国家制度和无政府状态〉一书摘要》一文中驳斥了巴枯宁对无产阶级专政国家的攻击。1875 年,马克思写了著名的《哥达纲领批判》,这部著作重要的理论贡献之一就是把无产阶级夺取政权以后的社会发展分为三个大的阶段:从资本主义社会到共产主义社会的过渡时期、共产主义社会第一阶段、共产主义社会高级阶段,并提出了"过渡时期"理论。马克思指出:"在资本主义社会和共产主义社会之间,有一个从前者变为后者的革命转变时期。同这个时期相适应的也有一个政治上的过渡时期,这个时期的国家只能是无产阶级的革命专政。"②

1917 年 8—9 月间,列宁写了《国家与革命》一书,在这部著作中,列宁从国际社会主义运动和俄国的具体情况出发,科学地回答了无产阶级革命实践提出的关于国家的本质、特征、作用,关于通过暴力革命打碎旧的国家机器,建

---

① [南斯拉夫]普雷德拉格·弗兰尼茨基:《马克思主义史》第 1 卷,胡文建、李嘉恩、杨达洲译,黑龙江大学出版社 2015 年版,第 207 页。
② 《马克思恩格斯文集》第 3 卷,人民出版社 2009 年版,第 445 页。

立和加强无产阶级专政,发扬社会主义民主,以及无产阶级国家消亡的经济基础,共产主义社会的两个阶段等一系列重大问题。分析了从资本主义到共产主义之间的过渡时期,论证了实行无产阶级专政的必然性和必要性。在这部著作中,列宁引述并进一步发挥了马克思在《哥达纲领批判》中关于共产主义社会两阶段的划分以及各个阶段基本特征的思想,并明确提出,马克思认为"共产主义社会的第一阶段""通常叫做社会主义"①。同时,列宁阐释道:"在历史上必然会有一个从资本主义向共产主义过渡的特殊时期或特殊阶段。"②而过渡时期的国家只能是无产阶级的革命专政。列宁在此引证了马克思的上述论断并评价道:"这个结论是马克思根据他对无产阶级在现代资本主义社会中的作用的分析,根据关于这个社会发展情况的材料以及关于无产阶级与资产阶级对立的利益不可调和的材料所得出的。"③也就是说,马克思的论断是基于对人类社会发展规律以及人在社会历史中的作用的认识所得出的科学结论。

党的十九大报告明确阐释了现阶段中国的基本国情,指出:"我国仍处于并将长期处于社会主义初级阶段的基本国情没有变,我国是世界最大发展中国家的国际地位没有变",因此,"全党要牢牢把握社会主义初级阶段这个基本国情,牢牢立足社会主义初级阶段这个最大实际"。④ 在一定意义上,中国社会主义初级阶段可以说与马克思、列宁所提出并论证的从资本主义社会到共产主义社会的过渡时期相符合,在这一时期,仍然要坚持"无产阶级的革命专政",即坚持人民民主专政。"人民民主专政"的概念是以毛泽东同志为主要代表的中国共产党人提出的,与"无产阶级的革命专政"概念相比较,"人民民主专政"在表述上更全面、更明晰地表达出了人民民主和人民专政之间互

---

① 《列宁选集》第 3 卷,人民出版社 2012 年版,第 194 页。
② 《列宁选集》第 3 卷,人民出版社 2012 年版,第 188 页。
③ 《列宁选集》第 3 卷,人民出版社 2012 年版,第 188 页。
④ 习近平:《决胜全面建成小康社会　夺取新时代中国特色社会主义伟大胜利——在中国共产党第十九次全国代表大会上的报告》,人民出版社 2017 年版,第 12 页。

相联系的方面。毛泽东同志对此作了明确阐述:"对人民内部的民主方面和对反动派的专政方面,互相结合起来,就是人民民主专政"①。"在人民内部实行民主,对人民的敌人实行专政,这两个方面是分不开的,把这两个方面结合起来,就是无产阶级专政,或者叫人民民主专政。"②民主和专政密不可分,没有民主无所谓专政;同样,没有专政,也无须谈民主。人民民主专政就是对广大人民实行民主,对极少数人民的敌人实行专政。

三、对于坚决维护以习近平同志为核心的党中央权威提供有力理论支持

党的十八届六中全会正式提出"以习近平同志为核心的党中央"的表述,并把此写入全会文件。中国共产党是中国的执政党,办好中国事情的关键在于中国共产党。中国特色社会主义最本质的特征是中国共产党的领导,中国特色社会主义制度的最大优势还是中国共产党的领导。因此,坚持中国共产党的领导,是做好党和国家各项工作的根本保证;坚持中国共产党的领导,就要维护党中央的权威和党的领袖的核心地位。

首先,无产阶级政党建设要求维护党中央权威和党的领袖核心地位。如上文所述,在《论权威》一文中,恩格斯全面论证了"权威"对于无产阶级运动的必要性和重要性。在总结巴黎公社失败教训时,恩格斯也曾深刻指出:"巴黎公社遭到灭亡,就是由于缺乏集中和权威。"③列宁立足于社会主义社会建设,进一步论述了维护政党权威和领袖权威的重要问题,阐明了马克思主义关于领袖、政党、阶级、群众之间的相互关系。"群众是划分为阶级的……阶级是由政党来领导的;政党通常是由最有威信、最有影响、最有经验、被选出担任

---

① 《毛泽东文集》第 7 卷,人民出版社 1999 年版,第 212 页。
② 《毛泽东文集》第 8 卷,人民出版社 1999 年版,第 297 页。
③ 《马克思恩格斯文集》第 10 卷,人民出版社 2009 年版,第 375 页。

最重要职务而称为领袖的人们所组成的比较稳定的集团来主持的。"①政党和领袖的权威是在长期的革命和建设实践中树立起来的。总之,维护党中央的权威和党的领袖核心地位是马克思主义政党建设的重大课题,不仅革命需要权威,政治权威和领袖权威对无产阶级政党建设同样发挥重要作用。

其次,坚决维护党中央权威,首要的就是要维护习近平总书记的核心地位。邓小平同志曾说:"任何一个领导集体都要有一个核心,没有核心的领导是靠不住的。"②习近平同志多次强调要增强"四个意识",如在庆祝中国共产党成立95周年大会上强调"全党同志要增强政治意识、大局意识、核心意识、看齐意识,切实做到对党忠诚、为党分忧、为党担责、为党尽责"③。党的十九大报告也再次强调增强"四个意识"。增强"四个意识"的关键是增强核心意识。党的十八届六中全会通过的《关于新形势下党内政治生活的若干准则》申明:"一个国家、一个政党,领导核心至关重要。"④政党有核心,中央才有权威,国家才有力量。明确习近平总书记的核心地位是全党共同意志的体现。

最后,坚决维护党中央权威,要将这一政治要求具体落实并融入实际工作中。党的十九大修订的《中国共产党章程》在阐述民主集中制时规定:"坚定维护以习近平同志为核心的党中央权威和集中统一领导,保证全党的团结统一和行动一致,保证党的决定得到迅速有效的贯彻执行。"⑤这就是要求在具体的各项实际工作中,把维护习近平总书记核心地位、维护党中央权威这一根本政治要求融入进去,把党中央决策部署与实际工作部门职能科学地、具体地结合起来,做到看齐核心。习近平总书记强调:"严明党的纪律,首要的就是严明政治纪律。""遵守党的政治纪律,最核心的,就是坚持党的领导,坚持党

---

① 《列宁选集》第4卷,人民出版社2012年版,第151页。

② 《邓小平文选》第3卷,人民出版社1993年版,第310页。

③ 习近平:《在庆祝中国共产党成立95周年大会上的讲话》,人民出版社2016年版,第23页。

④ 《关于新形势下党内政治生活的若干准则》,《人民日报》2016年11月3日。

⑤ 《中国共产党章程》,人民出版社2017年版,第101页。

的基本理论、基本路线、基本纲领、基本经验、基本要求,同党中央保持高度一致,自觉维护中央权威。"①在实践中,遵守党的政治纪律就是要求从思想上、政治上到行动上都同以习近平同志为核心的党中央保持高度一致,坚决维护党中央权威和党的集中统一领导。在中国特色社会主义新时代,维护党中央权威和习近平总书记核心地位,落实在具体的工作和行动中,就是要以强烈的事业心和责任感履行好职责与使命,努力为党的建设和国家的事业发展作出应有贡献。总之,"党中央权威,全党都必须自觉维护,并具体体现到自己的全部工作中去,决不能表面上喊着同党中央保持一致,实际上没当回事,更不能违背中央大政方针各自为政、自行其是"②。要做到态度鲜明、立场坚定、行动自觉,最终保证政令畅通,不在贯彻执行中央决策部署上打折扣。

参考文献

[1]马克思、恩格斯:《所谓国际内部的分裂》,载《马克思恩格斯全集》第18卷,人民出版社1964年版。

[2]马克思、恩格斯:《社会主义民主同盟和国际工人协会》,载《马克思恩格斯全集》第18卷,人民出版社1964年版。

[3]马克思:《政治冷淡主义》,载《马克思恩格斯全集》第18卷,人民出版社1964年版。

[4]马克思:《巴枯宁〈国家制度和无政府状态〉一书摘要》,载《马克思恩格斯文集》第3卷,人民出版社2009年版。

[5]《马克思恩格斯文集》第10卷,人民出版社2009年版。

[6]恩格斯:《论权威》,载《马克思恩格斯文集》第3卷,人民出版社2009年版。

[7]恩格斯:《行动中的巴枯宁主义者》,载《马克思恩格斯全集》第18卷,人民出版社1964年版。

[8][南斯拉夫]普雷德拉格·弗兰尼茨基:《马克思主义史》第1卷,胡文建、李嘉恩、杨达洲译,黑龙江大学出版社2015年版。

---

① 《十八大以来重要文献选编》(上),中央文献出版社2014年版,第131、132页。
② 《十八大以来重要文献选编》(中),中央文献出版社2016年版,第96页。

[9][苏]H.M.皮鲁莫娃:《巴枯宁在西伯利亚》,夏禹文译,《湖北师范学院学报(哲学社会科学版)》1988年第2期。

[10]《中国共产党章程》,中国法制出版社2018年版。

[11]中央文献研究室:《十八大以来重要文献选编》(上),中央文献出版社2014年版。

[12]习近平:《决胜全面建成小康社会　夺取新时代中国特色社会主义伟大胜利——在中国共产党第十九次全国代表大会上的报告》,《人民日报》2017年10月28日。

[13]关勋夏:《巴枯宁主义是"左"的反革命修正主义——学习马克思恩格斯列宁论巴枯宁主义的札记》,《学术研究》1978年第2期。

[14]任钟印:《马克思恩格斯对巴枯宁的蒙昧主义的批判》,《教育研究与试验》1982年第1期。

[15]许可成:《〈论权威〉——批判无政府主义的经典文献》,《天津师院学报》1977年第2期。

[16]杨朴羽:《读恩格斯〈论权威〉》,《中南民族学院学报》1983年第2期。

[17]霍桂华:《论马克思批判巴枯宁无政府主义》,黑龙江大学硕士学位论文,2009年。

结语 观照马克思恩格斯分析批判理路，发展当代中国马克思主义

第一节 马克思恩格斯分析批判
错误社会思潮的理路①

　　马克思主义发展的历史既是马克思主义理论由形成、创立到在世界范围内传播并进一步发展的历史，也是不断地与各种非马克思主义思潮、反马克思主义思潮作斗争、最终确立马克思主义在工人运动、无产阶级革命中的指导地位，以至于在社会主义国家作为主导意识形态的历史。作为一种重要的社会理论形态，尤其对于中国来说，作为主导意识形态，如何能够在当代获得长足的发展，从而仍然具有蓬勃的生命力和当代价值，是每一个从事马克思主义研究的理论工作者应当思考并承担起的历史使命。面对这一时代课题，本研究基于 19 世纪 40—70 年代，马克思恩格斯在世时对当时影响较大的一些错误社会思潮的分析批判进行理路探究，并进一步挖掘其当代启示与价值，最终落脚点在于马克思主义理论在当代的发展与深化。

---

　　① 本章以题目《马克思恩格斯分析批判错误社会思潮的理路探究》全文刊载于《马克思主义理论学科研究》2017 年第 2 期。原文注释所用体例现修改为本专著所用体例；个别标题文字表述有所修改。

所谓"理路",指理论、条理。对马克思恩格斯分析批判错误社会思潮的理路进行探究,即从马克思恩格斯对错误社会思潮进行分析批判的背景,到分析批判的内容、分析批判的方式与特征,以及分析批判的后果、效果等方面进行条分缕析的脉络梳理,从而形成马克思恩格斯分析批判错误社会思潮的理论内容、逻辑论证思路、运用的分析批判方式等整体化的图景。

一、分析批判的必要性

总体而言,马克思恩格斯分析批判错误社会思潮,或者是马克思恩格斯自身澄清思想的需要,或者是要消解错误社会思潮在工人阶级中负面、消极影响的需要,更是促进了马克思主义的创立与发展。而马克思恩格斯分析批判错误社会思潮的理论逻辑进程是与西方社会发展的历史过程密切联系在一起的,只有分析各种错误社会思潮演进背后的社会根源,才能厘清马克思恩格斯分析批判社会思潮的理路。正如马克思在《〈黑格尔法哲学批判〉导言》中对当时德国的社会历史及理论状况的恰当定位:"我们是当代的**哲学**同时代人,而不是当代的**历史**同时代人。""**德国的法哲学和国家哲学**是唯一与**正式的**当代现实保持在同等水平上的**德国历史**。"①

(一)马克思恩格斯自身澄清思想的需要

在马克思恩格斯思想发展的早期,他们分析批判错误社会思潮,主要是其自身澄清思想的需要。

追踪青年马克思的思想发展历程,可以看到正在读大学的马克思生活的19世纪40年代初的德国,正处于争取自由民主运动高涨的资产阶级革命前夜,马克思积极参加当时非常活跃的青年黑格尔派的活动。从马克思的博士论文可以看出,他最初受到黑格尔哲学的影响,崇尚理性和自由,信奉黑格尔

---

① 《马克思恩格斯文集》第1卷,人民出版社2009年版,第9页。

的辩证唯心主义。获得博士学位后,由于其激进的思想以及与青年黑格尔派的关系,马克思没能按照其最初的意愿在大学的讲台上教书,而是开始为当时由新兴的资产阶级的一些代表人物创办的《莱茵报》撰稿,后来成为这家报纸的编辑。从此,马克思逐渐由从前主要是在书斋中的思想批判转向投身德国现实批判的政治斗争。在《莱茵报》工作期间,马克思的思想发生了转变,正如他在 1859 年谈到自己的思想转变动因:"1842—1843 年间,我作为《莱茵报》的编辑,第一次遇到要对所谓物质利益发表意见的难事。……是促使我去研究经济问题的最初动因。"①恩格斯在 1895 年 4 月 15 日给理查·费舍的信中也曾说:"我曾不止一次地听马克思说过,正是他对林木盗窃法和摩泽尔河沿岸地区农民状况的研究,推动他由纯政治转向经济关系,并从而走向社会主义。"②马克思开始怀疑并批判黑格尔哲学。"为了解决使我苦恼的疑问,我写的第一部著作是对黑格尔法哲学的批判性的分析。"③

不仅是无情的现实冲击着马克思从前对于黑格尔哲学的信仰,费尔巴哈的人本主义哲学同时也极大地影响着马克思的思想理论,促使其开始由唯心主义转向唯物主义。1841 年,费尔巴哈发表了《基督教的本质》一书,正如恩格斯所说:"这部书的解放作用,只有亲身体验过的人才能想象得到。那时大家都很兴奋:我们一时都成为费尔巴哈派了。马克思曾经怎样热烈地欢迎这种新观点,而这种新观点又是如何强烈地影响了他(尽管还有种种批判性的保留意见),这可以从《神圣家族》中看出来。"④

1843 年 1 月《莱茵报》被德国政府查封,马克思不得不离开《莱茵报》来到了克罗茨纳赫。在这里马克思又开始了进一步的理论研究,分析、总结自己在《莱茵报》时期遇到的各种现实社会问题,由此,马克思于 1843 年夏天写了

---

① 《马克思恩格斯文集》第 2 卷,人民出版社 2009 年版,第 588 页。
② 《马克思恩格斯文集》第 10 卷,人民出版社 2009 年版,第 701 页。
③ 《马克思恩格斯文集》第 2 卷,人民出版社 2009 年版,第 591 页。
④ 《马克思恩格斯文集》第 4 卷,人民出版社 2009 年版,第 275 页。

《黑格尔法哲学批判》。《黑格尔法哲学批判》又称《1843 年手稿》《克罗茨纳赫手稿》,是马克思的第一部著作,但却是未完成的手稿,马克思为这篇著作写了篇《导言》,即著名的《〈黑格尔法哲学批判〉导言》。马克思在《〈黑格尔法哲学批判〉导言》中这样所言自己写作的初衷:"**德国的国家哲学和法哲学在黑格尔**的著作中得到了最系统、最丰富和最终的表述;对这种哲学的批判既是对现代国家以及同它相联系的现实所作的批判性分析,又是对迄今为止的**德国政治意识和法意识**的整个**形式**的坚决否定,而这种意识的最主要、最普遍、上升为科学的表现正是**思辨的法哲学**本身。"①

　　除了《〈黑格尔法哲学批判〉导言》的写作主要基于马克思自身澄清思想的需要,《1844 年经济学哲学手稿》的写作也需要放到马克思本人的思想发展过程中去考察。在写作《〈黑格尔法哲学批判〉导言》的 1843 年底到 1844 年初期间,马克思阅读了亚当·斯密、大卫·李嘉图、詹姆斯·穆勒等古典政治经济学家的著作,并做了一些摘要笔记,在这些摘要笔记上还做了大量的批注。《1844 年经济学哲学手稿》一书正是马克思自己对这一时期进行政治经济学研究的初步成果的总结。即马克思从 1843 年底开始研究经济学,同时从"经济事实"出发,通过批判国民经济学和黑格尔哲学以及对异化劳动理论的阐述,写作了《1844 年经济学哲学手稿》。

　　《神圣家族》这一马克思恩格斯共同完成的著作更是二人意欲集中澄清自身思想之作。1844 年 9 月至 11 月间,马克思恩格斯在巴黎第二次见面,这次见面决定了他们共同完成《神圣家族》这一著作,也从此开始了他们今后长达 40 年的友谊。《神圣家族》于 1845 年出版。在这部著作中,马克思恩格斯集中清算了青年黑格尔派,批判了青年黑格尔派的自我意识哲学,唯物主义地解决了哲学的基本问题。虽然这时他们并未完全摆脱费尔巴哈的影响,还用"人性""人的本质"等费尔巴哈的语言分析无产阶级,高度评价了费尔巴哈的

---

① 《马克思恩格斯文集》第 1 卷,人民出版社 2009 年版,第 10 页。

人本主义,但是开始更多是从经济地位上分析无产阶级革命的必然性。因此,此书奠定了全面制定历史唯物主义科学体系的思想基础,开始接近其新的理论体系。正如《神圣家族》"序言"中所述,"我们先发表这部论战性的著作,然后再写几部独立的著作,在那些著作里,我们——当然是各自单独地——将正面阐述自己的观点,从而也正面阐述自己对现代哲学学说和社会学说的态度"①。

　　1845年春,马克思遭到法国政府的迫害,被从巴黎驱逐到比利时的布鲁塞尔。在此期间,马克思写了一个供自己研究用的笔记——《关于费尔巴哈的提纲》。由于该笔记的写作不是为了公开发表,所以写得比较简单。但是,《关于费尔巴哈的提纲》却是马克思在澄清黑格尔、青年黑格尔派的思想影响之后,进一步较全面、扼要地澄清费尔巴哈思想影响的重要文章,因此,被称为是包含着"新世界观的天才萌芽"的大纲。

　　而马克思恩格斯共同撰写的著作《德意志意识形态》,正如马克思1859年曾在《〈政治经济学批判〉序言》中谈到当时写作的目的时所言:"我们决定共同阐明我们的见解与德国哲学的意识形态的见解的对立,实际上是把我们从前的哲学信仰清算一下。"②当时青年黑格尔派的代表人物费尔巴哈、鲍威尔和施蒂纳围绕着"人""人的本质""异化"等概念进行着激烈的论战。鲍威尔在青年黑格尔派的杂志《维干德季刊》第三期上,发表了《路德维希·费尔巴哈的特性描写》一文,在这篇论文中鲍威尔不仅批判了费尔巴哈、施蒂纳、赫斯,还捎带着批判了马克思和恩格斯合著的《神圣家族》。施蒂纳在《唯一者及其所有》这本畅销书中也批判了马克思发表在《德法年鉴》上的两篇论文《论犹太人问题》和《〈黑格尔法哲学批判〉导言》。但是,鲍威尔和施蒂纳批判的一个共同特点却是把马克思和恩格斯看成是费尔巴哈哲学的一个流派,看成是费尔巴哈的追随者。为了回应鲍威尔和施蒂纳的批判,阐明自己的思

---

① 《马克思恩格斯文集》第1卷,人民出版社2009年版,第254页。
② 《马克思恩格斯文集》第2卷,人民出版社2009年版,第593页。

想与青年黑格尔派,特别是与费尔巴哈的根本区别,马克思和恩格斯着手写下了《德意志意识形态》这部著作。

(二)消解错误社会思潮在工人阶级中消极影响的需要

马克思恩格斯不仅不断地澄清、清算错误社会思潮对自身思想的影响,同时,还与工人阶级接触,把自己的理论逐步与工人运动相结合,从而消解其他错误社会思潮在工人阶级中的消极、负面影响。

1843 年 10 月,马克思来到当时世界无产阶级革命的中心——巴黎,与卢格合作创办《德法年鉴》。在巴黎,马克思不仅和流亡到法国的德国工人交往,而且直接与法国无产阶级接触,还与"正义者同盟"建立了联系,同时积极参加各种工人集会。写于 1843 年底、发表于 1844 年《德法年鉴》上的《论犹太人问题》和《〈黑格尔法哲学批判〉导言》两篇文章是马克思这一时期的重要著作,标志着马克思完成了从革命民主主义到共产主义、从唯心主义向唯物主义的彻底转变。在《德法年鉴》时期的文章中,马克思区分了政治解放和人类解放,第一次明确阐述了无产阶级的伟大历史使命。"**德国人的解放**就是**人的解放**。这个解放的**头脑**是**哲学**,它的**心脏**是**无产阶级**。"① "批判的武器当然不能代替武器的批判,物质力量只能用物质力量来摧毁;但是理论一经掌握群众,也会变成物质力量。"② "哲学把无产阶级当做自己的**物质**武器,同样,无产阶级也把哲学当做自己的**精神**武器"③。这些经典的表述是马克思日益认识到革命理论必须与工人运动相结合才能发挥其作用的极好证明。

而消解错误社会思潮在工人阶级中负面影响的最典型代表作就是恩格斯所写的《反杜林论》。《反杜林论》是当时国际无产阶级革命的需要和德国社会主义工人党党内斗争的产物。在 19 世纪 70 年代,一方面,西方资本主义处

---

① 《马克思恩格斯文集》第 1 卷,人民出版社 2009 年版,第 18 页。
② 《马克思恩格斯文集》第 1 卷,人民出版社 2009 年版,第 11 页。
③ 《马克思恩格斯文集》第 1 卷,人民出版社 2009 年版,第 17 页。

于一个相对平静的和平发展时期;另一方面,欧洲各个国家的无产阶级总结了巴黎公社不成熟的革命经验,先后建立了自己的政党,积极积蓄革命力量。在这种形势下,革命的马克思主义不再符合工人阶级"上层人物"的口味,而资产阶级自由主义的传统、机会主义、折中主义却开始蔓延。这种情况也反映到了当时德国社会主义工人党内。德国社会主义工人党是 1875 年由拉萨尔组建的"全德工人联合会"和倍倍尔、威廉·李卜克内西建立的"德国社会民主工党"两大派别在哥达城大会上合并为一的。由于急于建立统一的政党,容忍了许多机会主义观点的存在。党内一部分人对杜林的观点产生了浓厚的兴趣,就是这种思想上动摇的表现之一。

作为柏林大学讲师的欧根·杜林是小资产阶级思想家,他自命为社会主义信徒,声称要在哲学、政治经济学和社会主义理论中实行对马克思的全面的"改革"。他的主要著作有《哲学教程》《国民经济学和社会经济学教程》和《国民经济学和社会主义批判史》。杜林在其著作中忽视无产阶级和资产阶级之间的阶级对立,企图用伦理社会主义代替科学社会主义;他歪曲马克思的剩余价值学说,宣扬资产阶级改良主义。但是,杜林的理论主张在德国党内受到了一些人的拥护和赞扬,甚至连社会民主党的负责人倍倍尔也表示赞同。杜林的思想影响力如此之大,给党的团结和统一造成了严重的破坏,给工人阶级的解放事业造成了难以估量的损失。在这种情况下,恩格斯为捍卫马克思主义,维护党的统一和团结,使德国工人运动沿着马克思主义的轨道健康发展,应德国社会主义工人党领导人李卜克内西等人的要求,写了《反杜林论》这部论战性的著作。

(三)促进了马克思主义的创立与发展

马克思恩格斯分析批判错误社会思潮,不仅澄清了自身的思想,消解了错误社会思潮在工人阶级中负面、消极的影响,更是在"破"中达"立",即确立了他们自己的正确立场、理论与研究方法,亦即促进了马克思主义的创立与发展。

马克思恩格斯合写的第一部著作《神圣家族》通常被认为是他们接近其新的理论体系之作。如前所述,这部著作在对青年黑格尔派的集中清算中奠定了全面制定历史唯物主义科学体系的思想基础。这主要表现为:马克思恩格斯力图用唯物主义观点解释历史,提出粗糙的物质生产是历史的发源地,以及历史活动是群众的活动等重要观点。一方面,他们在批判青年黑格尔派片面强调思想、自我意识时指出历史是群众实践的历史。"历史活动是群众的活动,随着历史活动的深入,必将是群众队伍的扩大。在批判的历史中,事情当然必定是以另一种方式发生的,批判的历史认为,在历史活动中重要的不是行动着的群众,不是经验的活动,也不是这一活动的经验的**利益**,相反,'在这些活动中','**重要的**'仅仅是'**一种思想**'。"①另一方面,马克思恩格斯更是明确地把物质生产看作是历史的发源地。马克思恩格斯揭示道:"难道批判的批判以为,只要它把人对自然界的理论关系和实践关系,把自然科学和工业排除**在**历史运动**之外**,它就能达到,哪怕只是初步达到对历史现实的认识吗? 难道批判的批判以为,它不把比如说某一历史时期的工业,即生活本身的直接的生产方式认识清楚,它就能真正地认清这个历史时期吗? 确实,唯灵论的、**神学的**批判的批判仅仅知道(至少它在自己的想象中知道)历史上的政治、文学和神学方面的重大事件。正像批判的批判把思维和感觉、灵魂和肉体、自身和世界分开一样,它也把历史同自然科学和工业分开,认为历史的诞生地不是地上的粗糙的**物质**生产,而是天上的迷蒙的云兴雾聚之处。"②由上述表述可以看出,马克思恩格斯这时已经明确地将物质生产看作是历史的发源地,而要真正认识某一历史时期,就必须要认识这个历史时期的自然科学和工业,即现实的、直接的物质生产方式。

而《反杜林论》这部著作虽然是力图消解杜林错误思想在工人阶级中负

① 《马克思恩格斯文集》第1卷,人民出版社2009年版,第287页。
② 《马克思恩格斯文集》第1卷,人民出版社2009年版,第350—351页。

面影响的论战性著作,但同时却在对杜林的批判中全面阐发了马克思主义基本原理。正如恩格斯所说:"尽管同不足道的对手进行论战不可避免具有枯燥的性质,但是我们百科全书式地概述了我们在哲学、自然科学和历史问题上的观点,还是起了作用。"①如恩格斯在批判杜林的先验主义中,科学地论述了马克思主义哲学的基本原理,主要包括:批判杜林的"世界模式论"原则的先验论,论述了思维与存在、主观与客观的基本关系;批判杜林"世界统一于存在"的命题,论证了"世界的真正的统一性在于它的物质性";②批判杜林的时空有限的"定数律",论证了辩证的时空观;③批判了杜林割裂认识中的有限和无限、至上性和非至上性的关系,阐明了真理的绝对性和相对性的辩证关系,论述了自由和必然的辩证关系。而在批判杜林唯心史观的同时,又进一步丰富、发展了马克思主义的唯物史观。恩格斯批判了杜林的暴力论,科学地阐明了经济与政治、阶级、国家与革命的理论;批判杜林的道德观、平等观,阐明了经济基础和上层建筑的辩证关系原理;等等。总之,《反杜林论》不仅从认识方法和理论体系上彻底批判了杜林主义,而且全面、系统、准确地阐述了马克思主义理论,促进了马克思主义的发展。

二、分析批判的主要内容

(一)针对错误社会思潮的主要观点逐一反驳

马克思恩格斯对错误社会思潮的内容进行分析批判首先表现为针对错误社会思潮的主要观点逐一反驳。

以《反杜林论》为例。《反杜林论》作为马克思主义的成熟之作,恩格斯在批判杜林的同时全面阐述了马克思主义的三个组成部分——哲学、政治经济

---

① 《马克思恩格斯全集》第 36 卷,人民出版社 1975 年版,第 139 页。
② 《马克思恩格斯文集》第 9 卷,人民出版社 2009 年版,第 47 页。
③ 《马克思恩格斯文集》第 9 卷,人民出版社 2009 年版,第 50—60 页。

学和科学社会主义。全书由《引论》和《哲学》《政治经济学》《社会主义》共三编二十九章构成。《引论》对全书作了系统的概括性叙述,批判了杜林全盘否定自康德以来的全部德国古典哲学以及达尔文的进化论和空想社会主义者的错误,揭露了他狂妄地进行自我吹嘘的丑陋面目;说明了社会主义是怎样由空想变为科学。在《哲学》编中,由于杜林所吹嘘的社会主义思想体系是以"最终形式"的新哲学体系出现的,是以唯心论的先验论和形而上学作为理论基础的,因此,恩格斯在批判杜林的理论体系时,首先清算了它的哲学基础。恩格斯对杜林的各种错误观点进行了深入批判,正面论述了唯物论的一元论、唯物论的反映论、唯物辩证法的时空观、运动观和生命观,阐述了唯物辩证法同形而上学的对立,对唯物辩证法的三个主要规律进行了详尽的分析和论证,并运用历史唯物论对社会历史、道德与法作出了科学、透彻的说明。批判了杜林的先验主义方法,提出了历史唯物主义方法和研究社会伦理的基本原则;论述了平等观的历史发展;阐述了社会中的隶属关系和公民权利等问题。在《政治经济学》编,恩格斯运用辩证唯物主义和历史唯物主义的世界观和方法论,批判了杜林的庸俗经济学观点,阐述了政治经济学的研究对象和方法、马克思主义关于价值和剩余价值以及资本的学说,马克思关于地租理论以及资本主义条件下经济危机和各种社会危机的必然性,指出资本主义必然灭亡。恩格斯在《社会主义》编中主要批判了杜林的以历史唯心主义为基础的所谓社会主义,论证了资本主义的基本矛盾和发展过程,社会主义代替资本主义的历史必然性;并评述了空想社会主义者的学说,揭示了社会主义从空想到科学的转变过程,科学社会主义的基本内容,论述了马克思主义关于社会分工、商品货币、国家、宗教和教育的理论。

（二）旗帜鲜明地指出错误社会思潮的症结所在

无论运用哪一种方式对错误社会思潮进行分析批判,无论在哪一篇分析批判文章中,马克思恩格斯都旗帜鲜明地指出了错误社会思潮的症结所在。

马克思在《〈黑格尔法哲学批判〉导言》中归纳自己批判重点的转移,也正是青年黑格尔派的问题所在。"于是,对天国的批判变成对尘世的批判,对**宗教的批判变成对法的批判**,对神学的批判变成对政治的批判。"①

在《论犹太人问题》这部著作中,马克思批判了鲍威尔把犹太人和其他人的解放只归结为一个纯粹宗教的问题,揭露了"政治解放"只是通过资产阶级民主革命所获得的解放,论述了只有无产阶级才能完成"人类解放"的伟大历史任务,由此实现了"两个转变"。"可见,一方面,鲍威尔要求犹太人放弃犹太教,要求一般人放弃宗教,以便作为**公民**得到解放。另一方面,鲍威尔坚决认为宗教在**政治上的**废除就是宗教的完全废除。以宗教为前提的国家,还不是真正的、现实的国家。""这一点暴露了他对犹太人问题的**片面**理解。"②

在《德意志意识形态》中,马克思恩格斯批判了费尔巴哈、鲍威尔和施蒂纳所代表的德国哲学——唯心史观,精辟地指出其错误所在:"当费尔巴哈是一个唯物主义者的时候,历史在他的视野之外;当他去探讨历史的时候,他不是一个唯物主义者。在他那里,唯物主义和历史是彼此完全脱离的。"③

而全面系统地阐发马克思主义哲学大纲的《关于费尔巴哈的提纲》,虽然短短11条,却揭露了旧唯物主义和唯心主义的主要缺点,批判了费尔巴哈唯物主义的历史局限性,阐明了新唯物主义的根本特点。

(三)正面表述自己的主张

马克思恩格斯对错误社会思潮的内容进行分析批判,不仅表现在针对错误社会思潮的主要观点逐一反驳,而且旗帜鲜明地指出错误社会思潮的症结所在,同时还正面表述了自己的主张。

如《德意志意识形态》不仅批判了费尔巴哈、鲍威尔和施蒂纳所代表德国

① 《马克思恩格斯文集》第1卷,人民出版社2009年版,第4页。
② 《马克思恩格斯文集》第1卷,人民出版社2009年版,第25页。
③ 《马克思恩格斯文集》第1卷,人民出版社2009年版,第530页。

哲学,彻底清算了马克思恩格斯从前的信仰,肃清了各种空想社会主义的影响,同时科学地认识了物质生产,揭示了历史的本质及其发展规律,表明马克思主义新世界观的创立。马克思恩格斯在文中这样表述其新世界观:"这种历史观就在于:从直接生活的物质生产出发阐述现实的生产过程,把同这种生产方式相联系的、它所产生的交往形式即各个不同阶段上的市民社会理解为整个历史的基础,从市民社会作为国家的活动描述市民社会,同时从市民社会出发阐明意识的所有各种不同的理论产物和形式,如宗教、哲学、道德等等,而且追溯它们产生的过程。""这种历史观和唯心主义历史观不同,它不是在每个时代中寻找某种范畴,而是始终站在现实历史的**基础**上,不是从观念出发来解释实践,而是从物质实践出发来解释各种观念形态"。①

而在《哲学的贫困》这部既是经济学又是哲学的著作中,马克思恩格斯用唯物史观揭示资本主义发展规律,分析经济现象,说明经济学范畴,用"生产关系"概念代替了从前在其著作中一直沿用的"交往形式",使得唯物史观的表述更加精确,丰富发展了马克思主义唯物辩证法和唯物史观。

三、分析批判的方式与特征

(一)分析批判的主要方式

马克思恩格斯对错误社会思潮的分析批判主要是通过撰写理论文章在报刊上发表,或者是以著作形式出书问世。如写于 1844 年 9 月到 11 月间的《神圣家族》,在 1845 年 2 月于德国法兰克福出版了单行本;《哲学的贫困》一书于 1847 年上半年完成法文文稿,同年 7 月则在比利时的布鲁塞尔和法国的巴黎出版;著名的《反杜林论》文稿完成后,从 1877 年开始就陆续发表在德国《人民国家报》的续刊——莱比锡的《前进报》上,1878 年成册出版。

但是,一些文稿却像《德意志意识形态》的命运一样,在马克思恩格斯生

---

① 《马克思恩格斯文集》第 1 卷,人民出版社 2009 年版,第 544 页。

前成为手稿。从 1846 年到 1847 年,马克思和恩格斯曾多次在德国为他们的《德意志意识形态》这部著作寻找出版商,但是由于警察署方面的阻挠,由于出版商是马克思和恩格斯所反对的派别的有关代表,他们也拒绝出版,因此,在马克思和恩格斯生前,最终只在《威斯特伐里亚汽船》杂志 1847 年 8 月号和 9 月号上发表了《德意志意识形态》第二卷的第四章,直到 1932 年才由苏联全文公开发表。

(二)分析批判的主要特征

概览马克思恩格斯对错误社会思潮的分析批判的文章,其体现出的主要特征可以概括为:严谨的内容理论性、论证过程的逻辑性、表述语言的犀利与辛辣。

众所周知,马克思和恩格斯合写的《德意志意识形态》一文第一次全面阐述了他们的新世界观及其与德国思辨哲学传统的界限,但是由于当时的种种客观原因未能发表。而马克思为批判蒲鲁东而发表的《哲学的贫困》则提供了一个机会,使得马克思主义理论首次公开问世。如果说《德意志意识形态》着力于批判整个德国思想界所谓思辨的传统,同时深入思考马克思恩格斯自己的新世界观,那么,《哲学的贫困》一书重点就是用已经形成的历史唯物主义基本观点和原理阐明资本主义的本质,以及社会主义运动的历史现实根据。虽然该书的论证始终针对蒲鲁东原书的一系列说法而展开,但是,马克思在这部著作中则是基于前期形成的历史唯物主义观点与语境分析批判蒲鲁东。因此,该著作体现出严谨的内容理论性,尤其是该书的第二章在展开批判蒲鲁东经济学理论的哲学基础的同时,精辟地阐发了历史唯物主义的基本原理。

《1844 年经济学哲学手稿》虽然为一部手稿,但是,它却呈现出可循序的逻辑思路。①《手稿》的核心概念"异化劳动"的提出,不仅是从经济学的"劳

---

① 参见夏之放:《异化的扬弃——〈1844 年经济学哲学手稿〉的当代阐释》"第三章 《手稿》文本概说",花城出版社 2000 年版,第 67—68 页;马克思《1844 年经济学哲学手稿》译后记,刘丕坤译,人民出版社 1983 年版,第 147—148 页。

动"概念发展而来，更主要是从黑格尔哲学中的"异化"概念而来。从经济学来考虑，扬弃私有财产，实现共产主义；从哲学来考虑，就是扬弃人的自我异化，向社会的(即人的)人的复归。由此，《手稿》写作的整体逻辑思路如下：首先，论述异化劳动的性质；接下来，论述异化劳动的扬弃——扬弃私有财产达到共产主义、扬弃人的异化达到人的全面发展；最后，论述这一扬弃过程的必然性，即批判黑格尔哲学的唯心主义性质和肯定其辩证法的合理性。按照上述逻辑思路，在现有的手稿文本中，主体内容则分别被标以"《异化劳动和私有财产》《私有财产和共产主义》《对黑格尔的辩证法和整个哲学的批判》"体现出来。① 整个手稿就可以简要地划分为这样几个部分：第一，以异化劳动为核心的政治经济学批判；第二，以人的本质为思考中心的哲学批判；第三，以扬弃异化为核心的社会主义批判；第四，在上述基础上，对黑格尔哲学的全面清算。

马克思语言表述的犀利与辛辣则更是俯拾皆是。在《〈黑格尔法哲学批判〉导言》中，马克思是如此从"对天国的批判变成对尘世的批判"，从"对神学的批判变成对政治的批判"。"向德国制度**开火！** 一定要开火！这种制度虽然**低于历史水平，低于任何批判**，但依然是批判的对象……在同这种制度进行的斗争中，批判不是头脑的激情，它是激情的头脑。它不是解剖刀，它是武器。它的对象是自己的**敌人**，它不是要驳倒这个敌人，而是要**消灭**这个敌人。"②

而《神圣家族》书名本身就意味着辛辣的讽刺。"神圣家族"是借用意大利文艺复兴时期的画名对青年黑格尔派鲍威尔兄弟及其追随者的谑称。③

在《德意志意识形态》第一卷的"序言"中，马克思恩格斯在论述写作该卷的目的时如此辛辣而尖锐地表述："这些天真的幼稚的空想构成现代青年黑

---

① 参见马克思：《1844年经济学哲学手稿》，人民出版社2002年版。(刘丕坤译本的相应标题为：《异化劳动》《私有财产和共产主义》《对黑格尔的辩证法和整个哲学的批判》，见马克思：《1844年经济学哲学手稿》译后记，刘丕坤译，人民出版社1983年版，第147—148页。)

② 《马克思恩格斯文集》第1卷，人民出版社2009年版，第6页。

③ 参见《马克思恩格斯文集》第1卷，人民出版社2009年版，第793页。

格尔派哲学的核心。在德国不仅是公众怀着畏惧和虔敬的心情来接受这种哲学,而且**哲学英雄们**自己在抬出这种哲学的时候,也一本正经地觉得它有颠覆世界的危险性和不怕被治罪的坚决性。本书第一卷的目的就是要揭露这些自以为是狼,也被人看成是狼的绵羊,指出他们的咩咩叫声只不过是以哲学的形式来重复德国市民的观念,而这些哲学宣讲者的夸夸其谈只不过反映出德国现实状况的可悲。本书的目的就是要揭穿同现实的影子所作的哲学斗争,揭穿这种投合耽于幻想、精神委靡的德国民众口味的哲学斗争,使之信誉扫地。"①等等,不一而足。

四、分析批判的效果

马克思恩格斯对错误社会思潮的分析批判,其彰显的效果或者是马克思恩格斯澄清了自身的思想,或者是消解了错误社会思潮在工人阶级中的负面、消极影响,最终则是促进了马克思主义的创立与发展。

马克思通过《〈黑格尔法哲学批判〉导言》《1844 年经济学哲学手稿》等文章逐步清除黑格尔哲学的影响;通过《1844 年经济学哲学手稿》《论犹太人问题》的写作批判了黑格尔的唯心主义以及以鲍威尔为首的青年黑格尔派的自我意识哲学;马克思恩格斯通过《神圣家族》《德意志意识形态》的文本清算了青年黑格尔派、澄清了自身的思想;通过写作《关于费尔巴哈的提纲》划清了马克思主义哲学与以费尔巴哈为代表的旧唯物主义的界限;通过《反杜林论》的论战之作消解了杜林思想在工人阶级政党及工人阶级中的负面影响;等等。

在 19 世纪 60—70 年代,马克思恩格斯在同各种机会主义,包括巴枯宁无政府主义、拉萨尔主义、"苏黎世三人团"的斗争中又进一步发展了唯物史观,同时清除其在工人阶级中的消极影响。马克思恩格斯批判巴枯宁的无政府主义,发展了马克思主义的国家学说;揭示国家的阶级实质,阐明社会革命和国

---

① 《马克思恩格斯文集》第 1 卷,人民出版社 2009 年版,第 509—510 页。

家消亡的经济基础;阐明政治运动和阶级运动的关系;阐明权威是人类社会生活的客观需要,指出必须辩证地看待权威和自治的关系问题。马克思在《哥达纲领批判》中批判了拉萨尔关于"自由国家"的谬论,揭示了国家的阶级本质,阐明从资本主义到共产主义过渡时期的国家只能是无产阶级专政——过渡时期理论;批判拉萨尔庸俗的社会主义分配理论,提出共产主义社会发展阶段(第一阶段和高级阶段)的学说。马克思恩格斯批判了拉萨尔主义,提出"过渡时期"理论和共产主义发展阶段学说。

第二节　理性应对各种社会思潮冲击, 积极发展当代中国马克思主义①

　　由上观之,马克思恩格斯分析批判错误社会思潮,或者是马克思恩格斯自身澄清思想的需要,或者是要消解错误社会思潮在工人阶级中负面、消极影响的需要,尤为重要的意义在于,促进了马克思主义的创立与发展。对于错误社会思潮的分析批判,马克思恩格斯主要是通过撰写理论文章在报刊上发表,或者是以著作形式出书问世;对于错误社会思潮的内容进行分析批判主要表现在针对错误社会思潮的主要观点逐一反驳、旗帜鲜明地指出错误社会思潮的症结所在,正面表述了自己的主张;对于错误社会思潮的分析批判文章体现出的主要特征可以概括为:严谨的内容理论性、论证过程的逻辑性、表述语言的犀利与辛辣。最终所彰显的效果则是实现了马克思恩格斯澄清思想与消解影响的初衷,特别是在澄清与消解中促进了马克思主义的创立与进一步发展。通过梳理马克思恩格斯分析批判错误社会思潮的理路,对我们在当代进一步

---

　　①　本节部分内容为《着力发展当代中国马克思主义的整体进路》一文被收录于《"马克思诞辰200周年与中国化马克思主义"全国学术研讨会暨全国高校马克思主义理论学科研究会第36次学科论坛论文集》(2018年5月)。原文内容在此有所删改;原文注释所用体例现修改为本专著所用体例。

应对各种社会思潮对于马克思主义的冲击和攻击,发展当代中国马克思主义可以获得有益的启示。

2016 年 7 月 1 日,习近平总书记在庆祝中国共产党成立 95 周年大会上的讲话中强调:"我们要以更加宽阔的眼界审视马克思主义在当代发展的现实基础和实践需要,坚持问题导向,坚持以我们正在做的事情为中心,聆听时代声音,更加深入地推动马克思主义同当代中国发展的具体实际相结合,不断开辟 21 世纪马克思主义发展新境界,让当代中国马克思主义放射出更加灿烂的真理光芒。"①这是继习近平总书记在中共中央政治局 2015 年 1 月 23 日下午就辩证唯物主义基本原理和方法论进行了第二十次集体学习时的讲话,以及 2016 年 5 月 17 日在哲学社会科学工作座谈会上的讲话中关于发展 21 世纪马克思主义、当代马克思主义相关表述的进一步表述。早在中共中央政治局 2015 年 1 月 23 日下午就辩证唯物主义基本原理和方法论进行了第二十次集体学习时,习近平总书记就曾指出:"必须高度重视理论的作用,增强理论自信和战略定力,对经过反复实践和比较得出的正确理论,要坚定不移坚持。要根据时代变化和实践发展,不断深化认识,不断总结经验,不断实现理论创新和实践创新良性互动,在这种统一和互动中发展 21 世纪中国的马克思主义。"②习近平总书记 2016 年 5 月 17 日在哲学社会科学工作座谈会上的讲话中也曾指出:"马克思主义中国化取得了重大成果,但还远未结束。我国哲学社会科学的一项重要任务就是继续推进马克思主义中国化、时代化、大众化,继续发展 21 世纪马克思主义、当代中国马克思主义。"③

21 世纪中国马克思主义的发展就是中国化的马克思主义在当代中国的发展。马克思主义在当代中国的发展不仅指马克思主义按照其自身的理论逻

---

① 习近平:《在庆祝中国共产党成立 95 周年大会上的讲话》,人民出版社 2016 年版,第 9—10 页。
② 习近平:《坚持运用辩证唯物主义世界观方法论 提高解决我国改革发展基本问题本领》,《人民日报》2015 年 1 月 25 日。
③ 习近平:《在哲学社会科学工作座谈会上的讲话》,人民出版社 2016 年版,第 9—10 页。

辑向前发展,而且指社会实践的变化以及各种社会思潮的冲击促使马克思主义理论向前推进。正如恩格斯所说:"我们的理论是发展着的理论,而不是必须背得烂熟并机械地加以重复的教条。"①因此,着力发展 21 世纪马克思主义、当代中国马克思主义可遵循如下进路:理性应对各类社会思潮的挑战;加强马克思主义理论的深入研究;构建当代中国马克思主义的话语体系;提高从事马克思主义理论工作者的整体素质。

一、理性应对各类社会思潮的挑战

马克思主义理论是开放的体系,需要随着时代和社会生活条件的变化进一步深入发展。而马克思主义的发展不仅是时代的变化提出的问题需要其做出进一步解释,从而丰富、发展、完善自身理论体系,而且也是各种社会思潮的涌现、冲击迫使其在做出回应中进一步发展,一如马克思恩格斯在世时不断地回应各种社会思潮,清理自身理论进路,从而在对错误社会思潮的分析批判中创立、发展马克思主义。

发展当代中国马克思主义,首先需要像马克思恩格斯当年一样,应该在客观了解各种社会思潮的主要观点、全面认识各种社会思潮的本质及其症结的基础上,对其进行理性的分析与评价。因为当今时代的一些社会思潮也有着比较完备的理论体系和方法论,而且有的社会思潮有着其存在的客观现实基础和所承继的思想渊源。由此,对于其不能够采取简单地扣帽子,或是谩骂、打压的方式进行粗暴的批判和否定;而应该进行正确的解读,即全面了解其产生的社会历史背景,了解各种社会思潮的主要观点、代表人物、主张、发展脉络,探究其理论根源,运用马克思主义的立场、观点和方法分析、揭示社会思潮传播影响的手段、方式和目的,研究其理论体系和精神实质,从而进行有的放矢的评析,给出较全面、正确、深入的评价。正如恩格斯在评论费尔巴哈对黑

---

① 《马克思恩格斯文集》第 10 卷,人民出版社 2009 年版,第 562 页。

格尔哲学的批判时所指出的:"费尔巴哈打破了黑格尔的体系,简单地把它抛在一旁。但是简单地宣布一种哲学是错误的,还制服不了这种哲学。像对民族的精神发展有过如此巨大影响的黑格尔哲学这样的伟大创作,是不能用干脆置之不理的办法来消除的。必须从它的本来意义上'扬弃'它,就是说,要批判地消灭它的形式,但是要救出通过这个形式获得的新内容。"①恩格斯在这里肯定了费尔巴哈的重要贡献之一在于突破了黑格尔无所不包的、庞大的哲学体系苑囿,但是,同时也揭示了费尔巴哈的问题却在于仅仅简单地宣布黑格尔哲学是错误的,把它放置于一旁而似乎置若罔闻,并没有进一步去剖析黑格尔哲学体系所蕴含的深刻内容,这样做远远不足以消除黑格尔哲学体系产生的负面影响。黑格尔哲学在一定意义上可以说是德意志民族精神的概括,其对于德国民族、对于人类社会都产生过巨大的影响,正确对待它的方式应该是"扬弃",即克服黑格尔哲学体系的弊病,透过哲学体系外在的表现形式深入挖掘其内在的丰富内容。

　　同时,理性分析各类社会思潮,还要深入研究各类社会思潮与马克思主义之间的关系。马克思主义发展的历程,从某种意义上说也是马克思主义在与不同时代的各种社会思潮进行斗争,并且在斗争中进行分析、批判,不断发展自身,从而显示出其真理性与强大的生命力的过程。因此,在当下,发展当代中国马克思主义,同样既不能因为一些社会思潮对马克思主义存在着显在或潜在的冲击而无视其在某一方面局部的合理性,也不能因为一些社会思潮对社会发展的某一个阶段还存在着一定的合理性而忽视其负面影响;而应该在客观了解和认识各种社会思潮的本质及其负面影响的基础上,对其进行客观的分析与评价,大胆借鉴、吸收各种社会思潮中的合理、进步成分,批判、抵制和引领其中的不合理成分。②

---

① 《马克思恩格斯文集》第4卷,人民出版社2009年版,第276页。
② 参见时统君:《多样化社会思潮与马克思主义信仰教育问题的思考》,《社科纵横》2011年第4期。

　　总之,要始终坚持用批判与借鉴的科学态度来对待各类社会思潮,能够真正做到求真求实。不仅要取其精华、去其糟粕,为我所用,更要坚持用马克思主义的基本观点去思考各类社会思潮的实质,让马克思主义理论和社会主义核心价值观发挥引领作用。只有客观、辩证、理性地对待多样化的社会思潮,尊重差异、包容多样,在比较中鉴别,在鉴别中发展,才能有效整合和引领社会思潮所代表的多样化的社会思想观念和价值取向,最大限度地形成社会思想共识,才能更清楚地认识到马克思主义的科学性,才能更坚定地维护马克思主义作为我国主导意识形态的地位。

二、加强马克思主义理论的深入研究

　　对各类错误社会思潮进行分析批判,不仅要有的放矢地分析批判错误社会思潮的内容、实质及症结,更要在分析批判之中进行自身理论的不断建构与创新。理论的生命力就在于创新,创新不仅是理论发展和完善的永恒主题,也是社会实践的发展、变化对于理论进一步深化的必然要求。马克思主义的发展尤其注重不断的理论创新。只有保持基于实践基础上的理论创新性,才能够不断发展马克思主义。

　　马克思主义理论是关于无产阶级和人类解放的科学体系,其内容是极其深刻和丰富的,涵盖了社会的经济、政治、文化和人类社会发展与自然界的关系等诸多领域和各个方面。同时,马克思主义理论体系还是一个开放的理论体系,注重实践基础上的理论创新,在不断自我完善的过程中广泛吸取人类文明成果中有益于社会发展进步的要素,保持其内容和形式能够适应社会和时代的新变化,与时俱进地不断创新。正是由于马克思主义的科学性及不断创新性,使得马克思主义在同各种错误思潮的较量中最终成为中国主导意识形态,成为中国共产党和中国社会主义建设事业的指导思想。因此,只有保持这种科学性、不断创新性与先进性,才能够发展当代中国马克思主义。而保持这种科学性、不断创新性与先进性,发展当代中国马克思主义,就需要加强马克思主义理论的深入研究。加强马克思主义理论的深入研究,一如习近平总书记2016年5月在哲学社会科学工作座谈会上的讲话所指出的,马克思主义理论的创新一方面要做踏踏实实的文本基础研究工作,一方面更要立足中国社会现实,坚持中国人自己的世界观和方法论,提出解决问题的理论和方案,并用这些理论和方案去解决中国现实社会存在的问题。

一方面,做踏踏实实的文本基础研究工作。习近平总书记指出,"我看过一些西方研究马克思主义的书,其结论未必正确,但在研究和考据马克思主义文本上,功课做得还是可以的。相比之下,我们一些研究在这方面的努力就远远不够了"①。习近平总书记在这里比较了西方马克思主义对于马克思主义的研究态度和方式,点明了中国马克思主义理论自身发展、创新的有效路径,即要着力研究马克思主义的文本资料。正如习近平总书记讲话中引用恩格斯所言,唯物主义的科学发展,或许只是对单一历史事件的经验总结,但也需要刻苦钻研、冷静思考,只有基于大量的,经过辨析、思考过的史料,才能够做到提出有说服力的观点,而不是空无一物的高论。发展当代中国马克思主义,同样需要恩格斯所阐明的态度,要做深入钻研的功课,踏踏实实地考证马克思主义的文本,切忌做一知半解、浮皮潦草的研究。同时,习近平总书记尤其强调指出:"在采用这些知识和方法时不要忘了老祖宗,不要失去了科学判断力。"②也就是说,一门学科的发展不仅需要借鉴、研究其他学科的理论和方法,还要注意的是,更要立足于中国社会现实,要科学地判断其他学科的理论和方法哪些可以适用于中国社会现实,哪些不能够简单地照抄照搬地运用。"解决中国的问题,提出解决人类问题的中国方案,要坚持中国人的世界观、方法论。……如果用国外的方法得出与国外同样的结论,那也就没有独创性可言了。"③总之,只有坚持中国人自己的世界观和方法论,提出解决问题的理

① 习近平:《在哲学社会科学工作座谈会上的讲话》,人民出版社2016年版,第11—12页。
② 习近平:《在哲学社会科学工作座谈会上的讲话》,人民出版社2016年版,第19页。
③ 习近平:《在哲学社会科学工作座谈会上的讲话》,人民出版社2016年版,第19页。

论和方案,并用这些理论和方案去解决中国现实社会存在的问题,而不是简单地搬来国外的学术思想和方法去套用中国社会现实,才能够称我们的理论具有独创性。

另一方面更要立足中国社会现实。马克思主义理论的深入研究要立足于社会生活的实践,一切从实际出发,做到理论研究与社会生活实际紧密联系。马克思主义发展的历史证明,只有不断与时代发展同步,与本国国情密切结合,马克思主义才能不断显示出强大的生命力与创造力。马克思主义始终是面对现实、思考现实、变革现实的理论。发展当代中国马克思主义,就要积极回应中国特色社会主义实践中出现的各种社会现实问题,由此不断推进理论创新,从而实现马克思所言的理论目标,"哲学家们只是用不同的方式**解释**世界,问题在于**改变**世界"①。

习近平总书记在中共中央政治局第二十次集体学习时强调,要学习掌握世界统一于物质、物质决定意识的原理,坚持从客观实际出发制定政策、推动工作。当代中国最大的客观实际,就是我国仍处于并将长期处于社会主义初级阶段,这是我们认识当下、规划未来、制定政策、推进事业的客观基点,不能脱离这个基点。② 党的十九大报告把中国的历史方位定位于"新时代",这个"新时代""是承前启后、继往开来、在新的历史条件下继续夺取中国特色社会主义伟大胜利的时代,是决胜全面建成小康社会、进而全面建设社会主义现代化强国的时代",在这个新时代,我国社会的主要矛盾已经发生转化,"中国特色社会主义进入新时代,我国社会主要矛盾已经转化为人民日益增长的美好生活需要和不平衡不充分的发展之间的矛盾"。然而,又"必须认识到,我国社会主要矛盾的变化,没有改变我们对我国社会主义所处历史阶段的判断,我国仍处于并将长期处于社会主义初级阶段的基本国情没有变,我国是世界最

---

① 《马克思恩格斯文集》第 1 卷,人民出版社 2009 年版,第 502 页。
② 习近平:《坚持运用辩证唯物主义世界观方法论　提高解决我国改革发展基本问题本领》,《人民日报》2015 年 1 月 25 日。

大发展中国家的国际地位没有变"。① 因此,我们的一切工作都应该立足于这个新时代以及社会的主要矛盾和中国社会主义所处历史阶段的基本国情,在理论上做出进一步的归纳与升华。

总之,发展当代中国马克思主义,不仅要通过中国道路发展过程中遇到的各类重大问题的探索,丰富马克思主义的思想资源;而且要认真总结中国道路探索过程中的经验和教训,进行理论上的概括与提升,从而进行理论创新。离开实际问题谈理论创新和实践创新,是无的放矢。中国共产党历来强调,要以中国革命和建设过程中的实际问题为中心研究马克思主义,善于从丰富多彩的社会实践、错综复杂的社会问题中抓住那些事关民族前途命运、国家经济社会发展全局的重大问题、关键问题和前沿问题,予以理论上的总结与提升。实践创新是理论创新的基础和源泉。实践创新呼唤理论创新,又为理论创新积累经验、提供材料。离开了实践创新,理论创新就成了无源之水、无本之木。

三、构建当代中国马克思主义话语体系

发展当代中国马克思主义,不仅要体现出马克思主义不是封闭僵化的体系,而是具有创新能力与创造力的开放的学说,还需要马克思主义理论内容的深入研究、不断与时俱进,同时还需要其表现形式具有独特性。

但是,由于受到西方社会思潮及其学术研究范式的冲击,不仅仅是马克思主义理论,一些人文社会科学理论更多地运用西方话语表达方式,或者模仿西方话语表达方式。造成这种状况的主要原因在于,中国现有的人文社会科学理念与理论范式大部分是从西方引进的,我们的理论话语体系还不够完善和成熟,而西方社会思潮延续着西方理论体系与话语表达方式的传统,更随着网络的普及,主要掌握着在国际文化舞台上的话语权。

---

① 习近平:《决胜全面建成小康社会 夺取新时代中国特色社会主义伟大胜利——在中国共产党第十九次全国代表大会上的报告》,《人民日报》2017 年 10 月 28 日。

要发展当代中国马克思主义,就要增强其传播力与影响力,这就需要在现已初步形成的话语体系的基础上,全面推进当代中国马克思主义话语体系创新。这不仅是满足国际话语权竞争的需要,同时也是维护中华民族意识形态安全的重要途径。一个国家、一个民族只有充分掌握文化意识形态领域的话语权,才能保持其长久影响力,在国际社会巩固国家与民族的地位。正如有学者指出的:"发展21世纪中国的马克思主义,要以新概念、新范畴、新表述为具体体现和重要支撑。"①

同时,还要明确的是,强调发展当代中国马克思主义要形成自己独特的话语体系,主要目的在于破除人们对西方话语体系的盲目崇拜,改变我们在国际话语中的弱势状态,掌握话语主动权,并非完全排除西方社会思潮及其话语体系。在当今时代,只有拥有更具道义感召力和思想穿透力的话语体系,运用更能打动人的话语和叙事,才能拥有国际话语权,从而在国际竞争中赢得优势。更进一步而言,当代中国马克思主义不仅要形成自己独特的话语体系,而且要有国际表达力。即多用人们更易于接受的方式方法,用疏导的方式,塑造中国特色、中国风格、中国气派的话语体系,让自己的解释力更加强大,从而更易于发展与传播。只有采取更加国际化的表现表达方式体现当代中国马克思主义的内涵,才能在全球化的境遇中扩大当代中国马克思主义的影响力,加强其持续传播力,确立中华民族在世界格局中的应有地位。

知识、思想的传播需要载体,增强当代中国马克思主义的国际表达力,也需要充分、有效地利用网络时代的各种载体,善于借助各种载体传播马克思主义。网络媒体的高度发展、年轻一代接受事物方式的改变,需要不断改进马克思主义理论的传播方式,不仅要有效运用传统媒体的平台,而且要更加有效地利用大众传媒时代的立体化平台,把马克思主义的传播内容通过潜移默化的方式在日常生活中对社会全体成员进行渗透,不断增强其亲和力和感染力,从

---

① 郭建宁:《发展21世纪中国的马克思主义》,《光明日报》2015年10月11日。

而进一步巩固马克思主义在我国意识形态领域的指导地位。

四、提高从事马克思主义理论工作者的整体素养

要发展当代中国马克思主义,提高从事马克思主义理论工作者的整体素养亦是必要条件之一。因为对于马克思主义理论的深入研究、构建当代中国马克思主义话语体系,以及理性分析各类社会思潮等,都需要马克思主义理论工作者去实际地完成并不断推进。只有不断提高马克思主义理论工作者的整体素养,才能真正推进当代中国马克思主义的发展。

首先,马克思主义理论工作者应该具有坚定的理想信念、正确的政治方向。只有自身有着坚定的理想信念和正确政治方向的理论研究者和实际工作者,在对马克思主义的具体研究与传播过程中,才能够更好地发挥主导作用。因为在实际的研究与传播过程中所阐释的马克思主义基本理论是把马克思主义的基本思想内容与其精神实质系统化、理论化的成果,是对马克思主义理论做出的重要诠释与演绎。而中国化的马克思主义理论研究并不是悬置于空中楼阁的空泛的理论研究,而是维护马克思主义意识形态主导地位的、理论与实践紧密结合的研究。意识形态工作是固本工程、铸魂工程,作为巩固马克思主义意识形态主导地位的马克思主义研究对研究者的理想信念和政治方向有着更高的要求。

同时,马克思主义理论工作者还要拥有较深厚的马克思主义理论素养。只有理论素养高的队伍才能够全面客观地把握马克思主义理论产生的时代背景与理论渊源,能够联系马克思主义理论的历史发展与马克思主义基本思想去深入理解、领会作为整体的马克思主义的精神实质与理论品格。一支强有力的马克思主义理论工作者队伍,不仅能够深刻理解马克思主义理论,正面引导人们提高其思想认识、增强明辨是非的能力,同时能够消除人们面对现实问题在思想上产生的疑惑,而且能够帮助人们学习用马克思主义的立场、观点和方法武装头脑,抵制各种非马克思主义、反马克思主义思潮的影响,坚定中国

特色社会主义的信念。正如邓小平同志所指出的:"要教育人民,必须自己先受教育。要给人民以营养,必须自己先吸收营养。"①只有马克思主义理论工作者的理论厚度不断增强、思想境界和道德情操不断升华,才能不断有效推进马克思主义理论的深入研究和马克思主义理论教育的切实进行。

总之,在当今世界范围内各种思想文化交流、交融更加频繁,国际思想文化领域交锋、斗争更加复杂的今天,发展当代中国马克思主义仍然面临着来自各方面的冲击。要着力发展当代中国马克思主义,不仅要加强马克思主义理论的深入研究,加强其内容进路;而且要构建当代中国马克思主义的话语体系,强化其形式进路;同时还要理性应对各类社会思潮的挑战,顾及其外围进路;更要提高从事马克思主义理论工作者的整体素养,修炼其内功进路,由此才能整体推进当代中国马克思主义的发展。

参考文献

[1]《马克思恩格斯文集》第1卷,人民出版社2009年版。

[2]《马克思恩格斯文集》第2卷,人民出版社2009年版。

[3]《马克思恩格斯文集》第4卷,人民出版社2009年版。

[4]《马克思恩格斯文集》第9卷,人民出版社2009年版。

[5]《马克思恩格斯文集》第10卷,人民出版社2009年版。

[6]《邓小平文选》第2卷,人民出版社1994年版。

[7]习近平:《在庆祝中国共产党成立95周年大会上的讲话》,人民出版社2016年版。

[8]习近平:《在哲学社会科学工作座谈会上的讲话》,人民出版社2016年版。

[9]习近平:《坚持运用辩证唯物主义世界观方法论》,《人民日报》2015年1月25日。

[10]习近平:《决胜全面建成小康社会　夺取新时代中国特色社会主义伟大胜利——在中国共产党第十九次全国代表大会上的报告》,《人民日报》2017年10月28日。

---

① 《邓小平文选》第2卷,人民出版社1994年版,第211页。

［11］郭建宁:《发展 21 世纪中国的马克思主义》,《光明日报》2015 年 10 月 11 日。

［12］闫志民:《形成中国风格中国气派的话语体系》,《求是》2015 年 4 月 21 日。

［13］时统君:《多样化社会思潮与马克思主义信仰教育问题的思考》,《社科纵横》2011 年第 4 期。

后　记

　　终于可以写"后记"了,这意味着这部国家社科基金项目的结项专著已告完成。实际上这个所谓"后记"是在断续地改写,更准确些说,是为回顾、梳理自己的研究历程而作。回忆起从 2016 年有幸获批国家社科基金一般项目,到今天历时近 4 年的写作之路,尤其是其间经历了全球性的新冠肺炎疫情,确实不能不感慨万千。

　　今天的成果源自 2016 年获批国家社科基金一般项目研究的直接契机,而实际上,在一定意义上可以说是自己又一个研究历程的小结。单就国家社科基金项目的申报而言,从 2008 年到 2010 年本人曾连续三年申报但均未中,三年申报的主题主要是围绕着西方社会思潮之一女性主义与社会性别研究在当代中国社会的现实境遇,可以说是在自己博士学位论文《马克思主义与社会性别研究》基础上在相关领域的进一步拓展。接下来几年的时间里,在课题申报上,偶尔申报过教育部和北京市的哲社项目,但一直没再申请过国家社科基金项目。一方面是学校根据教育部的要求于 2009 年成立了马克思主义学院(2011 年完全独立设置),我被推选为副院长,一下子有了较多的行政事务的缠绕;一方面基于学院学科的发展以及教学工作、研究生培养工作等需要,我还承担着从本科生的全校公共课"马克思主义基本原理概论"到本院的硕士生"马克思主义发展史""马克思主义经典著作研究"、博士生的专业课"马克思主义经典文献精读"以及当时与文法学院未分开时的 MPA"行政伦理"以及专业选修课"后现代西方社会思潮"等大量课程。几年间，一直在寻找着行政工作与自己的教学、科研工作的平衡，同时也面临着自己的研究方向和研究领域(马克思主义与社会思潮)如何与所授课程、所带学科研究方向的有机结合，最好能够同向同行、同步稳步推进的问题。在这期间，学院承担了一项北京市意识形态工作专报的工作，每年都会至少召开一次相关的小型研讨会，并基于学院老师的研究方向和研究成果，把"社会思潮与青年教育"作为学院"思想政治教育"学科的重点研究、特色研究方向。2015 年，院长彭庆红教授承担了马克思主义理论研究和建设工程重大委托项目"社会思潮研究"，我受邀参与其中。2016 年，我以"马克思恩格斯对错误社会思潮的分析批判及其当代价值研究"为题申报了当年的国家社科基金一般项目，最终有幸获批。曾有同事说我幸运，因为那么长时间没有申报，竟然一下子就能中标。然而，实际上，这是在我长期教学与研究的积累、积淀基础上，找到了一个有些创新性的切入点的结果。

之所以说是以长期的积累、积淀为基础，因为项目的研究首先要立足于马克思恩格斯批判各类错误社会思潮的文本资料整理与分析。而围绕其中任何一种社会思潮的分析批判，除了要研究马克思恩格斯的重要著作之外，还有一些信件往来中的相关探讨，因此需要投入较多的时间、精力进行相关文本资料的整理与分析。同时，在梳理与本课题研究主题相关的文献，立足于充分、丰富的文献资料分析时，还要把马克思恩格斯批判错误社会思潮的理论逻辑进程与西方社会发展的历史过程联系起来，分析各种错误社会思潮演进背后的社会根源，厘清马克思恩格斯进行社会思潮批判的内在理路，围绕研究主题进行建设性探讨。这些工作恰好基于本人从 2003 年起承担的学院研究生课程"马克思主义经典著作研究"以及 2007 年起承担的"马克思主义发展史""马克思主义经典文献精读"等课程的教学与研究。而且，基于长期的马克思主义经典著作的教学研究工作，本人于 2014 年推出了与孙文营、杨彦强两位同事编著的《马克思恩格斯经典著作导读》教材,以及 2018 年出版的专著《马克思主义经典文献专题研究》。因此,说是"以长期的积累、积淀为基础"一点都不为过,至少是十几年踏实耕耘的结果。

有了长期的积累、积淀基础,还需要找到一个有创新性的研究切入点,这也是能够获批国家社科基金项目的关键。本研究从上述自己的研究方向与学院的学科方向以及与当代中国社会现实问题相结合的角度,确定以"社会思潮"为突破口和研究主线,试图以对错误社会思潮的分析批判作为主题做一较新的尝试,在马克思主义发展史学科做基础研究,可以说是针对马克思主义发展的某一阶段的某一专题进行的研究,主要属于"马克思主义发展史"二级学科的专题史研究领域。如"导论"所引用的研究结论:"马克思主义专题史是研究马克思主义某一思想领域或对某一专门问题研究发展的历史及其规律的一门学科。其研究对象可以是作为马克思主义主要组成部分的发展史,也可以是马克思主义某一方面或关于某一思想观点的发展史。"

总之,正如本研究的申报书中所言:"马克思主义发展的历史既是马克思主义理论由形成、创立、发展到在世界范围内传播并进一步发展的历史,也是不断地与各种非马克思主义、反马克思主义思潮作斗争、最终确立马克思主义在工人运动中的指导地位,以至于在社会主义国家作为主导意识形态的历史。在当今社会思潮多样化的时代,马克思主义作为主导意识形态如何更好地发挥引领作用? 面对这一时代命题,本课题力图基于马克思恩格斯在世时对一些错误思潮的批判理路进行分析,从而挖掘其当代启示与价值,最终落脚点在于马克思主义理论在当代的发展与深化,从而巩固马克思主义作为主导意识形态的地位。"因此,本研究把研究对象定位在"力图基于 19 世纪 40 到 70 年代马克思恩格斯批判当时主要错误思潮的理路进行分析,进一步挖掘其当代启示与价值,结合在当今社会思潮多样化的时代,探究马克思主义作为主导意识形态如何发挥引领作用这一时代命题"。本课题研究的重点一是立足于马克思在世的 19 世纪 40 到 70 年代,马克思恩格斯对于当时主要错误社会思潮批判的脉络,分析马克思恩格斯批判的理路,总结批判的背景、批判的内容、批判的方式与特征,以及批判的后果、效果等。而由于研究内容的庞杂以及研究时间所限,马克思去世后,尤其是围绕第二国际期间针对伯恩施坦修正主义的批判将作为本课题结题之后可能的后续课题做进一步深入研究。二是探究马克思恩格斯分析批判理路的当代启示与价值。

回想起当时获知项目被批准,同事、朋友们纷纷祝贺时,我却是压力大于喜悦的情形,记得一年轻同事还说怎么没觉得李老师特别高兴和激动啊？项目获批在一定意义上说是学界对你研究的某种认可,多年的研究获得承认确实还是值得高兴的事情。但是,想到要在申报时写下的 3 年时间内完成至少 20 多万字的结项专著,实感压力山大啊！

接下来就是几年较为艰辛的写作历程,甚至难于写作博士论文。写作本是作为一名大学教师和学者的分内之事,说其"艰辛",一是完成写作是要在较为庞杂的行政工作以及自己较为繁重的教学工作之余进行。一是写作博士论文时年轻、初出茅庐,即使是不成熟的作品也容易获得理解和谅解,而现在,作为资深教授和博士生导师,作为常常评审各级各类科研教研项目、各层次学位论文的所谓"专家",拿出一件作品来,要经得起学界的审视和时间的考验。但是,无论如何,逆水行舟,只能进不能退,至少是对自己研究历程做一个小结和交代。

在这一研究过程中,两次小型研讨会的召开以及数篇相关研究成果的发表对项目的研究起到了至关重要的推进作用,是最值得在此书写一笔的。

2017 年 3 月 4 日召开了第一次小型研讨会,算是项目的开题报告会,有幸邀请了两位长期以来帮助和支持我的老同学,当然也是国内很有影响力的马克思主义理论研究学者:中央编译局的季正聚研究员(现任《经济日报》副总编)和中国社会科学院马克思主义研究院的罗文东教授(现任中国社会科学院世界历史研究所党委书记、副所长,研究员;中国社会科学院大学马克思主义学院教授,博士生导师)。还有马克思主义发展史学科的知名学者:中国人民大学马克思主义学院的梁树发教授和北京大学哲学系的聂锦芳教授。2019年3月31日召开了第二次小型研讨会,这次研讨会是在2018年底通过全国社科基金规划办的中期检查之后,为进一步推进课题研究而召开的。这次研讨会不仅邀请了校外专家,也邀请了校内(院内)专家。只是由于时间上的协调,此次邀请的校外专家有第一次开题研讨会就参加了的老同学季正聚研究员,以及中国人民大学马克思主义学院的梁树发教授,很遗憾罗文东教授、聂锦芳教授因其他事务没能再次参加,但是,在私下又专门征求了两位专家的意见和建议。这次研讨会还邀请了自己的大学本科论文导师——北京师范大学的韩震教授,以及北京大学马克思主义学院的魏波教授,还有本院的陆俊教授和彭庆红教授。同时,还邀请了几家刊物的主编:《光明日报》理论部的曹建文主编、《马克思主义理论学科研究》的副主编郑端,以及《当代世界与社会主义》的常务副主编王瑾。两次研讨会虽规模不大,但是邀请的各位专家对我的项目研究所提的宝贵意见和建议让我受益匪浅,对项目的开展和推进起到了非常大的帮助作用。

在此期间围绕项目研究发表的代表性研究成果主要有:《马克思恩格斯分析批判错误社会思潮的理路探究》(《马克思主义理论学科研究》2017年第2期);《马克思恩格斯对"真正的社会主义"的分析批判及其当代启示》(《当代世界与社会主义》2017年第6期;中国人民大学报刊复印资料《马克思列宁主义研究》2018年第3期全文转载;中央党校主管《党政干部参考》2018年1月下全文转载);《马克思恩格斯分析批判错误社会思潮的路径及其当代启示》(《国外理论动态》2018年第3期);《〈共产党宣言〉对各类"社会主义"的分析批判及其当代价值研究——纪念〈共产党宣言〉发表170周年》(《思想教育研究》2018年第5期);《马克思恩格斯经典文本分析批判错误社会思潮的逻辑进路》(《光明日报》理论版2019年8月26日);《马克思恩格斯对巴枯宁主义的分析批判及其当代启示》(《当代世界与社会主义》2020年第2期);《马克思恩格斯对拉萨尔主义的分析批判及其当代启示》(《马克思主义理论

学科研究》2020 年第 4 期）；等等。这几年的时间里，也是自己参加学术会议较多、较为集中的几年，主要参加由"中国马克思主义哲学史学会""中国历史唯物主义学会"以及"全国高校马克思主义理论学科研究会"主办的相关学术会议。在项目中期检查总结"学术交流情况"时发现以 2017 年和 2018 年参加的学术会议最多，每年都达到 5 次以上。在学术会议上与学界同仁们的交流与思想碰撞中，也是收获满满。总之，项目在研期间，本人在承担并完成教学任务以及其他行政工作的同时，按照项目的研究计划展开相关研究，取得了相应的阶段性成果，完成了项目既定的部分任务，产生了一定的学术价值，引发了一定的社会影响，使得项目总体执行情况良好。

经过上述一系列的学习、交流与研究的过程，项目结项专著的写作日益提上了日程，总体写作的框架和思路也渐成雏形。专著写作的最初设想本是基于马克思恩格斯相关经典文本的研究，按照马克思恩格斯在世的 19 世纪 40 到 70 年代对当时主要错误社会思潮分析批判的时间顺序分章逐一进行阐释与论证，分析马克思恩格斯批判的理路，总结批判的背景、批判的内容、批判的方式与特征，以及批判的后果、效果等，就是按照发表在《马克思主义理论学科研究》上的那篇《马克思恩格斯分析批判错误社会思潮的理路探究》文章（这篇文章是在本人参加中国马克思主义哲学史学会 2016 年年会提交的会议论文基础上修改整理而成）的拟定思路和框架。但是，经过两次研讨会，借鉴专家们所提的建议，以及自己在写作过程中进一步的认识与体会，最终把整体写作框架修改为现在的三篇架构，即哲学批判、政治经济学批判和社会意识形态批判，即按照发表在《光明日报》理论版上的那篇《马克思恩格斯经典文本分析批判错误社会思潮的逻辑进路》（这篇文章是在本人参加中国马克思主义哲学史学会 2019 年年会提交的会议论文基础上整理修改而成）的框架进行全书的写作。

总体写作框架确定了，现在还要解决两个方面的问题，一是马克思恩格斯分析批判的一些社会思潮不仅仅简单局限于哲学批判或是政治经济学批判和社会政治批判,如蒲鲁东主义、杜林主义等,若把一个社会思潮拆分到不同的批判下面,其内容的关联性和区分度如何体现出来? 一是三篇批判下面各章的内容都以分析批判哪些社会思潮为主? 每一个分析批判的内容其独特性如何凸显? 再有一个难题在于,自己并不非常熟悉、本来一开始想回避掉的政治经济学批判如何进行? 是否需要找人帮忙完成这部分的内容写作? 等等。就是在这样不断地纠结着、思索着,也在不断地写作着。先是按照马克思恩格斯分析批判的每一个社会思潮或是每一篇经典文本逐一、全面地整理,撰写相关内容,然后再按照分类批判的内容重新分割并整合;先是根据已发表的文章内容写作社会、政治批判部分,再根据自己的专业所长、学科背景写作哲学批判部分。这些工作的集中完成是从 2019 年寒假开始到 2020 年寒假持续到新冠肺炎防疫期间。由于 2018 年下半年学校启动各级领导班子集中换届工作,本人自 2009 年学院成立做了近 10 年的学院副院长工作,分管过学院从学科建设到科研工作,到本科生教学、研究生教学等几乎所有业务副院长做的工作,借此换届之时,选择主动退出学院领导班子,最终获得学校组织部和校长办公会的批准。于是,没有了行政工作的随机干扰,终于有了更多的属于自己的集中时间从事研究与写作工作。2020 年寒假,由于新冠肺炎疫情的影响,我退掉了异地看望父母的火车票;而远在国外读书的儿子,原本要在寒假回国,也由于在国内外相继蔓延的疫情而选择留在原地不动。就这样,我开启了整个寒假待在家里就是为国家做贡献的日子。一位圈里的年轻朋友问我疫情防控期间在家干什么? 当我告知她撰写国家社科基金项目的结项专著时,她发给我一张图片,说的是牛顿在瘟疫期间在家自我隔离,由此对万有引力定律的提出进行了深入的分析,现在,"也许你该出现了"。我笑回"哪敢和大师相比",只是在"完成本职工作而已",回复:"贡献有大小,但是都是贡献"。但愿我的工作确实是一点贡献。而同样不能外出、在家工作的先生还主动承担起做饭的家务,我则几乎每天都是坐在电脑前奋笔疾书。既然有了较充裕的集中时间读书、写作,于是自己下决心再深入研习马克思恩格斯的主要经济学文本以及他们所进行的主要经济学批判,自己完成"中篇"经济学批判的写作任务。由于学校 2 月底开学,又开始了第一次网上授课的日子,为了适应网络教学,需要重新修改课件;接下来的 3、4 月份又进入到校内外硕博论文的集中评阅时间。上课、评阅论文又使得时间分割开来,结项专著的写作又进入到时断时续的状态……转眼到了暑假,一如寒假一样,虽然国内的疫情基本得到了控制,但是,全球的疫情却陷入胶着状态,在国外的儿子还是无法回家,我也暂时搁置异地探望父母的计划,重新进入到"鸿篇巨制"的撰写之中。这样,又是一个如寒假生活般每天坐在电脑前奋笔疾书的暑假! 充实而焦灼……终于到了 8 月中旬,可以开始进行专著内容整体的整合了……

然而,当这一"具有综合性和整体性"研究的成果以专著的形式基本呈现出来时,却显露出我在"导论"中所言"在专著的框架结构、章节布局以及内容呈现方面"的一些"难以克服的不尽如人意之处"。我一向认为自己比较愚钝,不比一些天资聪慧的同学和圈内同仁,能够文思泉涌、妙笔生花,自己只能靠勤能补拙,不偷懒、不懈努力,在写作上,就是不断修改、完善。但是,由于能力所限,遗憾却在所难免。不管怎样,经过几年持之以恒的坚持、努力与奋斗,专著可以终于完成了,浩大的国社科项目终于可以如期结项了,一些不尽如人意的工作只能留待日后再去进一步完善、升华。

最后,还是要落入俗套但却是发自内心、由衷地表达谢意。感谢长期以来对我的研究给予极大帮助和支持的老同学季正聚、罗文东、郑端。从 20 岁左右青涩的学生时代就开始的友谊,在长达 30 年的时光里一如既往地保持,在如今一些人质疑友情的时代实在难能可贵! 本项目的申报书最初请季正聚和罗文东同学看过,他们提出了中肯的、细致的建议,尤其是文东同学对于项目名称的修改(最初拟写的项目名称是"马克思恩格斯对社会思潮分析批判的理路探究"),对项目的获批以及相应研究的展开无疑起到了非常重要的作用! 感谢自己的老师韩震教授,无论是老师身居大学校长、书记的高位,还是退职后回归教授的本位,每当学生求助于老师时,老师从来都像当初对待一个他指导的小本科生一样有求必应！自己则常常因做事考虑不周而内心愧疚！感谢梁树发教授和聂锦芳教授！感谢你们在学术研究上给予我的帮助和提携！感谢学院一起长期共事的陆俊教授、彭庆红教授！谢谢你们在工作中给予我的关照！尤其是对于我项目研究所提的宝贵建议！还要感谢发表我文章的各个刊物的主编、编辑的支持！谢谢学院的年轻同仁们，丽敏、兴业、宋伟，代表学院新班子友情参加我的研讨会！还要感谢与我同一研究所的青年教师陈广亮！当我无意中提起希望再少上点课，可以有更多的时间写作专著时，广亮主动提出并帮助我带了一个讲台的本科生课程。也谢谢我的博士生冯擘、杨浩帮助我编排成果部分的"参考文献"以及做格式的调整工作！

总之，项目终于如期完成了，只等待学界同仁的审视与指正。无论如何，目前算是尽力了。实际上，能够呈现的科研成果只是显现的，在其背后则是长期的学术积累与科研付出，以及对于学科前沿与科研方向的把握。有道是："为山九仞，岂一日之功"。因此，在科研之路上，本人在与学院青年教师分享的心得是：注重积累、夯实基础；把握前沿，认准方向；学科互促，教研相长。我的两个博士生在他们博士论文的基础上出版了专著，请我给作序，还是用我给他们"序"中的话再自勉："登山方知山高远，到海始知浪浩渺"；"路漫漫其修远兮，吾将上下而求索"。

李晓光

2020 年 9 月 3 日于北京科技大学家中

2020 年 11 月份在网上提交了国社科基金项目结项评审材料，2021 年 4 月 2 日收到全国社科工作办的短信通知，登录系统后看到通过结项，非常高兴！虽然没能够优良结项，因为自己知道不足之处所在，正如成果的鉴定意见专家所说"作者已经指出成果的不足之处"，如"对马克思恩格斯哲学、政治经济学、社会政治三大批判的研究不够均衡，重点在对哲学批判的研究，在对政治经济学批判的研究中还有意回避了其当代启示和价值,使得成果在结构上不尽完善"等等。但是,几位评审专家都认为"这是一个选题视角较为特殊的研究课题"。"课题从批判社会思潮角度对马克思恩格斯展开研究,角度还是比较新的。""从篇章结构看,书稿逻辑清晰,文字通顺,结构合理,结论也是有根有据。总体看,作为一项课题的书稿,达到了结项的要求。"而且,成果的鉴定意见专家亦有说"该项目的研究具有一定的难度"。"做好这个项目,不仅要求研究者对 19 世纪马克思主义诞生、发展的历程有清晰的认识,对马克思恩格斯在分析批判各种思潮中形成的经典文献有深刻理解,对马克思恩格斯对待各种思潮的基本态度和科学方法有基本把握,而且要求对各种思潮的思想脉络、理论观点、思想方法、社会影响等有比较系统、全面的把握。在研究中,既要反映马克思恩格斯针对某种社会思潮进行分析、批判的'具体',也要抽象出马克思恩格斯对待各种社会思潮的'一般'"。总之,拿到结项合格证书后,一边参照专家的意见进行修改,一边与人民出版社联系出版事宜,在提交的选题论证通过之后,便按照出版社的技术规范性要求做注释、参考文献等方面的修订。感谢人民出版社的邓浩迪编辑,作为我们学院毕业的硕士,尽心尽力沟通出版事宜!谢谢我的博士生陈婷帮助我一起按照出版社的技术规范性要求做注释、参考文献等方面的烦琐修订工作!非常感谢学院分管学科和科研的宋伟副院长(现已就任学院院长)和彭庆红院长、段晓芳书记对本书出版的大力支持!谢谢学院学术委员会老师们对著作出版的肯定!感谢学院办公室主任夏欢老师为本书出版资助所做的事务性工作!

李晓光

2021 年 6 月于北京科技大学家中修改并续写